KB045362

'시나리오란 무엇이고 어떤 영화 미학적 도구인가'를 설명하는 여타 시나리오 작법서와 달리 이 책은 '시나리오는 어떻게 쓰여 실제로 어떻게 영화 시장과 만나는가'라는 실용적인 가치를 중심에 두었다. 이것이 이 책의 강점이다. 시나리오 쓰기 전의 준비 사항, 아이디어와 캐릭터를 개발하여 시나리오를 구축하고 완성하는 일은 물론이고 시나리오 마케팅까지 저자의 풍부한 현장 경험을 바탕으로 이 모든 것을 세심하고 친절하게 설명한다. 따라서 혼자서 시나리오 쓰는 방법을 배우려는 이들이나 영화학도들에게 더할 나위가 없는 훌륭한 지침서가 되어 준다. 또한 이미 작가의 길에 들어선 사람들에게도 커다란 도움을 준다.

－영화감독 **정지영**(〈남영동 1985〉, 〈부러진 화살〉)

영화를 만드는 모든 과정 가운데 가장 외롭고 길게 느껴지는 시간이 시나리오를 쓰는 기간이다. 그런데 그 외롭고 힘든 시간을 같이 보낼 좋은 친구를 만난 것 같다. 시나리오 작법만이 아니라 탈고, 저작권 관리, 계약 등의 실용적인 부분까지 친절하게 설명해 주는 친구다. 수시로 꺼내서 함께한다면 '시나리오'라는 가장 힘들지만 중요한 과정이 조금은 덜 외롭지 않을까? 그리고 보너스처럼 주어지는, 현장의 잔뼈가 굵은 선배들의 수많은 조언 중 한두 개라도 온전히 자기 것으로 만들 수 있다면 그것만으로도 이 책은 충분히 든든한 친구로서의 역할을 할 것이다.

－영화감독 **장준환**(〈1987〉, 〈지구를 지켜라!〉)

영국에서 '시나리오 작가들의 작가'로 여겨지는 레이 프렌샴의 시나리오 작법서는 현장성과 실용성을 갖추고 있을 뿐만이 아니라 초보 작가와 기성 작가를 두루 아우를 수 있는 뛰어난 구성을 보여 준다. 이 책을 통해 재능 있는 작가들의 가능성이 세상과 마주하기를 바란다.

－숭실대학교 영화예술학과 교수 겸 영화감독 **최익환**

아무도 없었고, 아무것도 몰랐다. 아는 영화인 한 명 없었고, 영화 이론은커녕 시나리오 작법이 무엇인지도 몰랐다. 내게는 괴발개발, 좌충우돌 쓴 습작 시나리오 한 편이 전부였다. 그게 나의 시작. 그 시절에 내가 『실전에 강한 시나리오 쓰기』를 만났더라면, 꽤 많은 시간을 절약할 수 있었을 게다. 부디 이 충실한 가이드를 등대 삼아, 시나리오 한 편을 완성하기 바란다. 이제 당신의 시작.

－시나리오 작가 **김경찬**(〈빵반〉, 〈1987〉)

최근에 내가 스토리보드 그린 작품의 시나리오는 모두 28,809자였으며, 낱말은 9,450개였다. 콘티로는 2,341프레임의 샷을 그려 냈다. 스토리보드를 그리면서 촬영감독, 스크립터, 콘티 작가인 나 모두 짜릿한 순간을 맞닥뜨리는데, 그건 시나리오의 힘이다. 잎사귀들이 자라나는 봄 식물 같은 시나리오를, 당신은 써낼 것이다. 이 책이 이끄는 대로 따라가다 보면, 그렇게 끝까지 따라가면 끝내 원고지 389장 분량의 시나리오를 써낼 수 있을 것이다.

—스토리보드 작가 **강숙**(〈남과 여〉, 〈러브픽션〉)

오래전 절판되어 구입이 불가능해진 이 책을 찾아 헤맨 적이 있었다. 그리고 10여 년 뒤, 이 책의 개정 증보판 추천사를 부탁하는 요청을 받고 까무러치게 놀랐다. '아! 이 책이 드디어 나에게!' 솔직히 아무에게도 알려 주고 싶지 않을 만큼! 나만 보았으면 좋겠다는 불경한 생각에 사로잡힐 만큼 매혹적인 안내서다. 살아 있는 생생한 사례가 가득하다. 읽기 주저할 시간이 없다. 혹시 내가 몇 년 뒤에 평생의 꿈으로 간직하고 있는 이야기의 시나리오를 완성하게 된다면, 아마 이 책 덕분일 것이다. 팔리는 시나리오를 애타게 갈구하는 모든 시나리오 작가와 작가 지망생들, 그리고 지금 개발 중인 시나리오에 혁명적 돌파구를 얻고자 하는 모든 영화인들에게 외치고 싶다. "당장 달려가 이 책을 얻어라!"

—영화 제작자 **강혜정**(〈군함도〉, 〈베테랑〉)

어느 것 하나 쉬운 일은 없지만 영화 제작에서 가장 어렵고도 중요한 일은 시나리오 개발일 것이다. 몇 편의 영화를 만들고 조금 관록이 붙었을 때, 후배가 자신이 많이 배운 책이라며 이 책을 내밀었다. 읽어 보니 '이런 젠장, 이런 책이 미리 나왔다면 내가 고생을 좀 덜 했을 텐데' 하는 생각이 들었다. 이 책에는 내가 비싼 돈과 시간을 들여서 배운 사실들이 구구절절 거론되어 있다. 아주 현실적인 가이드로 무엇보다 저자가 실전 경험을 바탕으로 풍부한 사례를 들면서 귀에 쏙쏙 박히도록 설명해 주어서 좋았다. 시나리오를 쓰는 원칙을 다룬 대목은 바이블이고, 업계 현실을 다룬 부분은 할리우드와 충무로의 차이를 잊게 만들 정도로 생생했다. 내가 이 책을 보고 새삼 깨달은 점은 규모 차이만 있을 뿐이지 영화인들의 멘탈은 한국이나 미국이나 본질적으로 같다는 것이었다. 절판되어 많은 영화인들이 아쉬워했던 이 책이 개정 증보판으로 다시 나온다는 소식을 들으니 반갑지 않을 수 없다. 이미 영화계에서 일하는 사람들은 초심과 원칙을 잊지 않기 위해서, 입문자들은 영화계 정글을 헤쳐 나가기 위해 이 책을 읽어야 한다.

—영화 제작자 **김익상**(〈가위〉, 〈잠복근무〉)

혼자 무작정 글을 쓸 때 막히고 답답했던 부분을 뚫어 주는 해답지와 같은 책이다. 자신의 원고를 점검하며 읽을 것을 강력 추천한다.

—웹툰 작가 **이난**(〈문래빗〉, 〈김왕짱〉)

실전에 강한
시나리오
쓰기

TEACH YOURSELF BREAK INTO SCREENWRITING
by Ray Frensham

Copyright ⓒ 2011 by Ray Frensham
All rights reserved

Korean Translation Copyright ⓒ 2018 by Sigongsa Co., Ltd.
This Korean translation edition is published by arrangement with HODDER & STOUGHTON
LIMITED through EYA(Eric Yang Agency).

이 책의 한국어판 저작권은 EYA(Eric Yang Agency)를 통해 HODDER & STOUGHTON LIMITED
와 독점 계약한 ㈜시공사에 있습니다.
저작권법에 의해 한국 내에서 보호를 받는 저작물이므로 무단 전재와 무단 복제를 금합니다.

아이디어 구상에서부터 시나리오 계약까지 알려 주는

실전에 강한 시나리오 쓰기 개정 증보판

레이 프렌샴 지음 | 제임스 조 옮김

SIGONGART

나의 초창기 작가 시절에는 글 쓰는 방법에 참고가 될 만한 책들은 물론, 창의적으로 글을 쓰는 법이나 시나리오 작법을 가르치는 강좌도 거의 없었다. 그러나 지금은 이와 관련된 서적들이 다양하게 출판되고 있고, 작법 강좌들도 상당히 많이 마련되어 있다.

그중에는 내가 직접 지도한 강좌도 있다. 나는 로버트 맥키(『Story 시나리오 어떻게 쓸 것인가』의 저자*)가 강의하는 스토리 구조에 관한 강좌에 참여한 적이 있는데, 무척 유익한 경험이었다. "절대로 주인공을 결말까지 쉽게 보내지 마라." "주인공을 최악의 상황까지 끝까지 밀어붙여라." 이와 같이 그는 우리가 이미 잘 알고 있는 내용들이지만 종종 놓치고 지나가는 것들을 지적했다.

그러나 그때 나는 이미 성공한 작가로서 자리 잡고 있었다. 그렇다면 나는 어떻게 해서 시나리오 작법의 노하우를 터득할 수 있었을까? 내가 택했던 방법은 매일매일 글을 쓰는 것이었다. 당신이 아무리 수많은 책을 읽었다고 해도 시나리오 작가가 되는 길은 이 방법뿐이다. 이 글을 읽고 작가라는 직업이 너무 고될 것 같다는 생각이 든다면, 차라리 지금 포기하라. 글쓰기를 시작하기 전에 당신은 이 일을 사랑해야 하고, 처음부터 올바른 마음가짐을 가져야만 한다. 중요한 일이다. 왜냐하면 글 쓰는 일이란 하면 할수록 점점 더 어려워지기 때문이다.

내가 글을 쓰는 것만큼이나 중요하게 생각하고 열심히 했던 일은,

최대한 내가 구할 수 있는 모든 대본을 구해 읽으며 그 대본으로부터 작업에 도움이 될 만한 아이디어와 테크닉을 빼내 내 것으로 만드는 것이었다. 영화 시나리오만이 아니라 셰익스피어와 체호프의 희곡까지도 참고했다. 표절에 대해서는 지나치게 걱정하지 않아도 좋다. 당신에게 세상을 바라보는 독특한 눈이 있다면 결국 빛나게 될 것이다.

그럼에도 내가 처음 글을 쓰기 시작했을 때 이 책을 구할 수 있었더라면, 나는 많은 시간을 줄일 수 있었을 것이다. 『실전에 강한 시나리오 쓰기』는 일반적으로 영상 매체에서 유용하게 사용할 수 있는 내용을 이해하기 쉽고, 확실하고, 재미있게, 그리고 무엇보다 가장 저렴한 방식으로 보여 주기 때문이다.

시나리오를 쓰는 모든 이에게 이 책을 적극 권한다. 레이 프렌샴은 영상 분야에 관한 모든 책을 읽고 잘 요약했다. 할 수 있다면 그가 거론한 모든 책을 직접 읽어 보는 편이 더 좋겠지만, 내 생각엔 차라리 그 시간에 더 많은 시나리오와 영화를 보는 것이 나을 것 같다. 22장에 쓰인 유용한 정보들과 그가 소개하는 사이트들만으로도 책의 값어치는 충분하다.

시나리오 작법에 관한 책이 당신을 훌륭한 작가로 만들어 줄 수는 없다. 하지만 이 책은 당신에게 큰 도움을 줄 것이다. 행운을 빈다.

앤드류 데이비스, 시나리오 작가
(〈브리짓 존스의 일기〉, 〈하우스 오브 카드〉)

1995년에 이 책이 처음 출간되었을 때 나는 이 책이 차츰 인기몰이를 했으면 좋겠다는 작은 소망을 가졌지만 계속 책이 팔릴지 또 얼마만큼 영향을 미칠지에 대해서는 크게 기대하지 않았다. 하지만 초기부터 이 책에 대한 극찬이 쏟아지고, 책의 판매 수치가 예상을 훌쩍 뛰어넘는 것을 보고 믿을 수가 없었으며, 지난 수년 동안 받아 온 감사의 편지와 여러 매체를 통한 고마움의 표시는 내 가슴을 뭉클하게 만들었다. 그리고 정말로 내가 무엇인가를 제대로 해내었다고 느끼게 해 주었다.

지금 생각하면 조금 이상하지만 내가 책을 쓰기로 마음먹었을 때 당시 나는 런던 시나리오 작가 워크숍 회장이었는데, 처음 떠오른 생각은 '누가 또 새로운 시나리오 작법 책을 필요로 할까?'였다. 1992년이었는데 사람들이 시나리오 작법이 정말로 중요한 주제라는 것을 거의 느끼지 못할 때였다(미국 제외). 또한 시나리오 작법에 대한 책이 없는 것도 아니었고, 그중 몇 개는 기본 교재로 사용되고 있었다.

그래서 나는 어떻게 이 책을 다르게 쓸까에 대해 고심했다. 내가 떠올린 것은 현존하는 모든 작법서가 첫째로 출처가 미국이며, 둘째로 할리우드 대작 영화에 대해서만 집중했으며, 그리고 셋째로 매우 권위적이고 가르치려는 것 같은 형식이라는 점이었다. 하지만 글을 쓰는 것은 마음처럼 되지 않는다. 지름길은 없다. 어쨌든 글을 쓰는 '법칙'들을 먼저 알아야 그다음에 그것들을 나눌 수 있으며 또는 자신만의 형식으로 만들 수 있다.

그래서 나는 작가의 입장에서 글을 쓰기 시작했다. 이런 상황에서는 이렇게 써야 한다고, 기존의 작법 책들은 당신에게 요구할 것이다. 두려워하지 마라. 당신이 쓰는 시나리오가 기존의 작법 책에서 지시한 것과 다른 방향으로 향한다고 해도, 그것이 당신의 시나리오와 맞는다면 그렇게 하라. 그리고 그것을 시나리오 모니터 요원의 관점으로 생각하라. 그들이 당신의 시나리오를 처음 읽으면서 살필 키포인트는 무엇인가? 또한 글 쓰는 과정을 이해하기 쉽게 알려 주고 싶었다. 시나리오 작법이라… 정말이지 미디어계는 전문 용어투성이다.

무엇보다 책의 가장 마지막 몇 장에 당신이 앞으로 시나리오를 판매할 시장과, 그 시장을 뚫고 들어갈 수 있는 몇 가지 전략과 일단 당신이 그곳에 들어간 후에 취해야 할 행동들에 대해 적었다. 남에게 읽힐 수 없다면 시나리오 쓰기의 이유와 목적은 무엇인가? 이러한 점들이 다른 작법서에서 다루지 않은 부분이다.

그래서 나의 모든 자료와 체크 리스트를 모으기 시작했다. 당신의 캐릭터들과 당신의 이야기들과 당신의 고쳐 쓰기, 그리고 당신 자신에게 물어볼 만한 질문들. 추가로 몇 가지 실용적인 학습 경험과 함께 나만의 특징적인 몇 가지 의견과 작업에 관해서 말이다.

나는 향후 시나리오 작법이 크게 주목을 받을지, 그리고 시나리오 작법에 대한 수천 권의 책들이 쏟아져 나올지 상상도 못했다. 하지만 시간이 흐르면서 여러 권의 책이 나왔고 이 책도 몇 번의 개정판을 발행했다. 그때마다 나는 내용을 확장하고 수정했으며 새로운 흐름과 개발에 관해 소개했다.

한국어판 서문

이 책이 한국의 시나리오 작가 여러분에게 많은 도움을 주기 바란다. 무엇보다 즐겁게 읽어 주었으면 한다. 이 책이 숱한 시나리오 작법서와 다른 점이 있다면 작가적 관점에서 쓰였다는 것이다. 어떤 특정한 설정에서는 이렇게 해야 한다고 썼지만, 이러이러한 문제에 직면하게 된다는 설명을 덧붙였다.

나는 늘 이렇게 말하곤 한다. "어떤 것이든 당신에게 잘 맞는 방식이 있다면 그렇게 하라." 시나리오 작업에는 반드시 지켜야 하는 '특별한 룰'이라는 것은 없다. 이 책은 캐릭터를 만들거나 좋은 이야기를 쓰는 방법에 대해 조언하고, 참고 사항을 전달하는 것이 전부다. 아주 오래전, 룰이 없던 시절에도 뛰어난 재주로 훌륭한 이야기를 만들어 냈던 이야기꾼들이 있었음을 기억하라(또한 당신이 '룰'을 무시하고 당신만의 스타일대로 써 나가기 위해서는 먼저 그것에 대해 확실히 알고 있어야만 한다). 아울러 할리우드보다 더 멀리, 더 넓은 세상을 바라보기 바란다.

이 책을 집필하기 시작할 때부터 나는 이 책을 읽을 독자들을 상상했으며 그들이 누구인지에 대한 확실한 구상이 있었다. 영화와 시나리오 작법에 관심은 많으나 어떻게 접근해야 할지 잘 모르는 사람들이었다. 우연히 호기심에 이끌려 책을 집고 훑어보는 사람들이지 않을까? 이들이야말로 내가 생각했던 독자다(이 책이 시나리오 작법 강좌와 북클럽, 학교와 대학교를 비롯해 전 세계적으로 전달될 가능성에 대해서는 당시에는 전혀 생각하지 못했다. 그래서 정말 감사하게 생각한다).

　내가 〈쉬리〉와 〈공동경비구역 JSA〉를 보며 느낀 점은 한국 영화가 짧은 시간에 국내 시장을 넘어서 해외까지 널리 알려졌다는 것이다. 특히 〈올드보이〉를 본 관객은 모두 한국 영화의 매력에 빠져 버리고 말았다. 애니메이션도 마찬가지다. 한국의 작품들이 미국의 제작사와 관객의 마음을 훔친 것은 무엇보다 한국의 시나리오 작가들이 이야기를 잘 풀어 나가고 있기 때문일 것이다. 이것이야말로 시나리오 작법의 기술이라고 할 수 있다.

　사람들은 모두 각자 하고픈 이야기가 있으며, 그러한 이야기들이 작가에게는 뛰어난 소재가 된다. 이러한 기술들은 자국의 소재를 문화나 어느 특정한 사건과 결부시켜 캐릭터를 통해 이야기를 풀어 나가는 뛰어난 솜씨를 발휘하게 한다. 그렇게 탄생한 영화는 관객의 이목을 사로잡고 전 세계적으로 통용되는 메시지가 되어 관객의 감정을 움직인다.

　우리는 모두 다른 언어를 사용하고 있지만 한 가지 공통점이 있다면, 똑같은 감정을 지녔다는 것이다. 당신은 작가로서 관객의 감정을 조절해야 한다. 오늘날 한국 영화는 세계 시장에서 해외 작품들과 당당히 경쟁하고 있으며, 작품성과 흥행성 모두에서 뛰어난 성적을 거두고 있다. 영화 시장 또한 날로 불어나고 있다. 이 모든 것이 작가의 손에 달려 있다. 이 흐름을 따라 더 멀리 바라보며 나아가야 할 것이다. 미래는 당신의 손에 달려 있다. 감히 말하지만, 할리우드여, 긴장하라!

2005년 9월

나는 2년 전에 공식적인 은퇴를 선언했다. 하지만 그렇다고 내가 영화계를 아예 떠난 것은 아니요, 또한 영화계가 나를 떠난 것도 아니다. 마틴 스콜세지 감독의 〈휴고〉, 스티븐 프리어즈 감독의 〈플로렌스〉, 더스틴 호프만 감독의 〈콰르텟〉, 폴 킹 감독의 〈패딩턴 2〉, 제임스 마쉬 감독의 〈사랑에 대한 모든 것〉, 매튜 본 감독의 〈킹스맨 2〉, 그리고 넷플릭스가 제작한 〈마이 디어 워드 히브〉의 〈더 크라운〉 등 여러 작품에서 다양한 역할로 참여했다.

내가 했던 시나리오 닥터링scenario doctoring(영화의 콘셉트, 인물, 위기와 절정 등 스토리 구성의 완성도를 높이기 위해 시나리오 단계에서 컨설팅 또는 각색을 도와주는 일*)은 익명의 작업이다. 엔딩 크레디트에 이름을 넣을 수 없다. 물론 작업의 대가는 확실히 받는다. 하지만 나를 가장 매료시키는 것은 여러 감독이 선보이는 그들만의 연출을 볼 수 있다는 점이다.

인터넷은 영화계에도 엄청나게 큰 변화를 가져왔다. 아마존이나 넷플릭스, 그리고 유튜브와 같은 새로운 플랫폼이 생겨났다. 그것만이 아니다. 빠른 기술력의 성장으로 우리가 기존에 경험하고 활동하고 있는 미디어 '콘텐츠'가 점점 작아지고 있다. 이제 사람들은 영화 또는 TV 시리즈를 노트북과 태블릿, 스마트폰 화면으로 본다.

지금은 생각지도 못할 새로운 플랫폼이나 기기가 나올 수도 있다. 놀랄 일이 아니다. 하지만 변하지 않는 진리도 있다. 어떤 플랫폼이나 새로운 기기가 나오더라도 스토리텔링의 기본 법칙들은 변하지 않을 것이다. 왜냐하면 그것들은 당신이 영화나 영상을 보는 이유와 목적의 가장 중요한 부분이기 때문이다. 이것이 시나리오 작가인 당신이 관객들에게 감정적인 측면에서 영향을 주어야 하는 이유다.

불가피하게도 당신은 영화라는 이 '쇼' 비즈니스 세계에 오래 머물면 머물수록 가끔씩 이유 없는 싫증이 나거나 심지어는 냉소적으로 변할 수도 있을 것이다. 하지만 어느 날 한 무명작가가 쓴 시나리오가 당신의 책상 위에 올라와 있는 것을 발견하고 무심코 그것을 집어 들고 읽어 볼 때, 다시금 뜨거운 열정과 새로운 기분을 느낄지도 모른다. 힘이 솟아나는 에너지, 뜨거운 열정, 놀라움과 희망, 그리고 기묘한 느낌들…. 내가 이 업계에 처음으로 발을 들여 놓았을 때의 감정이 아니었던가 생각하면서

그러므로 훌륭한 이야기는 언제 어디에서나 생명력을 갖는다. 그것을 잊지 말기 바란다. 또 나에게 다음 페이지를 넘기게 만들 시나리오를 읽게 해 주기 바란다. 이 책을 통해 그렇게 해 주기를 바란다.

2018년 11월
레이 프렌샴

무엇이 당신으로 하여금 영화 한 편을, 또는 TV 프로그램을 보게 만드는가? 스타의 이름값? 평론가의 평? 특수효과? 그럴 수도 있다. 하지만 근본적으로는 그것이 훌륭한 이야기이기 때문이다. 하나 또는 두 문장으로 표현할 수 있거나, 보는 이의 시선을 고정시킬 만한 것이며 또 그 이야기에 관심 갖게 해 메시지를 전하게 만드는 것이다.

훌륭한 스토리란 우리가 우리와 동일시하는 다재다능한 캐릭터이며 우리의 감정을 움직이게 한다. 마치 우리를 롤러코스터에 태운 다음 무엇을 발견하러 떠나는 여행처럼 예기치 않은 반전과 순서의 차질을 빚게 만들어 다음에는 무슨 일이 일어날지 궁금증을 자아낸다.

시나리오를 쓰는 것은 관객의 감정을 상상 속의 스토리텔링에 맞추어 움직이게 하는 것이다. 두 개의 중요 도구는 캐릭터와 구조다. 그들은 서로 반영되고 의지하며 함께 나아간다. 캐릭터를 만드는 것은 단순히 입체적인 주인공을 만드는 것이 아니라 캐릭터 주위에 현실성 있는 다른 캐릭터들을 배치함으로써 주인공이 특정 목적(들)을 성취하고자 떠나는 여정에서 그들이 주인공을 방해하거나 반영 또는 도움 주는 역할을 하게 만드는 작업이다.

구조는? 가장 잘 알려진 3막 구조를 따른다면 시작, 중간, 그리고 결말을 필요로 할 것이다. Act I(당신의 설정), Act II(당신의 스토리와 캐릭터들을 개발하는 곳), 마지막으로 Act III(클라이맥스와 결말). 당신의 시나리오에서 중요한 순간마다 등장하는 다양한 터닝 포인트와 함께,

좋은 결말(당신이 생각하고 있는 구조 모델에 적용된다)을 잊지 마라.

숙고할 사항은 아직 많이 남았다. 장르, 신 구조, 스크린 대화, 서브 텍스트, 캐릭터 동기, 사건 속의 연속적인 사건, 속도, 뿌리고 거두기, 테마, 고쳐 쓰기, 시놉시스, 트리트먼트 등등. 그리고 시나리오를 완성한 후에 사람들에게 그것이 읽히도록 해야 하는 일까지.

이 책에서 그 모든 것을 다룬다.

목차

1장
시나리오를 쓰기 전에
(사전 준비)

2장
시나리오의
기본 짜임새 연구

일러두기

1. 옮긴이주는 *로 표시했다.
2. 영화명은 한국 제목에 맞추었다.
3. 인명, 지명 등은 한글맞춤법, 외래어표기법에 의해 표기하는 것을 원칙으로 했으나, 일부는 통용되는 방식으로 표기했다.

1장

시나리오를
쓰기 전에
(사전 준비)

이번 장에서는…

시나리오와 다른 장르의 쓰기의 차이

현재 사용되는 시나리오 유형

시나리오 작업을 위한 자기 관리법

당신의 재능과 시나리오가 인정받기
위해 넘어야 할 첫 번째 관문

훌륭한 영화를 만들기 위해서는 딱 세 가지가 필요하다. 좋은 시나리오, 좋은 시나리오, 그리고 좋은 시나리오.

– 알프레드 히치콕

1.
왜 이 책을
읽어야 하는가?

이 책은 이제 막 시나리오 작가가 되기 위한 준비를 시작한 사람들을 위해 만들어졌다. 영상물(영화, 방송, DVD 등)의 시나리오 작업 시에 종종 부딪치는 문제에 대한 설명과 요령 있게 글을 쓰는 방법에 대해서만이 아니라 어떻게 영상 매체 시장에 접근해야 하는지에 대한 조언도 아끼지 않는다. 글을 쓰는 형식에는 여러 가지가 있는데, 그중 시나리오 쓰기는 '비즈니스'와 '창작'의 범주를 가장 많이 넘나드는 작업으로, 작가는 편안한 마음으로 자신감을 갖고 써야 한다. 미디어는 일하는 방식을 신비화시키려는 경향이 있는데, 나는 그런 미디어 제작 과정의 신비감을 없애고 싶다.

쓰고 싶은 스토리가 있는데, 그것을 어떠한 구조와 형식에 적용시켜 시나리오 속에 녹여야 할지 모를 수도 있다. 또는 오직 글을 쓰고 싶은 열정만 있을 뿐, 뭐라고 써야 할지 아이디어가 고갈된 상태일 수도 있다. 어쨌든 첫 신scene을 쓰기 전까지 준비해야 할 것이 꽤 많이 있음을 알아 두었으면 한다.

이 책은 영상 매체를 염두에 두고 쓰일 작법과 독특한 기술에 대해 다룬다. 상당수의 시나리오 작가들이 반복해서 묻고 또 묻는 질문과 답변들도 정리했다. 어떻게 아이디어를 개발할 것인가?, 나의 시나리오와 인물을 검증하기 위해 어떠한 점을 체크해야 할 것인가?, 어떻게 에이전시를 구할 수 있을까?, 어떻게 저작권 보호를 할 수 있는가? 등등.

시나리오 작법을 다룬 대부분의 책들은, 특히 시나리오 구조에 관한 법칙을 반드시 지켜야 한다고 강요한다. 하지만 이 책은 그렇지 않다. 다른 두 가지를 강조한다.

① 프로듀서, 감독 또는 담당자(일의 결정권을 가진 자)들은 초보 작가의 작품을 직접 읽지 않는다. 당신의 시나리오는 모니터 요원들이 읽을 것이다. 그들은 영화사에서 일하는 이들 중 가장 직책이 낮으며 불필요한 시나리오(에이전시를 통하지 않고 들어온 원고)들을 거르는 일을 한다. 이 책에서 거론하는 여러 철칙은 시나리오 모니터 요원들이 교육받는 사항들로, 그들에게 좋은 인상을 받을 수 있는 방법을 알려 줄 것이다.

② 작가로서 이 세계의 법칙을 제대로 파악한 후에 자신의 주관을 갖고 자신이 원하는 방향으로 끌고 가는 힘을 길러야 한다.

> 시나리오를 쓰는 것은 소네트를 쓰는 것과 같다. 제한된 공간에서 스토리를 만들어야 하기 때문이다.
>
> – 캐롤라인 톰슨, 시나리오 작가(〈가위손〉, 〈비밀의 화원〉)

기본적으로 90% 이상의 시나리오는 영화로 만들 가치조차 없는 쓰레기이며(이유는 뒤에 나온다) 곧장 이면지로 활용된다. 대략 10% 정도만이 끝까지 읽을 만한 가치를 지니며, 그중 2% 정도만이 괜찮다고 생각되어 작가와 미팅을 갖는다. 겨우 1%만이 영화로 제작해도 좋을지 검토를 받는다(할리우드에서는 1/100-130의 확률로 채택된다고 하나

지금은 1/200이라고 하며, 수치는 계속 오르고 있다). 따라서 당신의 시나리오가 2% 안에 속할 수 있도록 하는 것이 이 책의 목적이다.

나는 1983년도부터 시작한 연구를 통해 얻은 경험을 바탕으로 작가, 시나리오 감수, 교수, 영화 재정 담당, 제작자, 그리고 시나리오 작가 워크숍의 회장으로서 직접 체험한 노하우를 하나도 빼놓지 않고 모두 기술했다. 내가 근본적으로 추구하는 것들의 기본적인 요소는 내가 감명 깊게 본 영화나 TV물, 그리고 형편없는 시나리오를 읽은 경험에서 나왔다. 또한 영화나 TV 계통에 입문해 세계적으로 잘 알려진 명사들이나 이제 갓 입문한 사람들의 진지한 해설이나 경험담도 도움이 된다고 판단해 수록했다.

이제까지 영화 산업만큼 거대하게 성장한 산업은 없다. 영화와 방송 연예 프로그램의 시청자들은 날로 늘고 있으며 더 많은 작품을 보고 새롭고 색다른 경험을 하고 싶어 한다. 나날이 범위를 넓혀 가는 TV, 케이블, 위성 중계 케이블 시장 덕택에 디지털 기술이 무궁무진한 잠재력을 가지고 발전하고 있으므로 이 기회를 놓치지 말아야 한다. 또한 인터넷과 컴퓨터 게임 산업도 있다. 게다가 슈퍼 콤팩트 카메라, 웹TV, 다양한 '온 디맨드On-Demand' TV 포털과 수많은 모바일 기술과 응용 프로그램이 있다. 오늘날의 사람들은 스마트폰을 이용해 시나리오를 쓴다(22장 참조). 당신에게 더 많은 기회가 주어진 것이다 (아쉽지만 아직 한글용 어플은 없다*).

마지막으로 체크 리스트(영화 현장에서 얻은 자료들)와 정기적인 연습 과제를 통해 당신이 글을 어떻게 써 나가고 있는지 스스로 분석하고 평가할 수 있도록 구성했다. 당신 대신 시나리오를 써 주는 일을 제외한 모든 것을 총망라한 셈이다.

좋은 시나리오를 얻기 전에는 영화를 시작하지도 마라.

인사이트

"지금부터 당신이 평생 가졌을, 영화에 감사하는 마음을 부숴 버리려고 합니다." 나는 강의의 처음을 이렇게 시작한다. 왜냐하면 영화가 어떻게 만들어지는지 알려 주려고 하기 때문이다. 강력하게 권고하는데, 이 책을 끝까지 읽을 때까지 처음 영화를 접했을 때의 순수한 호기심을 붙잡아 두기 바란다. 그렇게 하는 것이 정말로 힘들다는 것을 알지만 말이다.

2.
창작 vs. 각색

시나리오에는 창작과 각색 두 가지 종류가 있다.

창작 시나리오는 영화로 제작된 적이 없거나 출간된 적이 없는 순수 창작물을 말한다. 〈소프라노스〉, 〈아멜리에〉, 〈몬스터 주식회사〉, 〈식스 센스〉, 〈업〉, 〈아바타〉, 〈오션스 일레븐〉, 〈플레전트빌〉, 〈CSI〉, 〈매드맨〉, 〈앵커맨〉, 〈더 와이어〉, 〈웨이킹 네드〉, 〈아메리칸 파이〉, 〈노팅 힐〉, 〈유주얼 서스펙트〉, 〈LA 컨피덴셜〉, 〈증오〉, 〈아메리칸 뷰티〉, 〈토이 스토리〉, 〈메멘토〉, 〈셰익스피어 인 러브〉, 〈고스포드 파크〉 등.

반면에 각색 시나리오는 다양한 자료를 바탕으로 만들어진다.

• 책: 〈안젤라스 애쉬스〉, 〈반지의 제왕〉, 〈꼬마 돼지 베이브〉, 〈소셜 네트워크〉, 〈오즈의 마법사〉, 〈더 브레이브〉, 〈본 얼티메이텀〉,

〈다빈치 코드〉, 〈언 에듀케이션〉, 〈싱글 맨〉, 〈레볼루셔너리 로드〉, 〈리플리〉, 〈콜드 마운틴〉, 〈해리 포터〉 시리즈, 〈썸 오브 올 피어스〉, 〈뱀파이어와의 인터뷰〉, 〈프랑켄슈타인〉, 〈쉰들러 리스트〉, 〈어바웃 어 보이〉, 〈마이너리티 리포트〉, 〈꿈의 구장〉, 〈겟 쇼티〉, 〈노트북〉, 〈슈렉〉, 〈레드 드래곤〉, 〈쥬라기 공원〉, 〈야망의 함정〉, 〈라스트 모히칸〉

- 연극: 〈프렌티〉, 〈리차드 3세〉, 〈우리는 파키스탄인〉, 〈로미오와 줄리엣〉
- 뮤지컬: 〈시카고〉, 〈드림걸즈〉
- 만화: 〈스파이더맨〉, 〈슈퍼맨〉, 〈배트맨〉, 〈젠틀맨 리그〉, 〈엑스맨〉, 〈판타스틱 4〉
- 신문 칼럼: 〈브리짓 존스의 일기〉, 〈섹스 앤 더 시티〉
- 풍선껌 카드: 〈화성 침공〉
- 그래픽 노블(일러스트 소설): 〈로드 투 퍼디션〉, 〈다크 나이트 라이즈〉, 〈300〉
- TV 시리즈: 〈어벤저〉, 〈아담스 패밀리〉, 〈미션 임파서블〉, 〈스쿠비-두〉, 〈미녀 삼총사〉
- 컴퓨터 게임: 〈툼 레이더〉, 〈레지던트 이블〉

역사적인 사건과 '실화' 또는 인물의 전기를 다룬 영화들은 무엇이라 뚜렷하게 구분하기 쉽지 않지만 보통 창작 작품으로 분류한다. 이를테면 〈킹스 스피치〉, 〈라이언 일병 구하기〉, 〈허트 로커〉, 〈블라인드 사이드〉, 〈에린 브로코비치〉, 〈알리〉, 〈뷰티풀 마인드〉, 〈디쉬〉, 〈블랙 호크 다운〉, 〈타이타닉〉, 〈아버지의 깃발〉, 〈필립 모리스〉, 〈진주만〉, 〈더 퀸〉, 〈월드 트레이드 센터〉, 〈할리우드 랜드〉 등.

지금까지 제작된 모든 영화의 60% 이상은 각색된 시나리오다.

그러나 처음으로 제작된 영화들은 모두 창작 시나리오였다. 각색 작업은 특별한 노련함을 필요로 하며(18장 참조) 원작을 구하는 문제와 판권 문제를 해결해야 하기 때문이다. 전적으로 비즈니스 관점에서 이미 팬층을 형성하고 있는 한 매체(소설)라면 제작자에겐 안정감을 주며 어느 정도의 관객층을 확보했다고 생각할 수 있다. 그것은 인지된 위험 요소를 줄여 주며 제작자들은 이를 부담 없이 대중성 있는 영화에 뛰어들 수 있는 도약판으로 사용할 수 있다.

물론 좋은 시나리오를 쓰는 법칙은 어쨌든, 이 두 가지가 모두 적용된다.

각각의 종류에 맞는 다섯 편의 영화 제목을 적고 나서 현재 상영 중인 영화 목록을 살펴보라. 당신이 알고 있는 정보로부터 각 영화의 시나리오 크레디트가 어떻게 적혀 나올지 구상해 보라. 그다음에 영화 포스터의 크레디트 부분을 확인해 보기 바란다. 당신의 생각과 같았는가? 영화 포스터 중에는 각본만 적혀 있고 원작과 각색란이 없는 것도 있다. 왜 그렇다고 생각하는가?

3.
시나리오 쓰기는
공동 작업이다

첫 번째로 깨달아야 할 사항은 시나리오란 공동 작업의 산물이라는 것이다. 무척 괴로운 일이겠지만 자주 부딪힐 과제인 것이다. 비록 지금은 혼자서 시나리오를 쓸지 모르지만 모든 작업을 마친 다음 누군가에게 시나리오를 보낸다면, 그때부터 작가는 팀의 구성원이 된다. 자신이 쓴 대사 한마디 한마디와 영상 하나하나에 모든 영향력을 행사하고 싶다면 차라리 소설이나 연극 각본을 써라. 시나리오에 모든 영향력을 행사할 수 있는 유일한 방법은 직접 제작하고 감독하는 것이다.

만약 당신의 시나리오가 프로듀서에 의한 '옵션형'이라면, 일정한 기한을 전제로 판권을 소유한 경우라면, '개발' 단계로 나아간다. 이 단계에서 프로듀서는 당신과 시나리오에 대해 의견을 나누며 시나리오를 다시 써 달라거나 특정 부분을 (원하는 방향으로) 수정하라고 요구할 것이다. 프리프로덕션pre-production 단계에서는 시나리오에 감독, 배우, 세트 디자이너, 특수효과 담당자와 기술자들의 의견이 반영된다. 시나리오는 영화 촬영 중에도 종종 수정되곤 하며(영화나 드라마 촬영은 최대한 예술적으로 만들되, 제작비가 관건이다) 포스트 프로덕션 post-production 단계에서도 편집을 통해서 전체 내용이 뒤바뀔 수 있다.

왜 감독의 시각은 작가가 작품을 보는 시각과 동일하지 않다고 생각하는가? 당신은 서로의 의사를 반영시키는 것이 작품에 도움이 된다고 생각하는가, 아니면 많은 사람의 간섭으로 작품이 손상된다고 생각하는가? 만약 영화 관계자들이 당신의 시나리오 내용을 수정하고자 할 때, 당황하거나 낙심하거나 화가 난다면 축하할 일이다. 당신이 비로소 시나리오 작가의 길에 첫발을 들여놓았다는 증거다!

시나리오는 작가의 것이지만 영화는 감독의 것이다. 여기에 적응하기 바란다.

　　　　　　－ 윌리엄 골드먼, 시나리오 작가(〈내일을 향해 쏴라〉, 〈미저리〉, 〈와일드 카드〉)

작가이자 감독인 울프 릴라는 '시나리오는 영화의 청사진'이라는 표현을 했는데, 정확한 표현이라고 생각한다. 시나리오는 제작진들로 하여금 드라마의 여러 요소를 볼 수 있게 하는 일종의 도표 역할을 한다. 시나리오가 영화로 제작되어 극장에서 상영되기까지 짧게는 몇 개월에서 길게는 몇 년이나 걸린다. 그러므로 시나리오 작업을 하기에 앞서 영화에 대한 기술적인 매개 변수와 영상 표현법부터 이해해야 한다.

인사이트

나는 작가에 대한 아무 정보가 없는 시나리오를 읽으면서도 작가의 성별과 나이, 교육 정도, 그리고 성장 배경까지 맞출 수 있다. 우리는 자신의 삶을 기준으로 다른 주제와 다른 관점에서 바라본 것을 쓰기 때문이다.

4.
시나리오의 정의

영화는 20세기 최고의 예술 형식이라고 일컬어진다. 관객이 보고 싶은 곳을 확대하거나 초점을 맞추어 보여 주며 현실보다 더 현실적으로 표현되는 카메라 기교는 어떤 예술 형식으로도 따라잡을 수 없다. 이와 같은 강렬함과 집중력은 감정의 사실적 묘사와 감정이입을 가능하게 하며, 관객으로 하여금 영화에 빠져들게 하는 매력적인 요소가 된다. 어쨌든 이 모든 경험은 관객의 마음속에서 이루어지기에 작가는 반드시 관객의 마음속까지 꿰뚫어 볼 수 있어야 한다. 작가는 관객이 경험하는 감정선을 모두 알고 있어야 한다.

그러나 이것이 시나리오의 전부는 아니다. 시나리오는 감정의 경험과 전개되어야 할 방향과 취지를 전달해 마침내 마지막 클라이맥스에 카타르시스(인위적 경험, 특히 비극)를 느끼도록 구성되어야 한다.

오늘날 일반적인 영화 시나리오에 대해 정의한다면 다음과 같이 설명할 수 있을 것이다. 이야기에 등장하는 주인공은 무언가를 이루고자 하는 동기를 가지고 있지만 이야기 초반에 누군가 혹은 무엇에 의해 어려움에 직면한다. 그 계기는 목적을 달성하기 위해 피할 수 없는 행동을 하도록 유도하고, 주인공은 목적 달성을 위해 불가피한 상황에 부딪치고 역경을 헤쳐 나간다. 마침내 목적을 달성하고, 그 경험은 주인공을 한층 변화하고 성숙한 모습으로 탈바꿈시킨다.

5.
'스냅샷'의 묘미

스냅샷snapshot은 압축된 짧은 묘사를 말한다. 사실 말로 전해지는 모든 이야기는 여러 이야기가 합쳐진 것이다. 우리는 대화할 때, 일이 발생한 장소를 모두 열거하지 않으며, 순서대로 자세하게 말하지도 않는다. 하고자 하는 이야기만 골라서 하고 생략도 한다. 또 좋은 이야기를 만들기 위해 짜임새 있는 구조를 만들기도 한다.

영상으로 이야기를 전달하는 시나리오는 이야기의 모든 형식 중 만화 다음으로 생략을 빈번하게 사용한다. 영화는 며칠의 이야기를 다루는 경우도 있지만, 〈드라이빙 미스 데이지〉처럼 몇 십 년의 세월을 담기도 한다. 그러나 시나리오 작가는 보통 두 시간이라는 제한된 러닝타임 안에 이야기를 마쳐야 한다. 그러므로 이야기를 생략하거나 이어 붙임으로써 일관성 있고 조리 있게 만들어 그럴 듯한 이야기로 꾸며야 한다.

소설이나 연극이라면 화제나 논의가 본론에서 벗어나는 경우에 직접 관객에게 전하거나 심리적인 방법으로 접근하는 등 여러 방법을 동원할 수 있다. 하지만 영화는 연속으로 찍은 사진들(신)이 연결되어 하나의 그림으로 완성된 다음 한 편의 영화로 탄생한다.

그렇다면 무엇을 어떻게 생략해야 할까? 다음 예시에서 관객이 미루어 짐작할 수 있다고 생각하는 부분을 삭제해 보라. 사무실의 직원이 배가 고파 샌드위치를 사러 나간다고 하면 어떤 장면들을 보여 줄 것인가? 빤한 장면부터 생각해 보자.

① 사무실-팸은 배가 고프다며 샌드위치를 사러 나가려 한다.

② 사무실 문 앞-팸은 코트를 걸치고 밖으로 나간다.

③ 계단-팸은 계단을 내려가 현관문으로 간다. 밖으로 나간다.

④ 길거리-문을 열고 나온 팸은 길 건너 샌드위치 가게로 향한다.

⑤ 샌드위치 가게-가게로 들어온 팸은 주문을 위해 줄을 선다.

⑥ 줄-팸은 조금씩 앞쪽으로 다가가 마침내 카운터 앞에 선다.

⑦ 카운터-팸은 샌드위치를 주문하고 기다린다.

⑧ 샌드위치 가게-샌드위치를 건네받은 팸은 근처 테이블에 앉은 다음 봉투를 연다.

⑨ 테이블-팸은 봉투를 열고 샌드위치를 꺼내 입가로 가져간다.

⑩ 입-팸은 최대한 입을 크게 벌려 샌드위치를 베어 먹는다. 만족스러운 그녀의 표정.

위의 예문에서 가장 의미심장한 단계를 선택해 보라. 없어서는 안 될 가장 작은 부분부터 조리 있게 설명해 보라. 정답은 부록을 참조하라. 관객이 미루어 짐작할 수 있는 부분은 모두 빼라. 첨가 및 생략하려는 부분에서는 이렇게 자문하라. 이야기 구조상 중요한 역할을 하는가? 이야기 전개에 도움이 되는가? 생략한다면 이야기 전개상 어색하겠는가?

6.
영화와 TV의
유사점과 차이점

영화와 TV는 둘 다 영상으로 표현하는 매체이며, 같은 의도를 지니지만 기술적인 면에서 확실히 다른 몇 가지 차이점이 있다.

스크린의 크기에 대해서도 염두에 두어야 한다. 확연히 차이가 난다. 영화 스크린은 매우 크며 비주얼적인 영상을 통해 이야기를 풀어나간다. 작가와 감독의 야심 또한 매우 높다. 같은 영상 매체이지만

영화	TV
대부분 현장에서 촬영하며 실내 장면은 스튜디오 또는 현장에서 직접 촬영한다. 카메라 한 대로 촬영하며 같은 장면을 여러 번 반복해서 촬영한다. 먼저 마스터 숏 master shot(카메라 구도 안에 모든 것이 들어가 있는 장면, 즉 배우의 대사와 행동을 뜻하며 다른 말로 풀 샷full shot)을 찍고, 주연 배우들이 대사 하는 모습을 앵글 사이즈를 바꾸어 같은 장면을 여러 번 촬영한다. 클로즈업이 필요하면 첨가해 촬영한다. 대본 형식(2장 참조)은 한 면 전체를 차지한다. 대사는 중앙에 쓰며 묘사는 보통 글쓰는 형식으로 쓴다. 대사, 특히 영상을 중심으로 이야기와 액션을 펼쳐 나간다. 많은 인물을 등장시킬 수 있지만(10명 이상도 가능) 관객은 특정한 한두 명의 인물에 초점을 맞춘다.	촬영은 대부분 스튜디오에서 이루어진다 (가끔 인서트insert 형식으로 현장에 가서 외부 건물을 촬영한다). 보통 세 대의 카메라로 촬영한다(세트 안에서 모든 배우를 한 대의 카메라가 촬영하고 나머지 카메라로 대사 하는 인물을 촬영한다). 대본 형식(2장 참조)은 페이지의 오른쪽에만 기재하고 왼쪽은 비운다. 오른쪽 면은 카메라 앞에서 벌어지는 상황들을 적은 것이며, 왼쪽 면은 카메라 외의 공간에서 벌어지는 상황들을 적은 것이다. 이 공간은 나중에 카메라 디렉션으로 채워지며 이를 촬영 대본이라고 한다. 대사 위주로 이야기와 액션을 이끌어 나간다. 몇 명의 인물만 등장시킬 수 있다(5~7명 정도). 시리즈와 드라마 인물들은 고정 출연한다.

TV는 대사 위주라 보다 친숙하게 느껴질 수 있으며 대사 하는 인물을 화면에 비추고 그들의 대사에 전적으로 의지한다. 상업용으로 만들어 졌다면 사이사이에 광고도 염두에 두고 시청자들을 붙잡아 둘 만한 내용과 적절한 클라이맥스를 첨가해야 한다.

일반적으로 미국 영화가 영국과 유럽 영화에 비해 영상 위주라는 의견에 동의한다. 영국과 유럽의 영화들은 보다 문학적이며 대사 위주이기 때문이다. 근래에 많이 바뀌고 있지만 관객이 진심으로 감동과 흥미를 얻거나 현실을 도피하고 싶어 하거나 색다른 감정을 경험하고 싶어 한다면 아직도 영화를 먼저 선택할 것이다.

인사이트

TV 드라마(특히 미국)는 가장 혁신적으로 이야기를 전달하는 스토리텔링 방식과 구조, 모험적인 주제를 선정하는 등 최고임을 증명하고 있다. 1980년대에 〈힐 스트리트 블루스〉 같은 드라마는 현실감과 박진감 넘치는 핸드 헬드 handheld(사람이 카메라를 들고 직접 찍는 것*)로 세간을 떠들썩하게 만들었으며, 〈소프라노스〉, 〈24〉, 〈매드맨〉 같은 드라마들도 마찬가지다. 이러한 드라마들은 자신감 있게 극의 전개를 천천히 진행시키며 치밀하게 계산된 극적 전개로 하나씩 이야기를 풀어 나간다. 능란한 기법으로 주제의 내용을 하나씩 벗겨 가며 깊숙이 숨겨진 알고 싶지 않은 현실을 폭로한다. 충분한 시간을 갖고 보여 주지만 아주 미묘하게 극의 반전으로 비밀이 밝혀지는 순간, 그 충격은 실로 엄청난 파장을 일으킨다.

예로부터 영상 산업은 영화를 최고의 예술 매체로 떠받들며 TV는 유행하는 것들을 종합해서 선보이는 것이라고 생각했다. 이런 이유로 TV는 '속물 덩어리'인 영상 매체로부터 영화에 비해 덜떨어지고 불쌍한 취급을 받아 왔다. 하지만 스티븐 보쉬코 프로덕션(〈닥터 후〉 등을 만든 제작사*)을 시작으로 〈소프라노스〉 같은 작품이 나오자 몇 몇 TV 제작사들은 영화 제작비와 맞먹는 예산으로 복잡하고 야심 찬 드라마 제작 기회를 노리고 있다(〈더 와이어〉, 〈매드맨〉, 〈24〉, 〈로스트〉, 〈히어로즈〉, 〈데드우드〉 등). 이제 영상 산업에 종사하는 모든 이들은 망 설임 없이 두 가지 매체에 유동적으로 평등함과 재능성이 적용된다고 느낄 것이다(〈존 애덤스〉, 〈보드워크 엠파이어〉, 〈파이어플라이〉, 〈세레니 티〉, 〈다운튼 애비〉).

그렇지만 사람들은 영화 관람을 위해 보다 깊이 고민하고 결정한 다. 손수 차비를 들여 극장으로 가서 돈을 주고 본다. 극장에서 영화 를 관람하는 것을 소위 '완전한 경험'이라 하며, 이를 위해서 관객은 뒷자리에서 부스럭대는 소리와 핸드폰 소음 등도 감수한다.

어느 중견 배우의 다음과 같은 조언은 작가에게도 적용된다. "연 극을 하는 이유는 자신이 좋아해서이고, TV에 출연하는 것은 얼굴을 알리고 싶기 때문이고, 영화에 출연하는 것은 돈 때문이다." 물론 돈 은 예술적 완성도와 비례하지는 않지만 공동 작업의 능률을 더욱 높 이기도 한다. 그리고 시나리오를 쓰는 것은 공동 작업이다.

영화와 달리 연극계는 변한 것이 아무것도 없고 사람들은 모두 착하다. 돈이 들어오는 것과 동시에 무능한 인간들도 들어오기 때문이다.
– 제즈 버터워스, 시나리오 작가(〈제임스 브라운〉, 〈엣지 오브 투모로우〉)

나는 무려 스물세 명의 사람들이 〈완다라는 이름의 물고기〉 시나리오 작업에 참여했음에 큰 자부심을 느낀다.
– 존 클리즈, 영화배우(〈트롤〉, 〈해리 포터〉 시리즈)

7.
시나리오 쓰기
시작하기

시나리오 집필을 시작하기 전에 온종일 이야기 구상만 하거나 어떻게 써야 할지 떠드느라 많은 시간을 허비하기 쉽다. 당신이 책상 앞에 앉아 빈 백지를 바라보면서도 막상 작업을 시작하지 못하는 데에는 수천 가지 이유가 있을 것이다. 물론 아이디어를 구상하고 시나리오에 대해 곰곰 생각해야 하지만 무엇인가를 쓰기 전에 시간을 낭비하기 쉽다. 이렇게 아까운 시간을 소비하는 데에는 모두 이유 있는 변명이 있겠지만 변명은 변명에 지나지 않는다.

글을 쓰던지 써넣어라.

이렇게 생각해 보라. 글을 쓰는 것은 매일 근육을 움직이며 운동하는 것과 같다고. 그것이 고작 30분일지라도 말이다. 글을 쓰기 시작한 첫날부터 완벽한 시나리오를 쓴다거나 처음부터 자신의 스타일이 나타나리라고 기대하지 마라. 글을 쓰고 또 쓰고 계속 쓰기를 반복해서 자신의 글에 남아 있는 불필요한 부분들을 다 제거한 후에야 완벽한 시나리오가 탄생한다. 자신만의 스타일을 찾기까지는 꽤 많은 시간이 걸린다. 가끔 주변 사람에게서 그에 관한 평을 듣게 될 것인데, 이 때문에 모임에 가입하기를 권한다.

> 아직 손질하지 않은 시나리오라도 표현은 시각적으로 또렷하게, '재미'라는 요소도 첨가해야 한다. 자신만의 표현을 하라. 그러면 작품은 빛날 것이다. 기능적인 요소는 나중에 언제든지 발전시킬 수 있다.
>
> – 토니 마첸트, 시나리오 작가(〈홀딩 온〉, 〈스왈로우〉, 〈죄와 벌〉)

작가는 글을 쓰면서 실력이 는다.

글을 쓰다 보면 같은 신이나 시퀀스에 머물면서 만족할 때까지 계속 고치고 또 고치는 작업에 쉽게 빠지기도 한다. 그러나 이것은 (조금 심하게 말하면) 혼자 열심히 삽질하는 격이며, 파고 또 파고 계속 파서 영영 이야기의 결말을 맺지 못하는 것이다. 자신에게 가볍게 글을 끼적이며 쓸 수 있는 자유를 허락하라. 한번에 글을 잘 쓰려 하지 말고 그렇다고 너무 의식도 마라. 일단 글을 쓰면서 다음 신으로 넘어가고 그렇게 끝까지 완성하라. 글을 수정하는 것은 글을 다 마친 후에 하는 것이다.

완벽하게 쓰려고 하지 말고 일단 써넣어라.

시나리오를 쓰는 것은 자신이 상상하는 영상에 차근차근 다가가는 작업이다. 그 방식을 인정하고 절대로 서두르지 마라. 긴장을 풀고 작업 과정을 즐겨라. 그리고 무엇을 하든 첫 탈고 전까지 절대로 고치려고 하지 마라.

항상 영상적으로 생각하라.

스크린은 영상 매체이니 카메라처럼 생각하기를 바란다. 이 좌우명을 항상 명심하라. "말하지 말고 보여 주어라Show. Don't tell." 하지만 잊어서는 안 될 것은 시나리오 작가의 영역은 지면이며, 작가는 원고로 말해야 한다는 점이다. 당신의 과제는 이미지들을 글로 옮겨, 시나리오를 읽는 사람들이 마치 한 편의 영화를 보듯, 그들의 시선을 잡는 재미있는 스토리를 만들어 마지막 페이지까지 읽게 하는 것이다.

영화사가 나에게 〈원초적 본능〉을 사 가는 것을 본 코로로 씨가 이런 말을 했다. 그 시나리오는 매우 뛰어난 기교가 있고 영화사에서 그만한 금액을 지불한 이유는 첫 페이지부터 영화를 보는 것처럼 느끼게 썼기 때문이라고 말이다.

– 조 에즈터하스, 시나리오 작가(《톱니바퀴의 칼날》, 〈플래시 댄스〉)

보고 배워라.

마지막으로 이 매체에 빠져드는 것이 중요하다. 시나리오 작가는 대부분 독학으로 시나리오를 구해 읽거나 DVD를 보면서 분석하거나 시나리오 작법 강좌들을 들으며 배운다. 사실 독학으로도 배울 수 있다. 그러므로 될 수 있는 대로 많이 보고, 구할 수 있는 시나리오는 모두 구해서 읽는 것이 좋다. 시나리오는 되도록 원본으로 구해 읽되, 책으로 출판된 시나리오는 피하는 것이 좋다. 22장에 나오는 유용한 웹사이트들과 부록을 참조하되, 비판적인 시각으로 읽기를 권한다. 또한 이 책에서 제작에 관한 분석을 언급한 요점들을 잘 사용하기 바란다.

왜 어떤 영화는 재미있고, 어떤 영화는 지루한가? 각 막act과 사건이 일어나는 부분, 인물들의 변화 과정, 줄거리plots와 서브 플롯subplots, 신과 시퀀스sequence, 대사와 서브 텍스트(숨은 의미) 등을 잘 살펴보기 바란다. 무엇이 시나리오를 계속 읽도록 만드는가? 시나리오를 읽으면서 머릿속으로 한 편의 영화가 그려지는가? 어떻게 그렇게 할 수 있을까? 글의 스타일이 대체적으로 생동감 있고 역동적이거나 흥미로웠는가? 영화에 영상으로 잘 표현되었는가? 관객의 입장인 당신에게 어떤 영향을 끼쳤는가? 성공작과 실패작을 만든 작가들을 통해 배우기 바란다.

이 책에서 관객이라고 표현되는 단어에는 두 가지 뜻이 담겨 있다. 첫째, 영화를 보는 사람을 의미한다. 둘째, 당신이 쓴 시나리오를 처음 읽는 사람을 말한다. 이 책을 읽을 때만이 아니라 시나리오를 쓸 때도 이 점을 명심하라.

8.
시나리오 쓰기 첫날:
자기 훈련과 시간 관리

반드시 좋은 시나리오를 쓰고야 말겠다는 강한 의지가 필요하다. 그러기 위해서는 철저한 자기 관리와 실천이 중요하다.

－ 조 에즈터하스

보수가 좀 더 높다는 것 외에 일하는 방식은 다른 직업과 크게 차이 없다고 생각한다. 10시쯤 일을 시작해서 간단한 점심식사를 마치고 6시나 7시까지 일하고 퇴근한다.

－ 폴 아타나시오, 시나리오 작가(〈퀴즈 쇼〉, 〈위험한 욕망〉)

자신을 억제하며 글을 쓰는 첫 단계가 가장 어렵다. 기억할 점은 이 근육은 매일 운동을 필요로 하고, 많이 하면 할수록 강해진다는 사실이다. 정해진 시간밖에 일하지 못한다면 하루에 최소 몇 글자라도 쓰고야 말겠다는 분량을 정해라. 질을 너무 따지지 말고 우선 글 쓰는 습관을 익히는 것이 중요하다. 그렇게 하려면 먼저 자기 자신에 대해 잘 알아야 한다. 하루 중 언제 어떻게 작업해야 좀 더 많은 아이디어가 나오는지 알아야 한다. 자신에게 가장 좋은 시간을 찾아서 전력을 다해 정기적으로 글을 쓰기로 자신과 약속하기 바란다.

나는 나 자신에게 언제까지 첫 탈고를 하겠다고 약속하고 달력에 표기한 후, 그 날짜 안에 작업을 끝내기 위해 최선을 다한다. 그렇게 하지 않으면 자꾸 딴짓을 하게 되기 때문이다.

－ 톰 슐만, 시나리오 작가(〈죽은 시인의 사회〉, 〈웰컴 프레지던트〉)

유명 영화 제작자이자 시나리오 작가인 브라이언 크레멘스는 일주일에 한 번 (단숨에 시나리오를 써서 방영되는) TV용 영화를 제작하는 이탈리아 제작팀들과 함께 일할 때 글쓰기 단련법을 터득했다고 한다. 그들은 매회 촬영을 끝마칠 때마다 크레멘스에게 지난주에 방영되었던 세 개의 메인 세트를 보여 주며 이번 주까지 새로운 50분용 TV 드라마 대본을 쓰라고 지시했다. 그는 2년 동안 이런 스케줄로 작업하면서 절제력과 마감을 지키는 철두철미함이 몸에 배였다고 한다.

작업의 능률은 어떻게 자기 자신을 억제하며 시간 관리를 철저히 하는가에 달려 있다. 창작 작업에서 틀린 방법이란 없다. 사람들이 당신과 같은 방법으로 글을 쓴 적이 없다고 해서 그것이 틀리거나 타당성이 없는 것은 아니기 때문이다. 당신은 규칙을 이렇게 정하라. 나에게 가장 작업이 잘되는 상태에서 쓰면 된다!

당신도 따라해 보라.

120페이지 분량의 시나리오를 쓴다고 하자. 시나리오는 몇 행석 띄엄띄엄 쓰는 것이며, 또한 여백이 많다. 하루에 3페이지 분량도 쓰지 못한다는 것은 말이 안 된다. 하루에 3페이지 분량의 소설을 쓰는 것이 아니다. 절대로 많은 단어를 쓰는 것이 아니다. 절대로.

– 윌리엄 골드먼

다음 웹사이트를 추천한다.

tameyourinnercritic.com
timetowrite.com

일에 대한 대가(돈)를 받는 작가로서 금액에 따라 자신의 태도가 달라짐을 느낄 것이다. 보통 사람들이라면 급료를 받고 이렇게 생각한다. '이 돈으로 무엇을 살까? 새로운 정장 아니면 식기세척기?' 하지만 작가들은 이렇게 생각한다. '내가 얼마 동안이나 글을 써서 이 돈을 받은 것일까? 일주일? 한 달? 반년?'

9.
시나리오 모니터 요원의 역할

앞에서 잠깐 설명했지만 시나리오 모니터 요원(스토리 애널리스트)은 작가가 영화계에 발을 들여놓기 위해 넘어야 할 첫 번째 산이다. 적은 보수를 받고 묵묵히 일하는 그들이나 신인 작가에게 상당한 영향력을 행사한다. 몇몇 작가에게는 좋은 평을 하기도 하지만 영상업계에서 그들은 없어서는 안 될 악마적인 존재다. 고위 제작 관계자는 시나리오를 일일이 검토할 시간이 없다. 접수된 대부분의 시나리오는 내용이 형편없거나 결함투성인 작품들이다. 시나리오 모니터 요원들이 가능성이 있다고 생각하는 작품을 따로 걸러 한두 장 분량의 평가서를 작성한 다음에 프로듀서나 시나리오 개발팀장에게 제출한다. 이 문서에는 시나리오의 대략적인 줄거리와 개인적인 평가를 기록하며, 시나리오와 작가를 나누어 '탈락', '참작' 또는 '추천'이라고 표기(도표 1-1 참조)한다.

시나리오 작가를 추천하는 것은 시나리오를 추천하는 것과 다를 수 있다. 당신이 쓴 글은 재미있지만(추천) 글을 쓴 형식은 형편없을 수 있다(탈락). 모니터 요원이 추천하지 않는다면 자동 탈락이다. 그들이 시나리오를 추천한다면 영향력 있는 사람들이 보게 된다. 따라서 첫 번째 과제는 모니터 요원들에게 시나리오와 작가 모두 적극적인 추천을 받는 일이다. 그들은 영화로 제작하기에 알맞은 분량인지부터 검토한다. 그러고 나서 마지막 페이지 숫자를 확인하는데, 짧은 시나리오를 먼저 읽고 긴 시나리오를 읽는다. 영화용으로는 보통 90-100페이지가 적당하며, 최대 분량은 120페이지다. 통상적으로 시나리오 분량을 영화 러닝타임과 동일하게 여기기 때문이며, 무엇보다 이런 형식을 갖출 경우 모니터 요원에게 좋은 느낌을 줄 수 있기 때문이기도 하다. 두툼한 시나리오는 부정적으로 읽힐 가능성이 높다.

그다음 한번에 쭉 시나리오를 훑어보며 각 페이지마다 얼마나 많은 글씨로 채워져 있는지 확인할 것이다(여백이 많은 쪽을 선호한다). 그리고 시나리오 형식에 맞게 썼는지, 또 시나리오처럼 보이는지 확인한다. 시나리오의 형식과 제출도 중요하다(2장 참조). 그들은 앞부분 5페이지와 맨 뒷부분 5페이지를 읽은 후, 중간의 특정한 몇 개 신을 골라 읽는다. 만약 시나리오가 마음에 들었다면 처음부터 끝까지 읽어 볼 것이다.

따라서 그들을 집중시킬 만한 재미있는 내용을 읽기 쉽게 써야 한다. 극장에서 상영하는 영화를 보는 것처럼 모니터 요원들의 머릿속에서 한 편의 영화가 상영되어야 한다. 구조적으로 완벽하거나 훌륭한 영화로 만들어질 수 있는 시나리오라 하더라도 시나리오 상태로 보기에는 지겹게 느껴질 수 있다.

모니터 요원이라는 장벽을 뛰어넘는 것이 첫 번째 과제지만 모든 첫걸음이 그렇듯 실수해 넘어질 수도 있다. 이 책이 이와 같은 장애물을 뛰어넘을 수 있도록 도와줄 것이다. 이제부터 시작이다.

1-1 시나리오 모니터 요원의 리포트 양식 샘플

<table>
<tr><td colspan="2" align="center">시나리오/포맷 노트</td></tr>
<tr><td colspan="2">제목:</td></tr>
<tr><td colspan="2">작가:</td></tr>
<tr><td>에이전트:</td><td>연락처:</td></tr>
<tr><td>모니터:</td><td>날짜:</td></tr>
<tr><td colspan="2">아웃라인:

의견:

</td></tr>
<tr><td colspan="2">평점   1   2   3   4   5   6   7   8   9   10</td></tr>
</table>

왜 미라맥스 영화사가 〈잉글리쉬 페이션트〉를 선택했다고 생각하는가?
왜냐하면 이제까지 내가 읽어 본 시나리오 중 최고였기 때문이다.

– 하비 웨인스티언, 미라맥스 영화사 MD

〈풀 몬티〉의 시나리오가 너무 좋았기 때문에 우리는 시나리오를 받은
지 몇 주 만에 제작 준비에 청신호를 보냈다.

– 짐 윌슨, 폭스 서치라이트 디렉터

인사이트

당신이 왜 모니터 요원에 자원해야 하는지에 대한 수많은 이유가 있다. 아무
보상이 없더라도(주로 그렇다) 좋다. 영상업계의 여러 일자리 중 가장 단조
로운 일이라고 해도 첫째, 얼마나 많은 쓰레기 시나리오가 제작자에게 보내
지는지 알면 깜짝 놀랄 것이다. 놀라운 것은 모든 시나리오가 저마다 최고의
창작물이라는 확신에 차 있다는 것이다. 둘째, 그것은 당신에게 '내 시나리오
는 그렇게 나쁘지 않은데'라는 생각을 들게 해 줄 것이다. 분명 생각보다 더
욱 많이 배울 것이다. 기초 수준을 벗어나지 못한 시나리오부터 최고의 시나
리오까지 읽어 볼 기회다.

다음 웹사이트를 추천한다.

dannystack.blogspot.com/2005/10/script-reader-uk.html
groups.yahoo.com/group/ScriptReader
StudioReaderStan.com
quickstopentertainment.com/news/jan03/156.html

좋은 시나리오를 얻는 것은 정말로 어려운 일이다. 일단 좋은 시나리오

를 손에 넣으면, 나머지 모든 것이 훨씬 쉽게 보인다. 하지만 종이 위에 글을 쓰고 내가 그 청사진을 믿을 수 있게 되기까지는 정말로 힘들다.

– 리들리 스콧

기억할 것

① 모든 것은 시나리오에서 시작된다. 글로 적은 표현이 스크린에 이미지로 보이게 된다.

② 당신이 누구에게 시나리오를 보내든 시나리오 모니터 요원이 먼저 읽는다. 그는 제일 말단 직원으로 적은 급료를 받으며 쓰레기 시나리오와 좋은 시나리오를 분류하는 업무를 맡고 있다.

③ 당신은 시나리오 모니터 요원이라는 장벽을 넘어 제작사의 영향력 있는 사람들이 당신의 시나리오를 읽게 만들어야 한다.

④ 시나리오를 읽는 사람들은 시나리오의 특정한 부분을 찾는 교육을 받은 이들이다(어떤 사람들은 그것을 '룰'이라 부른다).

⑤ 글을 쓰는 데 특정한 지침서 같은 '룰'은 없지만 그것을 당신에게 맞게 변형하기 위해서는 먼저 '룰'을 이해해야 한다.

⑥ 시나리오는 창작 또는 각색한 이야기로 나뉜다. 시나리오 작업은 협업으로 팀의 멤버가 되는 것이다.

⑦ 시나리오 작가의 시나리오지만 영화는 감독의 것이다. 여기에 빨리 적응하기 바란다.

⑧ 스크린용 이야기를 만드는 것은 스냅샷을 나열해 관객이 알아야 할 정보만 영상 언어로 보여 주는 것이다.

⑨ 이 책에서 내가 '관객'이라고 사용하는 단어는 스크린을 보는 관객 또는 당신의 시나리오를 처음 읽는 사람을 뜻한다.

⑩ 단련법과 절제력은 작가가 되는 데 무척 중요한 요소다. 앉아서 글을 쓰는 방법밖에 없다. 쓰는 만큼 강해질 것이다.

2장

시나리오의 기본 짜임새 연구

이번 장에서는…

알맞은 형식으로 시나리오 쓰는 방법

영화계에 작품과 시나리오 작가(당신)를 소개하는 방법

잘 짜인 시나리오를 구해서 INT.(Interior, 내부 장면*)나 EXT.(Exterior, 외부 장면*) 같은 기초 용어부터 정확한 길이까지 빠짐없이 기록하라. 그리고 그 형식에서 절대로 벗어나지 마라. 걸작을 제출했을지라도 짜 임새가 엉망이면 검토자는 첫 신만 읽고 덮을 것이다.

　　　　　　　－ 린다 라 플란티, 시나리오 작가(《프라임 서스펙트》, 〈위도우〉)

　우선 몇 가지 기초적인 시나리오의 짜임새와 형식, 그리고 기술적인 용어를 살펴보자. 첫 번째로 이해해야 할 부분은 다음과 같다.

시나리오를 팔기 위한 첫 번째로 중요한 단계는 올바른 형식으로 제출하는 것이다.

　형식에 맞게 작업해야 한다. 융통성이 있는 룰도 있지만 대부분은 그렇지 않다. 형식의 목적은 명쾌함과 커뮤니케이션으로, 읽는 이가 쉽게 읽도록 하기 위함이다. 귀찮다고 생각하지 말고 유용하게 사용하기를 바란다. 제출할 모든 시나리오는 반드시 A4 용지에 한쪽 면만 사용한다. 할리우드는 $8\frac{1}{2}''×11''$사이즈가 표준이다. 글자는 12포인트가 좋다. 이유는 다음과 같다.

　• 읽기 편하다.
　• 시간을 잴 수 있다.
　(영화: 시나리오 1면 분량→1분, TV: 대본 1면 분량→30-40초)
　• 내용을 빠르게 간파하고 작가의 취지를 쉽게 알 수 있다.

　초보 작가들은 대부분 이야기, 구조, 인물과 대사에는 엄청난 에너지를 쏟으면서 정작 포장의 중요성을 잊는다. 이 세계에서는 포장도 매우 중요하다. 프로듀서와 에이전트는 포장까지 전문가답게 잘할 줄 아는 작가가 좋은 스토리를 쓸 것이라 생각한다. 그러므로 지금 당장 좋은 형식의 시나리오(영화와 TV)를 구해서 읽어 보자(22장과 부록 참조). 좋은 시나리오를 읽으면 내 시나리오의 어떤 점이 부족한지 알 수 있을 것이다. 당신의 목표는 전문가답고 읽기 쉬운 시나리오를 만드는 것임을 잊지 마라.

1.
페이지

커버와 타이틀 페이지 쓰는 법은 14장에서 다룬다. 첫 페이지란 시나리오 원본의 첫 페이지다. 페이지 번호는 맨 오른쪽 상단 위 또는 가운데 하단에 기재한다. 또한 다음과 같은 형식을 따라 기재한다.

• 영화: 첫 페이지 맨 위에는 제목을 넣지 않는다. 처음 기재할 페이드인fade in은 왼쪽 상단 코너에 페이드아웃fade out은 시나리오 맨 마지막 장 오른쪽 하단에 적는다.
• TV: 영국의 경우 형식이 따로 있다(도표 2-3 참조). 상업용 TV 시나리오에는 중간 광고가 있어 'Part 1'과 'Part 2' 등으로 기재되어 있다. 필름으로 제작된 모든 TV물과 미니 시리즈 시나리오는 영화용 형식을 사용한다. 시트콤을 포함해서 미국의 모든 TV 드라마는 영화 형식을 따르며, 막act으로 나뉘어 쓰인다(2막은 30분용, 4막은 1시간용). 또한 페이지 맨 위 상단에는 '페이드인'을 기재하고 새로운 막은 새 페이지에서 시작한다. 필름과 테이프로 촬영한 시리즈물의 제목도 같이 기재한다. 각각의 막은 페이드인으로 시작해 페이드아웃으로 끝맺는다.

2-1 영화용 시나리오 형식의 치수

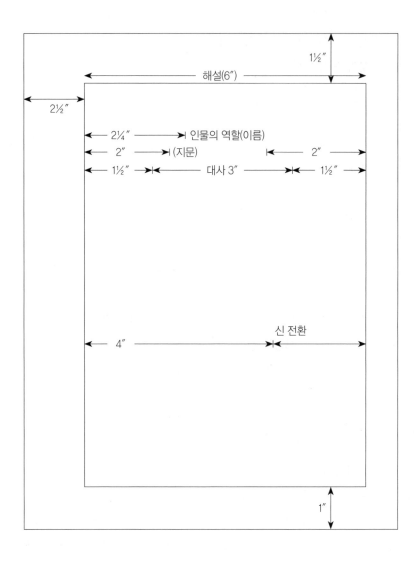

2-2 영화 대본 형식 샘플

(출처: Four Weddings and a Funeral © Richard Curtis)

INT. BEDROOM. MATTHEW & GARETH'S HOUSE – NIGHT
GARETH and MATTHEW, asleep, cuddled.
INT. CARRIE'S FLAT. BEDROOM –NIGHT
CHARLES and CARRIE are in bed.

> CARRIE
> I kind of knew this would happen.
> The moment I said 'yes' to Hamish,
> I had an awful suspicion there'd be one final fling.

INT. FIONA'S BEDROOM. TOM & FIONA'S HOUSE –NIGHT
FIONA, awake, in bed reading.

INT. TOM'S BEDROOM. TOM & FIONA'S HOUSE –NIGHT
TOM, asleep, flat on his back, pyjamas buttoned to his chin.
INT. KITCHEN. CHARLES AND SCARLETT'S HOUSE – NIGHT
SCARLETT, drunk and asleep under the kitchen table.
INT. CARRIE'S FLAT. BEDROOM – DAWN

> CARRIE
> I think it's time you went.

> CHARLES
> But it's 5 in the morning.

> CARRIE
> And at nine in the morning my
> sister-in-law comes round. We're
> discussing bridesmaids.

> CHARLES
> You're right. I've got very little
> to contribute on that one.

Silently CHARLES dresses.

> CHARLES (cont)
> Would you like to go out
> sometime...

> CARRIE
> (not lifting her head
> from the pillow)
> No thanks.

> CHARLES
> Why?

2-3 TV 대본 형식 샘플

(출처: Red Dwart VI[Episode3: Gunmen Of The Apocalypse] © Rob Grant & Doug Naylor)

40.EXT. (OB)	**STREET OF LAREDO DAY** THE APOCALYPSE BOYS WALK SLOWLY THROUGH THE SWIRLING MIST AND STOP. **KRYTEN** STEPS OUT TO FACE THEM. **LISTER, RIMMER** AND CAT FILE OUT AFTER HIM, AND THEY FAN OUT ACROSS THE STREET. DEATH Got yourself a little help, sheriff? KRYTEN Now I remember. You're a computer virus. You travel from machine to machine, overwriting the core program. DEATH Have infection will travel, that's me. Let's see if we can't tip the balance a little, here. **DEATH** HOLDS UP HIS ARMS. A BOLT OF BLUE ELECTRIC SHOOTS UP INTO THE SKY. MIX TO:
41. INT.	**OPS. ROOM** A BLUE SPARK SHOOTS OUT OF KRYTEN'S HEAD AND TRAVELS UP THE WIRE CONNECTING HIM TO THE A/R CONSOLE. THE CONSOLE FIZZLES LIKE THE NAVICOMP DID BEFORE, AND WE SEE THE MONITOR SCREEN. "SPECIAL SKILLS" AND FLASHING BESIDE IT: "ERASE".
42. EXT. (OB)	**STREET OF LAREDO DAY** AS BEFORE. CAT What's he doing? RIMMER He's stalling. He spotted us for what we are: a bunch of mean, macho, bad-ass desperados who are about to kick his boney butt clean across the Pecos. (THROWS TOOTHPICK TO THE GROUND) Enjoy the show. - 35 -

52

노트

대부분의 영화 시나리오 첫 페이지는 대사 양이 매우 적다. 시나리오 작가는 신과 분위기를 만들고, 주인공들을 등장시키고, 읽는 사람을 흥미롭게 만들고, 관심을 갖게 만듦으로써 대사만 읽는 것이 아니라(대부분의 사람들은 이 것만 읽는다) 시나리오를 완전히 읽게 만들어야 한다. 이미지를 생각하라.

인사이트

내가 배우와 작가들에게 자주 행하는 실험이 있다. 방에 앉아 조용히 숨죽이 고 시계를 보는 것이다. 초침이 완전히 한 바퀴 돌 때까지 지켜본다. 그렇다. 이것은 완전한 1분이 걸리는 순간이다. 이제 당신의 시나리오에 1분… 3분… 5분 안에 어느 정도의 내용을 써넣을 수 있을지 생각하라(시나리오 한 장은 상영 시간 1분이다).

2.
신 헤딩

신 헤딩 또는 표기slug line라 부르는 이것은 간단하게 각 신의 기본 적인 '장소'와 '시간' 정보를 제공한다. 각 신마다 해당하는 헤딩이 있 으며 항상 대문자로 쓴다. 각 신의 정보는 매우 구체적으로 기재되어 있다. 예를 들면 다음과 같다.

INT. 교회. 사무실–밤
EXT. 영주의 집–낮

장소

제일 먼저 어디에서 신이 시작(a)되는지 기재한다.

INT. (예를 들어) 방 안
EXT. (예를 들어) 길거리

그러고 나서 일반적인 장소(b)와 구체적인 장소(c)를 기재한다.

INT. 성. 침실 방-낮

가끔 (b)와 (c)가 뒤바뀐 경우도 볼 수 있다.

INT. 침실. 찰리의 집-밤
EXT. 스칼렛의 자동차. 고속도로-낮

다음도 괜찮은 경우다.

EXT. 길거리. 뉴욕 시내-낮

목적은 시나리오를 읽는 이들의 정확한 가독이며 아무거나 선택하되, 확실치 않으면 (b)를 먼저 택한 후 그다음에 (c)를 택하라. 신의 장소가 자동차 내부이거나 기차 내부의 경우에도 INT.를 사용하며, 자동차나 기차가 외부에 있을지라도 그렇게 표기한다. 예를 들면 다음과 같다.

INT. 자동차-밤

INT. 달리는 자동차. 런던 거리-낮

가끔 INT./EXT. 표기를 볼 수 있다. 이는 카메라의 POV(Point of View, 1인칭 시점*)로 내부에서 촬영하거나 바깥에서 벌어지는 상황을 보는 경우(예를 들어 길거리에서 사건이 벌어지고 있는데 누군가 차 안에서 그 광경을 보고 있다)로, 다음과 같다.

INT./EXT. 찰리의 자동차/거리-낮

또 EXT./INT.는 신의 장면이 내부에서(예를 들어 집) 일어나는 것을 외부(예를 들어 정원)에서 촬영하는 경우로, 다음과 같다.

EXT./INT. 정원/집-밤

때

낮 또는 밤으로 기재해도 충분하다. 가끔 새벽, 아침, 오후, 늦은 오후, 해질 무렵, 후에, 같은 시각, 몇 개월 후 등으로 표기할 때도 있으나 충분한 이유가 뒷받침되어야 한다. '따라가며' 또는 '계속해서'라는 단어를 사용해야 할 때도 있다. 신, 특히 대화는 계속 이어지며 장소만 변경되었을 때 사용한다. 대부분 낮 또는 밤으로 간략하게 기재한다. 장소와 시간이 변경될 때마다 새로운 신이 등장한다.

노트

• 영화용 대본에는 절대로 신 번호를 기재하지 않는다. 나중에 제작용으로 만들어질 때 번호가 기재된다. 대부분의 영국 TV용 대본은 신마다 번호를 기재한다(시리즈로 제작되는 형식을 먼저 확인하라). 미국 TV는 매번 영화용

대본 형식을 따른다.

• 신 헤딩에는 보통 밑줄을 긋지 않지만 영국 TV용 대본에는 밑줄을 긋기도 한다.

• 신 헤딩과 글 사이, 그리고 각 신 사이는 한 행씩 띄어쓴다.

3.
신 설명

다른 말로 '몸짓' 또는 '동작'이라 부르며 등장인물의 동작, 표정, 말투 등을 서술적으로 묘사(자세히 말하면 대사를 제외한 나머지)한 글이다. 정확하고 간결하게 핵심을 말하고, 행 길이를 맞추지 않고 항상 현재 진행형으로 써야 한다. 예를 들어 '미스터 블론드는 그들이 나간 다음에 문을 닫는다. 그러고 나서 그는 경찰을 향해 천천히 고개를 돌린다'와 같다.

인물의 이름은 항상 소문자(첫 알파벳만 대문자)로 기재하되 시나리오에 처음 등장할 때만 대문자로 표기한다. 만약 신에서 날씨가 중요한 요소라면 본문 구절에 대문자로 기재하라. 모든 카메라 위치는 대문자로 기재하고, 기술적인 묘사는 최대한 자제하라. 당신은 작가이지 영화감독이 아니라는 사실을 기억하라. 시나리오 모니터 요원들은 작가가 자주 언급한 기술적인 카메라 묘사를 읽으면서 감독을 꿈꾸는 작가의 속마음을 알아차린다. 다음은 시나리오에서 자주 마주칠 몇 가지 신이다.

v.o.(voice-over): 화면에 나타나지 않는 해설자의 목소리

o.s.(off screen)：영상 밖으로 나가는 것

M.O.S.(without sound)：무음

P.O.V.(point of view)：시점

f.g.(foreground)：전경

m.g.(mid-ground)：중간 배경

b.g.(background)：후경

v.o.는 대사 대신 신을 채우기도 한다. 〈블레이드 러너〉, 〈좋은 친구들〉, 〈조지 오브 정글〉, 〈메멘토〉가 예다. 또한 〈꿈의 구장〉, 〈매버릭〉, 〈로드 투 퍼디션〉, 〈일렉션〉, 〈스파이더맨〉, 〈아웃 오브 아프리카〉에서는 오프닝에서 사용되었다. 대부분 주인공의 내레이션으로, 스토리의 일부를 말한다. 주인공 외 인물들의 목소리로는 들을 수 없으며 간혹 다른 인물이 생각하는 것을 나타내는 경우도 있다. 최대한 자제해서 사용해야 한다. 사용해야 한다면, 대사가 들어갈 자리에 표기하고 완전한 문장으로 만든다. 예를 들면 다음과 같다.

카렌 (v.o.)

나는 아프리카 가운데 있었다.

o.s.는 스크린상에는 보이지 않는 인물의 말을 다른 인물들(그리고 관객)에게 들리게 하는 것인 반면 M.O.S.는 카메라 앞에서 사람들이 이야기하고 있는데, 관객에게는 인물들의 대사가 들리지 않는 것이다. 예를 들면 다음과 같다.

b.g.에서 찰스와 데이빗은 이야기를 나누고 있다. M.O.S. 둘 다 수화를 사용한다. 찰스는 매우 자연스럽게 수화를 하고 있다.

M.O.S. 사용을 최대한 자제하라. P.O.V.(카메라를 특정 인물의 시점처럼 보이게 하는 효과)는 자주 쓰인다.

인사이트

초고First Draft(영상업계에서는 기준 형식으로 받아들인다) 같은 현대적인 시나리오 형식 소프트웨어에 감사해야 한다. 오늘날 내가 받아 보는 대부분의 시나리오는 형식에 맞춰 보내진다. 정말로 읽기 편하다. 영상업계에서 인정하는 형식 대신 다른 형식을 사용해서 제출했다면 그 시나리오는 읽혀지지 않고 곧장 거절당할 것이다. 맨 앞 장에 연극용 또는 라디오 형식이라고 기재했어도 마찬가지다. 예전에 인쇄된 글씨 전체를 행의 끝에 나란히 맞추어 보낸 시나리오들을 받아본 적도 있으며, 시나리오 전체를 가운데 정렬로 맞춘 시나리오들도 봤다. 엉터리 시나리오들을 볼 때마다 자포자기의 심정으로 미친 듯이 깔깔 웃기도 한다.

4.
카메라 앵글

사용하지 마라! 초보 작가 티를 내는 사람은 카메라 앵글을 무수히 사용한다. 촬영용 대본을 구해 보면 이와 같은 카메라 앵글이 여럿 적혀 있겠지만 작가가 대본에 사용해서는 안 된다. 몇 가지의 카메라 앵글을 살펴보자.

LS(LONG SHOT): 롱 숏
MS(MEDIUM SHOT): 미디엄 숏

CS(CLOSE SHOT): 클로즈 숏

C/U(CLOSE UP): 클로즈업(예를 들어 얼굴)

TightC/U: 타이트 클로즈업(예를 들어 눈만 따로)

Two-shot: 두 명의 MS

Three-shot: 세 명의 MS 등

카메라 앵글을 대본에 언급하지 마라. 읽는 데 방해만 된다. 꼭 사용해야 한다면 비슷하게 표현하라. 'LS로 산장이 보인다'를 '저 멀리서…' 또는 '저 멀리 산장의 굴뚝에서 연기가 피어오르고…' 등의 표현으로 읽는 사람을 집중하게 만들어라.

네 개의 손이 서로 문고리에 키를 넣으려고 만지작거리는 것이 보인다. 번개 치는 소리가 들린 후, 비명이 들렸다.

이 또한 자주 사용하지 말고 무엇을 어떻게 표현할지 잘 모를 경우에는 아예 적지 마라.

인사이트

대본은 줄거리와 인물이 중심임을 잊지 말아야 한다. 세세한 부분까지 신경 쓰지 마라. 영화 연출은 감독의 몫이다. 많은 작가가 글을 쓸 때 몰래 자신의 작품을 연출하는 것 같다. 시나리오 속에 너무나 많은 세부 사항을 묘사한다. 세트의 작은 디테일까지 설명하거나 모든 소품(해당 신과 관련이 없는)을 열거하거나, 배우의 위치를 지정해 놓고 언제 이동해야 한다거나, 괄호와 삽입 어구를 사용해 일일이 대사를 어떻게 말해야 되는지 지시한다. 분명히 말하지만 가독을 방해할 뿐이다.

5.
몽타주

여러 화면을 연속적으로 나열해 하나의 그림 또는 느낌을 나타내는 기법이다. 주로 주연 배우는 등장하지 않고, 보통 대사도 없는 경향이 있으며, 여러 기법으로 쓸 수 있다. 예를 들면 다음과 같다.

몽타주:
A-화산 분화구에서 재와 불이 하늘로 치솟고 있다.
B-공포에 질린 채 길거리에서 우왕좌왕하고 있는 사람들. 패닉 상태.
C-가게에서 옷과 음식들을 약탈하는 사람들.
D-치안 유지를 위해 안간힘 쓰고 있는 전경들.
E-하늘 높이 날아다니는 비행기들.

각 줄의 문장 사이마다 두 줄의 빈 공간이 있음에 주목하라. 대본 한 페이지 분량은 1분의 러닝타임임을 기억하라. 영화 속에서 싸우는 장면이 3분 정도 보인다면 대본의 3페이지 분량이라는 계산이 나온다.

INT. 바-낮
살롱 안으로 쏜살같이 들어온 잭. 병을 잡고 바 테이블에 내려친다.
무대를 향해 가는 잭. 클린트와 마주 보고 서 있는 잭.

이렇게 바꾼다.

INT. 바-낮

살롱 안으로 쏜살같이 들어온 잭.

병을 잡고 바 테이블에 내려친다.

무대를 향해 가는 잭.

클린트와 마주 보고 서 있는 잭.

이렇게 쓰면 시간을 계산하기 쉬울 뿐만 아니라 중요한 액션을 강조하는 데 효과가 있다. 또한 읽기 쉽다. 마지막으로, '몽타주 기법으로 눈에서 눈물이 나오게 한다'는 식으로는 절대 쓰지 마라. 이미지를 떠올리고 영상과 분위기를 만들어라. 항상 영상을 생각하라. 〈분노의 주먹〉과 〈파이트 클럽〉에서 갈등을 어떻게 묘사했는지 읽어 보라.

6.
문장

동작을 설명하는 길고 하나로 된 문장은 보기에도 나쁘며, 읽기도 힘들다(시나리오 모니터 요원들은 대충 눈으로 훑어 내려갈 것이다). 행동과 아이디어에 따라 문장을 끊어라. 나의 조언은 절대로 한 문장을 넷 또는 다섯 줄 이상 쓰지 말라는 것이다. 한두 번 또는 세 번까지는 짧은 문장을 많이 써도 상관없으며, 오히려 좋은 인상을 줄 수 있다. 문장의 단락 안에서 문장을 끊기 위해서는 말줄임표(…)나 두 개의 대쉬 dash(—)를 사용한다. 지문이 다음 페이지로 넘어가기 전에 그 줄의 문장을 마쳐라.

7.
등장과 퇴장

한 신에서 다음 신으로 넘어가려면 어떻게 표기해야 할까? 관례상으로 CUT TO:(신의 마지막 부분의 오른쪽 하단 구석에 적는다)라고 쓰지만 매번 쓸 필요는 없다.

FADE IN: 시나리오를 쓰기 전 맨 먼저 적는다.
FADE OUT: 시나리오를 마치고 맨 마지막으로 적는다.
DISSOLVE TO: 디졸브(한 화면 위에 다른 화면이 겹치면서 화면이 차차 사라지게 하는 장면 전환 기법*)
FADE TO BLACK: 암전
FREEZE FRAME: 일시 중지

한 신 안에서 FADE OUT 또는 FADE TO BLACK을 기재했다면 반드시 다음에 FADE IN을 적어야 한다. 정석을 따르고 싶다면 CUT TO:를 사용하든지 아예 사용하지 마라.

8.
캐릭터 큐

대사가 있는 인물의 역할을 맡은 배우의 이름은 대문자로 쓰며 대사는 대략 가장자리에서 $1\frac{1}{2}''$ 떨어진 위치까지 적는다. 절대로 중앙에 위치하지 않는다. 보통 모든 인물에게 이름이 있지만 배역이 작거나 특정 인물의 경우에 직업(농부, 비서 등)을 쓰기도 한다.

9.
지문

작가가 쓴 대사를 어떻게 전달해야 할지 배우에게 직접 지시하는 부분이다. 그러나 말하는 톤이 대사와 정반대 뜻을 가진다면 몰라도 가급적이면 사용하지 말라고 조언하고 싶다.

존
(비꼬는 투로)
정말로 재미있는 파티가 되겠군.

괄호를 사용해서 한 줄로 기재하며 이름과 대사 사이에 위치시킨다. 배우와 감독의 영역을 침범하지 마라. 지문은 부르면 들릴 만한 거리에 있는 인물들 가운데 특정한 누군가를 부르는 장면에서 유용하게 사용된다.

존
(사라에게)
내 셔츠 어디 있지?

또는 다음과 같이 쓴다.

전화벨이 울린다.

젠
그리픈 밀스 사무실입니다….

잠시만 기다려 주세요.

(그리픈에게)

보니 셔로우인데요.

그리픈은 고개를 끄덕이며 전화를 받는다.

이곳에선 행동 묘사를 쓰지 않는다.

아래는 틀린 경우다.

존

(샌드라를 툭 치며)

내 셔츠 어디 있지?

아래는 올바른 경우다.

존

내 셔츠 어디 있지?

그는 샌드라를 툭 친다.

10.
대사

　　동작 묘사 다음은 대사 차례다. 말하는 인물 바로 밑에 기재하며
중앙에서 양쪽으로 약 3″를 차지한다. 모든 대사의 간격은 한 줄이며
단어 사이에 '(쉬고)' 또는 '(길게 쉬고)'라는 표기를 하지 않는 한 긴 공
백은 없다. 두 가지 형식으로 쓸 수 있다.

1.
천사
(숨을 크게 고르지 않으며)
공짜로 떨어지게 해 주지.

그는 고개를 숙이며 놀란 표정의 4인조들을 본다.

매브릭은 원래부터 내 것이었어…
(쉬고)
… 지금은 개인적인 문제지만.

2.
천사
(숨을 크게 고르지 않으며)
공짜로 떨어지게 해 주지.

그는 고개를 숙이며 놀란 표정의 4인조들을 본다.

매브릭은 원래부터 내 것이었어…
(쉬고) … 지금은 개인적인 문제지만.

마찬가지로, 대사가 다음 페이지로 넘어가는 경우에도 하이픈을 사용하지 마라. 되도록 마지막 페이지에서 대사를 끝내며, 다음 장의 첫 줄에서 대사를 시작하라. 묘사 설명으로 대사가 중단된다면(다른 인물의 대사에 중단되는 것 말고) 아래를 참고하라.

존
이렇게까지 하고 싶진 않았는데.
날 이해해 주길 바라.

그는 칼을 쥐고 샌드라에게 다가간다. 땀에 흠뻑 젖은 채로 몸부림치면
칠수록 손목에 감긴 밧줄이 점점 조여든다.

존 (계속)
이런 상황까지 오게 해서 정말 미안한걸.

한 줄 분량의 묘사가 방해된다면 스토리에 지장을 주지 않는 한
캐릭터 큐를 반복해서 적을 필요는 없다.

11.
사운드

어느 소리이건 시나리오에서 중요하다면(만들어진 소리가 아니라
배우에 의해 생기는 소리) 표시를 통해 강조한다(진한 글씨 등*).

찢어지는 사이렌 소리를 울리며 밤거리를 달리는 경찰 차.
오래된 탑의 마룻바닥에서 **삐걱** 소리가 나자 몸을 돌리는 노마.
제이크는 위층에서 물이 넘치는 **소리를 듣는다.**
샌드라의 주먹이 **쨍그랑** 소리를 내며 유리창 안으로 들어간다.
천상의 음악 소리가 **울리면서**(혹은 **사라지며**)
노크 소리가 침묵을 깼다.

가끔 'OVER'라는 용어를 접하는데, 소리용 v.o.라는 뜻이다.

INT./EXT. 창고-낮

미스터 블론드를 따라 창고 밖으로 나간다….
… 차로 향한다. 트렁크를 열고 커다란 휘발유 통을 집어 올린다.
창고 안으로 다시 들어간다….

INT. 창고-낮

… 휘발유 통을 들고 있다.
미스터 블론드가 경찰의 온몸에 휘발유를 '퍼붓자' 경찰은 하지 말라고
'울부짖는다'.
미스터 블론드는 시틸러의 〈Wheel〉을 따라 부른다(OVER).
미스터 블론드는 노래를 따라 부르며 성냥을 '긋는다'.

미스터 블론드: Clowns to the left of me Jokers to the right. Here I
am, Stuck in the middle with you.
성냥을 경찰한테 '갖다 대려고' 할 때… 미스터 블론드의 가슴에 '총알
이 박힌다'.

시나리오에서 특정한 음악을 명시하는 것은 흔치 않다. 쿠엔틴 타
란티노 같은 능숙한 감독은 할 수 있다. 초보 작가들은 종종 조그마한
소리도 모두 대문자로 표기해 버리기 때문에 단어 하나 걸러 하나씩
대문자로 표기하는 실수를 저지른다. 다시 말하자면, 최대한 자제해
사용하라. 확실치 않을 때는 그냥 넘어가라. 마지막으로 절대로 이텔

릭체를 사용하지 마라.

> 형식에 맞지 않은 시나리오를 썼다면, 세계 최고라 할지라도 읽으면서
> 이런 생각을 할 것 같다. '도대체 이 사람은 시나리오 형식을 본 적이 없
> 단 말인가. 정말 프로답지 않군. 그럴듯하게 보일 필요 없이 그냥 읽기
> 쉽게만 하면 될 걸 가지고.'
>
> – 폴 마커스, 영화 제작자(《프라임 서스펙트 2》)

인사이트

당신의 시나리오가 완벽하다 할지라도 철자가 틀렸다면 단번에 눈에 띈다.
그것은 시나리오를 읽는 데 불쾌감과 거부감을 준다. 너무 좋은 시나리오라
서 나로 하여금 '다음엔 무슨 일이 벌어질까?' 하는 궁금증을 자아내게 한다
면 눈감아 줄 수 있다. 하지만 시나리오가 기대치에 미치지 못하고 잘못된
철자가 눈에 띄고 시나리오를 읽는 내내 틀린 철자만 눈에 들어온다면 내용
이 탄탄하다 할지라도 거절할 것이다. 이것은 전쟁이다. 시나리오 읽는 자들
을 당신 편으로 만들어야 하고 그들을 열받게 만들지 말고 그들에게 당신의
시나리오를 탈락시킬 어떠한 빌미도 제공하지 마라.

시나리오 형식에 관해 참고할 만한 도서를 소개한다.

Christopher Riley, 『The Hollywood Standard: The Complete and
Authoritative Guide to Script Format and Style』
Cole & Haag, 『The Complete Guide to Standard Script Formats』

추천 웹사이트는 다음과 같다.

apotheosispictures.com

everybodyswrite.com/shop.php

fadeinpro.com

films.com.br/introi.htm

indelibleink.com/swright.html

oscars.org/awards/nicholl/resources.html

screen-lab.co.uk

scripped.com

scriptologist.com/Magazine/formatting/formatting.html

아래 사이트도 방문해 볼 만하다.

rbowne@dslextreme.com

videojug.com

기억할 것

① 모든 시나리오는 엄격한 레이아웃 규칙에 맞추어 써야 한다. 올바른 철자와 문법도 잊지 마라.

② 올바른 형식으로 제출하는 것은 매우 중요하다. 올바른 형식으로 제출하지 않았다면 시나리오는 읽히지도 않는다.

③ 올바른 형식이 중요한 이유는 시나리오를 읽는 사람들이 시나리오를 평가할 때 페이지 위에서 아래로 훑지 옆으로 훑지는 않기 때문이다.

④ 시나리오 한 페이지는 영화상의 1분과 동일하다.

⑤ 영화 형식과 TV 형식은 약간 다를 수 있지만 대부분의 시나리오는 영화 형식에 맞춘다.

3장

최초의
아이디어
떠올리기

이번 장에서는…

좋은 아이디어를 떠올리기 위한 방법

가장 좋은 아이디어를 선택하는 기준

자신만의 독특한 표현을 덧붙일 방법

좋은 아이디어가 떠오를 때까지 기다리는 것이 아니라, 그것을 생각해
내야 한다.

　　　　　　　　　　　　　　　 － 에단 호크, 영화배우 겸 시나리오 작가

풀타임으로 시나리오를 쓰기 시작했을 때, 나의 유일한 대화 상대는 컴
퓨터였다. 나는 혼자서 아이디어 짜는 방법을 터득해야 했다.

　　　　　　　　　　　　　　　　　　　　 － 앤드류 데이비스

1.
시나리오를
쓰기 전에 할 일

왜 우리 주위에는 좋은 시나리오가 별로 없을까? 좋은 시나리오는 시나
리오를 쓰기 전에 작가들이 책상 앞에 앉아 얼마나 많은 조사를 했느냐
에 달려 있다. 매우 힘들고 고된 일이지만 나중에 충분히 보상받는다.

　　　　　　　　　 － 아드리안 던버, 영화배우 겸 시나리오 작가(《내 노래를 들어라》)

초보 작가는 글을 쓰는 단계에서 많은 노력을 쏟고, 한번에 모든
정열을 다 쏟고 나서야 완전한 작품이 나왔다며 만족하는 경향이 있
다. 그러나 이는 글을 쓰는 여러 방식을 무시하는 태도다. 초고 쓰기
는 전체의 5%다. 모든 준비 과정(아이디어 개발하기, 캐릭터 만들기와
구조, 신과 시퀀스 만들기)은 프리 라이팅pre-writing이라 부르며, 이에 관
해서는 앞으로 모두 아홉 장에 걸쳐 자세히 논할 것이다. 보통 시나리
오 완성 단계는 다음과 같다. 사전 준비를 철저히 할수록 초고가 쉽게
나올 것이다.

3-1 순서도: 시나리오 쓰는 과정

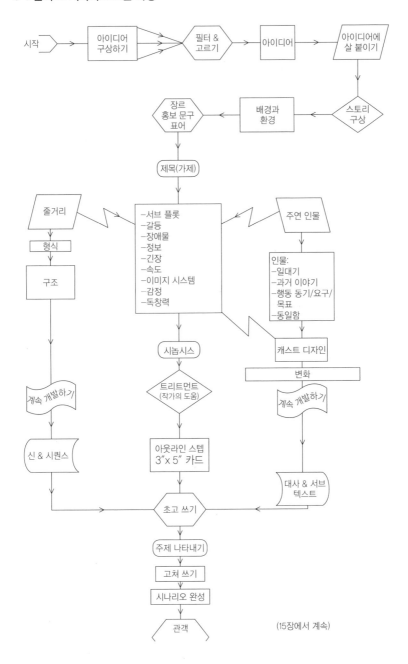

사전 준비: 65%, 초고 쓰기: 5%, 고쳐 쓰기: 30%

시나리오 쓰기는 어떻게 나누느냐에 달렸다. 도표 3-1을 참고하라. 낯선 용어는 걱정하지 마라. 이 책을 통해 자연스럽게 터득할 것이다.

2.
시나리오 작가로서의
목표

당신이 보고 싶지 않을 영화는 절대로 쓰지 마라.

– 폴라 말런, 시나리오 작가(《다이 킨더》, 〈세컨드 사이트〉)

왜 글을 쓰려 하는가? 대부분의 작가는 많은 사람에게 감동을 주고, 웃음과 눈물을 선사하고 싶기 때문이라고 답한다. 시나리오 작법 강사 마이클 헤기는 다음과 같이 말했다.

"시나리오 작가로서의 근본적인 목표는 관객에게서 감정의 반응을 끌어내는 것이다."

스크린에서 눈을 떼지 못하게 하거나 빨리 다음 페이지를 읽고 싶도록 그들을 유혹하라. 신에 대한 설명과 대사와 이미지 모두가 작가의 의도와 맞아야 한다. 항상 이 점을 명심하라. 관객의 관심을 사로잡고 훌륭한 스토리를 전한다면 당신이 원하는 감정의 반응을 끌어낼 수 있을 것이다. 관객의 마음속에 들어가 그들의 감정이 왜 그렇게 반응하고 또 무엇이 그렇게 만들었는지 생각해 보라.

드라마란 배우가 눈물을 흘릴 때라고 생각했다. 하지만 이제 나는 진정한 드라마란 관객이 눈물을 흘릴 때라는 것을 알았다.

- 프랭크 카프라, 영화감독 겸 시나리오 작가(《멋진 인생》)

3.
작가로서의
열정 끌어내기

나는 글 쓰는 것이 죽도록 싫어서 글을 쓴다. 그것도 아주 많이.

- 윌리엄 가스, 시나리오 작가

잘 만들어진 시나리오란 작가의 마음속에서 우러나와 쓰인 것으로, 작가의 열정이 잘 반영된 것이다. 설령 구조가 완벽하지 않더라도 나중에 얼마든지 손질 가능하다.

- 폴 드 보스, 시나리오 작가

궁극적으로 작가는 자신이 하고 싶은 이야기에 흠뻑 빠져서 써야지, 언제든 접할 수 있는 흥미에 연연하면 안 된다.

- 데이빗 프렌들리, 프로듀서(《커리지 언더 파이어》, 〈마이 걸〉, 〈체임버〉)

프로듀서와 시나리오 개발자Script editor에게 시나리오에서 무엇을 찾느냐고 물으면 모두가 열정이라고 한다. 열정은 당신의 아이디어이자 표현 방법이다. 물론 이야기의 주제와 주인공의 매력, 그리고 구성도 살피겠지만 시나리오가 알맞은 형식으로 제출되었는지 또한 눈여겨본다. 줄거리 또는 인물이나 구성에 약간의 문제가 있더라도 작가가 열심히 쓴 흔적이 보인다면 그것을 높게 평가해 미팅을 가질 수 있다는 의미다.

이곳에서부터 작가의 목소리가 시나리오에 반영되는 것이다. 어떤 내용의 시나리오인지 묻는 것과 마음속 깊은 곳에서부터 나온 아이디어와 생각을 관객에게 보이는 어떤 주제의 시나리오인지 묻는 것은 분명 차이가 있다. 당신은 그런 아이디어와 생각을 가지고 있는가(4장 참조)?

완벽하고 아름다운 스토리로 구성되어 있고, 작법의 모든 기술적 요소를 사용했어도 작가의 주제가 보이지 않는다면 무슨 소용이 있겠는가?

– 린다 라 플란티

위대한 명화나 멜로드라마를 쓰거나 작가 자신이 중요하다고 생각하는 것을 써라. 자신의 인생 경험을 돌아보면서 성장 과정에서 중요한 요소를 차지했던 하나의 관점 혹은 사건을 돌이켜 보라. 하나의 관점에만 주목해 경험을 그대로 쓰라는 뜻은 아니다. 구체적인 아이디어를 개발해서 발전시키고 관객이 공감할 수 있고 그들에게 의미 있는 보편적인 진실을 바탕으로 이야기를 만들어야 한다.

나는 그들만의 관점과 그들이 원하는 영화를 만드는 원동력을 가진 사람들에게 관심이 있다.

– 마틴 스콜세지

자신이 열정적으로 빠져들지 않는데 왜 다른 사람들이 빠져들기를 바라는가? 당신 역시 그런 작업은 하고 싶지 않을 것이다.

– 폴 마커스

4.
창조적으로
생각하기

작가는 다음과 같은 여러 방법으로 생각할 수 있다.

- 귀납: 구체적에서 전반적으로
- 연역: 전반적에서 구체적으로
- 논리: 인과 관계, 무슨 일이 생기고 또 생기는 세상의 이치
- 비논리: 우연의 일치, 의미는 없지만 모든 인생은 우연의 일치
- 창조: 아무도 보지 못한 둘(아이디어, 사람)만의 숨겨진 유대 혹은 인간관계 발견

인사이트

학창 시절에 내 뇌가 어떻게 돌아가는지 알았다. 나는 몇 년간 계속해서 수학 시험에 낙제했다(정확히 수학 선형으로 단순한 숫자들과 문자들, 방정식 같은 것들이다). 하지만 기하학 시험은 항상 최고 점수를 받았다. 그리고 1년 후에 새로운 것을 배웠는데, 현대수학(신수학)이었다. 같은 수학이었지만 파이 그래프와 벤다이어그램 같은 도표를 사용했다. 나는 처음으로 수학 시험에 통과했다. 그리고 그때 내가 사물을 공간적으로 판단한다는 것을 알았다.

창의력의 힘은 자신도 생각하지 못한 이야기의 반전과 캐릭터를 발견하게 만든다. 예를 들어 남녀 둘 중 누군가 손에 칼을 쥐고 바닥을 뒹굴며 몸싸움을 벌이고 있다고 하자. 이때 한 사람이 상대를 찌른다면 이치에 맞다. 그러나 두 사람이 싸움을 멈추고 격렬하게 사랑을

나눈다면 이야기는 단숨에 관객이 예상하지 못한 새로운 방향으로 전환되는 것이다.

글을 쓸 때는 항상 예측할 수 없는 사건을 주시하고, 무엇을 쓰건 생각지 못한 반전을 만들어라. 이로써 관객은 다음에 전개될 내용을 몹시 궁금해할 것이다. 영화가 끝날 때까지 관객이 꼼짝하지 못하도록 시나리오를 써라. 윌리엄 골드먼은 시나리오 각 페이지마다 서프라이즈가 있어야 한다고 말한다. 그의 말에 동의하는가? 아니면 과도한 서프라이즈가 관객을 식상하게 만든다고 생각하는가? 확실한 것은 아이디어는 영감이 떠오를 때까지 기다린다고 해서 생기지는 않는다는 것이다.

> 글을 쓰는 기술은 의자에 앉아 작업하는 것만큼 는다.
>
> — 아트 아서, 시나리오 작가

다음의 영화 가운데 무엇이건 골라 보라(가능하면 다 볼 것을 권한다). 〈스팅〉, 〈매버릭〉, 〈위험한 도박〉, 〈그리프터스〉, 〈디 아더스〉, 〈파이트 클럽〉, 〈유주얼 서스펙트〉. 이들 영화를 보면서 반전 부분을 메모하라. 아직 보지 못한 영화들을 보면서도 같은 방법으로 공부하라.

5.
아이디어
구상하기

요즘 작가들은 너무 약해 빠졌다. 영화를 보면서 성장해 왔기에 계속 같은 내용을 반복해서 사용하려 한다. 독창적인 작품을 써라. 진정한 영화는 상상력에서 나온다.

– 마이클 리슨, 시나리오 작가(《장미의 전쟁》, 〈턱시도〉)

처음 시나리오를 쓰기 위해 준비하는 지금 단계에서는 두 가지를 생각하게 될 텐데 첫째는 귀납적인 생각(다양하고 개방적이며 거의 자의식 속에서 나오는 전략적인 생각)이다. 목표는 최대한 다양한 아이디어 많이 얻기다. 이 단계에서는 개인적인 판단을 하지 마라. 아이디어의 질보다 양이 우선이다.

이는 연역적인 생각을 떠올리게 하는데, 아이디어에 대해 엄밀히 조사하고, 거르고, 시험해서 느낌이 좋고 이야기를 가장 많이 덧붙일 수 있는 아이디어를 채택하는 것이다.

가만히 앉아서 아무 생각이나 떠올려라. 부질없는 짓처럼 보이지만, 컴퓨터와 종이에 자신이 떠올린 생각들을 적어 보라. 최대한 자유롭게 생각하라. 그리고 나서 마음속에 자리 잡고 있는 비평가의 음성에 귀를 기울여라. '이건 훌륭해', '이건 안 좋아', '이 인물은 개성이 없어' 등 비평의 목소리는 당신과 좋은 친구가 될 것이다.

– 톰 술만

인사이트

수첩과 펜을 들고 다녀라. 자신의 아이디어와 주위에서 들리는 짧은 대화에서 얻을 만한 것을 적거나, 특이하거나 재미있는 광경 등 당신이 호기심을 가질 만한 모든 것을 적어 보라. 나는 종이에 몇 글자 끼적인 것을 보면서 내 인생을 재 보곤 한다. 종이가 없으면 손바닥에 적곤 했다.

6.
어떻게 아이디어를
떠올릴까?

• 개인적인 경험: 자신의 과거를 되돌아보고 사용하라(그러나 재연 드라마처럼 그대로 옮기지는 마라). 체험을 바탕으로 다른 사람들에게 전하고 싶은 의도와 여운을 남길 수 있도록 여러 가지 재미있는 요소를 가미해야 한다.

> 내 모습 그대로 나를 길러 주신 부모님께 감사하며 내가 크게 될 수 있도록 만들어 주신 분께도 감사를 전한다.
>
> ─ 루비 왁스, 영화배우 겸 영화감독

• 다른 사람의 경험: 친구, 가족, 당신이 만난 사람들의 체험 중 좋은 소재를 골라 개발시켜 새로운 이야기로 만들어라.
• 대사/인물: 수첩과 펜을 들고 다니며 우연히 듣게 된 대화를 적는 습관을 기르고, 당신 눈에 확 띄는 인물이 나타나면 그가 입은 옷, 말씨, 몸짓, 동작 등 독특한 버릇을 빠짐없이 기록하라.
• 신문: 파일을 만들어 기사 내용을 클리핑하고, 특히 TV 드라마의 소재 거리를 많이 모아라.
• 광고 문구, 노래 제목, 신문 헤드라인: 좋은 문구가 눈에 들어오면 그것을 바탕으로 새로운 이야기를 만들어라.
• 시각적 자극: 사진이나 그림을 보라. 무엇이 떠오르는가? 그것이 무슨 이야기를 하려고 하는가? 신문에 난 사진들을 보며 배경 이야기를 만들어 보라(사진이 찍히기 전까지의 상황들). 각 인물들의 사연은? 사진을 찍고 난 후의 상황은?

• 브레인스토밍: 하나의 주제를 골라 느낀 그대로의 생각을 내놓아 최선책을 결정한다. 광고에 자주 쓰이는 방법이다.

• 생각 그물 만들기: 핵심 단어와 주제를 페이지 한가운데 적어라. 아이디어와 연관된 단어들을 말풍선 안에 넣고 핵심 아이디어에 각각 줄을 연결시킨다. 그리고 나서 말풍선의 단어들과 연관된 말풍선들을 기재해 거미줄을 연상시키듯 단어와 아이디어들로 종이를 가득 채워라.

• '만약' 시나리오: 자신에게 '만약 이렇게 한다면 어떻게 될까?'라는 질문을 던져라. 예를 들어 자고 일어났는데 내가 장님이 되어 있거나, 팔 길이가 늘어나 있거나, 바퀴벌레가 되어 있거나, 24시간 안에 지구의 종말이 온다거나, 시간이 멈추어 있거나 등등(놀랄 만한 이야기를 구성하기에 좋은 방법이다). 많은 스토리가 이렇게 시작된다.

• 꿈: 침대 옆에 메모장을 준비해 꿈 내용을 바로 적는다(〈프랑켄슈타인〉).

• 시각화: 우리는 모두 꿈꿀 수 있고, 공상이나 상상을 할 수도 있다. 또한 이것을 의식적으로 생각해 낼 수 있다. 휴식을 취하는 동안에는 무의식과 의식 간에 접촉이 발생한다. 조용한 공간에서 휴식을 취하며 가장 좋아하는 장소나 사람을 연상해라. 기억할 수 있는 모든 감각(오감)을 다 생각해 내라. 마음속을 영화 스크린이라 생각하고 상상해 보기 바란다.

• 각색: 소설, 실화 등을 각색하는 것은 글쓰기 연습으로 더 없이 좋은 방법이지만 정말 무엇을 만들 예정이라면 저작권자의 허락을 받는 것이 좋다.

• 텍스트 간의 관련성: 표절 혹은 도용이라고 부르기도 한다. 너무 빠르게 베끼지는 마라. 〈저수지들의 개들〉은 〈아스팔트 정글〉과 〈킬링〉(스탠리 큐브릭, 1956)과 〈불타는 도시〉(임영동, 1988)를, 〈클루리

스)는 제인 오스틴의 소설 〈에마〉를, 〈내가 널 사랑할 수 없는 10가지 이유〉는 〈말괄량이 길들이기〉를 바탕으로 했으며, 〈쉬즈 올 댓〉은 현대판 〈피그말리온〉이다. 〈스크림〉과 〈나는 네가 지난 여름에 한 일을 알고 있다〉와 같은 영화들은 아이러니하게도 예전의 같은 장르 영화들을 바탕으로 만들었다.

이것들은 단지 제안일 뿐이다. 많은 아이디어를 절충하기 바란다. 이 단계에서는 아이디어 찾기가 아니라 어떻게 찾느냐에 흥미를 두어야 한다. 아이디어 파일을 마련해 아이디어가 떠오르는 즉시 적어 파일 속에 넣고 잊어버려라. 작가는 끊임없이 시나리오와 제안서를 써야 한다(프로 작가들은 거의 하나 이상의 프로젝트를 작업하고 있으며 모두 다른 단계를 진행 중일 것이다).

내 신발 박스는 아이디어, 짧은 글, 엿들은 대화 내용을 적은 메모지로 가득 차 있다. 나는 종이 위에 아무렇게 쓰거나 스크랩한 것들을 박스 안에 넣는다. 새로운 시나리오를 쓸 때마다 그중 몇 장을 집어 들고는 거짓말을 좀 보태서 거의 영화 초반 분량을 만든다.

– 셰인 블랙, 시나리오 작가(〈리썰 웨폰〉, 〈롱 키스 굿나잇〉)

인사이트

프랑스의 시나리오 작가 겸 영화감독인 장 피에르 주네도 아이디어가 생길 때마다 메모지에 글을 적어 넣는 신발 박스 팁을 사용한다고 한다. 셰인 블랙과 달리 주네는 '실행 불가능한' 아이디어들을 걸러 내지 않고 시나리오에 포함시켜 서로 다른 내용들을 연결시킨다. 가끔은 그러한 방식들이 가능했고(〈아멜리에〉, 〈델리카트슨 사람들〉), 가끔은 불가능했다(〈믹막: 티르라리고 사람들〉).

스펀지처럼 현재 실생활의 여러 작은 사건들을 빨아들여서, 서로 섞은 다음 색다른 것으로 완성해 내는 것은 무척 재미있는 일이다.

— 애드리안 라인, 영화감독 겸 시나리오 작가(《나인 하프 위크》, 《언페이스풀》)

위의 모든 장치를 사용해 서른 가지의 아이디어 혹은 주제를 지금 당장 만들어라. 비록 하나의 단어일지라도 적어라. 기억할 것은 지금 단계에서는 비판하지 말아야 한다는 점이다. 양이 중요하다. 자! 이제 만들어 놓은 서른 개의 리스트를 옆으로 치우고 계속 읽어 나가라.

인사이트

온라인상에는 '줄거리 생성' 사이트가 여럿 있다. 방문해 보고 싶다면 먼저 위키피디아에 방문해 'plot generator'라고 입력하라. 많은 사이트를 안내할 것이다.

7.
아이디어 거르고
시험하기

이야기 소재란 어디에나 있고 힘들지 않게 찾을 수 있음을 알았을 것이다. 가장 가능성이 있는 이야기를 선택하는 것이 더 힘든 작업일 수도 있다. 그보다 어려운 것은 그중에서 가장 애착이 가는 이야기, 마음속에서 감정의 반응을 최고조로 이끌어 내는 이야기, 가장 잘할 수 있는 이야기를 선택하는 것이다. 최고의 소재를 이끌어 내려면 어떻게 해야 할까?

당신이 갖고 있는 아이디어마다 다음의 질문을 던져 보라.

- 누구에 관한 이야기인가? 무엇에 관한 이야기인가? 언제, 어디서, 왜, 어떻게 일어난 이야기인가?
- 소재로 충분한가? 드라마틱한가? 설명을 최소한으로 하고 여러 개의 신을 나열해 극적으로 표현할 수 있는가? 줄거리가 있는가? 줄거리를 하나 더 만들어도 되겠는가?
- 위기는 어떤가? 생생하고 구체적으로 표현해 보라. 위기에 빠진 캐릭터를 위해서가 아니라 작가를 위해서다.
- 아이디어와 캐릭터에 대해서는 예측할 수 없도록 만들고 독창적이며 독특한 점을 개발하라. 예기치 않은 일로 허를 찌를 곳을 찾아보라.
- 내가 하고자 하는 이야기가 정말로 내가 가장 관심 있어 하는 것인가? 내 감정과 경험을 바탕으로 아이디어에 적용시킬 수 있는가? 내가 부분적으로만 아는 이야기인가? 자료 조사를 더 해야 하는가? 내가 걱정해야 할 것들(전쟁, 암, 기근 등)인가?
- 너무 개인적인 내용이라 다른 사람들이 참여를 꺼린다면? 누군가에게 영향을 받을까? 누군가에게 의미 깊게 바치기 위해 조심스럽고 독창적으로 다루어야 할까?

팁

당신의 아이디어가 TV쇼에 관련된 TV용 대본이거나 영화 제작에 관한 영화용 대본이라면 포기하라고 충고하고 싶다. 프로듀서들은 그들이 몸담고 있는 업계의 농담을 싫어한다. 〈플레이어〉, 〈벼랑 끝에 걸린 사나이〉, 〈겟 쇼티〉, 〈어댑테이션〉 등은 정평이 나 있고 좋은 기록을 가진 감독들이 연출한 작품들이다.

• 이제 악마의 변호 놀이를 해 보자. 생각하고 있는 아이디어의 모든 반대 요소를 생각해 보자.

• 작성해 놓은 서른 개의 아이디어 모두에 위의 질문을 각각 대입시켜 보고, 그중 가능성이 제일 크다고 생각하는 것(본능적인 반응, 감정의 반응을 사용하라)을 선택하고 다른 아이디어들은 잠시 보류하라.

• 결정한 아이디어 중에서 서로 어울리지 않는 두세 개 정도의 단어, 아이디어들을 병렬로 연결해 보라. 그리고 연결된 각 아이디어 그룹을 한 문장으로 적어 보라.

• 선택한 아이디어들을 하나씩 처음, 중간, 끝 형식으로 한두 줄 정도의 문장으로 적어라. 모든 아이디어에 다 적용되지는 않을 것이므로 설득력이 떨어지거나 적용이 안 되는 것들은 빼라.

이 과정을 모두 마친 후에도 여전히 당신의 아이디어에 자신감이 있다면 계속 진행시켜도 무방하다.

기억할 것

① 글쓰기란 단숨에 종이 위에 '모두 쏟아내기'가 아니라 전체적으로 짜임새를 갖추는 것이다. 글을 쓰는 것은 과정이다.

② 대략 65% 정도가 사전 준비(실제로 페이지에 글을 쓰기 바로 전까지)로, 초고 쓰기는 전체 과정에서 대략 5%다.

③ 나머지 30%의 시간은 시나리오를 고쳐 쓰는 데 소비한다(시나리오는 쓰인 것이 아니라 고쳐 써진 것이다). 하지만 당신의 열정적인 감각(처음 이것을 쓰고자 마음먹었을 때의 뜨거운 이유)을 잊지 마라.

④ 시나리오 작가로서의 당신의 주된 목적은 감정적으로 관객의 마음을 움직이는 것이다.

⑤ 지금 이 단계에서 당신의 머릿속에는 두 개의 과정이 있어야 한다. 하나는 최대한 많은 아이디어를 확인하지 않고 떠올리는 것이다. 질보다 양이 중요하다. 다음은 아이디어를 거르는 과정으로 수많은 아이디어 중에 가장 강한 아이디어를 선택해 살을 붙이는 것이다.

4장

아이디어 개발하기: 아이디어에서 구성까지

이번 장에서는…

영화는 스토리에 관한 것이다. 스토리를 잘 풀었는가? 재미는 있는가?
그렇지 않다면 다른 것들이 아무리 뛰어나도 소용없다.

– 윌리엄 골드먼

1.
스토리와
플롯

스토리Story, 이야기: 연속적으로 벌어지는 사건들로, 시나리오에
시간순으로 구성한다.

플롯Plot, 줄거리: 가장 흥미롭고 극적으로 이야기를 전하는 것이다.

2.
스토리의 콘셉트
명료하게 하기

이야기 소재를 정했다면 이제 전반적에서 구체적으로 여러 가지
질문을 던져 보며 분석하고 검토해 최고의 스토리를 만들 차례다.

우리가 다룰 질문은 다음과 같다.

• 왜 이것을 시나리오로 쓰고자 하는가?
• 누가 이것을 보려고 할 것인가?
• 무엇에 관한 내용인가?
• 누구에 관한 내용인가?

- 왜 이 캐릭터는 다른 인물보다 많은 비중을 차지하는가?
- 환경 또는 배경은 얼마나 중요한가?
- 관객은 스토리를 이해하기 위해 특별한 정보를 필요로 하는가?
- 관객이 영화를 보는 동안에 또 상영이 종료되었을 때 어떤 느낌을 갖고 보기를 원하는가?

시나리오의 배경에 대해 잘 알고 있다고 생각하겠지만 당신에게 필요한 것은 플롯이다. 주로 한 가지 아이디어만 있는 경우가 많은데 그것만으로는 부족하다. 두 가지의 아이디어가 필요하다. 하나는 캐릭터, 또 하나는 상황에 대한 것이다. 스토리의 결말도 있어야 한다.

지금부터 이야기를 이런 방식으로 표현해 보자.

이 스토리는 인물(누구)에 관한 이야기로, 누군가 (무엇을 어떻게 하고 싶은데) 결국 무엇(성공 혹은 실패 혹은 변화)을 한다는 내용이다.

이것이 스토리의 콘셉트다. 영상 매체이므로 '무엇을 어떻게'를 영상으로 보여 주어야 한다. 영상 매체는 영상으로 이야기를 전달하기 때문이다. 이와 같은 방식으로 스토리의 콘셉트를 드러낼수록 인물과 극의 흐름을 뚜렷하게 이해할 수 있을 것이다.

독립 영화가 성공하는 이유는 관객이 영화의 스토리를 마음에 들어 했기 때문이다. 이제는 스토리가 스타다.

— 로저 사이몬, 시나리오 작가

3.
어떻게 메인 스토리를
결정할 것인가?

본능적인 직감으로 정하라. 당신에게 감정적으로 가장 영향을 끼치는 것은 무엇인가?

결말을 생각하며 정하라. 좋은 스토리를 가지고 있는지 어떻게 알 수 있을까? 많은 작가가 '결말이 완결되기 전에는 모른다'고 답한다. 그러니 당신은 확실한 결말을 가지고 있기 바란다. 당신이 들려주는 이야기의 장르가 결말에 힌트를 줄 수도 있다. 스토리의 콘셉트를 기억하라. 드라마틱한 결과는 충분한가, 크고 충분한 마지막 클라이맥스와 함께? 클라이맥스가 있기나 한가? 스토리 중 가장 강력한 결말 또는 가장 큰 클라이맥스가 있다면 그것은 당신이 말하고자 하는 스토리의 주된 내용이어야 한다.

내 스토리의 참신함은 무엇인지 자문하라. 시나리오를 완성하고 다시 고쳐 쓰는 단계까지 스스로에게 끊임없이 질문하라. 독창적인 것은 하나가 아닌 여러 요소가 어우러져 만들어진다.

극적인 구성을 확인하라. 전체적인 3막 구조(7장 참조)는 물론이고, 각 막 안의 3막 구조(각각의 막과 서브 플롯 등)까지 살펴라. 어느 막이 가장 극적인 요소를 지녔는가? 가장 강한 느낌을 주는 막은 눈에 띄기 마련이며 '내가 메인 스토리'라고 말한다.

서프라이즈! 이것은 무엇인가? 어디에 있는가? 항상 스토리 안에서 예기치 않게 꼬이고 얽히게 만들어서 관객으로 하여금 '다음에 무슨 일이 벌어질까?' 하는 궁금증을 유발시켜라.

> 좋은 스토리를 만드는 것은 여간 어려운 일이 아니다. 그러나 흥미 있는 내용과 적당한 반전을 만들어 나가는 작업은 매우 지루하고 굉장히 어려운 작업이다.
>
> – 크리스 카터, 시나리오 작가(〈X-파일〉, 〈미드나잇 콜러Midnight Caller〉)

4.
뒤부터 쓰기

시나리오는 뒷부분부터 쓰인다. 작가와 관객의 주된 초점은 Act III의 끝부분에 있는 마지막 클라이맥스에 맞추어져 있다. 마지막 클라이맥스를 결정하고 뒤에서부터 플롯에 맞게 이야기를 맞추어 나가야 하며 다른 클라이맥스들도 첨가시키고, 스토리 진행상 잠시 쉬었다 가는 포인트와 주인공이 행동으로 옮기기로 결심하는 장면들도 첨가시켜야 한다. 모두 마지막 클라이맥스를 위해 벌어지는 일들이다. 아직 결말 부분을 생각해 내지 못했다고 불안해하지 마라. 〈카사블랑카〉는 촬영을 하면서도 아무도 결말 부분이 어떻게 될지 몰랐다고 한다.

자! 이제 자신에게 다음의 질문을 던져 보라. "나는 이 이야기를 신뢰하는가? 신뢰한다면 계속 작업을 진행시켜라."

5.
여덟 가지
기본 스토리

영화가 그동안 다룬 소재는 얼마나 많을까? 1천 가지? 더 많이? 사실은 고작 여덟 가지다. 아래 여덟 개 소재와 그 예를 들었다. 또 다른 예를 생각할 수 있는가?

① 아킬레스: 그리스 신화에서 따온 소재다. 결함이 없는 한 인

물이 점점 파멸의 길로 빠지는 내용으로, 〈삼손과 데릴라〉, 〈오셀로〉, 〈슈퍼맨〉, 〈씬 시티〉, 〈그랜 토리노〉 등이 있다. TV물로는 〈덱스터〉, 〈트리니티〉가 있으며, 〈위험한 정사〉와 누아르 영화 등도 있다. 형사 드라마의 초석이 되기도 하는데, 영웅이 아닌 범인의 성격적 결함에 초점을 맞추고 있다. 〈형사 콜롬보〉, 〈CSI-과학 수사대〉, 〈제시카의 추리극장〉이 있다.

② 캉디드candide: 극단적으로 낙천적인 사람, 악의가 없고 순진한 사람이 성공한다는 주제로 주인공(착한 사람)은 반드시 이긴다. 〈불의 전차〉, 〈포레스트 검프〉, 〈아바타〉, 〈인디아나 존스〉, 〈007〉 시리즈, 〈미스터 빈〉, 〈빌리 엘리어트〉, 〈에린 브로코비치〉, 〈아멜리에〉, 〈뷰티풀 마인드〉, 〈월-E〉, 〈캐리비안의 해적〉의 잭 스패로 선장, 〈본 슈프리머시〉 시리즈의 제임스 본 등이다.

③ 신데렐라: 마침내 숨겨져 있던 덕행이 모두 밝혀지고 꿈이 이루어진다는 결말로, 악으로부터 고난당하다가 후에 선의 승리로 끝나거나 신분이 상승하는 경우 등이다. 〈귀여운 여인〉, 〈록키〉, 〈댄싱 히어로〉, 〈스타워즈〉, 〈나의 그리스식 웨딩〉, 〈슈렉〉, 〈업〉, 〈에린 브로코비치〉, 〈쿵푸 팬더〉 등을 들 수 있다.

④ 키르케: 악녀 혹은 요부형 미인이 자신과 사랑에 빠진 남자를 유혹해 함정에 빠뜨리는 형국을 보인다. 〈대부 I〉, 〈오셀로〉, 〈이중배상〉, 〈보디 히트〉, 〈나인 하프 위크〉와 필름 누아르 영화들, 그리고 〈인썸니아〉, 〈아멜리에〉, 〈위험한 관계〉, 〈라스트 시덕션〉 등이 있다.

⑤ 파우스트: 악마에게 영혼을 팔면 부와 명예를 얻을 수 있지만 후에 반드시 대가를 치르어야 한다. 숨겨진 비밀을 알게 되는 순간 피할 수 없는 운명을 맞이한다. 〈월스트리트〉, 〈일곱 가지 유혹〉, 〈스컬스〉, 〈보일러 룸〉, 〈데블스 애드버킷〉, 〈트래픽〉, 〈빨간 신발〉, 〈드래그 미 투 헬〉, 〈킬 빌〉, 〈씬 시티〉, 〈드레스덴 파일〉 등이 있으며 공포

영화와 마카로니 웨스턴(이탈리아 서부극*) 장르에서 많이 사용한다. 요즘에는 탄탄한 내용을 바탕으로 제작된 비디오 게임도 눈에 띈다. GTA IV를 들 수 있다.

⑥ 오르페우스: 그리스 신화에서 따왔다. 자신이 소중하게 여기는 것을 잃은 주인공의 비극과 잃어버린 것을 찾아 가는 과정을 그렸다. 〈닥터 지바고〉, 〈레인 맨〉, 〈싸인〉, 〈아르고 황금 대탐험〉, 〈배트맨 비긴즈〉, 〈콘스탄트 가드너〉, 〈킬 빌〉 등이 있다.

⑦ 로미오와 줄리엣: 남자가 여자를 만나고, 남자가 여자를 잃고, 남자가 여자를 찾거나 혹은 찾지 못하는 영화. 〈웨스트 사이드 스토리〉, 〈해리가 샐리를 만났을 때〉, 〈졸업〉, 〈로미오와 줄리엣〉, 〈시애틀의 잠 못 이루는 밤〉, 〈노팅 힐〉, 〈타이타닉〉, 〈인 디 에어〉, 〈셰익스피어 인 러브〉, 〈월-E〉, 〈콘스탄트 가드너〉, 〈키스 키스 뱅뱅〉 등이 있다.

⑧ 트리스탄: 남자와 여자가 사랑에 빠졌는데 불행히도 한쪽 혹은 둘 다 이미 연인이 있는 경우로 〈위험한 정사〉, 〈졸업〉, 〈줄 앤 짐〉, 〈내 사랑 시카고〉, 〈남아 있는 나날〉, 〈위험한 관계〉가 있다. 심지어 〈소셜 네트워크〉도 기본적인 트리스탄 요소를 포함하고 있다(두 남자의 우정에 컴퓨터 코드가 끼어든다).

> 각각의 이야기는 모두 원작에 근거를 두고 있다. 원작을 찾아 탐구하면서 읽어 보라. 무슨 특별한 이유가 있기에 오늘날까지 영화 소재로 사용되고 있는지를 말이다.

이와 같은 여덟 가지 기본 스토리는 여러 다른 형태인 비극, 코미디, 역사, 추리, 멜로드라마 등으로 보일 수 있다. 이야기를 혼합하거나 심지어 뒤집는다 할지라도 기본적인 스토리와 줄거리는 갖추고 있다. 여덟 가지 스토리의 핵심을 예로 들었다고 해서 이와 같은 형식에

다 맞추려고 하지는 마라. 어떤 이들은 여덟 가지도 너무 많다고 말한다. 시나리오 작가인 로렌조 샘플 주니어는 이야기의 기본 틀은 단 두 종류(익숙한 환경을 벗어난 사람이 당황해서 어쩔 줄 몰라 하는 상황, 서로 잘 어울리지 않는 두 사람의 이야기)라고 주장한다. 시나리오 작법 교수인 마이클 하우지는 모든 이야기를 단 하나로 압축시킬 수 있다고 한다. 다윗과 골리앗의 싸움, 즉 한 개인이 상식 밖의 불가능한 상황에 직면하는 이야기로 말이다.

가장 널리 알려진 이야기는 로미오와 줄리엣 장르다. 왜일까? 남녀의 사랑에 관한 영화를 다섯 가지쯤 적어 보라. 그리고 나서 로미오와 줄리엣 장르가 부차적인 스토리 요소로 등장하는 영화도 다섯 가지 정도 적어 보라. 그리고 다음과 같이 서로 결합된 영화들을 적어 보자. '아킬레스+신데렐라', '파우스트+오르페우스', '키르케+트리스탄', '캉디드+로미오와 줄리엣' 등.

당신의 아이디어는 위에 열거한 여러 종류의 스토리 중 하나(혹은 그 이상)에 해당될 것이다. 나쁜 것이 아니다. 관객들과 영화 관계자들은 항상 새롭고 다른 것을 원하지만 한편으로는 동시에 친숙한 것을 선호한다. 위험한 것은 한 가지 스타일로만 끌고 나가는 것이다(위험 부담이 크고 너무 평범하다). 새로운 방법으로 이야기를 전할 수 있는 방법을 찾아라. 결합시키고, 바꾸고, 채택하고, 발전시켜라.

이제 최근에 떠올린 자신의 아이디어를 위의 여덟 가지 틀에 맞추어 보라. 그중 어느 하나를 덧붙인다면 나아지겠는가? 갈등, 방해, 사랑, 인물 배합 등…. 많은 요소를 더할수록 스토리는 더욱 독창적으로 발전하며 어디선가 본 듯한 느낌이 사라질 것이다.

기억하라. 당신이 해야 할 일은 시나리오에서 최고의 드라마와 감정을 끌어내는 일이다. 어느 곳에 무슨 이야기가 들어가야 할지 정하고, 마음에 들면 그다음 단계로 장르를 선택하자.

6.
장르

미국에서는 영화를 만들기 전에 사람들이 항상 이런 질문을 한다. "비디오로 나오면 어느 코너에 꽂히나요?"

— 안소니 밍겔라, 영화감독 겸 시나리오 작가(《잉글리쉬 페이션트》, 《리플리》)

우리가 쓰는 모든 글에는 장르가 있으며 때로 몇 가지 장르가 결합한다. 장르란 스토리의 타입을 뜻하는데, 당신의 스토리는 이미 제작된 영화, 드라마와 관계 있을 수도 있다. 비극, 코미디, 역사 등의 분류보다 세분화된 분류도 있다. 몇 가지 논하면 다음과 같다.

로맨스
사랑에 빠진 두 사람이 여러 장애를 극복하고 마침내 행복에 이른다는 이야기로 〈로미오와 줄리엣〉, 〈타이타닉〉, 〈마스크〉, 〈장미의 전쟁〉, 〈월-E〉 등이 있다. 〈해리가 샐리를 만났을 때〉의 장애물은 친구는 애인이 될 수 없다고 굳게 믿고 있는 주인공들이고, 〈나의 그리스식 웨딩〉의 장애물은 서로 다른 문화다.

코미디
계획적으로 관객에게 상처 입히지 않고 들려주는 재미있는 이야기로 〈에어플레인〉, 〈행복한 인질〉, 〈기차 대소동〉, 〈노팅 힐〉, 〈슈렉〉, 〈스쿨 오브 락〉, 〈월레스와 그로밋〉이 있다.

버디 무비

전혀 다른 성격의 두 인물이 어쩔 수 없이 같이 있게 되거나 일하게 되는 상황으로, 반감을 가지고 있던 두 인물이 마침내 좋은 감정을 갖는다는 내용이다. 〈리썰 웨폰〉, 〈미드나잇 런〉, 〈트레이닝 데이〉, 〈댄싱 히어로〉가 그 예다.

필름 누아르

어둡고 음침한 내용. 한 여자에게 빠져 버린 한 남자의 사랑이 고통과 증오로 바뀌는 이야기. 주인공은 사기도 치고 살인을 계획하기도 하고 실제로 누군가를 살해하기도 한다. 〈말타의 매〉, 〈이중 배상〉, 〈파이트 클럽〉, 〈원초적 본능〉, 〈보디 히트〉, 〈블루 데블〉, 〈세븐〉, 〈씬 시티〉 등이다.

공상과학

공상과학 영화는 대개 재난(주로 사회적인 재난)과 우리의 꿈과 염원에 대한 어두운 면을 나타낸다. 이런 영화들의 특성은 다음과 같다.

- 중심인물은 스토리상의 사건에서 잘못 없이 희생양이 된다.
- 영화의 결말 부분에서 적대자를 물리치지 못하는 경우도 있다.
- 인간관계에서 주로 사회적 문제에 대한 치료 또는 대항을 나타낸다.
- 적대자는 인간이 아닌 사회거나 환경일 수도 있으며 절대적인 힘과 크기를 지닌 적은 주로 인간 본성에 대해 성명한다. 보잘 것 없

고 연약한 운명 등이다.

- 공상과학 영화는 적을 물리치는 것이 가능함에도 일반적으로 주제와 관련되어 낙천적이고 희망찬 미래를 맞이하며 결말을 맺는다. 이는 인간관계의 균형을 맞추는 것에서 유래되었다.
- 영화에 나오는 인물들은 적들을 무찌르려는 시도와 생존을 위해 노력함으로써 인간의 모습을 한층 기품 있게 보여 준다.
- 인물들은 캐릭터 중심보다 줄거리 중심으로 흐른다.

모험(액션 모험)

청소년층을 대상으로 제작되는 경향이 있다. 인디아나 존스나 제임스 본드가 나오는 영화 등이 그렇다. 특징은 다음과 같다.

- 중심인물은 주로 남성이며, 세계를 구하거나 그에 버금가는 임무를 수행한다.
- 그들의 성공 또는 실패는 그들이 살고 있는 세계에 커다란 영향을 초래할 수 있다.
- 중심인물은 대부분 성인이며 재미있고 순진한 성격의 소유자다. 이런 장르의 캐릭터는 두 가지 중요한 요소를 겸비하는데 그것은 유머와 겸손함이다.
- 중심인물은 주로 여러 종류의 육체적이거나 정신적으로 힘든 과제에 부딪혔을 때 세상을 구할 도구나 장비들을 사용해 능수능란하게 문제를 해결한다.
- 모험 이야기는 줄거리 위주며 남녀 주인공이 육체적·정신적으로 반드시 넘어야 할 장애물을 많이 깔아 놓는다.
- 악당 캐릭터는 지독하게 악당 같고 어마 무시한 힘을 가지고 있어 주인공 혹은 영웅과 최후의 한판 승부를 겨룬다.

• 스토리는 매우 빠르게 전개되나 인간관계에는 많은 시간을 할애하지 않는다(깊이 없어 보일 때도 있다). 섹스와 폭력에 대해서는 상당히 관대하고 대립을 일삼는다. 이것이 관객에게 그들의 영향력을 줄여 준다(의도적이다).

• 모험 영화에 등장하는 인물들은 대개 고정관념적이다.

공포

기원은 에드거 앨런 포, 메리 셸리 등이 쓴 19세기 문학 작품으로 거슬러 올라간다. 이러한 이야기 속 인물들은 현대 문명사회에 대한 반응을 검토하는 경향이 있다. 언제 떨어질지 모르는 베니어판처럼 한순간 흉포한 야수, 짐승, 괴물(깊숙이 내재되어 있는 '것')로 돌변한다. 이런 장르의 기준은 인간의 무의식이다. 특성은 다음과 같다.

• 중심인물이 남녀 영웅이 되는 경우는 거의 없다. 그들 대부분은 피해자다.

• 악당은 과학의 실수로 생긴 돌연변이거나 사회 또는 심리적인 악몽이거나 종교적 혹은 우주적으로 위반해 얻어진 것들이다. 악몽 속에서 보이는 폭력과 섹슈얼리티의 제한은 없다.

• 당하는 자는 하느님과 악마의 중간에서 몸부림치는 것처럼 보인다. 종교는 일시적으로 무기 또는 보호자 역할을 한다.

• 이 장르에서 아이들은 어른들과 나눌 수 없는 힘이나 능력을 가지고 있다. 최소한 그 힘에 대해 어른들은 이해하지 못한다.

• 공상과학 영화처럼 인간관계의 부족한 점을 보충하거나 구하지 않는다. 그것은 덫의 일부분일지도 모른다.

• 사건이 일어나는 장소는 매우 중요하다. 예를 들어 시끄러운 유령이 살고 있는 무덤가 위에 지어진 집 등이다.

• '마지막 설명' 단계에서는 초자연적이거나 비논리적으로 일부분 또는 전체를 보여 준다.

도움이 될 만한 웹사이트로 horrorfilmhistory.com을 추천한다. 공포 영화들을 10년 단위로 나누어 설명한다.

발리우드

인도 영화의 수도인 뭄바이에서 시작되었다. 발리우드 영화들의 경이로움은 몇 십 년을 걸쳐 자신들만의 영화 산업을 만들었다는 것으로 할리우드를 비롯해 전 세계가 진지하게 지켜보고 있다. 발리우드 영화들은 화려함과 돈에 합당한 가치를 느끼게 해 준다. 근래의 인도 영화들이 할리우드 스타일을 따라 제작되고 있을지라도 발리우드 영화의 핵심적인 규약은 아래와 같다.

• 한 명의 유명 배우나 잘 알려진 배우(또는 두 명의 스타가 주연인 경우도 있다)가 등장한다.
• 훌륭한 노래들(유명한 노래 한두 곡은 필수다)도 나온다. 기억하기 쉬운 뮤지컬 곡들과 화려한 댄스 형식(한 영화에 다섯 또는 여섯 번 정도 나온다)은 줄거리에 꼭 맞아떨어지지는 않는다. 화려한 의상이 인상적이다.
• 멜로드라마적인 줄거리다. 거대한 감정의 동그라미 안에 로맨스, 비극, 코미디, 액션 모험 등 모든 것이 포함되어 있다.
• 줄거리는 판에 박힌 형식을 따른다. 불행한 연인과 반대하는 부모님, 삼각관계(잘생긴 남자 주인공과 순진한 여성, 그리고 비겁하고 비정한 약혼자), 가족 관계, 희생, 따뜻한 마음을 가진 창녀, 유괴범, 남을 음해하는 악당, 부패한 정치인, 운명에 의해 오랫동안 보지 못한 친척

또는 형제, 극적인 행운의 반전, 적절한 우연의 일치 등이다.

• 키스는 금기 사항이다. 그러나 근래에 와서는 많이 자유로워진 듯하다.

• 해피 엔딩은 필수다.

• 두 시간 이상 심지어 세 시간 이상의 러닝타임(중간에 휴식 시간이 있다)이 흔하다. 돈의 값어치를 한다!

이외에도 서부, 갱스터, 멜로드라마, 서스펜스-스릴러, 미스터리, 전기, 역사적 로맨스, 뮤지컬, 로드 무비, 무술, 컬트, 화장실 코미디, X세대, 다큐멘터리 등이 있다.

장르별 영화 제목을 세 개씩 적어 보라. 각 장르별 관습에 대해 세 문장으로 적을 수 있는가? imdb.com을 방문해 장르를 선택하라. 최신 10개의 영화 목록을 보면서 당신이 적은 장르의 목록과 비교해 보라. 또한 filmsite.org를 방문해 거기에 적힌 관습과 당신이 적은 관습을 비교해 보라.

비슷한 장르끼리 결합시키는 것도 괜찮은 방법이다. 성인이 됨＋액션 모험은 〈스파이더맨〉, 공상과학＋누아르는 〈블레이드 러너〉, 공포＋누아르는 〈엔젤 하트〉, 공상과학＋공포는 〈이벤트 호라이즌〉, 10대＋호러는 〈스크림〉, 〈나는 네가 지난 여름에 한 일을 알고 있다〉, 〈주온〉, 〈크라이 울프〉, 코미디＋서부는 〈불타는 안장〉, 로맨스＋코미디는 〈네 번의 결혼식과 한 번의 장례식〉, 로맨스＋코미디＋웨스턴은 〈매버릭〉, 도시＋서부는 〈원스 어폰 어 타임 인 아메리카〉, 〈갱스 오브 뉴욕〉, 〈분노의 질주〉, 범죄＋누아르＋코미디는 〈죽은 자는 체크무늬를 입지 않는다〉, 강도＋코미디＋범죄 계획은 〈오션스 일레븐〉, 〈이탈리안 잡〉, 액션＋서스펜스＋스릴러는 〈트리플 X〉, 〈스피드〉, 무술＋

할리우드는 〈와호장룡〉, 〈매트릭스〉, 공상과학＋액션＋코미디는 〈맨인 블랙〉, 〈화성 침공〉, 범죄＋누아르＋코미디는 〈키스 키스 뱅뱅〉, 공상과학＋서부는 〈세레니티〉, 〈카우보이 & 에이리언〉, 서부＋로드 무비는 〈더 브레이브〉, 액션＋스릴러＋로맨틱 코미디는 〈나잇 & 데이〉, 뱀파이어＋러브 스토리는 〈렛 미 인〉, 발레＋공포는 〈써스페리아〉, 〈블랙 스완〉, 심리학적인 누아르 액션＋스릴러는 〈셔터 아일랜드〉, 매직 리얼리즘은 〈빅 피쉬〉, 〈꿈의 구장〉, 〈휴고〉, 〈내니 맥피〉가 있다.

다른 혼합 장르를 더 떠올릴 수 있는가? 각 장르별로 영화를 세 개씩 적어보라.

장르를 정확하게 이해하기 위해서는 많이 보는 수밖에 없으니 앞으로 이 점을 염두에 두며 작품을 보기 바란다. 장르는 관객의 기대치를 '뜻'한다. 또한 관객의 기대치를 형성하는 것이기도 하다. 장르의 관례대로 글을 쓴다면 스토리의 경계선에 집중할 수 있을 뿐만이 아니라 관객이 감정적으로 교감하는 데에도 도움이 될 것이다. 또한 어떻게 장르들이 자주 성과 관계 맺는지를 보라. 대부분 남성 위주나 로맨틱 코미디의 경우엔 여성에 맞추어져 있다.

스토리를 선택하는 데 있어 장르가 제한되어 있다면 이렇게 생각해 보라. 엄밀히 따지면 제한되는 것이 맞다. 그로 인해 스토리에 집중할 수 있다. 시나리오 작가가 할 일은 장르를 의식하며 글을 쓰되, 장르가 만들어 낸 기대치를 최대한 활용하는 것이다. 그렇게 함으로써 관객의 시선을 고정시킬 수 있다.

장르와 구조(7장 참조)를 혼돈하지 마라. 장르는 스토리에 대한 범위를 결정하며, 구조는 스토리텔링의 기술이기에 순서대로 배열된 신에 따라 드러나는 스토리 액션과 인물들을 보여 준다. 당신이 쓰고 싶은 스토리에 어떤 장르를 택할지 혼란스럽다면 주요 인물의 임무를 확인해 보라. 당신이 쓰는 스토리의 장르와 연관되어 있을 것이다.

• 당신이 쓰는 스토리에 등장하는 주요 액션이 주요 인물이 괴물과 싸워 그를 물리치거나 또는 파괴시키는 것인가? 그렇다면 공포물을 작업하고 있는 것이다.
• 당신이 쓰는 스토리에 등장하는 중심인물이 누군가에 의해 협박 또는 위협받고 있는가? 그렇다면 스릴러일 것이다.
• 당신이 쓰는 스토리에 등장하는 주요 내용이 어떤 종류의 기술 또는 기계가 남녀 주인공을 위협하는가? 그렇다면 테크노-스릴러를 쓰고 있는 것이다.
• 당신이 쓰는 스토리에 등장하는 신의 주요 인물이 범인을 잡으려 하거나 어떤 사건에 대한 진실을 밝히려고 하는가? 그렇다면 범죄 장르 또는 형사 스토리에 해당한다.

자신의 아이디어를 장르에 맞게 생각한다면 줄거리와 인물들, 또 주제에 대해 타당한 결정을 내리도록 도움을 줄 것이다. 또한 당신의 스토리가 결말을 어떻게 끝맺을지 감을 잡는 데도 도움이 될 것이다. 장르가 창작의 영역을 제한한다고 생각하지 마라. 창의적으로 생각하고, 무한한 상상력으로 독창적이며 독특한 해결 방식을 만들어라.

나는 항상 훌륭한 영화들 가운데 내 작품과 같은 타입과 기억에 남는 장면을 떠올리며 그것에 초점을 맞추곤 했다. 〈미저리〉를 만들면서 머릿속에 항상 〈싸이코〉를 떠올렸으며, 〈내일을 향해 쏴라〉는 서부극 〈셰인〉을 떠올렸다.

　　　　　　　　　　　　　　　　　　　　　　　－ 윌리엄 골드먼

시나리오 '시장'은 2000년 정도부터 장르에 대해 크게 인식하기 시작했다. 책 한 권이 몽땅 장르에 대해서만 쓰였거나 모든 작업이 장르를 위해 변화되었다. 장르가 동화 『벌거벗은 임금님』에 나오는 새 옷 같다고 폄하하려는 게 아니다. 시나리오를 팔고 싶다면 장르에 기반을 둔 작품이 훨씬 쉽게 선택된다는 점을 말하려는 것이다. 시나리오 작가는 장르의 본질과 현재 자신이 작업하고 있는 글에 대해 확실하게 이해하고 있어야 한다. 시나리오 작법 지도를 해 본 경험으로 말하건대, 장르를 너무 의식하면 여러 문제가 발생한다. 모든 것을 지나치게 분석한다거나 시나리오나 영화의 상세한 내용을 면밀히 검토한다.

장르를 이해하고 싶다면 이번 장 처음 부분에 나오는 질문을 자문하라. "이 DVD는 어느 코너에 꽂히게 되나요?" 그 코너에 꽂힌 영화들을 보며 비슷한 점을 찾아 장르에 대한 이해를 높이길 바란다. 그것이 전부다. 꼼꼼하게 체크해야 하고 엄격한 규칙을 따르는 것이 아니다. '원칙'만 고집하는 것은 도움이 되지 못한다. 당신이 선택한 장르에 자신만의 독창성으로 글을 쓰는 것이다.

7.
누구의
이야기인가?

사건이 생기면 목격자와 관계자 모두 사건에 대한 자신의 이야기를 할 것이다. 그들의 이야기는 자신들이 본 관점(P.O.V)이다. 누가 이야기하며, 관객은 누구의 관점으로 이 사건을 보게 될지, 메인 스토리와 서브 스토리를 정하면 이야기를 푸는 과정이 좀 더 명백해진다.

8.
3막의
기본 구조

시나리오의 3막 구조에 관해서는 7장에서 자세하게 설명하기로 하고, 여기서는 간단하게 기본 구조만 살펴보자. 사람들은 3막 구조가 할리우드 영화에서 시작되었다고 생각하지만 사실은 고대 그리스의 철학자 아리스토텔레스가 창시자다. 이후로 이 기법은 현재까지도 모든 훌륭한 드라마의 기본 구조로 사용되고 있다.

ACT I(1막): 장치: 주요 등장인물이 등장하고 배경 상황, 갈등과 목표가 나온다. 주인공(히어로)은 목적 달성을 위해 움직인다.

ACT II(2막): 개발: 기본 줄거리를 개발하고 주인공의 목표를 방해하는 장애물을 등장시키고 발전시키며 주인공과 다른 인물들도 계속 개발한다. 스토리 콘셉트에 맞게 깊이와 취지를 더한다.

ACT III(3막): 결말과 대단원: 클라이맥스와 임무를 완수한다. 중요 클라이맥스가 발생하며 목표 또는 과제는 완수했다. 모든 인물의 관계와 서브 플롯이 해결된다. 관객은 마음을 가라앉히며 결말에 만족한다.

영화 시나리오에서 각 막의 길이는 보통 다음과 같다.

ACT Ⅰ (1막)	ACT Ⅱ (2막)	ACT Ⅲ (3막)
¼	½	¼

각각의 막은 클라이맥스로 끝나며 각 막의 클라이맥스는 그전보다 크게 다루어져서 3막 후반부의 중요 클라이맥스까지 이끌고 나간다. 당신의 스토리도 이렇게 진행시킬 수 있는가?

당신의 스토리를 스물다섯 단어를 넘지 않는 선에서 한 줄로 적어라. 스토리의 핵심만 다루어라. 스토리의 콘셉트를 참조하면 도움이 될 것이다.

9.
한 줄로
표현하기

이 한 줄의 문장을 만듦으로써 당신은 스토리에 집중하게 될 것이며 영화 제작 관계자들을 만나 작품의 내용을 설명할 때도(19장 참조) 도움을 받을 수 있다. 간단히 말해 '알맞은 표현을 사용하여, 이 영화를 보고 싶도록 만들고 한 가지의 핵심 구상을 요약해서 관객을 사로잡아라'.

아이오와에 사는 평범한 농부가 모든 장애물과 싸워 나가고 그 과정에서 용기를 얻으며 자기의 꿈이 실현되리라 믿는다._〈꿈의 구장〉
큰 집의 어느 방에 보물을 감춘 한 여자와 그것을 찾는 세 남자의 이야기._〈패닉 룸〉

우주 속의 오디세이._〈스타트렉〉

영화가 나치를 무찌르다._〈바스터즈: 거친 녀석들〉

털을 뒤집어쓴 햄릿._〈라이온 킹〉

알래스카에서 사건을 조사하던 경찰이 실수로 파트너를 죽인다. 이후 그는 자신이 찾고 있는 용의자로부터 협박받는다._〈인썸니아〉

록 음악을 동경하는 남자가 초등학생들과 밴드를 결성한다._〈스쿨 오브 락〉

예측 기술의 발달로 미래에는 범죄자들이 범죄 행위를 하기도 전에 잡힌다. 관련 기관에서 일하던 한 요원이 앞으로 일어날 사건의 주범으로 의심받자 스스로 자신의 무죄를 증명하려고 한다._〈마이너리티 리포트〉

무술을 하는 아이._〈쿵푸 팬더〉

부호와 결혼하고 나서 이혼을 하며 위자료를 챙기는 것이 직업인 매력적인 여자와 바람둥이 변호사가 만나 사랑에 빠진다._〈참을 수 없는 사랑〉

타이타닉 호에 탄 '로미오와 줄리엣'._〈타이타닉〉

아무도 좋아하지 않는 남자가 매일 똑같은 하루를 맞이하고 같은 일을 되풀이하지만 피할 도리가 없다. 그는 탈출구를 찾을 수 있을까? 그리고 사랑도?_〈사랑의 블랙홀〉

이것은 1980년대 할리우드에서 하이 콘셉트(한 가지 핵심 구상을 바탕으로 영화를 판매하고, 제작자로 하여금 영화 포스터의 이미지를 상상하도록 만든 것)로 불리던 것과 비슷하다. 이를테면 〈에이리언〉은 우주 속의 '죠스'고, 〈탑건〉은 전투 비행기와 '록키'다.

누군가 당신의 이야기는 무엇에 관한 것인지 묻는다면 한 줄 문구 그대로 답하라.

하이 콘셉트란 마치 내 손 안에 영화를 쥐고 있는 것처럼 매우 간단하고 쉬운 것이다.

– 스티븐 스필버그

한 줄의 문구를 만드는 것은 쉽다. 하지만 한 줄의 훌륭한 문구를 만드는 것은 어렵다.

– 줄리안 크레이인, 크레이인 제작사 대표

다음의 웹사이트를 참고하라.

imdlb.com

rinkworks.com/movieaminute

10.
표어 만들기

영화 포스터에 눈에 확 띄도록 표기하는 짧고 강렬한 인상을 주는 카피 문구이자 무엇에 대한 영화인지를 명확하게 설명하는, 영화 홍보용 전단지에 적혀 있는 문구 같은 것이다(눈물 없이는 볼 수 없는 한 가족의 극적인 드라마 같은). 목적은 관객의 관심을 끌기 위함으로 제작자, 에이전트, 관객의 호기심을 만족시켜야 한다. 표어는 마지막 단계에서만 활용되지만 영화사에 시나리오를 건넬 때를 대비해 지금 단계에서 작성해 놓으면 시나리오를 쓰는 데 더 집중할 수 있다.

표어에는 두 가지의 중요한 요소가 있다.

- 삼세번의 법칙
- 대조법과 사실적 묘사를 바탕으로 한 상상력 동원

위의 요소가 어떻게 사용되는지에 관해서는 아래를 참조하라.

"그녀는 작은 마을에 발로 찾아왔고, 거대한 기업은 무릎으로 기어 왔다."_⟨에린 브로코비치⟩(2000)

"세 개의 카지노, 열한 명, 1억5천 만 달러, 크게 딸 준비는 되었는가?", "할 거야 말 거야?"_⟨오션스 일레븐⟩(2001)

"그는 완벽한 살인 병기였다. 그 자신이 목표물이 되기 전까지는."_⟨본 아이덴티티⟩(2002)

"목록은 생명이다. 그는 실존 인물이다. 이 이야기는 사실이다."_⟨쉰들러 리스트⟩(1993)

"이 사람은 벤자민… 그는 자신의 미래를 불안해하고 있다."_⟨졸업⟩(1967)

"미래를 볼 수 있다. 범죄를 저지르기도 전에 죗값을 치른다. 당신을 뒤쫓기 전까지는.", "만약 당신이 저지르지도 않은 살인 사건의 범인으로 몰린다면 어떻게 하겠는가… 잡히기 전까지?"_⟨마이너리티 리포트⟩(2002)

"와인을 찾아서, 여자를 찾아서, 그들 자신을 찾아서."_⟨사이드웨이⟩(2004)

"사랑은 자연의 힘이다."_⟨브로크백 마운틴⟩(2005)

"2001년 9월 11일. 네 대의 비행기가 공중 납치되었다. 세 대는 그들의 목적을 달성했다. 이 이야기는 네 번째 비행기에 대한 것이다(테러리스트들과 맞선 이야기)."_⟨플라이트 93⟩(2006)

"살아생전에 우리가 이룬 업적은 길이길이 기억되리라."_⟨글래디

에이터〉(2000)

"이곳에서 빠져나갈 곳은 없다."_드라마 〈소프라노스〉(1999-
2007)

"삶이 힘들수록 노래는 더욱 달콤해져 간다."_〈크레이지 하트〉(2009)

"누군가 그들에게 '당신 자신의 인생을 찾으라'고 말하자 그들은
찾았다."_〈델마와 루이스〉(1991)

"가짜에 대한 진짜 이야기."_〈캐치 미 이프 유 캔〉(2002)

노트

지금 작업한 표어가 끝까지 사용되리라고 기대하지 마라.

여기 출시년도를 명시한 영화 목록이 있다. 표어만 보고도 제목을 알아맞힐
수 있겠는가? 정답은 부록을 참조하라.

① 다섯 명의 범죄자. 한 줄로 서 있다. 우연이 아니다(1995).

② 방송 중이다, 눈치채지 못하게(1998).

③ 모든 가족에겐 운명이 있다. 모든 아들은 가족의 미래를 짊어지고 있다.
모든 아버지는 아들의 영웅이다(2002).

④ 두려움은 당신을 죄수처럼 붙잡지만 희망은 당신을 자유롭게 한다(1994).

⑤ 미국은 뒷골목에서부터 시작되었다(2002).

⑥ 다른 사람의 신분으로 얼마나 오래갈 수 있는가(1999).

그다음에 아래 사이트를 방문해 더 많은 표어를 찾아보라.

filmsite.org/taglines.html

imdb.com

11.
주제 결정하기

초창기 작가 시절에는 글을 쓰면서 무언가를 발견했다. 그리고 그에 대
해 말하고 싶은 강한 충동을 느꼈는데 무슨 말을 할지 할 말을 잃었다.

- 브루스 조엘 루빈, 시나리오 작가(《사랑과 영혼》, 《시간 여행자의 아내》)

오손 웰즈는 언젠가 이런 말을 했다. "영화 제작에 대한 모든 기술적인
것은 세 시간이면 배울 수 있다. 그것들은 그리 중요한 게 아니다. 그것
들은 당신이 말하고자 하는 것과 관련이 있거나 또는 당신이 하고픈 말
이 있는지다."

- 마틴 스콜세지
(오손 웰즈가 한 말은 그의 전설적인 촬영감독인 그레그 톨런드가 한 말을
인용한 것이다.*)

충분히 설명할 수는 없지만, 시나리오에서 주제는 매우 중대한 부
분을 차지한다. 시나리오를 가지고 제작 관계자와 이야기하다 보면
빼놓지 않고 말하는 두 가지가 있다. '무엇에 대한 내용인가(한 줄로
표현하기)?', 그리고 '정말로 무엇에 대한 내용인가?'다. 바로 여기에
서 주제가 드러나야 한다.

주제는 보편적인 인간의 상황을 그려 내야 한다. 관객이 주제의
아이디어와 뜻을 받아들임으로써 그들의 삶은 윤택해지고 행복해지
고 더 나은 삶을 살 수 있도록 도움을 받는다. 관객에게도 적용되지만
"나는 왜 이 시나리오를 쓰려고 하는가?" 하는 작가 자신의 질문에
대한 답이기도 하다.

주제는 상상의 구조물이며 당신을 열정적으로 만드는 요인이며

시나리오에 감정의 깊이를 더해 준다. 대사로 해결할 수 있는 것이 아니다. 성공하는 시나리오의 모든 요소를 갖추려면 구체적인 주제를 나타내야 한다. 그리고 주연 인물들이 조금씩 성장해 가는 과정도 보여 주어야 한다. 전체적으로 시나리오를 알맞게 표현해야 한다. 다만 줄거리처럼 한두 줄로 요약하면 엉뚱한 소리나 피상적인 이야기처럼 들리기 마련이다.

관객의 해석은 항상 주관적이다. 〈투씨〉는 한 남자가 일을 하고자 여자로 분장하는 이야기로, 감독 시드니 폴락은 '기본적인 우정을 바탕으로 사랑을 탐구하며 이 두 가지를 병행할 수 있는지'를 연출했다.

〈해리가 샐리를 만났을 때〉와 비교해 보라. 마이클 하우지는 "성공적인 관계를 원하면 자신과 타인에게 정직해야 한다"고 주장했다. 〈사랑의 블랙홀〉과 〈마스크〉를 비교해 보라.

〈슈렉〉의 주제는 '첫인상이 전부는 아니다. 그것 말고도 뭔가 마음에 드는 것(있는 그대로의 모든 것), 진짜 당신의 모습을 보여 준다면 사람들은 당신을 알게 되고 좋아하게 될 것이다'이다. 〈빌리 엘리어트〉는 자신의 방법으로 자신의 꿈을 이루어 나가는 것의 중요성을 보여 준다(빌리의 엄마가 편지에서 "항상 네 자신이 되어라"라고 썼듯이). 호주 영화 〈란타나〉는 사건들이 등장인물 주위를 맴돌지만, 주제(란타나 행성에 뒤얽힌 근본적인 뿌리)는 마음속에서 벌어지는 여러 범죄다. 반면 〈허트 로커〉는 단순히 이라크에서 벌어지고 있는 전쟁이 아니라 남성의 유대감이 형성되어 흥분과 공포심이 느껴지는 가운데 테스토스테론으로 가득 찬 혼란 상태의 모습을 관찰하는 것이다. 피터 닥터와 밥 피터슨은 〈업〉의 공동 작가 겸 연출자다. 그들은 자신들의 아내에게 헌정하는 뜻으로 작품을 썼으며 "우리 인생에서 가장 중요한 것은 가족이다"라고 고백했다. 마틴 스콜세지의 〈셔터 아일랜드〉는 한 남자가 '자아'를 찾아가는 과정을 다루었다.

〈킹스 스피치〉는 두 남자의 인간적인 우정에 관한 이야기다. 문제에 처한 한 인간을 어떻게 다른 인간이 손을 뻗어 도와주는지에 초점을 맞추는데, 그것은 한 남자가 자신의 두려움에 맞서는 것이다. 그리고 나에게 한 번도 두려움에 빠져 본 적이 없는 누군가를 보여 주었다.

– 헬레나 본햄 카터, 영화배우

〈킹스 스피치〉를 다윗과 골리앗의 이야기(성공의 가능성이 매우 적은 자의 이야기)로 볼 수도 있다. 현재 우리의 모습과, 우리 자신 속의 악마를 물리친다면 우리가 될 수 있는 모습 사이의 큰 격차를 다루었기 때문이다. 〈록키〉를 보는 것 같은 느낌도 드는데, 희망이 없는 자가 재능 넘치는 트레이너에 의한 혹독한 훈련을 받은 끝에 극복할 수 없는 난관을 극복하고 승리를 거둔다.

〈뷰티풀 마인드〉를 관통하는 주제는 자기 안에 내재된 악마와 맞서는 것이지만, 감독 론 하워드에 따르면 "아름다운 정신beautiful mind을 가지는 것만으로는 충분하지 않다. 완전하고, 모나지 않은 사람이 되기 위해서는 아름다운 마음beautiful heart도 필요하다"고 한다.

그리고 사실상 필립 K. 딕의 모든 작품(〈블레이드 러너〉, 〈마이너리티 리포트〉, 〈토탈 리콜〉, 〈임포스터〉 등)은 시종일관 두 가지 주제를 제시한다. '현실은 무엇이며', 그리고 '무엇이 우리로 하여금 인간이게 하는가'다.

7장에서 보다 자세히 다루겠지만 〈위트니스〉의 주제는 상반되는 가치를 가진 세계의 충돌이다. 즉 도시를 표현하는 총과 남성적인 개인주의, 자연과 비폭력주의와 서로를 존중하는 공동 사회다. 익숙한 환경에서 낯선 곳으로 옮겨 갈 때 어떤 방식으로든 오염이나 영향에서 자유로울 수 있을까? 이상적으로 우리는 두 세계 사이에서 평행을 유지해야 하지 않을까?

주제는 마음에서 우러나와야 한다. 개인적인 주제가 무엇인지 자신의 내적인 것을 끌어내고, 감정을 발견해야 한다. 주제란 당신이 세상을 어떻게 보며, 관객에게 사회의 본질과 인생에 대해서 무엇을 어떻게 이야기할 것인지다. 보통 글을 쓰기 전까지는 스토리의 주제를 알 수 없다. 오히려 글을 써 가면서 초고에 이것이 나타나기도 하고 이후에 나타나기도 한다. 미리 염려하거나 강제로 만들지 마라. 자연스럽게 주제가 나타나기를 기다려라. 시나리오를 개발하고 문장의 짜임새를 손보는 것은 고쳐 쓰기 단계에서 얼마든지 할 수 있다.

젊은 시나리오 작가들은 할리우드 구조를 완벽하게 통달한 것 같지만 깊은 맛은 빠져 있는 것 같다. 자신이 정말로 무엇에 관한 글을 쓰고 있는지 모르는 것 같다.

– 다니엘 파인, 시나리오 작가(〈퍼시픽 하이츠〉, 〈할리우드 박사〉)

알렌 (볼)은 가슴으로 썼을 뿐 아니라 머리로도 썼다.

– 샘 멘데스, 영화감독(〈아메리칸 뷰티〉, 〈007 스펙터〉)

아래 영화들의 주제는 무엇일까? 정답은 부록을 참조하라.

① 꿈의 구장
② 스파이더맨
③ 에린 브로코비치
④ 베가 번스의 전설
⑤ 에이 아이

12.
제목의 중요성

〈페이퍼 문〉은 진짜로 훌륭한 제목이어서 영화를 만들 필요 없이 제목
만 상영하면 될 것 같다.

- 오손 웰즈

시나리오에 적합한 제목 짓기는 필수 과정이다. 좋은 제목은 관객
의 호기심을 자극하고 나쁜 제목은 배척당하기 마련이다. 관객의 주
목을 받아야 하며 시나리오의 본질을 전하고 배경과 중요한 아이디어
와 인물을 대변할 수 있어야 한다.

다음의 제목들은 무엇을 일깨우는가?

스타워즈	스타트랙
분노의 질주	식스 핏 언더
싸이코	댄 데어
위험한 정사	글리
글래디에이터	여전사 지나
스네이크 온 어 플레인	웨스트 윙
캐치 미 이프 유 캔	도망자
피어닷컴	소프라노스
아메리칸 뷰티	헐크

제목은 내용을 상상하게 만들며 잠재의식을 일깨우고 궁금증을
유발시킨다. 〈로미오와 해적의 딸 에델〉이라는 제목을 보고 영화를 보
고 싶겠는가? 〈오클라호마〉라는 영화를 처음 개봉했을 때, 완전히 망

했다. 특히 오클라호마 주에서는 최악이었다. 이에 영화 관계자들은 제목 뒤에 느낌표를 덧붙이기로 했다. 〈오클라호마!〉 결과는? 최고의 흥행을 거두었다.

제목 정하기는 시나리오가 완성된 후 제일 마지막으로 할 일이기에 지금 단계에서는 가제를 사용하거나 하나의 단어 혹은 작품의 내용에 따라서 독자성을 주는 편이 낫다.

13.
배경과
장소 만들기

작가는 시나리오 세계의 환경을 완전하게 이해하고 사실성 있는 묘사로 관객이 이야기를 신뢰하도록 만들어야 한다. 관객으로 하여금 그 세계가 존재한다고 믿게 해야 한다. 다음 질문에 답해 보라.

• 어떠한 세계인가? 관객에게 어떤 영향을 끼치고 싶은가? 관객이 자신이 살고 있는 세계와 비슷하다고 인식할까? 관객이 상상하는 세계를 포착해서 이제까지 본 적 없는 세계를 만들어도 관심 보일까?

• 관객이 살고 있는 현실과 비슷한가? 그들이 살았을 법한 곳인가? 다른 나라에 관한 이야기인가? 혹은 시대적 배경이 다른가?

• 이국적인가? 실제 존재하는 세계지만 관객이 가기 힘든 곳은 어떨까(에베레스트, 달)?

• 환상적인가? 실제로 존재하지 않지만 상상으로 가능한 곳인가? 우리가 알고 있는 세계와 닮았지만 사는 방식은 다를 수도 있다.

• 특정한 허구 장르인가? 관객은 카우보이들이 실제로 저렇게 살

앉을 거라 믿지 않지만 그래도 이해하면서 보지 않을까? 실생활과 유사하게 보이도록 느낌을 끌어내는 것이다.

- 기후는 어떠한가? 생활에 어떤 영향을 끼치는가? 야외에서 생활할 수 있는지, 추위 때문에 반드시 실내에서 생활해야 하는지. 특정한 이유 때문에 병이나 다른 위험을 감수하면서 살아야 하는가?

- 풍경은? 아름다운 풍경에 둘러싸여 있으며 그곳에 살고 있는 사람들도 이를 잘 알고 있는가? 동물들도 사는가? 동물에 대한 사람들의 생각은? 가축 혹은 애완동물을 기르는가?

- 사회는? 사람들은 어떻게 살고 있는가? 그룹, 커플, 싱글로 살아가고 있는가? 서로에 대해 아무것도 모르는 채 지내는지, 아니면 누가 무슨 일을 하는지 모두 알면서 지내는지? 전쟁 혹은 평화 상태에서 살고 있는가? 음식은 충분히 있고 살 집은 있는지? 그렇지 않다면 어디에 살고 있는가?

- 경제는? 어떻게 살아가는가? 얼마를 버는가? 일하기 위해 사는가 아니면 살기 위해 일하는가? 일할 곳은 있는지? 빈곤한 상태인가? 여행을 어떻게 가는가? 빠르게? 느리게? 짐은 잘 정리해서 가는가? 무계획적으로 가는가?

- 권력은 무엇으로 결정되는가? 인간관계(사랑 포함)에서도 불공평한 힘겨루기를 하는가? 자기 인생의 주관자로 살아가는가? 내일 무엇을 해야 할지 스스로 결정할 수 있는가? 마음대로 일을 시킬 수 있는 권한이 있는가? 일과 땅에 묶여 있는가 아니면 독자적으로 공부와 일을 할 수 있는가? 여가 시간은 있는가? 다른 사람에 비해 부와 명예를 가지고 있는가? 자유롭고 싶어 하는가? 지식과 정보는 힘이라는 사실을 기억하라.

- 예절 풍습은 어떠한가? 가족 만찬, 손 씻을 때, 세차할 때, 버스 탈 때 등 모든 예절에 관해 말이다.

• 윤리와 도덕에 관한 개념은 어떠한가? 옳고 그름, 선과 악, 법과 불법의 경계는 어디인가?

• 종교 생활은 얼마나 중요한가? 종교 혹은 오컬트적 단체들이 있는가? 생활을 풍요롭게 하는가 혹은 극도로 청빈하게 하는가? 종교의 힘이 인생에 어떠한 영향을 끼치는가? 종교적 단체보다 자신의 마음속에서 영성을 찾는 것이 중요하다고 생각하는가?

• 감정은 얼마나 중요한 위치를 차지하는가? 사람들은 사랑과 미움에 대해 이야기하거나 노래하는가? 혹은 시를 쓰거나 읽는가? 연애를 하거나 혹은 다투는가? 감정 표현을 자유롭게 할 수 있는가? 아니면 관습이나 다른 이유로(제도상 혹은 높은 수양의 결과로) 억압해야 하는가? 감정을 다스릴 줄 알거나 감정 없이 행동하는 것이 중요하다고 생각하는 곳에 살고 있는가?

• 창의적이고 예술을 하는 것이 중요하다고 생각하는가 혹은 집에 처박혀서 컴퓨터 게임만 하는가? 그들은 어떻게 여가 생활을 즐기는가?

• 사람들은 대체적으로 만족감을 느끼며 살아가는가? 바꾸고 싶다거나 보존하고 싶은 것이 있는가? 나중에 그리워하겠는가?

• 당신이 똑똑하고 지각력이 높은 외계인으로서 이 세상에 처음 방문했다면 가장 크게 받을 느낌은 무엇이겠는가? 이 세상을 자세히 관찰한 다음, 첫 느낌과 다르게 보인 것은 무엇이겠는가?

이야기에 등장하는 시간(시대적 배경 즉, 과거, 현재 또는 미래)과 장소(정확한 장소, 거리, 방 등)는 수정할 수 있다. 작가로서 이야기에 집중하다 보면 시나리오에 등장하는 장소가 제한되어 있다는 생각이 들수도 있다. 이야기에 등장하는 평범한 세계가 사건의 배경처럼 나오는 것은 물론이고 작은 세계 안에서도 정확한 장소를 나타내야 한다.

시나리오 안의 세계를 작게 만들어서 마치 신이라도 된 듯, 일어나는 모든 일을 다 알고 있어야 한다. 그러나 본인의 시나리오 세계를 다 이해하지 못했다고 해서 그 세계의 시간적 배경과 공간적 배경을 자유롭게 설정할 수 없다는 뜻은 아니다. 이렇게 된다면 상투적인 줄거리와 형식적인 인물들밖에 나올 수 없는데, 독창적으로 만들어 나가길 바란다. 창의력이 돋보이는 내용일수록 실감 나는 해답과 방법이 있기 마련이다.

인사이트

장소에 대해 철저하게 연구한 두 작품을 소개하고 싶다. 〈아바타〉와 〈마이너리티 리포트〉다. 영화에 등장하는 공간은 깊은 고심의 결과물로 작가와 감독은 '왜' 이 장소여야 하는지 이해하고 있다. 스필버그는 특별미래학자위원회까지 구성해 미래학자들이 그의 행성을 추측하고 느끼도록 했다. 마치 톨킨이 『반지의 제왕』의 지형적 배경을 이해했던 것처럼. 또한 그의 세계의 감정의 굴곡도 이해했다(그리고 바로 그곳에 당신이 노력해서 만든 인물이 투입되어야 한다).

14.
서브 플롯의 기능

시나리오에는 물론 메인 플롯이 있겠지만 그것만으로는 메인 스토리와 주요 인물들의 감정의 깊이, 개성과 참뜻을 다 이해시킬 수 없다. 그래서 서브 플롯이 필요하다. 몇 가지 스토리를 덧붙여 여기에 다른 인물이나 다른 사건을 포함시킴으로써 메인 플롯과 주요 인물들에 영향을 미치기에 매우 중요하다. 반드시 아래 사항들을 첨가하라.

- 기본적인 메인 플롯
- 기본적인 서브 플롯
- 다른 서브 플롯들

짧은 형식의 TV 드라마는 메인 플롯과 서브 플롯(심지어 두 번째 서브 플롯도 가능하다)만으로도 긴장감을 줄 수 있다. 영화에는 메인 플롯과 서브 플롯, 그리고 보통 서너 가지의 중요 서브 플롯이 등장한다 (드물게 더 많은 경우도 있다). TV 시리즈, 미니 시리즈, 멜로드라마 등에서는 열두 개의 플롯 혹은 더 많이 사용된다.

인사이트

메인 플롯이 A스토리라고 일컬어진다면 각 서브 플롯은 B스토리, C스토리로 불리며 계속 이어진다.

오늘날의 관객은 영상에 익숙해 서브 플롯이 약간 또는 짧게 나온다 해도 크게 관여하지 않는다. 서브 플롯에서의 중요한 점은 다음과 같다.

메인 플롯이 어떻게 끝난다 해도, 모든 서브 플롯은 메인 플롯에 대한 정보를 제공하고, 이야기를 전개시켜야 한다.

메인 플롯에 대한 서브 플롯과의 관계는 다음의 넷 중 하나와 같아야 한다.

① 반박: 메인 플롯의 핵심 아이디어와 반대로 향한다.

② 보완: 메인 플롯의 핵심 아이디어에 대한 논리적 설명이다.

③ 설정: 메인 플롯를 보여 주기 전 관객의 관심을 끌기 위해 사용한다.

④ 복잡: 메인 플롯의 생명(러브 스토리를 액션, 모험 드라마에 소개)이다.

서브 플롯은 시나리오의 메시지(주제)를 구체적으로 표현하는 역할을 하며 어떤 내용인지 알게 해 준다(구원, 공동 사회 vs. 개인주의, 정체성 찾기, 선 vs. 악 등). 예를 들어 〈꿈의 구장〉의 주요 줄거리는 야구장 만들기지만 작가는 부자 관계와 꿈의 역할에 보다 신경 썼으며, 〈위트니스〉에서는 주인공들의 관계를 관객의 시점으로 보는 것처럼 꾸몄다. 기본 서브 플롯에 대해 탐구한 것이다.

〈위트니스〉를 보라. 무엇이 메인 플롯이며 서브 플롯인지 적고 나서, 메인 플롯과 어떠한 관계(위의 네 가지 관계)일지 생각해 보라. 각각의 전개 과정(발달 과정)을 차트로 만들어 보라.

빠른 전개와 복잡한 구성이 특징인 〈투씨〉 같은 영화는 최하 다섯 개의 서브 플롯을 가지고 있다.

① 마이클↔줄리(드라마에 출연하는 여배우)

② 마이클↔샌디(마이클을 걱정하는 친구)

③ 마이클↔리스(줄리의 홀아버지)

④ 마이클↔브루스터(드라마에 나오는 음탕한 의사)

⑤ 줄리↔론(드라마 연출자)

엄밀히 말하면 여섯 개(마이클-제프[마이클의 룸메이트])다. 이들은 각각 마이클이 일을 찾고, 유지하고, 연기를 그만두기까지의 메인 플롯을 점점 복잡하게 만든다. 각 서브 플롯은 사랑과 우정의 본질을 이야기하고, 각각의 내재적 구조를 가지고, 메인 플롯을 점점 크게 만들어 나가며 하나로 모인다(도표 4-2 참조).

〈투씨〉를 보면서 여러 이야기가 동시에 발생한다는 것을 알았는가? 몰랐을 것이다. 훌륭한 시나리오에서는 동시에 여러 이야기가 발생해도 자연스럽고 주제와 조화롭게 융화된다. 당신은 이들이 서로 연결되어 있음을 알아차리지 못할 것이다.

그래서 서브 플롯들은 여러 가지 극적인 요소들에 사용된다.

• 서로 유사한 사건을 나란히 보여 준다. 두 가지 서로 다른 이야기가 서로 연결되든 말든 두 이야기를 오가며 메인 플롯을 명백히 보여 준다.
 • 서브 텍스트를 밝힐 때
 • 인물의 다른 면모를 보여 주고자 할 때
 • 관객에게 놀라움을 주고자 할 때
 • 기본 줄거리에 따른 이야기의 진행 속도를 늦추고 싶을 때. 코미디 장르나 기본 줄거리가 약할 때 많이 사용된다.
 • 다른 인물들을 등장시킬 때(각각의 특별한 인물들은 제각기 그들만의 스토리를 가지고 있어야 한다[4장 참조])
 • 배경 이야기를 밝힐 때(4장 참조)
 • 기본 줄거리에 대한 정황 혹은 배경을 제공할 때. 예를 들어 〈차이나타운〉은 어느 부인의 의뢰로 시작되어 부패한 스캔들로 연결

4-2 〈투씨〉의 서브 플롯 구성

	설정	1차 방향 전환점	발달
메인 플롯 →	취업을 못 하는 마이클	도로시 역을 맡은 마이클	급성장하는 마이클
서브 플롯 ↓			
1. 마이클–줄리	마이클(도로시 역)은 현장에서 줄리를 보고 첫눈에 사랑에 빠진다.	마이클에게 저녁 식사를 제의하는 줄리. 그들의 우정이 시작된다.	친구가 된 두 사람. 교외로 가서 이야기 나누는 두 사람. 줄리에게 론과 헤어지기를 권고한다. 아기를 돌보는 줄리를 도와주는 도로시
2. 마이클–샌디	여러 가지 상황을 통하여 서로 가까워지는 두 사람. (생일 잔치, 샌디의 오디션을 준비해 주는 마이클	사랑을 나누는 마이클과 샌디. 연인으로 발전하는 두 사람 & 위태로운 두 사람의 우정	마이클에 대한 샌디의 불안감은 커지고 마이클을 저녁 식사에 초대하여 그의 행동에 대해 묻는다.
3. 마이클–리스	도로시를 만나는 리스	도로시와 사랑에 빠지는 리스	농장에 있는 줄리를 찾아간 도로시는 리스와 노래를 부른다. 리스와 함께 춤을 추는 도로시
4. 마이클–브루스터	브루스터가 '음탕한 남자'라는 조언을 듣는다.	도로시의 매력에 빠져드는 브루스터	함께 연기하게 된 두 사람. 도로시에게 자꾸 키스하려는 브루스터
5. 줄리–론	다정한 줄리와 론		줄리에게 우월감을 가지고 대하는 론을 주목하는 마이클

2차 방향 전환점	클라이맥스	결말
마이클은 계약을 끝내려 하지만 도로시 역의 인기가 올라가자 다들 말린다.	도로시의 정체가 마이클임이 밝혀진다.	
줄리에게 키스하려는 도로시 발달–도로시를 피하는 줄리	"힘든 상황은 끝났다"라고 말하는 마이클, 다시 친구가 되는 두 사람	둘의 관계는 지속된다. 같이 떠나는 두 사람
마이클이 다른 여자와 사랑에 빠져 있다는 걸 알자 관계를 정리하는 샌디	새 작품 공연을 시작하는 샌디	다시 친구가 되는 두 사람
청혼하는 리스	반지를 돌려주는 마이클	마이클을 용서하는 리스
창문 밑에서 도로시의 환심을 사기 위해 노래를 부르는 브루스터	도로시가 여자가 아닌 마이클이었다는 걸 안 브루스터	
	도로시가 보여 준 자신감을 전제로 론과 헤어지는 줄리	

되고, 근친상간으로 발전되어 간다. 서브 플롯은 마지막 클라이맥스에 대한 전후 상황을 만들 수 있으며, 첫 부분의 줄거리를 지탱시키는 역할을 한다. 특히 많은 인물이 등장하는 초반부에 유용하다.

시나리오의 메인 플롯과 서브 플롯의 흐름이 스토리를 진행시킨다. 메인 플롯과 서브 플롯이 연결되지 않는다면 스토리는 걷잡을 수 없고, 서로 연관도 없고, 관계없는 내용이 될 것이다. 그것이 글을 쓰는 기술로, 어떻게 서브 플롯을 일관성 있게 시나리오에 포함시켜 당신의 시나리오가 신뢰성과 복잡성까지 담을 수 있냐가 중요하다. 너무 많은 서브 플롯은 혼란만 준다. 스티븐 스필버그의 〈1941(1979)〉을 참고하라. 〈킹스 스피치〉는 복잡한 서브 플롯을 생략했다고 주장할 수 있지만 매우 훌륭한 영화다. 스토리 자체가 눈을 못 떼게 만들고, 개인적인 내용이며 감정적으로 사로잡는 매력이 있기 때문이다.

15.
마지막으로
생각해 볼 몇 가지

제작비

영화와 TV 프로그램은 높은 제작비가 들기에 제작자들은 이를 항상 걱정한다. 그래서 제작비가 너무 많이 들 것 같다고 생각되는 시나리오는 심사 후보에서 떨어지는데, 작가가 영화 제작 현실을 잘 이해하지 못한다는 것이 여실히 드러나기 때문이다. 그렇다고 스케일이 작은 시나리오만 쓰거나 상상을 억제하라는 이야기는 아니다. 최소한 제작비를 상승시키는 몇 가지 정도는 유의하자.

예를 들면 다음과 같은 것들이다.

- 특수효과
- 시대적 배경이 많이 등장하는 드라마
- 잦은 이국풍 장소들
- 특정 계절이 등장할 때(촬영 기간은 여름철인데 신 가운데 눈 오는 장면이 있을 때)
- 주인공으로 스타급 배우의 출연을 고집할 때

제작비가 낮을수록 더 많은 상상력과 창의력을 발휘할 것이다.

– 로저 코맨, 영화감독 겸 시나리오 작가

인사이트

제한된 제작비가 도움이 되기도 한다. 브라이언 클레멘스는 드라마 〈어벤저〉의 한 에피소드를 썼는데, 언젠가 이런 말을 했다. 그 에피소드는 여주인공을 없애려고 프로그램화된 컴퓨터와 싸우는 내용이었는데 여주인공이 외딴 집에 갇히는 장면이 있었다. "사람들이 몰랐던 것은 그 시리즈가 방영되는 중도에 우리 제작비가 거의 바닥났다는 거죠. 그래서 나는 단 하나의 세트만 사용하기 위해 뭔가 만들어 내야 했어요. 외딴 집이었죠." 인물이 도망갈 수 없는 좁고 사방이 막힌 공간을 활용하는 아이디어를 낸 것이다.

다음 영화들을 보라. 〈저수지의 개들〉, 〈블레어 위치〉, 〈피쉬 탱크〉, 〈파라노말 액티비티〉, 〈마이 리틀 아이〉, 〈빅 나이트〉, 〈트리스 라운지〉, 〈그녀는 그것을 좋아해〉, 〈맥멀렌가의 형제들〉, 〈셀레브레이션〉, 〈백치들〉, 〈록 스탁 앤 투 스모킹 배럴즈〉 또는 마이크 피기스의 디지털 실험작들인 〈타임코드〉,

〈호텔〉. 이것들이 어떻게 '예산' 문제를 극복했는지 생각해 보라. 성공했다고
생각하는가?

인사이트

주목하라. 첫째, 저예산 영화 〈파라노말 액티비티〉는 겨우 1만1천 달러의 제
작비로 약 1억5천 만 달러를 벌었다. 둘째, 1980년대 영화 〈에어플레인〉과
〈13일의 금요일〉의 영화 제작비를 합친 금액은 1979년도에 제작된 〈스타트
렉〉의 엔딩 크레디트 제작비보다 적다.

자료 수집

경험하지 못한 활동이나 주제에 대해 쓸 때에는 사전 조사가 필요
하다. 하지만 과도한 조사는 금물이다. 조사 중에 '이런 곳에서는 절
대 이런 일이 일어날 수 없다'라는 생각이 들 수도 있겠지만 작가는
그런 일이 일어날 수도 있다는 드라마적인 사실성을 항상 염두에 두
어야 한다. 당신은 지금 다큐멘터리를 집필하고 있는 것이 아니다. 걱
정하지 말고 이런 상황에선 이런 일도 일어날 수 있다는 가정 하에 이
야기를 만들어 나가라.

> 사람들이 내게로 와서 "내가 일하는 직장에서 얼마나 웃기는 일이 벌어
> 지는지 들어 봐야 해"라고 말하면 난 그들에게 이렇게 답한다. "당신의
> 직업이 뭔지 말해 봐요. 내가 웃기게 만들어 보죠."
>
> – 알랜 스덜랜드, 코미디 작가

〈127시간〉의 실제 인물인 아론 랠스톤은 영화 제작 제안을 모두 거절했
다. 그는 '진정성 있게 보이는' 다큐멘터리만 고집했다. 나는 우리가 일

반 다큐 형식으로는 느낄 수 없는 감동적인 진실이 전달되도록 제작할
것이라며 그를 설득시켜야 했다.

         – 사이먼 뷰포이, 시나리오 작가(《127시간》, 〈슬럼독 밀리어네어〉, 〈풀 몬티〉)

매체 선택

시나리오 모니터 요원들이 대본을 받아 보거나 프로듀서들이 시
나리오의 아이디어를 들으면 그들은 바로 그 아이디어에 대한 기본
틀을 잡는다. 초보 작가들은 영화만 생각하는 경향이 있다. 하지만 시
나리오 종류와 복잡성, 줄거리와 서브 플롯, 등장인물의 수에 따라 90
분 혹은 그 이상의 시간 동안 영상으로 보여 줄 수 있는지를 생각해야
한다.

자문해 보라. 당신의 스토리를 보여 주기에 가장 적당한 매체는
무엇일까? 영화용(90-120분)인가? 60분용 TV인가? 미니 시리즈가
좋겠는가. 30분 분량의 이야기를 영화용으로 늘리려는 것인가? 아
니면 4시간 분량의 미니 시리즈를 90분 분량으로 압축시키려는 것인
가? 기본 매체에 대해 알아보자.

TV 드라마: 60분 혹은 그 이상의 러닝타임. 최고 6명의 주연과 조
연 등장. 스튜디오 촬영을 기본으로 하며 한정된 장소에서 촬영한다.

영화: 80-120분 사이의 러닝타임. 7명 이하의 주연과 조연 등장.
넓은 영상, 야외 장소에서 촬영하며 장르를 설정한다.

TV 미니 시리즈: 두 편 혹은 그 이상의 장편용 드라마. 보통 밤이
나 주말에 방영한다. 가족에 대한 주제나 커다란 역사적 사건을 배경
으로 한다.

TV 시리즈 드라마: 13명 혹은 그 이상의 주연과 조연. 50개 혹은

그 이상의 이야기로 구성된다. 각기 다른 장소에서 벌어지는 사건과 각기 다른 장면의 시간으로 구성되어 있다. 보통 30분 혹은 60분용이며 정기적으로 매주 밤 시간대에 방영한다.

당신의 아이디어를 살펴보며 객관적으로 정직하게 답해 보라.

- 큰 스크린에 어울리는가?
- 형식은 올바르며 러닝타임도 적절한가?
- 다른 형식(TV물 혹은 비디오물 등)이 더 어울리겠는가?

모든 이야기에는 제각기 알맞은 길이가 있다. 이것은 당신의 결정에 따라 바뀔 수 있다. 나의 스토리는 어디에서 시작되고 어디에서 끝나는가? 자신의 스토리에 적합한 형식을 고르는 것이 당신 자신과 스토리에 안정감을 가져다 줄 것이다.

〈심슨 가족〉을 영화로 만들자는 제의를 끊임없이 한다. 우리는 각 에피소드마다 충분한 이야기, 인물, 개발, 그리고 전체에 대한 한 줄의 간략한 뼈대를 담아 놓았다. 나는 도저히 30분용으로 압축한 내용을 90분으로 늘려서 만들어야 하는 이유를 모르겠다.

- 맷 그레이닝, 크리에이터(〈심슨 가족〉)

위의 말은 2003년 이야기다. 2007년에 제작된 〈심슨 가족〉을 보라. 영화 속에 충분한 농담, 스토리, 웃긴 아이디어, 대사 등이 들어 있다고 생각하는가?

기억할 것

① 당신의 스토리 콘셉트는 당신의 아이디어를 다음과 같이 표현할 수 있다. 이 이야기는 '인물'이 원하는 '무엇인가를 하는' 것이며 마침내 '성공 또는 실패 또는 변화'를 하는 것이다.

② 어떤 의미에서 시나리오는 '뒤부터 쓰는 것이다'. 시나리오의 첫 페이지를 시작으로 결말 부분의 마지막 클라이맥스를 향해 써 나간다.

③ 어떤 사람들은 여덟 개의 기본 스토리만 있다고 말하지만 당신이 할 일은 당신의 스토리를 독특하게 만드는 것이다. 여덟 개의 기본 스토리에서 추가하거나 당신의 스토리를 더욱 독창적으로 향상시키기 위한 요소들을 찾을 수 있는가?

④ 모든 스토리는 한 개 또는 두 개의 장르로 쓰인다. 장르의 '법칙'들은 예전에 그 타입의 드라마로 만들어지면서 생성되었다. 그러므로 어떤 장르로 불리게 될 것인지 자문해 보라.

⑤ 누구의 스토리를 말하고 있는지 알아야 한다. 주인공은 당신의 메인 플롯이 어떻게 될 것인지 알게 해 줄 것이고, 그것을 중심으로 다른 서브 플롯을 만들 수 있을 것이다.

⑥ 당신의 스토리를 한 줄로 표현할 수 있어야 한다. 당신의 집중력을 높여 주고 후에 시나리오 판매 과정에서 유용하게 사용될 것이다.

⑦ 몇 가지 표어를 만들어 보는 것은 당신의 아이디어를 명확하게 해 주며 스토리 방향을 잡아 준다.

⑧ 주제는 감정을 통해 관객에게 전해지는 무엇이다.

⑨ 뇌리에 남을 만한 제목을 지으면 관객의 관심을 끌 수 있다.

⑩ 당신의 인물들이 살고 있는 세상의 환경과 배경을 알고 있어야 한다. 관객에게 신뢰성을 주는 데 도움이 될 것이다.

5장

캐릭터 창조하기

이번 장에서는…

입체적이고 균형 잡히고 신뢰할 만한 캐릭터를 만드는 방법

다양한 캐릭터 타입과 캐릭터의 역할을 설정하고 구성해 스토리 안에서 잘 표현할 수 있는 방법

관객을 캐릭터와 연관시키는 방법

당신의 인물들은 당신을 스토리의 미궁 속으로 끌어들일 것이다. 당신이 알 수 없는 곳으로. 하지만 당신의 인물들을 믿어라. 그러면 당신은 스토리에 대해 확신을 갖게 될 것이다.

– 폴라 마일른, 시나리오 작가

지금까지 일반적이고 이론적인 용어들을 살펴봤다. 이제 좀 더 새로운 것을 배워 보자. 시나리오를 구성하는 가장 중요한 두 가지 요소는 캐릭터와 구조다. 캐릭터와 구조는 음과 양처럼 서로 공생 관계를 유지한다. 즉 서로 채우고 보조해 주고 설명해 주는 관계다.

5-1 시나리오의 구성 요소

신뢰할 수 있고 설득력 있는 캐릭터를 창조한다는 것은 어느 작가에게든 힘들고 어려운 작업이다. 지금부터 캐릭터 창조 툴과 그 문제를 어디서부터 풀어야 하는지를 자세하게 다룰 것이다. 캐릭터를 만들어 가는 작업은 시나리오 작업 가운데 가장 어려운 부분인 동시에 중요한 부분이다. 비중이 크건 작건 모든 스토리는 캐릭터에 의존하는데, 〈분노의 질주〉, 〈로보캅〉, 〈툼 레이더〉, 심지어 〈코드명 J〉와 같은 영화도 예외가 아니다. 〈드래곤 길들이기〉의 리뷰를 보면 나이트 퓨리를 '매력적이고 개성적인 용'이라고 극찬하고 있다. 게임 시장은 캐릭터의 중요성에 눈을 떴다. 오늘날의 블록버스터 게임들을 보면 캐릭터의 질이 성공을 좌우한다. 우리가 관심 갖고 있는 모든 액션 영웅이 그렇다(〈배트맨: 아캄 어사일럼〉, 〈언차티드 2〉, 〈헤비 레인〉, 〈야쿠자 3〉, 〈갓 오브 워 3〉).

이제 당신이 가장 재미있게 본 영화를 생각해 보라. 주인공에게는 그에게 푹 빠져들게 만드는 매력이 있다. 그래서 관객은 그를 염려하고 그에게 위험이 닥쳤을 때 마음을 졸이는 것이다. 그런 시나리오를 쓰려면 어떻게 해야 할까? 시나리오 작업에서 캐릭터를 창조할 때 가장 중요한 두 가지 요인은 다음과 같다.

① 캐릭터 자체의 창조: 인물의 일대기와 배경 이야기
② 캐스트 디자인

그보다 먼저 캐릭터들에게 이름을 지어 주자.

1.
캐릭터
이름 짓기

인물의 이름을 짓는 것은 중요하다. 관객에게 어필할 수 있는 좋은 이름, 기억에 오래 남을 만한 이름으로 지어야 한다. 관객이 이름을 들었을 때 당신이 의도한 감정, 기억, 이미지를 떠올리도록 말이다. 예를 들어 인디아나 존스, 프리실라, 브루스 웨인, 포레스트 검프, 말콤 엑스 등. 〈꿈의 구장〉에서 주인공 이름은 레이Ray다. 평범하고 흔한, 특이점이 없는 아이오와 주의 농부를 연상시키는 이름이다. 〈델마와 루이스〉의 두 주인공인 델마와 루이스는 평범하지 않은 이름(하지만 미국 남부 지방의 평범한 주부를 연상케 하는 이름)이면서도 뭔가 사고 칠 것 같은 이름 같다. 그들은 평범한 이름을 가졌지만 평범한 삶과는 거리가 멀다. 반면 〈위트니스〉의 주인공은 의도적으로 너무나 평범한 이름인 존 북John Book으로 설정했는데, 그 의도가 무엇인지 알겠는가? 대를 이어 내려오는 것들도 있다. 또 어떻게 부르는가에 따라 감정의 변화를 줄 수도 있다. 성姓만 불리다 본의 아니게 이름이 불리면서 곤란한 일을 겪을 때나 마이크Mike로 불리던 이가 마이클Michael로 소개되는 상황이 그 예다. 별명이나 애칭을 부를 때도 마찬가지다. 〈여인의 향기〉에서 한 인물을 찰스Charles, 찰리Charlie, 척키Chuckie로 부르는데, 그 이유를 주목해 보라. 〈메멘토〉에도 비슷한 예가 나온다.

〈인썸니아〉에서는 주인공 이름을 일부러 비꼬듯이 부른다. 〈마이너리티 리포트〉(보는 것과 예견하는 내용)에 등장하는 인물의 이름이 닥터 아이리스iris(홍채*)인 것은 우연이 아니다. 마찬가지로 〈트루먼 쇼〉의 주인공 트루먼 버뱅크True-man Burbank는 신과 같은 존재인 크리스토프라는 캐릭터와 대립된다. 그리고 〈로드 투 퍼디션〉에서 주요 인물인 마이클(마이크)과 마이클 주니어는 이니셜 표기로 헷갈릴 수도 있지만, 이는 영화의 주제를 멋지게 반영한다. 이 영화의 주제는 두려움인데, 아들이 아버지를 따라 갱스터를 죽이는 암살자가 될 것인지에 대한 궁금증을 유발시키기 위해 의도적으로 그렇게 지었다.

가능하면 캐릭터의 이름이 같은 약자로 표기되지 않도록 신경 써야 하며 (특별한 이유가 아닌 이상) 비슷해서 착각할 수 있는 이름도 삼가야 한다. 영화에 세 명의 인물이 등장하는데 그들의 이름이 레이, 리키, 랙 또는 잭, 자크, 제이크라면 관객은 혼란을 느낄 것이다.

팁

이름의 뜻에 대한 자세한 내용은 작명 관련 도서에 잘 나와 있다.

나는 많은 시간을 카페에 앉아 세상 돌아가는 것을 구경하며 보낸다. 관찰자로 사람들을 지켜본다. 그들이 누구인지, 어디에서 왔는지, 또 어디로 가려고 하는지. 그들의 뒷이야기는 무엇일까? 카페에 가면 저마다 아이패드나 노트북을 두드리며 작품에 열중하고 있는 작가 지망생들을 많이 볼 수 있을 것이다.

2.
입체적인
캐릭터 만들기

캐릭터를 만들 수 있는 가능성은 무한대다. 당신에게 네 명의 인물이 있다고 가정했을 때, A가 아무렇게나 말하거나 무슨 짓을 해서 B, C, D 중한 명의 반응을 불러일으킨다고 하자. 그것은 2백56가지의 순열이다. B가 반응한다면 2백56가지의 순열보다 더 높은 수치를 불러온다. 두 줄의 대사를 만들기 전에 6천5백36가지 서브 플롯의 가능성을 가지고 머리를 굴려야 할 것이다. 당신이 그 분투를 조정할 수 있는 한 가지는 당신이 인물에 대해 얼마나 잘 알고 있느냐다.

– 노먼 레브레흐트, 시나리오 작가(《송 오브 네임스》)

작가로서 당신의 목표는 입체적인 캐릭터를 만드는 것이다.
　인물들이 흥미를 자아내고, 관객의 이목을 집중시키며 모든 것을 믿게 만드는 설득력을 가져야 한다는 뜻이다. 당신이 인물에 대해 잘 알수록 작업이 더욱 수월해지며 관객도 인물의 매력에 더욱 빠져들어 작품을 믿게 될 것이다. 글의 내용이 밋밋하거나 대사에 생명력이 없거나 인물이 납득하지 못할 행동을 하는 것은 대부분 작가가 인물에 많은 시간을 투자해 고민하지 않아서다. 마치 절친한 친구처럼 인물의 겉과 속을 투명하게 들여다볼 수 있을 때 비로소 작가는 자신의 인물이 어떤 말과 행동을 할지 또는 하지 않을지 알 수 있다.

> 내가 가장 재미있어 하는 대사들을 삭제하면서 느낀 점은 이러한 유머들은 내게서 나온 것이지 내 인물들에게서 나온 것은 아니라는 사실이다. 관객이 해당 인물만이 할 수 있는 대사가 있다고 믿어야 한다.
>
> – 사이몬 뷰포이

> 중요한 것은 인물들이 서로 대화하는 것이다. 그 시점에 도달하면 당신은 인물에 대해 더 자세히 알 수 있을 것이다.
>
> – 토니 마챈트

시나리오에 인물 정보가 80% 이상 드러나지 않는다 해도 작가는 캐릭터에 대해 잘 알고 있어야 한다. 인물에 대한 정보가 작가의 생각을 정리해 주고 집중시켜 준다는 이유 외에도 한편으로는 누구나(시나리오 편집자, 프로듀서, 감독, 특히 배우) 언제라도 시나리오를 읽던 중 당신에게 "왜 이 인물은 이렇게 말 또는 행동하죠?"라고 질문할 수 있기 때문이다. 이때 타당한 답변을 할 수 있어야 하며 시나리오에서도 인물을 통해 그 답을 찾을 수 있게 해야 한다.

인사이트

"정말로 나의 캐릭터들에 대한 정보를 모두 알고 있어야 하나요?"라는 질문을 받을 때마다 〈허니문 버스 특급〉을 포함한 여러 히트 코미디물을 쓴 로날드 울프가 해 준 그의 경험담을 떠올린다.

"우리가 무대용으로 만든 공연으로 캐나다 투어를 하고 있을 때였어요. 호텔 바에 있는 주인공에게 여자가 접근하는 신이 있었어요. 창녀를 연기하던 배우가 배역 때문에 무척 힘들어 하고 있었죠. 어느 날 밤 그녀가 왜 자신이 맡은 캐릭터가 이렇게 행동하는지 물었죠. 그녀는 너무나 좋은 여자라면서요. 나는 바로 대답했어요. '마음속 깊이 그녀는 정말로 좋은 여자예요. 하지만 그녀의 어머니는 심한 병을 앓고 있고 수술을 받아야 생명을 구할 수 있지요. 하지만 수술비는 너무 비싸서 당신의 캐릭터가 그 돈을 마련하는 빠른 방법은 오직 돈을 위해 남자를 꾀어 같이 하룻밤을 보내는 거예요'라고요." 그는 덧붙였다. "그녀는 만족해하며 그 역할을 완벽하게 소화했죠. 나는 물론 이야기를 지어 낸 것이지만 배우는 납득했어요."

그러니 당신도 어느 지점에선가 이와 같은 질문을 받을 것이다. 철저하게 캐릭터를 연구하고 항상 답변할 수 있도록 준비하라.

나는 '리차드 굿인'이라는 한 인물을 관찰하면서 왜 그가 그와 같은 선택을 하는지 이해하려고 한다. 금융 시장에서 일하면 훨씬 더 많은 돈을 벌 수 있는데 왜 이런 위원회에서 일할까? 왜 그는 찰스 밴 도렌과 챔피언인 허브 스템펠을 기소하려고 마음먹었을까? 또한 왜 챔피언을 용납하지 않을까? 나는 그의 행동을 하나씩 점으로 찍어 서로 연결시키면서 그를 인간적으로 이해하려고 노력한다. 인물을 이해하면 그의 선택은 물론 행동 또한 믿게 된다.

– 폴 아타나시오

여기서 우리는 기본 원칙을 알 수 있다.
인물이 어떤 결정을 내리느냐에 따라 그 인물을 알 수 있다.

특히 주요 인물들(주인공)에게 해당된다. 그들의 목적(행동 동기)은 스토리를 진행시키는 것이다. 스토리가 진행되는 동안 그들의 결정은 곧 행동을 뜻한다. 〈스파이더맨〉을 보자. 이 영화는 피터 파커라는 인물이 무엇인가를 결정하고(좋은 것 혹은 나쁜 것) 그 결정에 대한 책임을 받아들이는 방법을 배워 간다는 내용이다.

인물에게 입체적인 성격을 부여한다면 다음과 같다.

5-2 입체적인 캐릭터

셋 중 둘만 사용해도 밋밋하거나 상투적인 인물이 만들어지지 않을 것이다.

행동

- 육체적인(영상으로 보여 주는) 행동
- 언어(대사)로 행동을 대신하고 감정과 개성을 살리는 경우
- 감정적인 행동(아래 참조)
- 심리적인 행동(인물의 마음 상태, 그를 둘러싸고 있는 생각들, 감정 상태, 꿈, 마음 상태 등과 외부적으로 보이는 명백한 행동, 즉 무엇을 할 것인가 말 것인가에 대한 결정)

감정

시나리오는 감정과 갈등을 통해 빚어지는 드라마다. 사건 발생으로 비롯된 인물의 감정 구성과 그에 반응하는 행동이 담겨 있다.

• 감정 구성이란 인물이 기쁨, 사랑, 좌절, 동정심, 미움, 절망 등을 느낄 수 있는 이해력 또는 경향을 말한다. 또한 감정적인 성질과 감정 상태(분노, 절망 등)에 도달할 수 있는지도 고려된다.

• 감정의 행동과 반응은 키스, 특별한 반응의 표정 또는 사고에 대처하는 능력 등을 통해 나타날 수 있다.

• 성격이란 내면의 속성이 하나로 통합된 복합적인 결정체(태도, 목표, 믿음, 인생관, 의지 등)다.

인사이트

몇 년 동안 특히 감독들에게 다음과 같은 말을 많이 들었다. "어떤 작품이든 성공 비결은 50%의 시나리오와 50%의 캐스팅에 달렸다." 공감이 간다.

3.
캐릭터의
역할과 구분

모든 캐릭터에는 각각의 역할이 있다. 세 가지로 구분하면 다음과 같다.

① 주연(들): 주인공. 모든 인물과 연결되어 스토리를 진전시키는 인물

② 조연(들): 주인공과 부딪치며 줄거리와 주요 인물(들)에게 중요한 영향을 끼치는 인물(적대자, 거울, 그리고 로맨스['캐스트 디자인' 참조])

③ 단역(들): 개성 있는 연기를 펼치거나 극의 분위기를 전환시키며 코믹한 연기를 보이거나 메시지를 전달하거나 문을 열어 주는 등의 각종 역할을 하며 스토리 전개상 많은 부분에 기여하는 인물

4.
주인공의 역할

- 관객의 이목을 집중시키며
- 관객이 스토리를 해당 인물의 시점으로 보게 하며
- 스토리 속에서 이리저리 바쁘게 돌아다니며
- 관객이 자기 자신과 가장 동일시하며
- 스크린에 가장 많이 등장하는 인물

남 · 여 주인공이라 부르는데 다음과 같은 인물이어야 한다.

- 이야기를 진행하며(그들의 외부적인 동기 부여와 목표가 스토리 전개상 가장 중요하고 핵심적인 부분),
- 행동으로 옮길 수 있어야 한다.

다음 영화의 주연(들)은 누구인가? 〈포레스트 검프〉, 〈백 투 더 퓨처〉, 〈매트릭스〉, 〈스파이더맨〉, 〈아멜리에〉, 〈용서받지 못한 자〉, 〈브레이브 하트〉

대부분은 주연 배우가 주인공이지만 그렇지 않은 경우도 있다. 〈레인 맨〉은 레이몬드(더스틴 호프만)가 주연이지만 찰리(톰 크루즈)가 주인공으로 나온다. 초반에 찰리는 이기적이며 탐욕스러운 인물이었

으나 여행을 통해 헌신적인 인간으로 변해 간다. 또한 〈제3의 사나이〉
도 해리(오손 웰즈)가 주연이지만 주인공은 삼류 소설가 홀리(조셉 거
튼)다. 〈시민 케인〉도 주연은 케인이나 주인공은 기자다.

〈히트〉를 보라. 누가 주연이고 누가 주인공인가? 로버트 드 니로인가 아니
면 알 파치노? 〈파이트 클럽〉에서는 브래드 피트인가 에드워드 노튼인가?
다음의 영화들도 생각해 보라. 〈대통령의 음모〉에서는 로버트 레드포드인가
더스틴 호프만인가? 〈돈 쥬앙〉에서는 조니 뎁인가 말론 브란도인가? 〈체인
징 레인스〉에서는 벤 애플랙인가 사무엘 잭슨인가? 〈굿 윌 헌팅〉에서는 맷
데이먼인가 로빈 윌리엄스인가? 여기 등장하는 영화의 두 인물 모두 변화
과정을 겪는다. 다음의 영화들도 살펴보라. 〈애널라이즈 디스〉, 〈버디〉, 〈케
이 팩스〉. 또 다른 영화들도 생각해 낼 수 있을 것이다.

당신이 영화 속 캐릭터들에 진심 어린 애정이 있느냐가 가장 중요하다.
　　　　　　　　　　- 줄리안 펠로우즈, 영화감독 겸 시나리오 작가(〈고스포드 파크〉, 〈다운튼 애비〉)

5.
인물의 일대기:
분석과 체크 리스트

시나리오에 등장하는 중요 인물들은 완벽한 일대기를 갖추어야
한다(2-10페이지 정도 혹은 그보다 많은 분량도 가능하다). 일대기 작업을
완성한 후에 시나리오에 인물의 아이디어가 얼마나 많이 반영되었는
지를 살펴보면 알 것이다. 그가 갑자기 왜 이런 행동을 하는지 또 왜
이런 옷을 입는지 이해할 수 있을 것이다. 시나리오를 쓰다 보면 종종

인물이 다른 방향으로 가거나 이야기 흐름이 엉뚱한 곳으로 빠지는 경우가 있는데 이를 절대 두려워하지 마라. 위기를 기회로 삼고 줄거리를 다시 살펴보며 지금까지 인물에 대해 발견하고 보여 준 것이 무엇인지 생각해 봐야 한다.

이 작업에는 많은 시간이 소요되는데 체크 리스트를 작성하고 활용하면 시간을 단축시킬 수 있다. 체크 리스트는 질문 형식으로 구성된다. 관객은 이 자료를 알 필요가 없다. 작업 분량의 80%는 사용하지 않을 것이다. 하지만 작가는 모두 알고 있어야 하며, 모든 질문에 답할 수 있어야 한다.

• 성별과 나이
• 몸무게, 키, 체격, 머리, 눈, 피부색, 왼손잡이인지 아니면 오른손잡이인지, 특유의 얼굴 표정이 있는지, 사팔뜨기인지, 장애가 있는지, 절름발이인지, 손가락 하나가 없는지, 안경이나 렌즈를 사용하는지, 특유의 걸음걸이나 몸짓이 있는지, 독특한 버릇이나 습관이 있는지, 흡연자인지 등. 이 모든 사항에 대한 인물의 반응은?
• 어떻게 말하며 어떤 소리를 내는지, 목소리의 고저는 어떠하며 말하는 속도는 어떠한지? 자주 쓰는 말이나 단어는 무엇이며 신조어나 욕은 사용하는지?
• 혼자 사는지 아니면 누구와 함께 사는지, 아이들은 있는지, 그들과의 관계는 어떤지, 아이들은 어떤 타입인지?
• 애인이 있는지, 있다면 몇 명인지, 독신주의자인지, 결혼은 했는지, 의지하고 있는 친척은 있는지, 룸메이트나 애완동물은 있는지?
• 어디에 사는지, 집은 소유하고 있는지, 집값은 얼마이고 집 상태는 어떤지, 적응은 잘하는지, 깔끔한지 아니면 지저분한지?
• 잘 살고 있는지, 좋은 직업을 갖고 있는지, 돈은 충분히 있는지,

돈 걱정을 하는지, 경제적으로 자립했는지, 자신의 직업에 만족하고 있는지, 만약 만족하지 않는다면 무슨 일을 하고 싶어 하는지, 직장에서 동료, 상사와의 관계는?

• 부모님은 생존해 있는지, 관계는 원만한지, 부모가 부자인지 혹은 만나기를 기피하는지, 육체적으로나 정신적으로 부모로부터 무엇을 물려받았는지?

• 최종 학력은 어떤지, 군복무 경력은 있는지, 삶에서 무엇을 이루려고 하는지?

• 국적은 어디인지, 출생 국가에서 살고 있는지, 아니라면 이유는 무엇인지, 이에 대한 그들의 심정은?

• 성性적 관심과 사고방식은 어떠하며 이를 얼마나 중요하게 생각하는지, 콤플렉스는 있는지, 다른 사람의 성적 관심에 대해 어떻게 생각하는지?

• 홀로 집에 남아 있을 때 애인을 떠올리며 행복해하는지, 책, 잡지, 신문 심지어 시리얼 박스 뒤에 적힌 문구까지 읽지는 않는지, 어떤 음악을 듣고, 어떤 음식을 먹는지, 휴식을 취하며 사는지, 뜨개질, 바느질, 편지 쓰기, TV 시청이나 공부를 하는지, 취미가 있는지, 있다면 무엇인지, 변덕스러운지, 수집가인지, 인물의 취미가 관객에게는 어떻게 보일지?

• 멋있고 섹시한지, 뜨겁고 정열적인지 아니면 조용하고 조심스러운지, 심술궂은 성격인지, 호감이 가는 스타일인지, 감정을 다스릴 줄 아는지, 감정에 지배되는지, 불안감을 어떻게 표현하는지, 스트레스를 속으로 삭이는지, 쾌감을 어떻게 표현하는지?

• 사람들이 좋아하는지, 자기가 하고 싶은 대로 행동하는지, 사람들에게 인기를 얻고 존경을 받는지, 자기 자신의 무엇을 가장 좋아하고 싫어하는지, 어떤 관점에서 칭찬하고 부인하고 변화하는지?

• 자기 자신을 믿는지 아니면 타인의 명령을 따르는지, 타인을 위해 행동하는지 아니면 주위 사람들을 돌보는지?

• 가장 좋아하는 색깔은 무엇인지, 별자리는 무엇이고, 탄생석은 무엇인지, 운세를 믿는지, 종교적인지, 그렇다면 무엇을 믿으며 어떻게 행동하는지, 도덕적인 믿음과 윤리, 공포심은 있는지?

• 인생의 목표는 무엇이며 왜 그런지? 단기 혹은 장기 목표는 무엇인지, 삶에서 가장 원하는 것은 무엇이며 이유는? 사후에는 어떻게 묻히고 싶은지, 예를 들어 매장 혹은 화장되어 바다나 어느 특정 장소에 뿌려지고 싶은지, 장례식장에선 어떤 음악을 듣고 싶어 하는지? 죽음을 생각해 본 적이 있는지, 죽음이 걸림돌이 되는지?

• 시나리오에서 다른 인물들과의 관계는? 누군가 혹은 무언가가 그의 목적 달성을 방해하는지?

• 인물이 마음에 드는지, 해당 인물을 존경하는지, 관객으로 하여금 인물에 대해 어떤 감정을 느끼게 하고 싶은지?

• 드라마나 영화 속에서 그들이 이루고자 하는 목표는 무엇이며 극적 장치는 무엇인지? 스토리 전개 중 인물이 이루고 싶은 것과 늘리거나 바꾸고 싶은 것은 무엇인지?

• 시나리오의 결말에서 인물의 변화 과정과 변화된 모습은 어떠한지, 인물 자신이 누군가 또는 무엇인가를 배운 결과는 무엇인지?

배우가 자신이 맡은 인물에 빠져들기 위해 그 인물의 일상을 재연해 보는 방법도 있다. 아침 몇 시에 일어날까? 어떻게 눈뜰까? 활기차게 일어날까 아니면 깨어난 뒤 누워 있다가 기운을 차린 다음 일어날까? 혹시 담배를 한 대 피워 문 다음에? 어떻게 담배를 피울까? 그다음엔 어떤 행동을 취할까? 계속 이런 방식으로 생각해 나간다.

이 모든 정보를 다 사용하지 않는다 하더라도 작가의 머릿속(그리고 종이 위)에 적을 수는 있어야 한다. 우리는 누가 어떻게 말하고 어떻게 생각하고 무엇을 하고 어떤 느낌을 받고 무슨 말을 하는지에 많은 영향을 받는다. 그래서 인물에 대해 정확히 알면 알수록 해당 인물의 행동, 말, 개성을 신뢰할 수 있게 된다. 이야기에 짜 맞추려고 일부러 오려 붙인 종이 인형이 아니라 정말 그 사람처럼 말하고 행동하는 '생명력'을 가진 인물 말이다.

이제 지금 당신이 쓰고 있는 시나리오 속 주연(들)의 일대기를 써 보라.

배역을 연구하면서 느낀 것은, 등장인물은 현상소에서 인화를 기다리는 백지와 같다는 것이다. 서서히 이미지가 보이기 시작한다. 나에게 그의 음성이 들리고 몸짓과 행동을 볼 수 있다면 내가 해야 할 일은 단지 그 이미지가 되거나 그 이미지를 모방해 스크린에 옮기는 것이 전부다.

– 안소니 홉킨스, 영화배우(〈양들의 침묵〉, 〈토르〉)

인사이트

아가사 크리스티의 소설 『삼나무 관』의 영화화 작업에서 명탐정 에르퀼 푸아로 역을 맡았던 배우는 차에 각설탕을 타는 장면을 촬영할 때 몇 개를 넣어야 하는지 기억나지 않았다. 이로 인해 갑자기 공황 상태에 빠진 그는 즉시 아내에게 전화를 걸었다. "내 푸아로 수첩을 좀 꺼내 봐. 그가 각설탕을 몇 개 넣는다고 적혀 있지?" 그는 극도로 흥분했다. 수첩을 찾은 아내가 답했다. "각설탕 세 개… 가끔은 다섯 개까지." 답을 들은 그는 안도의 숨을 내쉬었다. 공황도 사라졌다.

6.
배경 이야기
만들기

인물의 일대기 외에도 배경 이야기도 만들어야 한다. 해당 인물이 시나리오에 나타나기 직전 상황에 대한 것으로, 보통 몇 주 동안의 이야기가 대부분이지만 몇 시간, 몇 달, 몇 년이 될 수도 있다. 이야기는 특정한 상황에서 어떤 일을 하는 데 소요되는 기간, 시간의 범위 내에서 마음대로 쓸 수 있다. 예를 들어 〈트루먼 쇼〉에서 트루먼의 아버지가 익사한 사건(플래시백으로 보여 줌)은 영화가 시작되기 아주 오래전에 발생한 일이지만 트루먼은 그 세월 동안 깊은 정신적 충격을 받아 왔을 것으로 여겨지며, 〈조지 오브 정글〉은 오프닝 타이틀이 뜨기 전에 재치 있는 보이스 오버와 함께 만화 기법으로 복잡한 설명을 간단하게 해결했다.

인물의 일대기를 쓰면서 2-10페이지 분량으로 주연과 조연에 대한 배경 이야기도 써 보라. 이것이 시나리오 작업에서 인물과 사건을 만들어 나갈 때 중요한 정보를 제공해 준다. 또한 시나리오 작업 시 사건이 발생해야 하는 정확한 지점을 결정할 때 도움을 줄 수 있다(영화가 시작되기 전의 배경 이야기를 확실히 알고 있다면 Act I의 신 1에서 인물의 행동 동기를 뚜렷하게 나타낼 수 있다).

작가들은 배경 이야기와 인물의 일대기를 동시에 하나로 엮어서 쓴다. 기억할 것은 배경은 글을 쓰기 위한 하나의 도구라는 점이다. 사용하되 억지로 할 필요는 없다. 시나리오를 개발하고 써 나가는 과정에서 이야기가 오리지널 아이디어와 다른 방향으로 흘러가고 인물의 일대기와 배경 이야기를 자꾸 들추어 보면서 반복해서 수정하게 되더라도 걱정하지 마라. 당신이 쓰고 있는 이야기가 가이드다.

7.
조연의 역할

조연(특히 대립, 반대, 로맨스 인물)도 주연을 창조했던 방식으로 만들어야 한다. 그들의 겉과 속을 속속들이 알고 있어야 하며, 걷잡을 수 없을 만큼 작가의 손에서 벗어나 너무 인상적인 인물로 만들지는 말아야 한다. 절대로 주연보다 튀어서는 안 된다. 그들의 대사는 가능한 한 개성 있게 만들되 너무 성급하게 쓰려고 덤비면 인물들은 당신에게서 멀어져 갈 것이다.

8.
단역의 역할

단역을 창조할 때는 진부한 행동과 스테레오 타입(작가가 충분한 사전 조사나 생각을 하지 않고 설정한 빤한 인물)으로 설정하는 실수를 범하기 쉽다. 주연 인물 못지않게 단역에 대한 연구도 필수다. 두 명의 빤한 스테레오 타입 인물을 간단하게 등장시켜 이야기를 전개해 나가는 것만큼 쉬운 것은 없다. 주인공의 고뇌에 온 신경을 집중하다 보면 자신도 모르는 사이 이런 실수를 범한다. 아래 사항들을 참조해 보라.

• 새로운 인물이 등장할 때마다 자신이 무엇을 하고 있는지 잘 생각하라. 4장 '스토리의 콘셉트 명료하게 하기'에 나오는 대로 진지하게 모든 검토를 마쳤다면 하고자 하는 이야기와 단역들의 역할에 대해서도 잘 알게 되었을 것이다. 주연과 조연에 대한 작업을 마쳤다면 지금쯤 인물들의 성격 묘사와 감정 부분에 많은 시간을 보내고 있을

것이다. 어떤 이야기의 세계와 배경에 대해 생각해 봤다면 인물들이 어떤 배경 이야기를 가지고 있는지 알 것이다.

• 그러고 나서 인물들이 얼마나 복잡한 요소를 필요로 하는지 알아야 한다. 시나리오에서는 상세하게 설명할 시간과 공간이 부족하다. 제한된 범위 안에서 어떻게 인물의 개성을 최대한 표현할 수 있을까? 인물들에게 특색 강한 의상을 입히거나 체형이나 몸짓으로 표현하게 할까? 인물이 독특하게 말하도록 한다거나 사투리를 쓰게 한다거나 희한한 취미를 갖게 한다거나 전문적인 지식을 갖게 할 수도 있다. 그가 특유의 감정을 갖고 있는지 또 일상에서 한 가지라도 사회를 바라보는 전혀 뜻밖의 시각을 갖고 있는지? 이 모든 질문이 작업의 효율을 높이는 지름길이 될 수는 있겠지만 완전히 창조적인 인물을 만들어 낼 수 있다고는 생각하지 않는다. 너무 많이 의존하지 마라. 대사를 쓰기 전에 모든 생각을 마쳐야 한다는 것을 명심하라.

• 주위를 둘러보라. 사람들은 끊임없이 무엇인가에 현혹된다. 가끔 이상한 것에 빠지기도 한다. 불량해 보이는 남자가 제인 오스틴의 소설을 읽는다든지, 버스 운전사가 휘파람으로 오페라 선율을 분다거나 등의 예상외의 모습을 발견할지도 모른다. 이것이 좋은 아이디어가 될 수도 있다.

• 다른 작가에게서 배워라. 찰스 디킨스의 단역들은 종종 과장되게 표현되었지만 절대로 지루하지 않다.

스테레오 타입의 작은 배역들은 시나리오 작업 시 아무리 노력해도 대책이 나오지 않을 때 작가가 만들어 내는 인물이다. 심지어 인간이 아닌 캐릭터를 주요 캐릭터로 설정해 작업할 때도 꼼꼼하게 일대기 작업을 해서 관객에게 신뢰감을 줄 수 있어야 한다. 예를 들어 〈토이 스토리〉, 〈치킨 런〉, 〈스튜어트 리틀〉, 〈타이탄 A.E.〉, 〈꼬마 돼지 베이브〉, 〈스타워즈〉, 〈라이언 킹〉, 〈몬스터 주식회사〉 등. 작가로서 당신은 인물을 창조해 그들의 생명을 취할 수도 있고 그들의 인생을 바꿀 수도 있다. 인물 재고품 파일에서 필요할 때마다 쉽게 꺼내 쓸 수 있지 않다. 새로운 캐릭터 만들기 작업 때마다 생각해야 한다.

단역을 스토리를 전개시키기 위한 단순한 역할이나 신 안에 잠시 등장하는 인물로만 여기지 마라. 왜 그 인물이 등장해야 하는지 꼭 자문해 보라. 그들의 배역이나 역할이 생존 인물에 관한 것인가? 시나리오 작업을 하면서 각 등장인물이 당신의 이야기와 어떤 관계가 있는지를 생각하며 다음 질문에 답해 보기 바란다.

• 주연, 조연에 맞는지, 아니면 단역에 어울리는지?
• 주인공인지, 그의 상대 배역인지 아니면 역할을 바꿀 것인지?
• 줄거리에서 인물들의 관계는? 전체 이야기상 꼭 필요한 역할인지, 줄거리를 보충하기 위해 필요한 역할인지, 아니면 단순히 정보를 전달해 주는 역할인지?
• 이야기에 함께 등장하는 다른 인물과 비교해서 특별히 다르게 보이는 점은? 만약 비슷한 점이 있다면 바꾸어야 한다.

인물을 창조하고 대사 작업을 위해 글 쓰는 단계에서 머릿속으로 선명한 그림을 그리고 싶다면 그 역할에 가장 잘 어울리는 배우의 얼굴을 떠올리면 도움이 될 것이다. 다만 모든 배우는 과거에 그들이 다른 영화에서 보여 주었던 연기와 역할의 '꼬리표'를 달고 있으니 그 것이 작가의 상상력과 창의력에 방해되지 않도록 해야 한다. 더욱이 영화사에 완성된 시나리오를 건네줄 때는 절대 배우 캐스팅에 대한 제안이나 캐스팅 리스트를 작성하지 마라. 이 같은 행위는 초보 작가로 오해받을 소지가 있고, 영화 제작에 무지하다는 비웃음을 살 수 있다.

> 〈죽은 시인의 사회〉를 쓰기 시작했을 때, 스토리는 내게 어떤 캐릭터들
> 이 필요한지 일러 주었다. 당신의 시나리오 속 캐릭터들에 대해 객관적
> 으로 생각해 보라.
>
> −톰 슐만

9.
캐스트 디자인

다른 인물들과 연관 있거나 그들과 대조적인 반응을 보이게 하기 위함이 아니라면 모든 것에 다재다능한 주인공은 매력 없다. 어떠한 캐릭터를 만들지에 대한 고민과 결정은 작가에게 가장 중요한 순간이다. 각각의 캐릭터는 스토리에 알맞은 역할을 맡기도 하고 말하고자 하는 주제나 다른 관점에서 주제를 표현하는 역할을 맡기도 한다. 당신의 이야기는 사건 발생(7장 참조) 지점에서 문제가 발생되어야 한다. 그리고 당신이 만든 캐스트 디자인과 주요 캐릭터들이 주제를 직접적으로 구두로 알려 주거나 영향을 주어서 다양한 방법으로 직면한 사건들을 조리 있게 풀어 나가야 한다.

캐릭터는 다음의 네 가지 타입으로 나뉜다.

① 히어로(히로인)
주인공. 임무는 스토리를 전개시키는 것이기에 그들의 목표와 외부적인 동기 부여로 줄거리가 만들어진다. 그들의 결단은 행동으로 이어지며 목표를 이루기 위해 끝까지 아낌없는 노력을 한다.

② 대립 인물

대립 인물(또는 이길 수 없는 강한 상대)은 목표를 이루려는 주인공의 앞길을 가로막으며 그들을 방해하기 위해 여러 장애물을 설치한다. 눈에 보이는 적이자 주인공과 항상 맞선다. 훌륭한 악인은 훌륭한 드라마를 만든다. 또한 주인공을 한계점 끝까지 몰아붙인다. 가끔 대립 인물이 주인공이 되는 경우도 있는데, 이들을 반反영웅 인물이라고 부른다. 예를 들어 〈택시 드라이버〉의 트래비스 버클, 〈트레인스포팅〉의 렌턴, 〈싸이코〉의 노먼 베이츠, 〈리플리〉의 톰 리플리, 〈아메리칸 싸이코〉의 패트릭 베이트만 등이다. 어쨌든 호감 가지 않는 인물들에게도 사람의 마음을 움직이게 하는 무언가가 있다. 왜 관객은 이런 인물을 좋아할까? 생각나는 예를 더 말해 볼 수 있겠는가?

③ 거울 인물

말 그대로 반영 또는 투영시키는 인물로, 그림자 또는 서포트 support라고 부르며 주인공과 가장 가까운 동급 격의 인물이다. 주인공이 이루려는 목표를 도와주거나(혹은 같은 상황에 놓이거나) 주인공의 대사에 깊은 의미를 부여하거나 주인공을 더욱 신뢰할 수 있게 만든다. 『돈키호테』에서 '산초' 같은 인물 없이 주인공 혼자 이야기를 이끈다면 관객은 주인공에게 무슨 일이 벌어지고 있으며 전체적인 줄거리는 어떤지 이해하기 어려울 것이다.

④ 로맨스 인물

주인공의 로맨스 상대며, 사랑을 추구하여 쟁취하는 인물이다. 결말의 승리자에게 주어지는 상(보통은 한 명의 인물이나 〈에린 브로코비치〉는 자존심 획득과 많은 사람에게 받는 존경)이라고 할 수도 있다. 그는 번갈아 가면서 주인공에게 도움을 주기도 하며 주인공이 이루려는 목적에 방해가 되기도 한다. 주인공의 감정은 갈등에서 생기며 그들의 관계에 갈등이 없다면 지루한 스토리가 될 것이다. 기억하라. 로맨스 인물을 만든다면 관객과 동일시되도록 만들거나 관객이 주인공처럼 사랑에 빠질 수 있도록 하라.

주요 캐릭터 타입에 대한 몇 가지 중요한 원칙을 언급하자면 다음 과 같다.

- 인물이 소개될 때에는 어느 부류에 속할지 결정해야 한다.
- 모든 인물은 Act I에 소개되어야 하며 늦어도 Act II 초기에는 등장해야 한다.
- 각 인물은 시나리오에 명시된 부류에 속해야 하며, 다른 부류로 바꾼다면 오히려 시나리오의 핵심 내용을 흩뜨리는 결과를 낳는다.
- 네 가지 타입을 다 사용할 필요는 없지만 반드시 주인공, 대립 인물, 그리고 거울·로맨스 인물은 필요하다. 두 명의 대립 인물이나 다른 타입의 인물들을 쓸 수도 있지만 지켜야 할 원칙은 주인공은 단 한 명이어야 한다는 것이다.
- 모든 인물이 마음속에 지니고 있는 행동에 대한 동기와 갈등을 드러낼 필요는 없다. 활력 넘치는 인물이라 할지라도 말이다.

이 모든 것은 당신, 다시 말해 작가가 스토리에 등장하는 인물들의 목적과 역할을 잘 이해하고 있느냐에 달렸다. 등장인물들의 역할을 이해해야만 스토리의 각 인물이 충분히 잘 살아날 수 있도록 도움 줄 수 있기 때문이다.

도표 5-3에 나오는 영화들을 살펴보라. 인물 분류에 동의하는가? 동의하지

않는다면 그 이유는? 어떻게 재분류하겠는가?

인사이트

솔직히 고백하자면 나는 반영웅 인물에 더 매력을 느낀다. 클린트 이스트우
드의 〈맨 위드 노 네임〉과 〈더티 해리〉, 폴 뉴먼의 〈허드〉와 〈폭력 탈옥〉, 잭
니콜슨의 〈뻐꾸기 둥지 위로 날아간 새〉. 최근에 내가 좋아하게 된 반영웅은
〈땡큐 포 스모킹〉의 닉 네이러, 〈섹스 앤 드러그 앤 로큰롤〉의 이언 듀리 등
이다. 이들에게는 거부할 수 없는 카리스마와 매력이 있으나 늘 평이 좋지
않다. 위의 영화들을 보고 자문해 보라. "어떻게 이런 훌륭한 배우들을 캐스
팅해서 이런 괴물을 만들어 내는 데 이바지했는가?"

10.
또 다른 관점의
캐스트 디자인

『작가의 여정The Writer's Journey』의 저자 크리스토퍼 보글러는 등장인
물과 시나리오 구조에 관한 자신만의 생각을 정리했다(8장 참조). 간
단히 말하면 히어로의 여정에서 주인공은 알려진 세계에서 미지의 세
계로 들어가 죽음을 만나지만 결국 '지식'을 가지고 돌아온다. 보글러
는 우리에게 인물이 일련의 마스크를 쓰고 있다 생각하고 보라고 권
한다. 그가 요약한 일곱 가지 캐릭터의 전형을 보자.

① 히어로: 주인공. 목적 달성을 위해 나서며(외부적 그리고[또는]
내부적), 다른 사람을 위해 자신을 희생할 각오가 되어 있다. 주인공이

5-3 인물의 역할

영화명	영웅/주인공	상대방/맞상대	거울/조연	로맨스
위트니스	존 북	폴 셰퍼	카터(후엔 이미지 공동체)	레이첼
꿈의 구장	레이 킨셀라	처음에는 마크 궁극적으로 레이의 이미지와 아버지에 대한 기억	아내 애니 (나중에는 테린스 만)	안정된 영혼과 행복한 인생
슈렉	슈렉	공공연하게는 파쿼드 경 실제로는 스스로에 대한 불신	당나귀	피오나 공주
마이너리티 리포트	존 앤더튼	초반에는 대니 워트워 실제로는 라마 버제스	아가사(프리콕)	라라, 존과 별거 중인 아내
몬스터 주식회사	설리	초반에는 랜달 실제로는 워터누즈	마이크	부, 여자아이
에린 브로코비치	에린 브로코비치	전반적으로는 대기업 PGE (후엔 커트와 테레사) 사실은 에린을 못마땅하게 여기는 동료들	이웃 남자 조지 후엔 에드 마스리	자신의 가치에 대한 성취
사랑보다 아름다운 유혹	세바스찬	캐스린	캐스린? 아니다. 궁극적으로는 세바스찬의 일기	아넷

전형적인 인물로 스토리가 전개되는 과정에 계속 남는다면, 스토리에 등장하는 다른 인물들은 더욱 유동적이며 나머지 여섯 가지 타입의 전형적인 캐릭터로 변할 수 있다. 더욱이 이 여섯 가지 타입의 캐릭터들은 주인공이 여정의 여러 단계를 거치면서 겪는 주인공의 심정을 구체적으로 표현하며, 주인공의 선과 악의 입장을 대변하는 역할을 하기도 한다.

② 멘토(현명한 남자[여자] 노인): 주로 긍정적인 인물로 그려지며 주인공을 돕거나 수련시키며 교육시키거나 보호하기도 하고, 요술을 부리는 선물이나 도움을 주기도 한다. 예를 들어 〈스타워즈〉의 오비완 캐노비, 〈반지의 제왕〉의 간달프가 있다.

③ 경계선의 수호자: 이야기가 전개되면서(8장 참조) 주인공이 만나는 새로운 세상의 문 앞을 지키고 있는 강력한 수호자들로 주인공의 앞길을 가로막는다. 주인공에게 험상궂은 얼굴을 하지만, 주인공을 이해하면 동지로 변할 수도 있다. 경계선의 수호자들은 중요한 적이나 대립 인물은 아니며 악인의 상관 또는 밀사의 역할을 하거나, 보수를 위해 악인의 소굴을 지키기도 한다.

④ 전령자: Act I에서 주인공에게 모험을 떠나라고 바람을 잡는 인물이다. 중세의 기사로 말하자면 전형적인 전령자 타입은 주인공에게 도전장을 내밀며, 중대한 사항을 포고한다(오프닝에서 주인공의 평범한 일상을 보여 주는 역할). 〈꿈의 구장〉에서 들리는 목소리, '완성하면 그는 올 것이다'가 그 예다.

⑤ 속이는 인물: 주인공과 동행하면서 일부러 속이거나 거짓말을 하여 주인공을 혼란에 빠뜨린다. 교묘하게 마음을 동요시키는 콘셉트로, 역할의 본질을 자연스럽게 바꾼다. 나머지 전형적인 캐릭터들도 스토리 진행상 어느 지점의 상황에서 자신의 목적 달성을 위해 언제든지 정체를 감추면서 이와 같은 가면을 쓸 수 있다. 주인공은 덫에서

탈출하기 위해 정체를 속일 수도 있고(《시스터 액트》) 보호자(반드시 지나쳐야 할 관문, 인간이나 상황)를 이겨 내기도 한다. 악당이나 주인공을 혼란스럽게 하거나 유혹하고자 그들을 속이기도 한다. 존경하는 사람이 적이 될 수도 있다(《몬스터 주식회사》). 속이는 인물은 스토리가 전개되면서 의심과 긴장감을 유발시킨다. 주인공이 자신에게 자문할 때마다(그녀는 내 친구인가 적인가? 그는 나에게 충성하는가? 이 사람을 어떻게 하면 좋을까? 그들은 나를 배신할 것인가?) 속이는 인물들은 평범하게 일하고 있다. 이런 전형적인 타입은 변화를 자극하며, 주인공에게 고질적인 문제를 빨리 바꾸도록 추동한다. 주인공은 속이는 인물을 접하면서 변화하고 성장하고 발전한다.

⑥ 그림자: 악당(들) 또는 대립 인물(들)로, 사사건건 주인공을 파괴하려고 한다. 어둠의 세력을 대변하며, 주로 주인공의 마음을 억누르는 괴물이나 두려움으로 나타난다. 주인공은 이와 같은 어두운 비밀을 싫어한다. 인정할 수도 없고, 인정하지도 않으려 한다. 이에 대해 보글러는 대립 인물과 주인공의 갈등은 말들이 서로 반대 방향으로 가는 것과 같다는 비유를 들었으며, 악당과 주인공의 갈등은 쌍방에서 정면으로 충돌하려는 기차와 같다고 했다.

⑦ 감초 역할: 장난치며 변화를 갈구하는 인물이다. 광대나 조수 등이 여기에 속하며, 근심을 끼치거나 코믹적인 요소를 제공하기도 한다. 보글러는 보다 유동적인 시각으로 보는데, 스토리 혹은 캐릭터에 진전이 필요할 때 일시적으로나마 전형적인 인물에게 마스크를 씌운 유동적인 캐릭터가 고정된 캐릭터보다 적합하다는 것이다. 주인공은 언제나 이 모든 것의 중심에 있다.

캐스트 디자인의 몇 가지 관찰하기

시나리오에는 보통 네 가지 타입(주인공, 대립, 거울[서포트], 로맨스)의 주요 인물이 등장하는데, 스토리 전개 시 해당 타입의 인물이 판에 박힌 듯 변함없도록 설정하지 않아야 한다. 실생활에서 모든 인물은 유동적이다. 대립 인물이 후에 로맨스 인물이 될 수도 있고(로맨틱 코미디의 경우), 도움을 주는 인물이 맞상대 인물이 될 수도 있다(〈몬스터 주식회사〉, 〈마이너리티 리포트〉).

네 가지 타입의 기본 인물을 발판으로 삼아라. 그것을 좀 더 정교하게 만들려면 보글러의 시각으로 캐릭터와 시나리오를 살펴보라. 믿음 가는 캐릭터를 만들고 더 좋은 스토리를 만들 수 있다면 자신의 의지대로 밀고 나가라. 캐스트 디자인 작업을 위해 전형적인 인물 또는 역할의 본질에 관한 다음 두 가지 질문에 답해 보라.

① 스토리 안에서 극적으로 작용하는 것은 무엇인가?
② 어떤 심리적인 역할 또는 (주인공의) 부분적인 성격이 스토리에 반영되는가?

11.
인물들의 관계:
역대응 차트

인물들의 관계를 보고 싶으면 도표 5-4를 참조하라. 차트를 만들 때 다른 인물들이 주인공과 최대한 대비되어 보이게 하려면 어떻게 해야 할지 자문하라. 주인공의 특별한 부분을 강조하기 위해서는 주인공이 갖고 있는 다른 구성 요인들의 특성을 섞고, 가능한 한 다양한 변화를 주어야 한다. 정반대로 생각하든지 다른 각도에서 살펴라. 아래는 TV용 코미디 만화인 〈패밀리 가이〉를 바탕으로 만든 차트다. 빈 공간을 채울 수 있겠는가?

5-4 역대응 차트

나다니엘 피셔	남성(죽은 후 영혼으로 되돌아왔음)	백인	지배적	엄격함
룻	여성(아내)	백인	순종형, 오래 고통당했음	상냥함
네이트	남성(장남)	백인	낙천적	
데이빗	남성(둘째)	백인	지배적 경향이나 우유부단함	믿음직스러우며 감정을 억압함
클레어	여성(막내딸)	백인	독단적이며 혼란스러움	반항 기질, 상냥함
브렌다 체노위스	여성(네이트가 사랑하는 여인)	백인	지배적	
페데리코 디아즈	남성(기혼남)	라틴계		

12.
인물의 성격상
결함

캐릭터의 면면을 볼 때, 특히 당신이 자랑하고 싶지 않은 부분에 대해 늘
기존의 허용치보다 한걸음 나아가려는 노력을 하라.

– 킹슬리 에이미스, 시나리오 작가(『럭키 짐』)

당신의 이야기에 등장하는 중요 캐릭터들은 완전하지 않으며 영
혼 밑바닥에 결함을 숨기고 있다고 생각해 보라. 해안가 암석 위에 세
워진 푯대에 적힌 글씨처럼 캐릭터의 중앙에 '구멍'을 뚫고 지나간다

고 생각해 보라. 당신의 인물은 완벽주의자이거나 병적으로 지배욕이 강한 사람이거나, 사랑도 모르고, 아무도 믿을 줄 모르고, 융통성 없이 자신의 인생을 전부 정리하려 들고, 어쩌면 자기 자신을 몹시 싫어하고 아무도 자신을 사랑하지 않는다고 믿을 것이다.

성격상의 결함을 밝히지 않기로 설정했다면 얼마나 오랫동안 감추어 온 것이겠는가? 어린 시절부터 감추어 왔던 것은 아닐까? 결함을 숨기기 위해 어떠한 방어 기제를 궁리했을까? 그것을 고치기 위해 시험 삼아 혹은 위험에 빠질 수 있는 행동을 시도했거나 시도하려고 했는가?

모든 인물(보통 사람들)은 가슴 한가운데 구멍이 있다. 모두 다 필사적으로 자신의 결함을 숨기고 싶어 하며 아무도 모르게 그것을 간직한 채 살아간다. 이것을 놓치지 마라. 인물의 성격을 개발하는 데 아주 강력한 도구가 될 것이다. '결함'이라는 아이디어를 주제와 캐릭터 개발의 발판으로 삼을 수 있을 것이다(6장 '인물에게 변화를 경험하게 하기' 혹은 4장 '주제 결정하기' 참조).

인사이트

내가 자주 사용하는 캐릭터를 바탕으로 한 연습법을 소개한다. 두 명의 작가와 모여 각자 새로운 캐릭터를 만들어 보라. 편의상 이미 알고 있는 캐릭터를 참고하면 좋다. 그다음에 각자 5–8분 정도 다른 두 사람(인물 체크 리스트를 바탕으로 질문할 것이다)에게 당신이 만든 캐릭터를 요약하여 말하라. 듣는 사람은 모든 내용을 받아 적어야 한다. 서로의 질문을 마치면 뚜렷한 세 명의 캐릭터가 완성될 것이다. 이제 이 세 명의 캐릭터를 바탕으로 짧은 신을 만들라. 장소는 서로 상의하여 택한다. 엘리베이터, 잠수함, 감옥, 은행 등. 대신 캐릭터가 도망갈 수 없는 공간을 택해야 한다. 그리고 나서 글을 쓰기 시작하라. 신의 어느 지점에서 폭발, 지진, 도둑질 등의 사건이 발생하며 캐릭터는 반드시 그에 대해 반응해야 한다. 마지막으로 서로가 쓴 신을 읽어 본다. 당신이 생각했던 캐릭터와 일치하는지 들어 보면 무척 흥미 있을 것이다.

13.
관객과
일체감 갖기

사람들이 극장에 가는 이유는 스크린 속의 자신의 모습을 보기 위해서다. 배우는 관객과 하나가 되어야 한다. 손에 사진을 들고 보여 주며 '이게 나입니다' 하고 말해선 안 된다. 거울을 들고 보여 주며 '이게 당신입니다' 하고 말해야 한다.

– 마이클 케인, 영화배우(〈다크 나이트〉, 〈킹스맨〉)

가능한 한 빨리 주인공을 등장시켜야 한다. 처음부터 주연, 조연을 대거 등장시켜 스토리를 어지럽게 하지 마라. 관객이 주인공 편으로 마음이 움직여, 잠재의식에서 주인공과 연결되어 주인공의 시점으로 세상을 보고, 주인공이 느끼는 감정을 똑같이 경험하도록 만드는 것이 중요하다. 이것이 최대한 빨리 이루어져야 관객이 완전하게 주인공과 일치될 수 있으며 '감정'까지 함께 느낄 수 있다.

이를 위해 다음과 같은 방법들이 쓰일 수 있다.

• **동정심** 유발은 가장 많이 쓰이는 장치다. 이야기의 처음부터 주인공이 불공평한 처사를 받거나 불행을 당하는 경우(〈가위손〉, 〈마이너리티 리포트〉, 〈배트맨 비긴즈〉, 〈행복의 추구〉, 〈판의 미로〉)가 많다. 가능

하면 오프닝에서 보여 주어도 좋다. 〈아바타〉의 주인공은 하반신 마비며 휠체어를 탄다. 〈크레이지 하트〉는 왕년에 잘 나갔으나 이제는 알코올 중독자이며 한물간 컨트리 가수인 주인공이 지저분한 술집과 볼링장을 전전하며 투어 다니는 모습이 첫 장면이다.

• 주인공을 **위험**에 빠뜨려라. 관객이 주인공을 걱정하게 만들어라. 두려움에 떨게 하거나 생명에 위협을 느끼게 하거나(〈허트 로커〉) 또는 죽을 위험에 처하게 하라. '인디아나 존스' 시리즈나 '본' 시리즈 같은 모험담이 예다.

• 주인공을 **호감** 가는 인물로 만들어라. 인간적 매력이 넘치거나 뛰어난 기술을 가졌거나 열심히 일하거나 정직하거나 웃음을 선사하도록 하라. 〈아이리스〉, 〈주노〉, 〈조지 오브 정글〉, 〈캐치 미 이프 유 캔〉, 〈키스 키스 뱅뱅〉, 〈캐리비안의 해적〉의 주인공들을 떠올려 보라. 관객은 주인공에게 빠질 준비가 되어 있다. 좋은 예로 〈뷰티풀 마인드〉에서 유치한 넥타이에 관해 농담하는 장면을 들 수 있다. 호감을 느끼는 것과 관객이 일체감을 느끼는 것은 꼭 같지는 않다.

• 주인공에 대한 **궁금증**을 유발시켜라. 가끔 주인공이 부정적인 인물이거나 좋아할 수 없는 인물(〈피셔 킹〉, 〈씬 시티〉, 〈노인을 위한 나라는 없다〉, 〈세레니티〉)이기도 하지만 관객은 신비에 싸인 주인공의 행동과 결단에 매력을 느끼게 된다. 그들이 싫어할 만한 캐릭터나 주인공답지 않은 주인공anti-hero에게 최소한 한 가지의 유머 혹은 재치 있는 대사를 하게 한다거나 주인공을 좋아하는 조연을 등장시키는 방법도 기억하자. 지나치게 강박에 사로잡히거나 광기 어린 주인공은 관객이 일체감을 갖기 어렵다. 〈아메리칸 싸이코〉, 〈리플리〉, 〈폴링 다운〉 등이 그 예다.

• **불공평**한 요소를 만들어라. 우리는 대체로 혹사당하거나(〈델마와 루이스〉), 쉽게 상처 입기 쉬운 사람(〈버드〉, 〈멋진 인생〉, 〈에린 브로코

비치〉, 〈스파이더맨〉)에게 동정심을 느낀다. 〈씬 시티〉의 하티건과 〈웨일 라이더〉의 파이 등을 살펴보라.

> 당신의 캐릭터가 사람들을 마구잡이로 해고시키고 고집불통의 삶을 살아간다면 당신은 끝내주게 멋진 배우가 필요할 것이다. 그 일을 해내려면. 그래서 나는 조지 클루니를 염두에 두고 글을 썼다, 그의 목소리로 말이다.
>
> – 제이슨 라이트맨, 영화감독 겸 시나리오 작가(〈인 디 에어〉, 〈주노〉)

또한 포착하기 어려운 과제에 접근할 수 있는 방법이 있다.

• **감정 이입**은 가장 효과적인 방법이지만 만들기도 까다롭고 지탱하기도 힘들다. 보통 동정심, 두려움 혹은 호감을 모두 합친 것으로, 〈월-E〉를 볼 때 우리는 주인공이 겪는 감정과 처지, 의욕, 실패와 궁지에 몰리는 상황을 함께 겪는다. 주인공이 평범할수록 (주인공의 상황이 급변할 때) 감정을 이입할 수 있는 여지가 많이 생긴다. 〈꿈의 구장〉, 〈프레셔스〉 등이 그 예다.

• 주인공이 유혹이나 위험에 맞설 때나 용기, 결단, 행운, 지혜, 충실 등의 행동을 할 때 관객은 **감탄**한다. 호감과는 다른 뜻으로 사용되는데, 존경하는 사람이라도 다 좋아하는 것은 아니다. 〈패튼 대전차군단〉, 〈바스터즈: 거친 녀석들〉이 그렇다.

• **친근**하고 익숙한 상황은 관객에게 편안한 감정 상태를 이끌어낼 수 있다. 주인공의 약점을 보여 주는 것도 도움이 될 수 있다. 이름을 잘 잊는다거나 늦게 일어난다거나 과식을 한다거나(〈쿵푸 팬더〉), 록 슈퍼스타가 되는 꿈을 꾼다거나(〈스쿨 오브 락〉) 등이다.

• 주인공이 대단한 **힘(권력)**을 가지고 있다는 것만으로도 흥미를

자아내는데, 우리 모두 큰 힘을 갖고 싶은 마음이 있기 때문이다(〈대부〉). 때로는 감정을 통해 힘을 보여 줄 수도 있다(〈위험한 관계〉, 〈사랑보다 아름다운 유혹〉). 또한 초인적인 인물로 만들 수도 있다(〈슈퍼맨〉, 〈배트맨〉, 〈데어데블〉, 〈아이언맨〉). 여기에서는 이미 설정되어 있는 장르와 문화적 배경으로 사전에 가치 체계를 만들어 나가게 된다.

• **유효성**은 관객에게 한 사람(주인공)의 눈으로만 사건을 보게 한다(〈매버릭〉, 〈아메리칸 뷰티〉, 〈스파이더맨〉, 〈좋은 녀석들〉). 추리 장르에서 사용하는 방법으로, 주로 보이스 오버를 통해 효과를 얻는다(〈빅 슬립〉, 〈차이나타운〉, 〈씬 시티〉).

다시 말하지만, 위의 예에서 한 가지만 택하지 말고 몇 가지를 섞어 사용하라. 서로 연결될 수 있는 가능성이 나오도록 계속 섞어라. 관객과 인물(특히 주인공)의 일치감이 강할수록 좋다.

> 영웅인 주인공이 가장 인기 높은 이유 중 하나는 관객이 캐릭터에 쉽게 몰입되기 때문이다. 주인공은 영웅일지라도 근본적으로 우리와 똑같은 일상에서 사소한 문제에 부딪치며 산다. 관객은 그들의 평범한 모습에 '동질감'을 느낀다.
>
> – 팀 크링, 시나리오 작가(〈히어로즈〉 제작 책임자)

〈델마와 루이스〉, 〈매버릭〉, 〈투시〉, 〈내일을 향해 쏴라〉, 〈꿈의 구장〉의 오프닝을 보라. 거기서 얻은 정보로만 그 영화에 대해 한두 줄로 설명해 보라. 마지막 행의 느낌에 만족하는가? 그렇지 않을 것이다. 아직 우리는 각 영화와 연관되어 있다. 무엇이 어떻게 우리를 주인공과 함께 기뻐하거나 긴장하도록 만드는가?

〈리플리〉와 〈아메리칸 싸이코〉를 비교해 보라. 톰 리플리와 패트릭 베이트

만에게 관심과 호감, 그리고 호기심이 생기는가? 그들과 교감했는가? 혹은 영화가 끝난 후에 그들과 실제로 만나지 않았다는 사실에 안도의 숨을 내쉬었는가? 그들의 운명을 염려했는가? 그들이 저지른 범죄에 대해서 두 명 중 한 명은 무사히 도망치기를 바란 적이 있었는가?

〈폴링 다운〉, 〈좋은 녀석들〉, 〈택시 드라이버〉 등을 보고 비교해 보라.

유럽 프로듀서들은 이렇게 묻는다. "캐릭터들이 흥미롭나요? 아니면 주인공이 흥미롭나요?" 하지만 미국 프로듀서들은 "관객이 캐릭터들을 좋아할까요?" 하고 묻는데, 그들은 이것을 기본 개념이라고 칭한다.

– 린다 마일스, 프로듀서(〈더 커미트먼트〉, 〈밴〉)

저예산 독립 영화 제작은 무척 자유로운 작업이다. 캐릭터가 틀에 박힌 형식에 속박되지 않기 때문이다.

– 안소니 홉킨스

관객은 캐릭터와 연관이 있어야 한다. 하지만 그렇다고 캐릭터들에 동의할 필요는 없다.

– 크리스찬 베일, 영화배우(〈다크 나이트〉, 〈아메리칸 싸이코〉)

인사이트

언젠가 찰리 채플린이 젊은 데이빗 니븐에게 충고했다. "대다수의 배우들처럼 되지 말게. 대사를 할 차례가 올 때까지 그냥 서 있지 말란 뜻이야. 듣는 법을 먼저 배우게." 시나리오 작가들에게도 똑같이 적용되는 말이다.

기억할 것

① 시나리오 구성에서 캐릭터와 구조는 두 가지 기본 요소다. 음과 양으로 서로를 먹여 주고 지탱해 주며 나아간다.

② 작가로서 당신의 목표는 입체적인 캐릭터를 만들어 관객을 사로잡는 것이다. 또한 강한 호기심을 불러일으켜야 하며 관객이 캐릭터를 자신과 동일시할 수 있어야 한다.

③ 당신의 시나리오를 지탱하는 세 개의 캐릭터 그룹이 있는데, 그것은 주연, 조연, 단역이다.

④ 최대한(단역을 제외하고) 캐릭터에 대한 완전한 일대기를 쓸 필요가 있다. 당신의 인물에 대한 '왜'라는 질문에 답할 수 있어야 한다. 왜 그들은 그와 같이 행동하고 말하는가. 주인공에게만 해당하는 것이 아니다.

⑤ 인물들의 배경을 이해하라. 당신의 시나리오에 등장하기 바로 전에 일어난 일들을 뜻한다.

⑥ 훌륭한 캐스팅 또한 무척 중요하다(주인공과 대립 인물, 거울 인물, 그리고 로맨스 인물). 주인공에 맞서거나 그들을 도와주거나 혹은 그들 안에 있는 요소들을 상기시켜라.

⑦ 당신의 캐릭터에 대한 근본적인 결함을 알아야 한다. 그들이 왜 그런 결함이 있는지 아는 것은 매우 중요한 요소다.

⑧ 관객을 '주인공 편'으로 만들어야 한다. 그들을 당신의 이야기 속으로 데리고 들어가 계속 곁에 있게 하라.

6장

캐릭터의
목표, 동기,
그리고 갈등

이번 장에서는…

캐릭터 자세히 알아보기

1.
인물에게
변화를 경험하게 하기

주인공은 특히 스토리 전개와 다른 인물들에게 영향을 미치는 사건이 발생하도록 반드시 변화를 겪어야 한다(주인공에게 아무 일도 생기지 않는다면 무슨 내용을 어떻게 관객에게 보여 주겠는가?). 그리고 이것이 시나리오 전체에 지속적으로 나타나야 한다. 이를 변화 형태 또는 성장 과정이라고도 한다. 인물의 변화 과정을 10페이지 안에 다 보여주고 만다면 10페이지 이야기밖에 될 수 없다.

변화는 장애(방해)물을 만날 때 발생한다.

인물이 어떠한 결정을 내릴 때, 특히 곤경에 직면했을 때 보다 단호한 결정을 내린다. 장애(방해)로 인한 갈등을 겪다가 어떻게 그것들을 이겨 낼 것인지 선택한다. 문제가 커질수록 궁지에 몰리면서 그 인물의 됨됨이가 드러난다. 따라서 변화는 시나리오의 각 막과 각 신을 통해 연속적인 감정의 '두드림'(변화 혹은 누설하려는 순간)을 발생시켜야 한다.

캐릭터에는 두 가지 면이 있음을 알아 두자.

① 시나리오에 등장하는 인물 그대로의 모습
② 직면한 문제를 해결했을 때의 캐릭터와 최종 목표에 이르기 위해 변화되는 최고점에서의 캐릭터

〈위트니스〉를 보자. 후반부로 갈수록 주인공 존 북을 섬세하고, 타인을 신뢰하고, 개인주의 성향을 지향하는 인물로 보여 주고자 한다면 스토리 초반부에 어떻게 해야 할까? 해당 인물이 어떤 사람이

며, 어디에서 와서 어디로 가는지 알기 위해서는 결말을 알고 있어야 한다는 의미다. 결말을 알면 첫 부분을 어떻게 시작해야 할지 알 수 있을 것이다. 이를 이해하면 인물의 변화 과정을 계획하기가 훨씬 쉬워진다.

스토리 각 단계마다 인물의 성격을 어떻게 묘사할지 알았다면 나아가 신을 만들고, 인물의 특징을 나타내기 위해 사건을 만들어 이해를 도울 수도 있다. 신 혹은 사건을 먼저 만든 후에 인물의 특별한 관점이나 변화된 모습을 발견할 수도 있다. 이 둘을 합하여 글을 써야 한다.

〈레인 맨〉에서 찰리는 다른 사람들, 심지어는 연인과도 감정을 나누지 않는 인물이다. 아버지의 사망 소식과 유언을 들은 그는 수단과 방법을 가리지 않는 자신의 성격대로 행동하여 형 레이몬드를 납치한다. 이윽고 긴 여행에 나선 형제는 TV를 구입하고부터 변화가 생기는데, 이 시점에서 찰리가 레이몬드가 필요로 하는 것을 들어주는 사람으로 변한다. 레이몬드에게 춤을 가르치는 것이 변화점이다. 찰리가 레이몬드에게 처음으로 베푼 헌신적인 행동이다. 이후 심지어는 레이몬드에게 운전대를 맡기기도 한다(자신이 가장 소중하게 여기는 것을 잃어버릴 수도 있는 위험을 감수하는 것). 결국 찰리는 "내게 형이 있었다고 진작 말해 주었어야 했다"고 말한다. 끝으로 우리는 찰리가 형과 같이 지내려고 기꺼이 돈을 포기하는 모습을 보게 된다.

〈위트니스〉에서 존 북의 변화된 모습을 보여 주는 마지막 장면은 레이첼의 목숨을 구하기 위해 총을 버리고 적 앞에 나타나는 장면이다. 그가 마지막 변화 과정에 도달했음을 알리는 동시에 1막에서 설정했던 '문제'를 푼다. 여기서 적은 자신이 아미시 단체와 싸우기에 역부족임을 깨닫는데, 이는 자신의 개인적인 힘(자신이 누리던 힘)이 항상 세지 않음을 느끼는 지점이다. 적의 캐릭터가 마지막으로 변화되는 모습으로, 큰 도시의 경찰로 자신이 누리던 방법과 가치로 존 북을 누른 '승리' 직후에 발생한다. 또한 존 북이 경찰이 되기 전에 목수였다는 점을 보여 주었음을 기억하라. 그가 아미시 생활의 가치에 쉽게 빠져든 원인이기 때문이다.

작가로서 먼저 해야 할 일은 시나리오의 세계에 자신의 가치와 감정을 반영시키는 것이다. 이후 주인공을 여러 차례 위기 상황으로 몰아넣고, 감정이 흔들리기 시작하고 주인공 자신이 믿고 있던 가치관이 시험받도록 하며 무엇인가를 결정하게 만들어야 한다. 마지막에는 변화된 가치 체계와 변화된 감정의 응답으로 주인공을 변화시킨다.

어떤 시나리오건 주인공을 강하게 변화시켜 관객의 마음을 사로잡고 관객이 이야기에 집중하도록 만들 필요가 있다. 누군가 집 안에 앉아 물을 마시고 싶다고 느끼는 것은 강렬하지 않다. 그러나 그 사람이 일주일간 사막에서 헤매다 정말로 물 한 컵 때문에 사람을 죽일 상황이라면 강렬하고 흥미진진한 이야기가 될 수 있다.

초보 작가들의 약점은 생활 속 이야기를 무의미하게 그대로 나열한다는 것이며, 여기에는 감정의 변화가 빠져 있다. 특히 인물의 전기를 그린 영화에 그런 경향이 있다. 이러한 영화들은 인물의 일대기를 출생에서 사망까지 보여 준다(〈말콤 X〉). 이와 같은 변화를 잘 표현하려면 가장 극적인 사건들을 최대한 살려서 보여 주어야 한다. 예를 들어 〈알리〉는 정확히 10년간의 세월(1964-1974)에 초점을 맞추며, 〈노웨어 보이〉는 존 레논의 초기 시절에 중점을 두었다. 〈에드 우드〉는 우드의 인생 중 가장 극적인 시대를 보여 주는데, 본 상영 후의 영상으로 그의 '만년'에 대해서도 알려 준다. 반대로 〈와이어트 어프〉는 전설적인 총잡이 와이어트 어프(1848-1929)의 일생을 서사적 드라마로 그렸다(러닝타임이 190분이다). 〈뷰티풀 마인드〉는 존 내쉬의 47년간을 다루지만(1947-1994) 그중에서도 감동적인 부분을 조목조목 명백히 보여 준다.

주인공뿐 아니라 각각의 주연 인물들의 감정을 발전시킬 수 있는 지점을 찾아라.

다음의 질문에 답해 보라.

- 그들의 변화는 어디에서부터 시작하는가? 왜? 무엇 때문에?
- 그들은 어떤 변화를 겪는가?
- 그들은 변화에 대해서 어떻게 반응하는가?
- 어디에서 처음으로 변화된 증거를 볼 수 있는가?
- 어떻게 볼 수 있는가?
- 어떻게 만들어 가는가?

마지막으로 인물의 변화와 주제를 혼돈하지 마라. 둘 다 비슷하게 연결되어 있지만 변화는 인물에게만 적용되며, 주제(결말 부분에서 관객에게 전하고자 하는 인간의 상황에 대한 보편적인 논리)는 관객에게 적용된다.

〈위트니스〉를 보고 존 북과 레이첼의 관계에 변화가 생기는 순간들을 차트로 만들어 보기 바란다(주된 서브 플롯에 대한 극적인 감동의 순간들, 그들이 어디서 처음 만났으며, 손잡았으며, 키스했는지 등). 다른 영화와 TV 드라마를 보면서도 연습해 보자.

인사이트

시나리오 작가로 살아가는 동안 접할 영화 용어와 참고 사항에 대해 논하고 싶다. 'URST'부터 시작해 보자. 요즘엔 많이 사용하지 않으나 미팅 때 불쑥 튀어나올 수도 있다. 스토리텔링과 매우 긴밀하게 관련 있다. Unresolved

Sexual Tension(미해결된 성적 상태, 주로 두 명 혹은 그 이상의 인물 사이) 으로, 인물들이 서로에게 느끼는 호감이다. 주로 시나리오 맨 마지막까지 미루어지거나 아예 안 일어나기도 한다. 대개 결말 부분에서 해결될 것처럼 보이며 스토리 내내 인물과 함께한다. 〈인디아나 존스〉와 여러 로맨틱 코미디 영화, 그리고 〈나일의 대모험〉을 생각해 보라.

2.
인물에게
동기 부여하기

인물이 갖고 있는 목표는 가장 중요한 요소다. 이야기가 시작되었을 때 인물은 무언가를 하고자 하는데, 목적 달성을 위해 여러 방법을 시도하는 동안 점점 현명한 인물이 되어 간다. 그들이 목표를 달성할지 못할지는 그들이 누구이며, 무엇을 가지고 도전하느냐에 달렸다. '난 이 인물이 무엇을 원하는지 알고 있어'라고 생각하며 글을 쓴다면 해당 신은 인물이 원하는 것에 관한 내용이 된다.

－톰 술만

시나리오에서 인물이 중요하다면 동기는 더욱 중요하다. 관객은 인물이 왜 이와 같은 행동을 하는지 항상 궁금해한다. 살인 사건 기사를 읽을 때도 우리의 호기심을 자극하는 것은 '어떻게'가 아니라 '왜'다. 영화도 마찬가지다. 동기를 확실하게 보여 준다면 관객의 궁금증을 시원하게 풀어 줄 수 있으며, 다른 작가들과의 확실한 차이를 보여 줄 수 있다.

인물의 일대기와 배경 이야기만으로도 인물이 그동안 어떻게 살아 왔는지 알 수 있다. 그렇더라도 반드시 알아야 할 사항은 무엇이 인물에게 동기를 부여하는지다(극적인 상황, 객관적인 동기, 목표 등). 동기 없이는 인물의 행동을 이해할 수 없다. 시나리오에서의 행동 부여는 보통 '행동하고 있는 인물'이다. 다시 말해 우리는 무엇이 그로 하여금 그렇게 행동하도록 추동하는지, 구체적인 표현을 직접 보고 싶어 한다. 따라서 당신의 주인공과 다른 주요 인물들이 명확하고 확실한 목표를 가지게 해야 한다. 시나리오 후반부에 가서 그들이 무엇을 하려고 하는지, 무엇을 이루려고 하는지, 뚜렷한 이유를 정확하고 분명한 영상으로 보여 주어야 한다. 이것이 인물의 행동 동기이자 시나리오를 끌고 가는 원동력이자 이야기에 집중하게 만드는 형식이며 모든 것을 하나로 합치는 작업이다. 행동 동기야말로 스토리를 가장 극적으로 만드는 요인이며 갈등을 겪는 인물들이 왜 그런 갈등을 겪어야 하는지를 직접적으로 말해 주는 것이기 때문이다.

〈아바타〉에서 휠체어 신세를 지고 있는 전직 해병대원 주인공의 목표는 (처음에는) '다리를 되찾는 것'이다. 〈업〉의 경우 먼저 떠난 아내와 가고자 했던 '남아메리카의 대자연을 보고 싶다'는 평생의 꿈을 실현하는 것이다. 〈프레셔스〉는 가정폭력의 희생자인 소녀가 '자아 존중감을 얻기 위해' 노력한다.

인물의 행동 동기를 이루는 요소에는 두 가지가 있다.

① 외적인 행동 동기: 목적을 달성하는 것. 무엇에 대한 스토리이며 어떤 줄거리인지 궁극적으로 단정 짓게 한다. 가시적으로 나타나 주인공의 의도를 정확하게 전달한다.

② 내적인 행동 동기: 목적을 달성하려는 이유. 인물의 변화와 주제를 나타내는 것으로, 눈에 보이지 않으며 대사와 배후의 숨은 의미

를 통해 감추어져 있거나 드러나 있다.

외적인 행동 동기 혹은 목적 달성은 필수 요소이자 시나리오를 이루는 기본 바탕이다. 시나리오의 결말에서 아무것도 얻은 게 없다면 도대체 무엇을 다룬 이야기란 말인가? 인물의 행동에 대한 동기 부여는 시나리오의 기본 구조를 통해 이루어지는데, 이를 행동 동기에 대한 변화 과정이라고 한다(10장에서 자세히 다룰 것이다). 내적인 행동 동기는 선택이지만 중요한 부분이다. 영화에 명백하게 드러나지는 않겠지만 항상 명심해 두어야 한다. 다시 말하지만 인물에 관한 모든 것을 알고 있어라!

가끔 초보 시나리오 작가들은 내적인 행동 동기를 극적인 요소로 사용하지만 외적인 행동 동기도 마찬가지다. 따라서 많은 시나리오에서 인물은 '성숙된 인간이 된다', '정체성을 찾는다', '사랑을 다시 발견한다'와 같은 목표를 갖고 있다. 하지만 내적인 것이기에 눈에 보이지 않으며 명확하거나 극적인 드라마로 만들기 충분하지 않다. 내적으로 필요한 것은 영화의 기본적인 주제를 바탕으로 한다.

다음의 질문에 답해 보라.

• 나의 인물은 무엇을 원하고 무엇을 욕망하는가?
• 이유는 무엇인가? 위의 두 가지에 대해 그들이 알고 있는 이유와 잠재의식의 이유를 답해 보라.
• 그들은 원하는 것을 이루기 위해 무엇을 하려고 하는가?
• 이것은 시나리오 전개에 어떠한 영향을 끼치는가?
• 그들이 그들의 목표, 여정, 또는 과제를 달성하지 못한다면 그들이 잃게 되는 것은 무엇인가(어떤 위기에 처하는가)? '별로 잃을 것이 없다'면 굳이 영화를 봐야 할 필요가 있는가? 실패는 비극의 기본 요

소다.

　등장인물에 대해 잘 알고 있어야(a) 시나리오를 통해 그들을 움직일 만큼 강한 필요성이나 목적(외부적인 행동 동기)이 생긴다. 그것은 강력한 문제와 부딪히거나 생명을 건 갈등과 마주친다(b). 그들은 두려움에 떨면서도 어쩔 수 없이(목적을 달성하지 못했거나 목표를 이루지 못했을 때) 갈등을 겪고, 문제에 직면하는데 이때 그 인물을 깊이 이해할 수 있다. 위의 질문에 대한 답을 찾을 수 없다면 스토리에 대해 다시 생각해 봐야 한다.

　인물이 목표를 달성하는 데 도움이 될 만한 중요한 시나리오 원칙들을 살펴보자.

　• 주인공과 대립 인물은 반드시 같은 목표 혹은 한 가지 목표에 대한 두 개의 다른 관점을 가져야 한다. 그들은 별개의 목표를 세워서는 안 되지만 이것이 묶이는 이유는 주요 내용의 목표(대부분 행동에 중점을 둔)가 주요 서브 플롯의 목표(대부분 관계에 중점을 둔)와 같을 수 없기 때문이다. 어쨌든 기본 줄거리가 뚜렷하게 보여야 한다.

　〈위트니스〉에는 주요 서브 플롯에서 여자 또는 남자와의 관계가 모두 나오는데, 주인공 존 북이 경찰서장이자 적인 폴 셰퍼를 이기는 것과는 다르다. 이 둘을 분리해 진행하면 후반부의 효과가 떨어지기에 둘을 하나로 합해 한 가지 목표로 만들어야 한다. 그렇게 하기 위해서는 나머지 하나의 목표를 발판으로 삼아야 한다. 〈위트니스〉는 사건만이 아니라 주제 면에서도 두 가지를 뛰어나게 잘 구현했다. 영화 후반부에서 존 북은 세 명의 상대를 빠르게 제압하지만 연인 레이첼을 구하기 위해 총을 버리고 목숨이 위태로운 상황에 처한다. 그는 이 헌신적인 행위의 단계를 거쳐(두 번째 변화된 모습) 마지막 단계로 넘어간다. 이 행위는 (개인의 힘이 아니라) 공동체의 힘을 보여 주는 것으로, 셰퍼의 행동을 목격하고 또 그가 총을 가지고 있음에도 불구하고 그를 제압한다. 그리고 주인공은 우리가 살고 있는 세상의 진정한 힘을 발견하는데, 비로소 두 가지 기본 줄거리와 주요 서브 플롯의 목표가 하나가 되며 전체적으로 완전해진다.

버디 무비(로드 무비)가 관객에게 흥미를 유발시키는 이유 중 하나는 서로 다른 두 인물이 붙어 다니면서 어쩔 수 없이 같은 목적을 달성하는 구성을 취한다는 것이다. 〈트레이닝 데이〉, 〈델마와 루이스〉, 〈리썰 웨폰〉, 심지어 〈파이트 클럽〉이 그 예다.

하지만 다음의 사항들도 고려해야 한다.

• 목표는 나뉠 수도, 나누어 가질 수도 없다. 승자는 한 명이다.
• 필요로 하는 것을 만들기 위해 목표는 강하게 설정되어야 하며 (시나리오의 컨텍스트context), 이에 필적하는 동기를 부여해야 한다.
• 주인공이 (목적 달성을 위해) 필요로 하는 것을 상대방도 원해야 한다(주인공의 목적 달성을 방해하기 위해). 둘은 마침내 서로 갈등하며 다투게 된다.
• 인물의 능력은 그가 부딪친 난관의 힘과 크기로 측정된다. 다시 말해 난관의 크기와 어려움은 극적인 힘, 목적 혹은 의지와 같은 강도로 설정해야 한다.

이들 원칙을 올바르고 논리적으로 서술했음에도 작가들(초보나 프로 관계없이)이 관심을 갖지 않는다는 것은 뜻밖이다. 당신이 원칙을 무시하거나 바꾸려 든다면 시나리오는 곤경에 처할 것이다.

인사이트

스펙 시나리오를 기억해 두자. 영화사 또는 프로듀서가 요구한 대로 만들어진 시나리오를 뜻하는데, 오늘날에는 그들에 대해 가늠하려는 것 같은 시나리오로 사용된다.

3.
갈등과 인물

시나리오에서 제일 중요한 구성 요소는 인물, 그리고 인물에게 제일 중요한 점은 행동 동기임을 알았다. 인물과 행동 동기는 따로 이해할 수 없다. 세 번째로는 균등화를 배워야 한다. 인물들의 관계에는 필연적으로 갈등이 작용한다. 인물이 특정한 갈등을 겪는 데는 반드시 동기가 있어야 한다. (사상, 이해 등의) '충돌, 상충, 대립, 마찰, 불일치', '모순된 충동으로 인한 정신적인 갈등, 고뇌', '무력 충돌, 적과 대항', '반대편이 되는 것, 극적 대립' 등.

사람들은 드라마에서 가장 중요한 부분을 갈등이라고 한다. 물론 우리 모두 갈등을 피하고 싶어 한다. 그러나 시나리오 작가는 절대 피할 수 없다. 당신이 찾고자 하는 것이자, 서두르며 정면으로 부딪쳐야 하는 존재다. 갈등을 찾은 후에는 뽑아서 잘 다듬고 손질하고 깊이 있게 만들어야 한다. 갈등에서 도망칠 수는 없으며 갈등 없이는 시나리오를 쓸 수 없다.

갈등은 필요, 의향, 목표(외면적 동기)가 난관에 부딪쳤을 때 시작된다.

4.
갈등의 종류

갈등에 몇 가지 종류가 있다고 생각하는가? 두 가지?

① 외적 갈등: 인물이 외적인 목표를 이루려고 할 때 무엇이든 방해가 되는 것
② 내적 갈등: 인물이 목적을 달성하거나 가고자 하는 길을 가려할 때 자신의 내적 성장과 자존감(혹은 인지하는 것)을 방해하는 것

틀렸다. 시나리오 작가에게는 세 가지 선택이 있다.

① 개인 대 개인(외부적인): 다른 인물, 다른 목적, 혹은 상반되는 목적과의 개인적인 갈등(〈해리 포터〉)
② 개인 대 자연(외부적인): 자연과의 갈등(〈트위스터〉, 〈에어포트〉, 〈아마겟돈〉, 〈타워링〉), 사회와의 갈등(〈위트니스〉, 〈트루먼 쇼〉, 〈브이 포 벤데타〉), 그룹 혹은 시스템(관료제, 정치, 가족)과의 갈등(〈사관과 신사〉, 〈가타카〉, 〈나의 그리스식 웨딩〉, 〈우리, 사랑해도 되나요?〉), 가치와의 갈등(〈위트니스〉), 미신적이며 우주적이고 보이지 않는 힘(신, 악마, 시간)과의 갈등(〈고스트버스터즈〉, 〈엑소시스트〉, 〈인디펜던스 데이〉, 〈백 투 더 퓨처〉, 〈사랑의 블랙홀〉, 〈디 아더스〉, 〈오퍼나지〉)
③ 개인 대 자신(내면적인): 자신도 알아채지 못하고(자기 자신과 행동과 목표에 대해 확실하지 않을 때) 직면 혹은 극복하지 못한 내면과의 갈등(〈뷰티풀 마인드〉, 〈머시니스트〉)

5.
갈등의 기본 원리

시나리오를 쓸 때는 다음의 몇 가지 중요한 원칙이 적용된다.

① 인물과의 관계에서 외적 갈등은 반드시 개인화해야 한다(캐스팅 디자인이 중요하다).

② 내적 갈등은 반드시 육체적으로 표출되어야 한다. 개인적인 갈등이나 내면의 혼돈 상태를 알 수 있는 상황을 보여 주어야 한다(시나리오에 미리 실마리나 정보를 장치해 둔다).

시나리오 작가 마이클 호그에 따르면 주인공의 내적 갈등은 상대 인물에 의해 나타나며 사랑은 모든 것을 극복한 후에 쟁취할 수 있다. 이에 따라 주인공의 성격이 변한다. 작가는 주로 외부적인 갈등에 관해 작업하는데, 견고하고 투명한 외부 갈등 구조를 보여 줄 수 있다면 내적 갈등도 충분히 다룰 수 있다. 그러면 모든 것은 더욱 사실적으로 묘사될 것이다. 갈등을 빨리 보여 줄수록 더욱 탄탄한 이야기가 된다.

가장 좋아하는 영화나 TV 방송의 신을 생각해 보라. 갈등과 목표의 원칙들을 바탕으로 그 신에 나오는 내용과 행동을 분석하라. 또한 형편없는 영화나 TV 방송의 신도 같은 방법으로 분석해 보라.

인사이트

시나리오 한 편을 전달하고 나면 그것을 바탕으로 여러 버전이 만들어진다. 슈팅 스크립트shooting script(세부 사항이 적힌 시나리오 최종본으로, 이를 바탕으로 촬영한다), 브레이크다운 스크립트breakdown script(상세한 내용이 적혀 있으며 촬영에 대한 모든 정보가 기재되어 있다. 주로 영화 스태프들이 사용한다), 라인드 스크립트lined script 등. 시나리오는 영화 대본이기에 카메라 방향과 세트에 대한 지시들을 포함한다. 무성영화 시절에는 시나리오를 포토플레이photoplay라고도 했다.

6.
장애의 종류

주인공이 경험해야 할 난관에도 몇 가지 유형이 있다.

• 육체적 장애: 〈인디아나 존스〉, 〈배트맨〉 등과 자연의 장애를 소재로 한 〈모스키토 코스트〉, 〈굿바이 뉴욕 굿모닝 내 사랑〉, 〈비치〉, 〈파리 대왕〉, 〈화이트 스콜〉, 〈퍼펙트 스톰〉, 〈클리프행어〉, 〈트위스터〉 등이 있고 환경에 대한 〈시티 오브 조이〉, 〈패닉 룸〉, 〈다이 하드〉 그리고, 먼 거리에 대한 〈시애틀의 잠 못 이루는 밤〉, 〈라이언 일병 구하기〉

• 다른 인물과의 장애: 〈인디아나 존스〉, 〈배트맨〉, 〈히트〉, 〈굿바이 뉴욕 굿모닝 내 사랑〉, 〈델마와 루이스〉, 〈세븐〉, 〈데드 링어〉, 〈햄릿〉, 〈다이 하드〉, 〈스파이더맨〉, 〈일렉션〉, 〈타이타닉〉, 〈라이언 일병 구하기〉, 〈스컬스〉, 〈다크 나이트 라이즈〉, 〈슬럼독 밀리어네어〉

• 정신적 장애: 아버지에 대한 레이의 이미지를 다룬 〈꿈의 구상〉, 친구는 애인이 될 수 없거나 되어서는 안 된다고 믿는 〈해리가 샐리를 만났을 때〉, 그리고 〈버디〉, 〈햄릿〉, 〈클리프행어〉, 〈굿 윌 헌팅〉, 〈뷰티풀 마인드〉, 〈미스터 브룩스〉

• 문화적 장애: 〈굿바이 뉴욕 굿모닝 내 사랑〉, 〈간디〉, 〈말콤 X〉, 〈프리스트〉, 〈롭 로이〉, 〈브레이브 하트〉, 〈플레전트빌〉, 〈타이타닉〉, 〈밀크〉, 〈스컬스〉, 〈크라잉 게임〉, 〈사랑은 비를 타고〉

• 초자연적 장애: 〈사랑과 영혼〉, 〈할로윈〉, 〈드라큘라〉, 〈샤이닝〉, 〈유혹의 선〉, 〈인디펜던스 데이〉, 〈식스 센스〉, 〈엑소시스트〉, 〈블레어 위치〉, 〈디 아더스〉, 〈울프맨〉

• 시간적 장애(한정된 시간 안에 사건을 해결해야 함): 〈48시간〉, 〈여인의 향기〉, 〈하이 눈〉, 〈아폴로 13〉, 〈D-13〉, 〈마이너리티 리포트〉, 〈돈 쥬앙〉, 〈돈 세이 워드〉, 〈80일간의 세계일주〉, 〈세븐〉, 〈닉 오브 타임〉, 〈플라이트플랜〉, 그리고 시간에 대한 작품들로 〈사랑의 블랙홀〉, 〈백 투더 퓨쳐〉, 〈타임 머신〉, 〈프리머〉, 〈트라이앵글〉, 〈데자뷰〉

물론 가장 강력하고 효과적인 장애는 반대 의사다. 누군가 당신이 하려고 하는 것을 못하게 하는 것. 반대자의 의도와 당신의 의도가 불가피하게 서로 부딪치는 것, 그것이 갈등이다.

이제 당신이 가장 좋아하는 영화를 보고 아래 빈 칸을 채워 보라.

6-1 인물의 행동 동기

	목표/외적 동기	외적 갈등	내적 동기	내적 갈등
주인공				
맞상대				
거울				
로맨스				

당신의 작품에 등장하는 인물에 대해서도 이 같은 표를 만들어 보라.

인물의 행동 동기는 10장에서 다시 다룬다.

인사이트

예산 회의 때 두 가지 용어를 듣는데, 'above the line'과 'below the line'이
다. 전자는 스크린으로 보이는 모든 것에 대한 비용(배우, 감독, 프로듀서, 작
가, 그리고 특수효과 등)을 지칭하고 후자는 그 외의 모든 비용을 뜻한다(영화
스태프, 세트 디자이너, 분장, 지원한 모든 스태프, 밥 차, 교통비 등).

7.
갈등 발전시키기

시나리오 전개 과정을 전체적으로 살펴보면 갈등이나 장애 강도
가 점점 커짐을 알 수 있다. 따라서 그러한 갈등이나 장애를 뛰어넘을
수 있는 주인공의 용기도 점점 강해져야 한다. 주인공을 두려워하도
록 만드는 것은 육체적(다치거나 소유물을 잃어버린다거나)이거나 감정
적(죽음, 당혹)인 위험이다. 위험 강도는 높아져야 하며 그에 따른 위
험 부담도 커져야 한다(10장 '위기 상황 만들기' 참조). 〈토이 스토리〉에
이와 같은 예가 많이 나오는데, 같은 신 안에서 벌어지기도 한다.
이것은 두 가지 중요한 원칙을 보여 준다.

① 장애는 반드시 이전의 장애와 달라야 한다(육체적, 감정적, 정신
적 장애 등).
② 장애나 반대 의지는 전보다 강해지거나 어려워져야 한다(방해
와 실패는 강도가 점점 커져야 하고 인물은 조금 더 강한 용기로 이를 극복해

야 한다).

아래 갈등 구조는 조금도 새롭지 않으며 관객을 지루하게 만들 뿐이다.

6-2 장애의 난이도가 커져 감

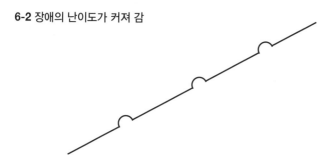

각 갈등에 대한 극적인 효과를 최대한 높이기 위해서는 (클라이맥스로 향하는) 갈등과 좌절, 두 가지가 필요하다. 영화 시나리오에는 최소 세 번의 큰 좌절이 있다.

6-3 결정적인 좌절들

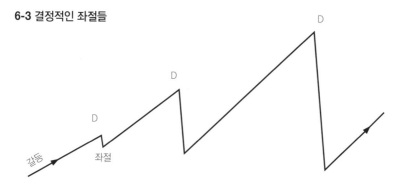

좌절의 크기를 유의해서 보기 바란다.

클라이맥스는 육체적인 것만이 아니라 감정적인 것도 될 수 있다 (〈꿈의 구장〉, 〈트루먼 쇼〉, 〈시애틀의 잠 못 이루는 밤〉, 〈아멜리에〉, 〈인생은 아름다워〉, 〈시네마 천국〉).

당신의 시나리오에서 벌어지는 갈등, 장애, 좌절의 전개 과정을 그래프로 그려 보라. 그리고 다음 질문에 답하라. 어떠한 장애가 주인공의 앞길을 막고 있는가? 장애에는 육체적인 장애(다른 인물 혹은 환경에 대한), 내면적인 장애 혹은 초자연적이거나 문화적인 장애, 그리고 기타 장애가 있다. '왜 그것이 주인공의 앞길을 막고 있는가?', 장애는 '주인공의 목적 달성을 방해하기 위해 무엇을 하려고 하는가?', '지금의 장애는 이전의 장애보다 강도가 센가? 어떻게 세며 그 이유는?'

갈등과 인물의 행동 동기에 대해서도 조금 더 살펴보자. 그리고 주인공을 방해하는 인물의 행동 동기에 대해서도 알아보자.

인사이트

'잔금'과 '매입'이라는 용어를 듣게 될 것이다. 잔금이란 예전부터 진행에 오던 방식으로, 작품에 대해 급료를 받는 방식이다(얼마의 선불 지급 방식으로 작업이 끝난 작품이 재방영될 때마다 받는다). 보다 일반적인 것은 매입으로, 처음에 큰 금액을 선불로 받지만 작업한 작품이 케이블 TV와 다른 매체에서 끊임없이 방영되어도 그에 대한 보상을 받지 못한다는 조건이다.

8.
마지막 조언

시나리오 작가에게 중요한 문제이자 어려운 도전은 종이 위에 감정의 실체를 만드는 일이다. 열쇠는 인물과 행동 동기에 있다. 수많은 영화를 보면서 당신은 도대체 인물들이 무엇을 하며 왜 그렇게 행동하는지 이해할 수 없었던 경험이 있지 않았는가? 관객은 인물의 행동에 대한 정당한 이유(갈등으로 번질 수밖에 없는 충분한 이유)를 알고 싶어 한다. 거기에는 항상 '상식 밖의 경우를 택하는' 인물의 영웅적인 모습이 있는데, 이것이 우리에게 감동을 준다. 그것을 신뢰할 수 있도록 만들어라.

감정적인 사실성은 강력하게 동기 부여된 사건과 개인적인 특색이 갖추어졌을 때 비로소 만들어진다. 이로 인해 (마지못해) 인물이 갈등과 위험 속으로 들어갈 때 관객은 위험한 상황에 처한 인물에게 동질감을 느낀다. 예를 들어 〈투씨〉에서 사실성이 감정적으로 나타난다. 우리로 하여금 주인공이 여자로 변장하고 괴로운 체험을 하면서까지 자신의 내면적인 감정(내적인 행동 동기)이 소망하는 것을 이룰 수 있도록 그를 믿게 만들기 때문이다. 또한 〈꿈의 구장〉에 주인공 레이가 시간상 거리를 두는 장면이 있다. 물론 이것은 현실적으로는 불가능하지만 영화상으로는 관객을 감동적으로 움직이기에 우리는 이것이 가능하다고 믿게 된다. 모든 것은 관객이 믿기에 달렸다. 이런 영화 장르를 환상적 사실주의Magic Realism라고 부른다.

신에서 감정적 사실성을 만들기 위해서는 반드시 신뢰할 만한 인물을 만들어 갈등을 겪게 하고, 극적으로 간결하게 써 나가야 한다. 이 말의 뜻은 다음과 같다.

꼭 필요한 것만 보여 주어라, 거기까지!

필요 이상으로 보여 주면 (갈등의) 느낌이 약해지고 감정적 사실성도 떨어진다. 또 다른 중요 요소는 관객이 인물에게 가장 관심을 가질 때는 인물이 궁지에 몰리고 문제가 발생했을 때라는 사실이다(관객이 인물에게 느끼는 동질감이 중요하다).

7장에 들어가기 전에 다시 한 번 〈위트니스〉를 보기 바란다. 그러고 나서 다음의 영화들도 살펴보자. 〈뷰티풀 마인드〉, 〈아메리칸 뷰티〉, 〈빌리 엘리어트〉, 〈파이트 클럽〉, 〈굿 윌 헌팅〉, 〈매버릭〉, 〈마이너리티 리포트〉, 〈몬스터 주식회사〉, 〈슈렉〉, 〈리플리〉. 한번에 끝까지 비평적으로 보되, 메모는 하지 마라. '전에도 본 영화인데'라고도 생각하지 마라. 반복해서 보면서도 배울 점은 얼마든지 있다.

도표 6-4는 시나리오 계획을 세울 때만이 아니라 언제라도 당신이 극적인 신을 쓸 때 유용하게 사용 가능하다.

6-4 인물의 행동 동기

(출처: Jurgen Wolff)

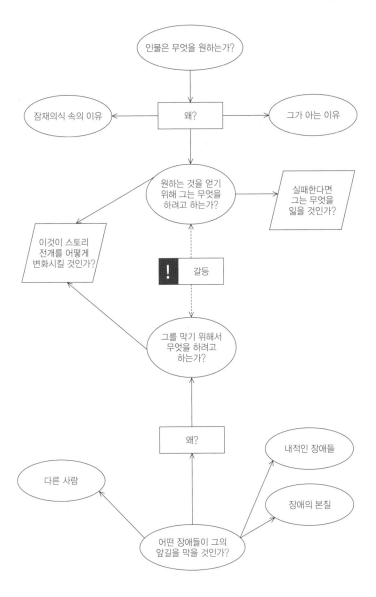

기억할 것

① 인물에게 변화를 경험하게 하는 것은 주요 캐릭터들에 대한 개발과 성장을 기록하는 것이며, 또한 연속적인 감정의 '두드림'을 발생시켜야 한다.

② 인물의 성장은 장애물과 대면한 후에 발생한다.

③ 당신의 캐릭터(들)가 달성해야 할 투명하고 강한 목적은 그들에게 동기 부여(외적, 내적)를 만들어 주며 스토리 내내 그들의 동기 부여를 허용하게 한다.

④ 동기 부여가 외적이든 내적이든 한 인물(대부분 당신의 주인공)은 반드시 갈등(들)을 만나 자극받아야 한다.

⑤ 외적 갈등은 인물들 간의 개인적인 것으로 설정해야 하며 내면의 갈등(들)은 표면화해야 한다.

⑥ 주인공은 여러 형태의 장애를 만나게 된다(반복하여 외적, 내적).

⑦ 갈등은 언제 성장하는가. 각 장애물이 이전의 장애물과 다를 때, 그리고 훨씬 강해지고 어려워질 때다.

⑧ 각 순간의 갈등(클라이맥스로 이어진다)에서 많은 것을 얻고 싶다면 방해물을 설치해야 하며 당신의 스토리가 진행될수록 방해 상태와 규모는 점점 나빠지고 어려워져야 한다.

⑨ 캐릭터와 동기 부여를 뚜렷하게 요약하면 페이지 위에 감정적인 현실감이 보일 것이다(스크린에서도).

⑩ 신뢰성이 가는 캐릭터와 뚜렷한 목표는 갈등을 경험하게 하고, 그것을 실속 있고 간결하게 한다. 필요한 것만 보여 주어라.

7장

시나리오의 구조

1.
고전적인 3막 구조

훌륭한 스토리는 눈에 확 들어오며 캐릭터들이 모두 살아 있다. 이 둘을
다 잘 살린다면 시나리오의 절반은 성공한 것이다. 그다음으로는 좋은
시나리오 구조를 갖추어야 한다.

― 팀 비반, 타이틀 필름 전문가

나는 시나리오를 읽을 때 감각적으로 어느 지점에서 사건이 일어날지
대충 짐작할 수 있다. 영화용 시나리오의 1막이 20페이지 내외라면 문
제가 있다. 계속 구조를 염두에 가며 써야 한다. 시나리오가 얼마나 전
위적이냐를 떠나 이 점을 제일 먼저 검토한다.

― 어느 시나리오 모니터 요원

아이디어를 정하고 이야기를 구상하고 인물에 대해 생각해 봤다
면 이제 시나리오의 극적인 스토리를 전개할 단계다. 인물과 줄거리
(구조)는 공생 관계임을 잊지 마라. 이 둘은 서로 주고받으며 보완하
고 교화시키는 역할을 한다. 시나리오는(그리고 이 책은) '전반적인' 내
용에서 '구체적인' 내용으로 나누는 연속 작업이다. 우선 1막, 2막, 3
막으로 나누고, 그다음으로 각 막을 시작, 중간, 결말로 나눈다. 그리
고 각 부분을 시퀀스, 신, 그리고 행동과 대사로 나눈다. 시나리오를
쓰기 전에 가장 중요하게 생각해야 할 점은 어떻게 나눌 것인가다. 차
근차근 써 나가야 한다고 생각하는가? 넓은 의미에서는 그럴지도 모
르셨지만, 부분별로 나누어 써야 시나리오의 구조가 구성된다.
　　엉터리로 쓴 시나리오에는 크게 두 가지 부류가 있다. 형식 미달
과 지나친 형식이다. 전자는 실생활에서 일어나는 것과 똑같고(재미

가 없다) 후자는 너무 복잡한 줄거리 구조와 많은 특수효과 등 모든 것을 다룬다(중심 내용이 없다). 시나리오 작가는 극적인 사건의 내용을 다루어야 하며, 극적인 순간을 찾아서 스토리를 전개시키고 감동적인 상황을 만들고 그것을 발전시켜 관객이 클라이맥스의 최고점에 이르게 해야 한다.

> 시나리오는 완성된 영화의 설계도와 같다. 가장 중요한 것은 기본 구조를 깔고 영상과 대사를 바탕으로 뼈대를 만드는 일이다. 시나리오 작가의 일은 곧 설계도를 만드는 일이다.
>
> – 하워드 슈만, 시나리오 작가

시나리오 작법 지침은 영화 산업 초창기 때부터 만들어져 왔고 세밀하게 정리되어 왔으며 시드 필드가 처음으로 체계적으로 정리했다. 주제 넘는 소리지만, 가장 많이 사용되는 3막 기본 구조는, 거의 모든 영화가 따르고 있다. 특히 할리우드 주류 영화들이 신봉한다. 아무 영화나 선택해서 3막 형식에 맞는지 도표 7-3과 비교해 보라.

노트

형식에서 벗어나면 안 된다는 생각을 버려라. 그것은 추상적인 이상이다. 좋은 구조를 만들 때 최우선해야 할 것은 언제, 어느 부분을 쓰든지 의식적으로 생각하지 않는 것이다. 글을 쓸 때에는 시나리오 구조를 만드는 것이 제2의 천성인 것처럼 자연스러워야 한다.

특정한 시나리오 작법에 연연하는 것은 잘못되었다. 시나리오를 쓰는 것은 사건들을 짜 맞추어 연결시키거나 억지로 사건을 만드는 것이 아니라, 스토리를 자연스럽게 전개시키는 것이다. 다른 강좌 또는 책에서

'현실'을 바탕으로 스토리를 개발하고, 자신의 생각과 직감의 정당성을 입증한 다음에는 잊어라. 한마디로 '배우고 난 후 잊어라'.

– 데이빗 웹 피플즈, 시나리오 작가(〈12 몽키즈〉, 〈블레이드 러너〉)

반복하면 다음과 같다. 각 막의 비율을 기억하자.

• TV 방송용(60분용)은 광고로 구분되는데 보통 세 개의 파트(막)로 나뉜다.
• 30분용 드라마와 시트콤은 두 개의 막으로 나뉜다(8장 참조).
• 극장용 영화의 경우 각 막은 액션이 끝날 때마다 나뉘는 것이 아니라, 영화를 분석한 후에 나뉜다(TV 방송으로 영화가 방영될 때, 1막의 끝부분, 중간, 그리고 2막의 끝부분).

7-1 3막 구조

ACT I (1막) 처음	ACT II (2막) 중간	ACT III (3막) 결말
¼	½	¼

120분용 영화는 30분, 60분, 30분에 나뉜다. 2장에서 살펴봤던 알맞은 영화 형식의 시나리오 러닝타임을 염두에 두자. 시나리오 한 장 분량은 영화 상영 시간 1분과 같다. 따라서 시나리오는 최대 120페이지를 넘기지 말아야 하며(최고 분량) 각 막이 나뉘는 곳은 대략 30, 60, 30페이지다. 하지만 각 막의 스토리를 1/4, 1/2, 1/4로 나누어야 한다는 법칙은 없다. 사실상 90분, 90페이지와 같은 구조로도 나눌 수도 있다(20분, 60분, 10분). 120페이지 분량의 시나리오 형식을 모델로 삼아 보자.

7-2 각 막의 내용

ACT I (1막) 1–30페이지	ACT II (2막) 30–90페이지	ACT III (3막) 90–120페이지
구성	개발(갈등 & 대립)	결과 & 대단원

도표 7-3을 참조하라. 성공을 보장한다고는 못하지만(성공을 보장하는 공식은 없다) 최소한 당신이 하고자 하는 이야기가 정리될 뿐만 아니라 말하고자 하는 바를 좀 더 명확하게 전달할 수 있을 것이다.

인사이트

시나리오 강의 때 스티븐 스필버그의 영화들은 매우 유용하다. 그의 영화들에는 모든 전환점과 줄거리 포인트가 포함되어 있으며, 정확한 타임(1/4, 1/2, 3/4)에 나타난다. 하지만 너무나 독창적이라 또 스토리에 빠져 있을 것이기에 그것들이 전환점임을 알아채지 못할 수도 있다. 눈에 띄지 않게 자연스럽게 녹아 있기 때문이다.

2.
3막 구조의 페이지별 구성

먼저 〈위트니스〉를 다시 보기 바란다. 그다음 6장 끝부분에서 언급했던 〈나의 그리스식 웨딩〉, 〈트루먼 쇼〉, 〈에린 브로코비치〉, 〈스파이더맨〉, 〈꿈의 구장〉, 〈사랑보다 아름다운 유혹〉도 다시 살펴보라.

재차 말하지만 한번에 끝까지 비판적으로 보되, 아무런 메모도 하지 마라. 당신은 하나의 마지막 목표인 3막의 마지막 클라이맥스 신 (영화의 마지막 신이 아니어도 된다)을 향해 글을 쓰는 것이다. 묘사의 모든 이미지, 한마디의 대사나 인물의 세심한 성격, 장애와의 충돌과 많은 좌절, 그리고 모든 갈등의 해결 등. 이들은 마지막 클라이맥스에 최고의 감동을 주기 위해 자신의 역할을 해야 한다.

노트

'뒤부터 쓰기'는 전체적인 시나리오는 물론, 각 막에도 적용될 수 있다. 그 전에 각 막의 마지막(클라이맥스) 부분을 어떻게 끝낼지 생각해 두어야 하며, 마지막 결말 부분을 위해 스토리가 전개되도록 확실히 짚고 넘어가야 한다.

인사이트

미장센mise-en-scéne에 대해서는 많이 들어 봤을 것이다. 무대 위에서의 등장인물 배치나 역할, 무대 장치, 조명 따위에 관한 총체적인 계획이다. 영화 시장에서는 감독이 프레임 안에 위치시킨 모든 요소를 뜻한다. 시각적인 배치와 구도만이 아니라 배경, 장식, 배우, 의상, 분장, 조명, 연기, 배우의 동선과 위치에 대한 모든 요소를 포함한다. 길고 편집하지 않은 연속 샷을 실시간으로 촬영한 것을 미장센(반대는 몽타주)의 예로 드는데, 방대한 장관과 수려한 세트를 자랑하는 〈닥터 지바고〉, 〈아라비아의 로렌스〉와 답답하고 폐쇄된 밀실 공간을 보여 주는 〈죠스〉, 〈플라이트 93〉을 대조해 보라.

1. 1 ACT I(개요)

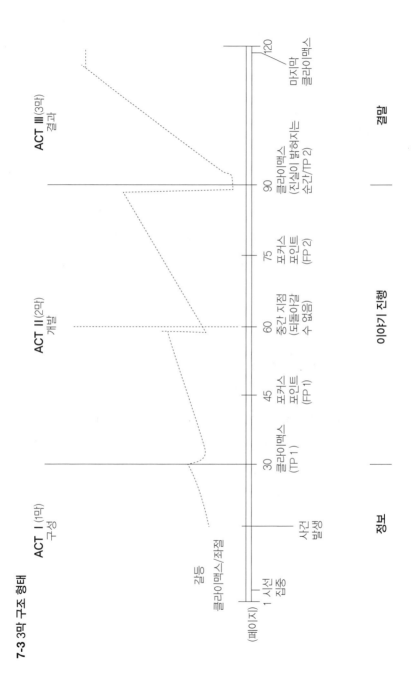

7-3 3막 구조 형태

ACT I (1막)
구성

ACT II (2막)
개발

ACT III (3막)
결과

갈등
클라이맥스/조절

1 시선 집중
(페이지)

사건 발생

30
클라이맥스
(TP 1)

45
포커스 포인트
(FP 1)

60
중간 지점
(되돌아갈 수 없음)

75
포커스 포인트
(FP 2)

90
클라이맥스
(진실이 밝혀지는 순간/TP 2)

120
마지막 클라이맥스

정보

이야기 진행

결말

나는 지루하고 엉망인 시나리오를 많이 봤기 때문에 초반의 10페이지쯤 읽고 나면 올바른 구조로 쓰인 시나리오인지 아닌지 바로 알 수 있다. 나는 작가에게 30페이지 안으로 스토리를 구성해 보라고 한다. 지면이 부족해서 그 안에 끝내지 못하면 다른 시나리오를 집어 읽는다.

– 시드 필드, 시나리오 작가(『시나리오 워크북』, 『시나리오란 무엇인가』 저자)

Act I은 관객에게 영화의 모든 구성 요소를 보여 준다. 주요 인물과 (사회적, 심리적, 환경적) 배경, 톤(불쾌한 현실을 사실성 있게 묘사한 〈히트〉, 〈로드 투 퍼디션〉, 〈빌리 엘리어트〉, 〈파이트 클럽〉, 〈갱스 오브 뉴욕〉, 〈인썸니아〉, 신화를 바탕으로 한 〈베가 번스의 전설〉, 〈꿈의 구장〉, 〈루키〉, 애수적인 내용의 〈아메리칸 뷰티〉, 〈하트 인 아틀란티스〉, 일화가 많은 〈사랑을 기다리며〉, 〈돈 쥬앙〉, 공상적이며 기괴하고 초현실적인 〈플레전트빌〉, 〈존 말코비치 되기〉, 동화 같은 이야기인 〈슈렉〉, 〈가위손〉, 〈반지의 제왕〉, 변덕스러운 주인공이 등장하는 〈아멜리에〉), (해결되지 않은) 문제, 긴장감, 사랑의 대상, 시간의 척도(실제 혹은 재연), 그리고 정해진 시간 안에 사건을 해결해야 하는 상황(〈하이 눈〉)과 같은 구성 요소들. 이것들을 Act I 이후에 등장시켜서는 안 된다. 최소한 Act II 오프닝에서는 보여 주어야 한다. 30페이지(Act I)라는 적은 분량 안에서도 많은 일이 벌어질 수 있다. 10페이지씩 나누어 살펴보자.

1. 2 첫 10페이지

시나리오의 시작은 긴박감이 나게 해야 한다.

– 알란 파커, 영화감독(〈데이비드 게일〉, 〈에비타〉)

첫 10페이지는 매우 중요하다. 모니터 요원들은 첫 10페이지(요즘은 첫 5페이지라고 한다)에 자신의 시선을 집중시키는 사건이 발생하지 않으면 끝까지 읽지 않는다. 초반 내용이 흥미롭지 않다면 후반부의 내용도 그럴 것이라 생각한다. 대부분의 사람들은 첫 5-10페이지를 읽어 본 후 '이건 좋은 시나리오다', '이건 나쁜 시나리오다' 결론을 내린다. 그래서 첫 10페이지 안에 당신의 실력을 증명할 필요가 있다. 첫 10페이지의 내용은 독특하고 흥미로워야 하며(코미디라면 웃겨야 한다) 무엇보다 시나리오 읽는 사람들의 관심을 끌며 끝까지 읽게 써야 한다.

> 좋은 시나리오는 처음 몇 페이지만 읽어도 쉽게 알아볼 수 있다. 초반에 주인공을 등장시키는 것도 주목을 끄는 방법 중 하나다. 오프닝 신이라고 반드시 숨통 조이는 장면만 연출하라는 뜻이 아니라 여러 가지 미묘한 방법을 사용할 수 있다. 그것들은 무언가 색다르고 전에 본 적이 없는 것들이어야 한다. 그렇다고 초반 5분 안에 다 보여 주려고 하지는 마라. 나 자신도 궁금해서 다음 페이지로 계속 넘길 수 있도록 써라.
> ─ 노마 헤이만, 프로듀서(《미세스 헨더슨 프리젠츠》, 《갱스터 넘버 원》)

이제 10페이지 분량의 백지에 채워 넣을 내용이 필요하다. 다음의 사항을 정하라.

- 주요 인물은 누구이며 특히 누가 주인공인가(스타)?
- 무엇에 대한 이야기인가?
- 이야기를 둘러싸고 있는 극적인 상황들은 무엇인가?
- 시나리오의 장르는?

주인공은 자연스럽고 평범한 분위기에서 등장해야 한다. 스토리 전개상 변화가 일어나기 전이다. TV 방송용 대본은 더욱 짧다. 초반 2-3분이 가장 중요하며, 첫 5페이지로 승부를 본다.

1.3 오프닝

시나리오를 읽는 사람들이 가장 먼저 찾는 것은 '느낌이 강하게 오는 부분'이다. 관객의 시선을 집중시키고 스토리 안으로 빠져들게 하는 힘. 첫 3페이지, 적어도 5페이지 이내가 가장 이상적이다. 대립하는 두 명이 강하게 충돌하는 것만큼 관객의 흥미를 돋우는 요소는 없다. 윌리엄 골드먼이 쓴 〈매버릭〉은 주인공 브렛 매버릭이 양손이 뒤로 묶인 채 말에 앉아 있고, 큰 나뭇가지에 묶여 있는 밧줄이 그의 목에 올가미를 씌우는 장면으로 시작한다. 그는 곧 교수형에 처해져 죽을 상황이다. 곁에 있던 악당들이 말의 다리를 향해 보따리를 던지자 거기서 뱀들이 기어 나온다. 겁에 질린 말은 흥분해 점점 앞으로 나아간다. 팽팽한 긴장감이 감돌고 매버릭은 정말로 죽기 일보 직전이다. 하지만 우리는 주인공이 죽지 않았음을 알게 된다. 브렛의 내레이션이 시작되기 때문이다. 그의 첫 대사는 매우 익살맞다. "나에겐 참 엿 같은 한 주였다. 이 모든 것의 시작은…." 이로써 우리는 영화가 주인공의 여정을 거슬러 올라갈 것임을 짐작한다. 그는 어떻게 탈출한 것일까? 그 결과는 후반부에 가서야 나오지만 적어도 그가 어떻게 탈출했는지 지켜보게끔 하지 않는가? 이것을 두고 딱 느낌이 왔다hook고 하는 것이다!

〈히트〉의 대낮에 은행 강도가 출몰하는 장면, 〈파이트 클럽〉의 입 안에 권총을 물고 있는 남자, 〈에린 브로코비치〉의 갑자기 일어난 자동차 접촉 사고, 〈스타워즈 에피소드 II-클론의 습격〉의 끔찍한 폭발 사고처럼 강렬하고 충격적인 요소를 사용하라는 말은 아니다. 다음과 같이 영리하게 꾸밀 수도 있다. 〈메멘토〉처럼 이야기를 거꾸로 전개시키며 시선을 집중시킨다든지 〈리플리〉의 "만약 내가 되돌아갈 수 있다면"이나 〈스파이더맨〉의 "나는 누구인가?"와 같이 대사를 이용할 수도 있다. 〈사랑보다 아름다운 유혹〉은 가죽으로 제본된 일기장으로 호기심을 집중시키고, 〈굿 윌 헌팅〉은 수학 수수께끼를 푸는 젊은 관리인을 등장시킨다. 또 〈고스포드 파크〉는 차들이 멋지게 도착하는 장면으로 시작되는데, 시선 집중과 호기심 유발은 종종 사용되는 방법이다. 〈트루먼 쇼〉에서는 하늘에서 갑자기 번개가 친다. 〈마이너리티 리포트〉의 '살인' 몽타주를 보여 주는 장면, 〈본 아이덴티티〉에서 시체가 바다 위에 떠 있는 장면, 〈싸인〉에서 멀리서 아이들을 부르는 소리는 미스터리를 등장시킨 예다. 반면 (보기에 편하지는 않지만) 〈아메리칸 싸이코〉는 피를 뚝뚝 흘리는 무엇이 누벨퀴진nouvelle cuisine(새로운 저칼로리의 프랑스 요리*)으로 변하고 〈슈렉〉, 〈아멜리에〉, 〈몬스터 주식회사〉에는 변덕스러운 장면들이 나오며, 〈나의 그리스식 웨딩〉처럼 아예 웃길 수도 있다. 히치콕의 〈열차 안의 낯선 자들〉은 관객의 시선을 붙잡는 아주 훌륭한 예를 보여 준다. 먼저 귀청이 떨어져 나갈 것처럼 큰 기차 기적이 울리며, 곧장 트래킹(카메라 이동)으로 두 가지 색 구두를 신은 발을 보여 준다. 관객은 남자의 정체와 목적지에 관심을 두지 않을 수 없다. 처음 그의 전체 모습이 나올 때 우리의 시선이 집중된다. 아주 오래된 영화지만 〈바바렐라〉를 꼽지 않을 수 없다. 정상적인 사람이 비정상적으로 행동하거나 비정상적인 사람이 매우 정상적인 행동을 하는 방법도 있고, 어려운 질문을 해서 상대를 쩔쩔매게 한다거나 먼 나중에 사용되는 무언가를 가지고 있다는 설정도 가능하다.

시나리오에서 실제 오프닝(사건의 첫 등장 시점) 장면을 찾기란 매우 힘들다. 거의 모든 오프닝은 줄거리보다 인물 위주다. 사건 대부분은 주인공이 위험에 빠진 시점과 궁지에 몰린 상태 혹은 자신의 인생과 방향 또는 미래에 대해 결정 지을 때 처음 등장한다. 〈스파이더맨〉의 피터 파커는 부모 없이 사춘기를 겪은 겁쟁이 소년이다. 〈에린 브로코비치〉의 주인공은 자신과 가족들을 부양하기 위해 안간힘을 쓰지만 숱한 좌절에 힘들어한다. 〈뷰티풀 마인드〉의 존 내쉬는 새로운 대학에 막 들어선 인물이며, 〈나의 그리스식 웨딩〉의 툴라는 혼기를 넘길 것 같다. 인물의 일대기, 특히 배경을 작업하면서 영화 오프닝으로 어떤 장면을 선택할지 정할 수도 있다. 무엇으로 결정하든 시나리오에서는 가능한 한 마지막 순간을 택하라. 우리가 알아야 할 정보를 전해 주기 직전 말이다.

팁

몇 명의 인물을 빠르게 소개하기 위한 손쉬운 방법은 새로운 인물을 팀에 합류시켜 각 인물을 소개하는 것이다. 〈마이너리티 리포트〉를 보라.

---

1. 4 핵심 대사

시나리오 첫 3-5페이지에는 작가 자신이 제시하고 싶은 질문을 던지고 그에 대해 탐구하며 결론 내릴 필요가 있다. 이는 시나리오가 진정 무엇에 대한 것인가를 보여 주는 동시에 이 시나리오를 쓴 이유가 된다. 주제와도 연관 있으며 제시하는 문제 또한 핵심 대사를 통해 전하게 된다. 주로 인물의 대사에 드러나며 관객에게 어떤 아이디어로 시나리오를 썼는지 힌트를 주기도 한다.

"나는 조직원이었다. 내 소속은…."_〈좋은 친구들〉
"네가 그리스인이라는 것을 자랑스럽게 여겨야 한다."_〈나의 그리스식 웨딩〉

"소리 지르지 않고서는, 우리는 힘은 없어."_〈몬스터 주식회사〉

"너 혼자 해결해. 날 쳐다보지 마, 앞을 보라고."_〈빌리 엘리어트〉

"당신에게는 대단한 유래가 있다."_〈선샤인 스테이트〉

"오늘 비행기를 타려고 하십니까(라디오 DJ 멘트)?"_〈트루먼 쇼〉

"영국 놈들을 조심해라."_〈위트니스〉

〈위트니스〉의 핵심 대사는 영화의 기본 진리를 일깨운다. 세계마다 경계선이 있는데 그 선을 넘으면 위험하다는 것이다. 핵심 대사는 후반부로 갈수록 (가끔은 말 그대로) 반복되어 전해지기도 하지만 뜻은 조금씩 달라진다(제목처럼). 어떻게 바뀌었으며 이유를 설명할 수 있는가? 반드시 핵심 대사를 기재할 필요는 없으며(도움은 된다) 특정 상황을 일부러 설정하거나 시나리오의 첫 3페이지 정도에 보여 줄 필요도 없다. 그러나 적어도 관객에게는 스토리의 배경을 이해하도록 돕거나 스토리에 보이는 세계의 기준치를 보여 줄 수 있다.

〈스파이더맨〉, 〈에린 브로코비치〉, 〈차이나타운〉의 오프닝을 보라. 핵심 대사는 무엇이라고 생각하는가? 정답은 부록을 참조하라.

티저

티저[teaser]는 수수께끼처럼 제시되는 일련의 광고로 관객의 호기심을 자극한다. 가끔 크레디트가 오르기 전, Act I이 시작되기 전에 프롤로그(혹은 티저 신)가 시작되는 것을 봤을 것이다. 티저는 관객을 자극하거나 신의 방향을 잡기도 한다. 〈펄프 픽션〉, 〈피아노〉, 〈천상의 피조물〉이 그 예다. TV 드라마와 시트콤에도 많이 등장한다. 〈X-파일〉은 크레디트가 오르기 전에 시퀀스를 통해 흥밋거리를 제공하고 신의 방향을 잡는 것만이 아니라 에피소드를 소개한다. 또 드라마에서 지난주의 에피소드를 간략하게 보여 주기도 한다. 종종 오프닝 크레디트를 따라서 티저를 보여 주기도 하는데, 예를 들어 〈프렌즈〉, 〈소프라노스〉, 〈사인필드〉 등이다. 어쨌든 빠른 시간 안에 앞으로 벌어질 이야기들을 보여 준다는 것이 티저의 장점이다. 〈트루먼 쇼〉는 크레디트가 시작되기 전에 TV 또는 라디오 가두 인터뷰로 등장인물을 소개하고 크리스토프의 영향력을 무척 깔끔하게 보여 준다. 〈아메리칸 뷰티〉의 첫 장면인 비디오 인터뷰에 나오는 "너 대신 그놈을 죽여 줄까?"라는 대사는 관객의 호기심을 자극하는 훌륭한 티저다. 크레디트가 나오는 동안에도 호기심을 자극하는 다른 것들이 등장한다. 〈선셋 대로〉의 오프닝에서는 "1년 안에 난 죽을 거야"라는 보이스 오버가 관객에게 궁금증을 유발시킨다. 영상으로 관객의 시선을 집중시킬 수도 있는데, 〈아메리칸 뷰티〉의 샤워 신을 들 수 있다. 〈프레스티지〉는 등장인물의 보이스 오버로 시작되며 이를 통해 영화 전체를 요약한다. 역시 〈블랙 스완〉에서 크레디트 전 전주곡에 맞추어 발레를 하는 주인공은 우리가 볼 영화의 전체적인 이야기를 설명한다. 또 〈조지 오브 정글〉의 티저 시퀀스는 조지의 배경 이야기만이 아니라 보이스 오버를 내레이션하는 조지라는 인물의 성격을 짐작케 한다.

반복되어 보이는 이미지들

Act I의 중간 지점에서 강한 영상을 보여 주고 그것을 영화의 끝 부분에 반복해서 보여 주면 좋다. 관객이 기억할 수 있을 정도면 충분하다. 〈위트니스〉에서는 아미시들이 골짜기를 넘는 장면을 들 수 있고, 〈킹스 스피치〉에서는 마이크를 보며 두려워하는 주인공의 모습이다. 결말에 근접하여 이와 같은 이미지를 반복해 보여 줌으로써(주로 약간 다르게 변형한다) 관객은 어렴풋이 이야기의 끝부분에 도달했다고 짐작할 수 있다.

〈위트니스〉의 초반 15분을 보라. 분위기를 형성하는 방법과 인물 소개(특히 주인공), 장소 이동(시골에서 큰 도시로), 살인에 대해 유심히 관찰하라. 그리고 다음 질문에 답해 보라. 어떻게 이처럼 여러 효과가 만들어졌는가? 각 신의 장소를 선택한 동기(전반적인 정보, 극적인 가치)는? 살인 장면(13분)이 너무 늦게, 너무 일찍 혹은 알맞은 시간에 발생했다고 생각하는가? 또한 존 북의 등장(15분)은? 너무 늦었는지 혹은 더 일찍 등장했어야 했는지.

다음의 영화에도 위의 질문들을 적용해 보라. 〈나의 그리스식 웨딩〉, 〈트루먼 쇼〉, 〈에린 브로코비치〉, 〈스파이더맨〉, 〈꿈의 구장〉, 〈사랑보다 아름다운 유혹〉. 인물, 배경, 장르 등 이 영화들이 당신에게 어떤 영화의 본질을 느끼게 하는가? 작가가 의도한 결정에 동의하는가? 그들은 어떠한 방법으로 호기심을 자극했으며 얼마나 효과적이었나? 이야기의 시작 부분과 주인공이 맞는 모든 위기에 대해 염두에 두자. 핵심 주제를 담고 있는 대사를 인지했는가(지금쯤 당신은 영화의 핵심 대사 몇 개쯤은 알고 있어야 한다!)?

1. 5 Act I: 10-30 페이지(개요)

Act I의 남은 20페이지(20분)에서는 여러 가지 일을 해야 한다.

- 환경: 주인공이 살고 있는 세계의 배경을 상세하게 기술하라.
- 신념: 주인공이 무엇을 기준 삼아 행동하고 어디에 가치를 두는지 행동으로 보여 주어라.
- 서브 플롯을 설정한다.

절반 정도 넘어왔을 때, 정확히 말하면 Act I의 2/3가 지나 전체 시나리오의 20%에 해당하는 부분에서 기본 줄거리의 중요 사건이 발생(등장)해야 한다. 신, 사건, 대사 혹은 어떤 문제가 발생하고 이에 관하여 주인공이 결단을 내리도록 하여 시나리오 안에서 그것을 이루게 만든다. 이것이 위기 상황을 만드는 계기가 되며, Act I 후반부의 첫 클라이맥스로 연결된다. 자세하게 살펴보자.

1. 6 10-15페이지: 행동하는 인물

10-15페이지에는 주제 또는 영화가 나아갈 방향이 나타나는데 두 가지를 확실하게 다 보여 줄 필요는 없다. 다만 관객이 영화를 볼 때 무엇을 염두에 두고 봐야 하며 내용이 어떻게 전개될지 충분히 이해시킬 만한 경계표가 필요하다. 그것을 발견하지 못한 관객은 지겨워하거나 흥미를 잃는다.

－스티브 E. 드 수자, 시나리오 작가(〈다이 하드〉, 〈48시간〉, 〈저지 드레드〉)

이 부분에서는 주요 인물(특히 주인공)의 행동에 중점을 두어야 한다. 해당 인물의 문제점을 보여 주며 인물의 성격 묘사가 한층 깊어지기 때문이다. 특정 상황에서의 인물들의 복합적인 태도와 성격이 상호 작용하는 모습을 보여 주는 것이다. 〈위트니스〉의 주인공은 감각이 둔하고 야심 많고 사람을 잘 이용하는 사람으로 묘사되지만 사건을 해결하기 위해 정반대 세계에 살고 있는(다른 가치관을 지닌) 모자와 협력해야 한다.

나아가 이 부분에서 관객이 주인공과 주요 인물들이 Act II, Act III, 그리고 결말을 거치면서 어떻게 변화되어 가는지 느낄 수 있게 해야 한다. 〈위트니스〉에는 주요 인물 세 명이 반강제로 살해 용의자를 찾으러 차를 타고 거리를 지나는 장면이 있다. 항상 또는 거의 모든 신은 주인공에게 초점을 맞추어야 한다. 주인공의 행동을 보여 줌으로써 그가 활동적이라는 인상을 주어야 한다. 다시 말해 주인공이 어떤 결정을 내린다. 주인공을 적극적이게 만들면 관객의 시선을 집중시킬 수 있다. 또한 중요 서브 플롯 설정과 스토리 개발에 필요한 사항들도 잊지 말고 첨부시켜야 한다. 이 영화의 남녀 주인공은 영화 시작 16분 후에야 만난다.

1. 7 15-30페이지: 사건 발생

15페이지 정도면 인물에 대한 설명이 어느 정도 마무리되었을 것이며 그들에 대한 중요 정보를 알려 줌으로써 기준점을 만들었다고 할 수 있다. 이 부분부터 사건이 발생하는 지점까지를 연결하고, Act I의 클라이맥스(변환점 1)까지 이어지게 한다. 〈위트니스〉에서 살인 목격자는 용의자들의 사진을 보던 중 살인범을 발견하고, 주인공이자 형사인 존 북은 상관인 셰퍼에게 보고한다. 그러나 존은 지하 주차장에서 살인 용의자에게 총격을 당한다.

그리고 15-25페이지에는 주요 인물들에게 닥친 극적인(위험한) 상황을 제시하자. 〈위트니스〉의 위험 상황은 살인범이 동료 경찰임을 알게 됨으로써 주요 인물들을 더욱 위험한 상황에 빠뜨리는 것이다. 지나치게 따지는 것 같지만 18페이지 정도에서 사건이 발생해야 한다(기폭제 또는 플롯 포인트라고도 한다). 주인공이 문제와 직면하게 되는 신 또는 상황을 말하며 이것이 위기를 발생시킨다. 이러한 문제는 주인공으로 하여금 결정을 내리게 하거나 선택하도록 함으로써 인물 또는 스토리에 변화를 준다(특히 Act I의 마지막 후반부 클라이맥스로 유도하는데 이것이 첫 번째 전환점이다).

시나리오 오프닝에서는 보통 평범하고 조화로운 일상을 보여 준다. 그러나 사건이 발생하면(보통 23-28페이지) 지금까지의 조화는 깨지고, 이것이 '문제'를 일으켜 주인공이 문제를 해결하게끔 이야기를 풀어 나가야 한다. 주인공은 위기를 알아차려야 하며(알아차리지 못한다고 해도 그 효과는 주인공에게 미친다) 적절하게 반응해야 한다(대응하지 않는 것도 반응이다). 사건 발생은 주인공에게 전반적으로 필요한 요소 혹은 깨진 조화를 복구시키려는 것에 관한 일반적인 목표나 외부적인 행동 동기 생성을 목적으로 한다. 이것이 이야기의 뼈대를 형성하고 시건 발생은 주인공을 행동하게 한다.

〈마이너리티 리포트〉에서 아가사가 물로 들어가고 존 앤더튼은 추이를 예견할 때, 〈빌리 엘리어트〉에서 빌리가 처음 발레를 할 때, 〈슈렉〉에서 슈렉이 자신의 안식처에 동화 속 주인공들이 몰려와 살게 된 것을 알았을 때, 〈굿 윌 헌팅〉에서 윌이 스카일라를 처음 만났을 때, 〈파이트 클럽〉에서 테일러 더든이 처음 등장할 때, 〈뷰티풀 마인드〉에서 존 내쉬가 바에서 자신의 오리지널 아이디어의 역학 관계를 터득했을 때, 〈몬스터 주식회사〉에서 랜달이 비명을 채집하는 대장이 되고 설리의 권위에 위기감을 느낄 때. 이 시점에서 음모가 시작된다. 사건 발생에 관한 다음의 질문에 답해 보라.

• 주인공에게 일어날 수 있는 최악의 사건(죽음 외)은 무엇이며, 그것이 최상의 결과로 바뀐다면?
• 주인공에게 일어날 수 있는 최상의 사건은 무엇이며, 그것이 최악의 결과로 바뀐다면?
• 이미 설정해 놓은 조화의 힘이 주인공의 삶을 힘들게 하는가?
• Act III의 클라이맥스 신을 위한 환경을 설정하거나 이미지를 구상하고 있는가?

노트

제한된 시간 안에서의 설정은 사건 발생 지점부터 시작하는 것이 좋다. Act I 후반부의 첫 번째 전환점이 이상적이다. 〈몬스터 주식회사〉에서 마이크는 벽장문이 닫히기 전, 주어진 30분 안에 모든 상황을 원 상태로 복구해야 한다. 스토리상의 중간 지점 바로 전에 발생하는 사건이다. 재차 말하지만 이러한 '법칙'에 얽매일 필요는 없다. 그러나 스토리를 고치고 만들어 나가는 데 좋은 지침이 될 수는 있다. 이 장을 공부하기 위해 그동안 봤던 영화 중 제한된 시간 내에 사건을 해결해야 하는 것이 있었는지?

1.8 전환점의 역할

이야기는 스토리가 줄기차게 전개될 때나 주인공이 사건 발생 지점에서 혹은 어떤 도전을 받게 되었을 때 힘을 얻으며, Act I 후반부의 클라이맥스로 전개된다. 지금은 사건 발생이 매우 명확한 전환점에 있을지라도(캐릭터와 스토리에 관한) 전체 시나리오에 비하면 아직 작은 부분이다. 반드시 필요한 것일지라도 말이다. 전체 스토리를 만들 때 크게 두 가지 전환점(Act I의 후반부와 Act II〔진실의 실체〕의 후반부)을 갖는다. 여러 작은 전환점이 있지만 TP 1과 TP 2의 전환점은 변하지 않는다. 당신이 구상한 스토리 구조를 계곡 사이에 놓인 철제 가교라고 생각하라. 두 가지 전환점이 다리가 붕괴되지 않도록 지탱해 주며 시나리오에서도 매우 중요하다. 다음과 같은 기능을 한다.

• 스토리를 집어서 빙빙 돌린 다음 문제가 발생한 곳으로 휙 던지면 스토리는 다른 방향으로 향한다. 주인공은 반드시 스토리 과정에서 그 문제를 열심히 풀어 나가야 한다.
• 스토리를 클라이맥스로 전개시킨다(그리고 다음 Act로 넘어간다).
• 스토리의 흥미를 고조시킨다(모험성, 위험성, 결단력을 높인다).
• 이야기를 새롭고 '위험'한 방향으로 몰아 위험성을 높여 극적으로 필요로 하거나, 목적 달성 혹은 결의 등을 더욱 불확실하게 만든다. 이때 '위험'은 영화 스토리와 밀접한 관계임을 명심하라.

- 관객이 위기 상황에서 주인공을 걱정하게 만든다.
- 주인공의 행동 동기에 따라 극적으로 변한다(TP 1은 극적인 필요나 목표 혹은 외부적인 행동 동기를 발생시킨다).

전환점은 주인공에게 일어나며 그의 성격과 연관 있다. 다시 말해 주인공의 행동 때문에 발생한 결과다. 결정은 곧 행동임을 기억하라. 주인공은 전환점에서 어떻게든 반응을 보여야 한다. 체계적으로 목표를 세우고 목적을 달성하기 위해 행동해야 한다. TP 1은 주인공이 명백하게 승리한 모습으로 스토리가 끝나 갈 무렵에 발생한다.

〈위트니스〉의 존 북은 성공적으로 살인자를 찾았다. 목격자도 있고 상관에게 보고도 했다. 그는 자신의 행동에 대단한 만족을 느끼며 집으로 향한다. 스토리 진행상 존 북은 '승리'했다. 그러나 정확하게 이 시점에서 위기(TP 1)가 발생함으로써 이야기는 새롭고 다르게, 더욱 위험한 방향으로 전개된다. 마지막으로 위기는 첫 번째 클라이맥스, 그러니까 Act I의 후반부 지점인 첫 번째 클라이맥스로 향한다(이 것이 다음 Act의 새로운 이야기로 넘어가게 한다). 클라이맥스는 첫 번째 Act 중에서 가장 강도가 세고 극적인 순간이다(TP 1은 클라이맥스와 동시에 일어나든가 아니면 클라이맥스가 되기도 한다).

1. 9 28-30페이지: Act I 클라이맥스, 첫 번째 전환점(TP 1), 그리고 Act II로 이동

클라이맥스는 위기 또는 문제가 일방적 또는 다른 방법으로 해결된 후에 발생한다. 사건 발생을 따라가면 주인공(그리고 주요 인물들)의 사건에 대한 반응과 반작용을 볼 수 있다. 주인공이 갖고 있던 본래의 행동 동기를 변화시켰기에 그들의 본래 목표가 변경되었거나 어쩔 수 없이 변경해야 하는 상황에 직면했기 때문이다. 의식적이든 아니든 해결 방법을 찾아 새로운(전반적인) 목표와 그것을 달성하기 위한 행동을 취할 것이다. 이것이 시나리오를 통해 그들을 움직일 외부적인 행동 동기(스토리의 결말 부분에서 주인공이 얻거나 이기는 것)다. 주인공이 목적 달성을 위해 체계적으로 세운 계획과 그것을 이루려는 확고한 행동은 관객에게 강하게 호소된다. 시각적으로 보여 주어야 하지만 주인공을 통해 뚜렷하게 보여 줄 필요는 없다. 영상으로 보여 주면 된다. 이는 클라이맥스(반응)를 만들어 마침내 Act II로 넘어가는 힘을 만든다.

〈위트니스〉에서 북은 초라한 행색으로 두려움에 떨며 여동생 집으로 간다. 레이첼과 사무엘을 살인자들로부터 보호하려는 것으로, 극적인 행동을 통해 주인공의 결단을 보여 준다(TP 1에 대한 반응). 주인공의 절박함은 관객에게 어려움에 처한 주인공과 똑같은 감정과 상태를 느끼게 한다. 주인공이 몸에 상처를 입었다면 관객은 그를 동정하고, 주인공의 대처 방법이 다소 과장되었더라도 그를 용서해 줄 수 있다. 〈마이너리티 리포트〉의 TP 1은 경찰인 주인공이 살인자라고 예견되는 장면이다. 〈빌리 엘리어트〉는 아버지가 빌리에게 발레를 포기하라고 하자 빌리가 "아빠가 미워요"라고 소리치는 장면이며, 〈슈렉〉은 파쿼드 영주와 피오나 공주의 관계를 깨뜨리는 장면이며, 〈굿 윌 헌팅〉은 숀 맥과이어가 마지막 희망의 상담자로 윌 헌팅을 만나는 장면(Act II는 둘의 첫 만남으로 시작)이다. 〈파이트 클럽〉에서 잭(내레이터)이 테일러와 처음 싸우고 나서 "우리 언제 한번 다시 붙어 봐야겠다"라고 말할 때며, 〈뷰티풀 마인드〉에서 존 내쉬가 파처에게 "내가 어떻게 하면 좋겠습니까?" 할 때다. 〈몬스터 주식회사〉는 '꼬마' 부가 괴물들 세상에 처음 방문했을 때이며 〈리플리〉는 프레디 마일즈가 톰 앞에 등장했을 때(다시는 같은 상황으로 되돌아갈 수 없다)다.

Act I 마지막 부분에서 나는 관객이 인물들에게 더욱 호감을 느낄 수 있도록 몇 가지는 빼야 했다. 관객은 모든 것을 이해할 수 없다. 초보 작가들이 자주 범하는 실수는 초반부에 모든 것을 설명해 주려다 보니 갈수록 지루해지는 것이다.

– 스티븐 E. 드 수자

다음 영화들에서 사건이 발생하는 지점과 TP 1을 찾아보라. 〈나의 그리스식 웨딩〉, 〈트루먼 쇼〉, 〈에린 브로코비치〉, 〈스파이더맨〉, 〈꿈의 구장〉, 〈사랑보다 아름다운 유혹〉. 정답은 부록을 참조하라.

인사이트

프레스턴 스터지스의 고전 〈설리반의 여행〉의 주인공 존 설리반은 대공황 시대를 사는 영화감독으로, 동시대 영화 관객들이 현실을 도피하고 싶어 한다는 것을 발견한다. 이와 같은 바람은 수그러들지 않는다. 워킹 타이틀 필름스의 팀 베번은 이런 말을 했다. "불황기에는 위험을 감수하려는 의지가 낮아서 모든 스튜디오가 위험을 기피하죠. 그래서 그들을 안전하게 해 줄 무언가를 찾습니다." 유명 배우가 출연하기로 했다거나 확실한 투자자를 찾았다면 '안전지대'를 형성한 것이다. 중간급 제작비로 맞추어진 영화에서는 증명되기 어렵겠지만 가슴에 새길 만하다. 심지어 루퍼트 에버릿은 콜린 퍼스가 참여하지 않았더라면 그의 '오스카 와일드 프로젝트'(〈더 해피 프린스〉)는 출발하지 못했을 거라고 고백했다.

2. 1 Act II

Act II에서는 주요 이야기와 인물들이 적극적으로 행동하는 모습, 그들이 경험한 것을 바탕으로 변화하는 과정을 보여 주게 된다. Act I

에서 보여 주었던 구성 요소들이 서로 조화를 이루거나 갈등하는데, 갈등, 서스펜스, 긴장, 액션, 모험, 수난, 로맨스, 살인, 미스터리 등을 망라한다. 또 사건 발생에서 나타난 문제가 갈등을 통해 발전해 나간다. 이는 당신의 인물들에게 시간을 벌어 주는 계기며 Act I 후반부에서 주인공의 문제 해결 방법을 보강한다. 주인공이 선택한 방법이 문제를 완전하게 해결하지 못했다고 해도 도망칠 수는 없다. 관객이 주인공보다 이를 더 잘 이해하며, 따라서 자연스럽게 관객을 높은 위치에(우리는 네가 모르고 있는 것을 알고 있다) 올려놓게 된다. 그리고 어렴풋하게나마 주인공이 영화 전개상의 어디선가 문제를 해결할 것이라고 믿는다.

〈위트니스〉에서 셰퍼는 자신의 배신을 인정해야 하며 주인공인 북은 어느 이유에서건 도망이 문제 해결 방법이 아니며 동료 형사 카터의 죽음에도 도움이 안 된다는 사실을 직시해야 한다. 이와 같은 뼈 아픈 깨달음은 보통 Act II 후반부(두 번째 전환점 혹은 진실의 순간)에 나오며, 인물의 목적을 새롭고 더욱 강력하게 만든다. Act II에 대해 좀 더 이해를 돕자면 똑같은 두 개가 중간 지점에 나뉜다고 생각하면 된다. 첫 번째 Act II 절반에서(30-60페이지) 중간 지점(60페이지)까지, 주인공은 목적 달성을 위해 꾸준히 노력하고 모든 일은 거침없이 술술 풀린다. 하지만 갈등을 통하지 않고서는 이야기를 진전시킬 수 없다. 시나리오가 해설과 설명 위주라면 따분해져서 스토리는 힘을 잃을 것이다. 그러므로 주인공이 좌절을 경험하도록 써야 한다. 이 지점에서 대략 두 개의 좌절을 첨가해야 하는데, Act가 시작되는 초반에 작은 좌절을 하나 겪게 하고, 시나리오 중간 지점에서 더욱 심각한 좌절을 겪게 만든다. 자세히 살펴보자.

2. 2 Act II: 30-45페이지

시나리오 쓰기의 금과옥조는 클라이맥스 이후의 처리다. 관객이 숨 돌릴 시간 또는 클라이맥스를 흡수하고 발생한 일들에 대해 마음을 가라앉힐 수 있는 신이 필요하다. 이제 주인공은 전반적인 목표를 정하고 그 준비를 갖추거나 생각한다. 곧 작은 좌절을 겪지만 이겨 내고 계속 전진한다. 따라서 이 15페이지 분량은 주로 반응과 응답에 관한 것으로, 스토리가 전개되면서 작가가 장치해 놓은 사건들은 문제에 빠지고 방해받기도 한다(여기서 인간관계와 복잡한 문제들을 나타내도 좋다).

〈위트니스〉의 경우 우리는 간호 신에서 북과 레이첼이 연인이 될 수 있는 가능성을 본다(전반적인 서브 플롯의 첫 번째 전환점). 이것은 심각하고 곤란한 문제다. 레이첼이 속한 아미시 관습은 여성에게 불순한 연애와 외부인과의 결혼을 금하기 때문이다. 두 사람이 다른 세계에 살고 있어 문제가 생긴다.

2. 3 45페이지: 첫 번째 포커스 포인트

45페이지 정도에서 포커스 포인트를 만날 것이다(다른 말로는 초점 혹은 집중점이라 한다). 아래와 같은 신 혹은 상황을 만든다.

- 내용을 한층 타이트하게
- 관객에게 '문제'를 상기시키고
- 스토리가 올바른 방향으로 가도록 도우며 전개하고(관객과 작가가 다른 길로 빠지는 것을 막음)
- 또한 처음으로 캐릭터의 성격이 변하거나 내적으로 성장한 모습이 드러남

이 지점에서 우리는 처음으로 주인공이 변하거나 성장했다는 암시적인 모습을 본다. 예를 들어 주인공이 어느 상태 혹은 신에서 새로운 상황을 받아들이는 순간을 말한다(주인공의 인생을 변화시킬 만한 사건에 앞서, 특히 '문제'와 TP 1). 그것은 주인공의 성격 변화 또는 성숙에 대한 이정표라고 할 수 있다. 이제까지 그들은 아마도 TP 1에서 제기된 사건에 대응해 왔을 것이다. 첫 번째 포커스 포인트(혹은 FP 1)에서는 목적을 달성하기 위해 첫 번째로 중요한 행동을 시작하려는 모습을 볼 수 있다.

〈위트니스〉에서 46분이 지났을 때, 존 북은 맥피와 셰퍼가 계속 자신을 뒤쫓고 있다는 사실을 알면서도 레이첼에게 총을 맡긴다(전체 줄거리와 서브 플롯을 현명하게 통합시킨 장면). 주인공의 변화된 모습을 명백하게 보여 주는 동시에 북과 레이첼의 관계에 대한 주요 서브 플롯이 된다. 이전이라면 북은 위험을 만들 만한 행동을 하지 않았을 것이다. 하지만 여기서 벌써 그는 아미시 가치관에 적응했다. 주요 줄거리(살인자 찾기)상 우리는 맥피와 셰퍼를, 그리고 그들 모두에게 직면한 문제를 떠올리게 된다.

두 가지 중요 전환점에 두 개의 포커스 포인트가 있으며(다른 포커스 포인트는 75페이지 정도에 등장한다) 보통은 연관된다. FP 1에서 약속하고 예시하고 언급하고 지시한 사항들은 주로 FP 2에 전달된다. 그러므로 첫 번째 포커스 포인트에서는 줄거리에 다시 집중시킬 수 있는 신을 만들어야 한다.

2. 4 45–60페이지

TP 1에서 목적 달성을 위해 행동을 시작한 주인공은 FP 1에서 한층 강화된 모습을 보인다. 그의 행동은 별다른 탈 없이 앞으로 나아가고 높아져 가며 거의 방해받지 않는다. 지금 스토리의 전반부를 향하고 있으며, 주인공이 다시는 돌아갈 수 없는 지점을 향하고 있기 때문이다. 45-60페이지에서 보여 줄 것은 다음과 같다.

- 방해 혹은 장애물이 더욱 강해진다.
- 주인공도 더욱 강해진다.
- 주인공은 어느 순간 포기할 수 없는 지점에 도달한다.

〈위트니스〉에서 주인공 북은 원래 목수였으나 현재 경찰 신분이며 (어쩔 수 없기 시작한) 아미시 생활에 빠져들고 있다(중반부 지점에서는 레이첼에 빠져든다). 말하자면 이 부분은 주요 줄거리 가운데 외부 문제를 보여 준다. 또한 우리는 주인공이 목적 달성을 위해 처음으로 중대한 행동을 취하는 것을 볼 수 있다. 귀환 불가 지점에서의 주인공의 완전한 결단을 신 전반부 지점에서 보여 주어야 한다(60페이지). 주요 서브 플롯에서 이 부분은 주인공이 변화하는 상태를 설명한다. 이제까지는 변화에 대한 암시였지만 이제부터는 확실하게 보여 주어야 한다(북은 아미시들의 헛간 짓는 작업을 도우며 그들의 공동 사회 가치가 실현되는 것을 본다. 레이첼을 사랑하게 됨과 동시에 아미시의 생활과 가치관에도 빠져든다).

2. 5 60페이지: 중간 지점

전반부나 시나리오 중간 지점(대략 60페이지)은 주인공이 신 혹은 상황에 대해 확고한 결단을 내리는 귀환 불가 지점이다. 어떤 일이 발생하여 주인공이 목표나 여정을 다시 생각하게 되는데, 포기할지 밀어붙일지를 정한다. 시나리오의 60페이지까지 도달한 주인공이 이 지점에서 처음의 위치(1페이지)로 돌아가는 데 걸리는 시간과 목적을 달성하기 위해 앞으로 달려 나가는(120페이지) 데 걸리는 시간은, 〈폴링 다운〉의 경우 러닝타임 104분 가운데 67분 정도(정확히 중간 지점에서 15분 초과)다. 주인공은 전 부인에게 전화를 걸어 이렇게 말한다. "나는 더 이상 돌아갈 수 없는 곳까지 왔어, 베스. 그게 무슨 뜻인지 알아? 그건 지금부터 끝까지 가는 거리보다 처음으로 되돌아가는 거리가 더 멀다는 뜻이야." 이 대사는 시나리오의 중간 지점을 훌륭하게 설명한다. 시나리오의 다른 부분(각 Act의 끝부분)과 달리 이 중간 지점은 어떤 클라이맥스(혹은 큰 액션 신)도 포함시킬 필요가 없다. 주인공이 엄청나게 큰 좌절을 겪고 반발하는 지점이지만 돌이킬 수 없는 지점이기도 하다. 주요 목적은 다음과 같다.

- 주인공으로 하여금 자신의 목적을 다시 생각하게 만들며
- 주인공으로 하여금 포기를 생각하게 만들며
- 주인공으로 하여금 계속 목적을 달성하도록 결단을 내리게 만들며(반드시 해야 한다)
- 목적 달성을 위해 새롭고 구체적인 방법과 목표를 설정하도록 만들며
- 새로운 목적을 달성하기 위해 뒤로 물러서지 않겠다는 다짐을 하도록 만든다.

인물들이 어떤 결단을 내리는지를 보면 그들에 대해 알 수 있다. 중간 지점에서 새롭거나 관객이 모르고 있던 정보를 제공하기도 한다. 또 주인공이 중대한 사실을 깨달아 사건의 내막을 알아차리기도 한다. 특히 주인공과 다른 주요 인물들의 관계에서 그렇다. 또한 주인공의 행동 동기를 서서히 발전시키며 보충해 주기도 한다. 돌아올 수 없는 지점에 도달한다는 것은 자신이 선택할 수 있는 게 그리 많지 않고 동시에 구체적인 방법을 선택하게 됨을 의미한다. 포기할 수도 없

고 처음으로 되돌아갈 수도 없는 상황이기 때문이다. 문제 해결법을 찾는 것은 주인공의 행동 동기에 많은 영향을 끼치며 선택지가 많지는 않지만 주인공은 문제의 해답을 찾기 위해 '중독'될 것이다.

로맨스에서는 두 사람이 하룻밤을 함께 보내거나 처음으로 마음을 고백하는 것이 가장 많이 사용된다. 〈위트니스〉에서 북과 레이첼이 헛간에서 춤추고 서로를 어루만지다 거의 키스하려는 신이 있다. 이후 북의 행동반경이 좁아지는데 자칫 아미시 공동체에서 쫓겨날 수도 있기 때문이다. 두 사람은(그리고 관객은) 돌이킬 수 없거나 돌아갈 수 없는 길을 가고 있다고 느낄 것이며, 동시에 감정적으로 위험한 길을 걷는다.

〈마이너리티 리포트〉는 존 앤더튼이 눈 이식 수술을 할 때, 〈빌리 엘리어트〉는 빌리가 중요한 발레 오디션을 포기하고 법정에 서면서 가족과 단절할 때, 〈슈렉〉은 슈렉이 헬멧을 벗어 자신의 모습을 피오나 공주에게 보이면서 괴물이라고 말할 때, 〈굿 윌 헌팅〉은 윌과 숀이 야구를 좋아한다는 공통점을 발견하면서 서로에게 호감을 갖고 숀이 부인을 어떻게 만났는지 이야기할 때, 〈파이트 클럽〉은 잭이 클럽을 폐쇄하자고 하고 이후 여러 곳에서 동일한 클럽이 생겨날 때, 〈몬스터 주식회사〉는 랜달 괴물 소굴에 '꼬마'를 들어오게 한 이가 마이크와 설리임을 알았을 때, 〈리플리〉는 오페라에서 딕키의 옷을 입고 나타난 톰이 피터 스미스-킹슬리와 처음 만나 동성애적 호감을 가질 때다.

〈매버릭〉은 중간 지점에서 영리하게 관객의 이목을 집중시켰던 오프닝 신의 교수형 장면을 다시 보여 준다. 이때 관객은 브렛이 어떻게 탈출했으며 왜 목적을 달성해야 하는지 깨닫는 모습을 발견한다. 또한 이야기 중간 지점까지는 지금까지 벌어졌던 모든 사건을 플래시백으로 보여 주었다는 것도 깨닫는다. 영리하고 교묘하게 관객을 속인 것으로 영화에서 가장 중요한 부분이다. 또한 잠재의식적으로 속을 수 있는 장면을 기다리게 하는 효과가 있으며, 우리가 생각했던 내용과 장면이 마지막 클라이맥스에서 전혀 다르게 나타나는 반전 효과까지 꾀할 수 있다. 스파이크 리가 감독한 〈말콤 X〉 같은 대작(8장 참조)의 중간 지점은 러닝타임 205분 가운데 90분 정도로 주인공이 이슬람교로 전향하는 장면이다. 이전까지 말콤은 자멸적인 인물이었으며 커다란 분노에 휩싸여 혼란스러운 상태였다.

1968년 작품인 영국 고전 〈만약〉을 보라고 권한다. 이 영화에서 가장 중요한 중간 지점 부분은 잔인한 매질 장면으로 8분간 계속된다. 세 명의 중요 인물은 목표 의식이 없고 수동적이며 문제를 일으키는 인물이었지만 점차 목표 의식이 생기고 적극적이며 문제에 맞서는 인물로 변화된다. 중간 지점 이후 주인공은 자신의 결단을 굳게 믿고 나가는데, 그렇게 행동하기로 마음을 굳혔기 때문이다. 지금부터 주인공은 예전으로 되돌아갈 수 없다.

7-4 귀환 불가 지점

이전	이후
자신의 삶을 제어하지 못한다.	더욱더 중요하게 관여한다.
피해자	맞서 싸운다.
'문제'를 방관한다.	해결 방안을 찾는다.
불명확한 태도	명확한 태도
사냥감	사냥꾼
꿈 또는 비현실 속에 살고 있다.	현실을 직시하며 살고 있다.

다시 〈나의 그리스식 웨딩〉, 〈트루먼 쇼〉, 〈에린 브로코비치〉, 〈스파이더맨〉, 〈꿈의 구장〉, 〈사랑보다 아름다운 유혹〉을 보자. 이 영화들의 되돌아갈 수 없는 지점은 어디인가? 정답은 부록을 참조하라. 또한 그것이 언제 발생했는지 주목하라. 중간 지점을 넘었는지와 위의 영화들(당신의 시나리오도)이 기

준에 맞게 되어 있는지.

인사이트

〈만약〉은 컬러와 흑백 필름을 함께 사용해 주목받았다. 평론가들은 두 개의 다른 관점으로 스토리를 풀어 나갔다며 극찬했다. 몇 십 년 후 〈만약〉의 시나리오 작가를 인터뷰할 기회가 있었는데, 그가 그 이유를 말해 주었다. "당시에는 흑백 필름이 컬러 필름보다 저렴했죠. 그리고 2/3정도 촬영을 마쳤을 때 제작비가 바닥나서 흑백 필름을 구입해 촬영을 마쳐야만 했습니다." 예술이라는 것은 참….

2. 6 Act II 두 번째 중간 지점: 60-90페이지(개요)

목적을 달성하기로 마음먹은 주인공 앞에 더욱 새롭고 보다 정확한 목표들이 설정되고 주인공은 계속해서 앞으로 나아간다. 하지만 이 지점에서 더욱 위험한 상황이 나타나며 목적 달성에 실패할 위험도 커진다. 위험 상황 고조는 주인공의 목적 달성을 위해 반드시 필요한 절차다.

시나리오 모니터 요원들은 시나리오가 축 처지는 느낌을 주는 곳은 언제나 Act II의 두 번째 중간 지점이라고 한다. 이를 보강하기 위해 특정 서브 플롯을 보여 준다거나 다른 장소로 이동하기도 한다(〈투씨〉는 11분간 농장 시퀀스를 보여 준다).

주인공의 행로는 60-70페이지에서 분명하게 드러난다. 중간 지점 부분부터 주인공은 자신이 결심한(또는 붙잡거나 붙들고 있는) 각오를 끝까지 지켜 나간다. 또 최후의 목표를 달성하고자 세부적인 행동을 하게끔 몇 가지 강제 요소를 하나씩 첨가시키기도 한다. 영화상에서 인물의 본질적인 행동 동기는 주인공이 원하는 것을 하도록 허락하는

게 아니라, 반드시 해결해야 할 무엇을 강제로 하게끔 만드는 것이다.

2. 7 75페이지: 두 번째 포커스 포인트

두 번째 포커스 포인트(FP 2)는 75페이지 정도에서 나타나며, 첫 번째 포커스 포인트(45페이지)와 같은 역할을 한다.

- 스토리를 전개시키며
- 관객을 집중하게 만들며
- 초반의 FP 1에서 제시한 약속 또는 암시의 결과를 보여 주며
- '문제' 또는 미스터리를 푸는 중요한 실마리를 제공하며
- 주인공의 새로운 성숙도를 시험하기도 한다.

마지막이 가장 중요한 요소다. 예를 들어 〈위트니스〉에 레이첼이 몸을 씻다 북을 향해 몸을 돌리는 장면이 나온다. 대사나 작은 몸짓 하나 없지만 북이 그녀를 거부하는 장면은 강렬하며, 그의 결심을 보여 주는 훌륭한 장면이기도 하다. 동시에 북의 성숙함(변화 과정)이 시험받는 장면이다. 레이첼과 사랑을 나눈다면 '예전'의 존 북이 그의 결정과 행동을 계속 주관한다는 의미이기 때문이다. 시험을 통과한 '성공'은 그의 확실한 변화 즉, 새사람이 되었음을 의미한다. 관객만이 아니라 주인공 자신도 변화를 느낀다. 그는 이제 진정으로 자신이 어떤 사람인지 알게 되었다. 자아를 발견하는 순간은 확실하게 보여 주어야 한다.

FP 1과 FP 2의 연관성을 기억하라. FP 1에서 주인공이 변화하는 설정 또는 그것이 나타나는 모습을 보여 주었다면, FP 2에서는 변화의 참모습을 증명해야 한다. FP 2의 가장 흥미롭고 매력적인 포인트는 주인공이 한계점에 다다른 상황이다. 이때 관객이 둘 중 하나의

결과를 진심으로 믿게 해야 한다(레이첼과 사랑을 나누거나 나누지 않거나). FP 2 후에 누군가의 입을 빌려 주인공이 왜 목적을 달성해야 하는지 스토리 형식으로 길게 설명하기도 한다. 그의 진실한 내면의 동기를 보여 주는 것이기도 하다. 이때쯤이면 주인공 자신도 내면의 동기를 알아챘을 것이다. 앞에서 일러 주었던 네 편의 영화가 그것을 어떻게 보여 주는지, 그리고 왜 포함 혹은 제외시켰는지 보라. 뒤쪽에 설정했다면 이유를 생각해 보자.

2. 8 75-90페이지: 복잡한 사건들

두 번째 포커스 포인트에서는 주인공의 성숙함을 시험하나 그가 시험을 무사히 통과해서 이젠 새사람으로 변했음을 보여 준다. 이제 관객은 진정으로(극적으로) 이것에 대한 입증을 보고 싶어 한다. 두 번째 전환점(TP 2), 진실의 순간과 두 번째 Act의 클라이맥스에 나타나야 한다. 15-30페이지에서는 TP 2를 준비하는 설정을 명확하게 해야 한다. 두 가지 방법으로 사용된다.

① TP 2는 확실하고 단단하게 연결되어야 하기에 잘 준비하며
② 동시에 주인공은 주로 TP 2 이전에 실패를 맛본다.

여기서 주인공이 겪는 실패는 영화 스토리 전체에서도 위기의 순간이며 주인공에게도 커다란 위기다. 〈위트니스〉는 시나리오 초반부부터 TP 2 준비를 했는데, 아미시 복장을 한 북이 불량배들에게 주먹을 휘두르는 장면이다(TP 2, Act II의 주된 내용의 클라이맥스). 하지만 앞에서 레이첼과 아미시에 대한 가치관이 그에게 영향을 끼쳤음이 제시되어야 한다. 또 이 신에서 필요한 것은 그가 위기 상황을 맞아 절망감을 갖는다는 것인데, 파트너였던 카터의 죽음을 알았기 때문이

다. 자신은 위험에서 빠져나와 아미시 농장에서 나름대로 안정도 찾고 사랑에도 빠졌지만 자신이 벌인 일로 동료가 살해당한 것이다. 이러한 절망감은 그를 분노케 한다. 마침 불량배들이 비폭력주의자인 아미시들을 괴롭히고 북은 자신의 분노를 표출할 정당한 기회를 잡는다. 그러나 불량배들에게 주먹을 휘두르는 것은 좋았지만 아미시 복장 때문에 자신을 노출시키고 만다. 이 사실은 곧 경찰에게 알려지고 셰퍼에게 보고가 들어가 마침내 Act III로 진입한다. 북의 변화 과정에서 가장 위험한 순간이라는 것에 주목해야 한다. 그는 옛날 생활 습관인 폭력을 사용했고, 이는 그를 다시 한걸음 물러나게 만들었다. 영화 주제이자 새로운 사회로 들어온다는 것과 그곳에 산다는 것이 얼마나 힘든지를 보여 준다. 따라서 영화의 마지막 부분에서 (주인공이 변화되었음에도 불구하고) 북이 자신이 살던 세계로 돌아감을 암시하는 대목이 된다.

2. 9 Act II의 후반부, 85-90페이지: 두 번째 전환점(TP 2-진실의 순간)

Act II 후반, 시나리오 85-90페이지에서 주인공은 두 번째 전환점을 맞는다. 커다란 좌절과 Act II의 클라이맥스를 구성하며(바로 클라이맥스가 될 수도 있다) 스토리상 가장 커다란 장애를 만나 패배하는 순간이다. 주인공에게 패배감을 안기며 그를 자포자기하고 고립되게 한다. 그리고 자신이 TP 1에서 선택한 결정과 행동이 옳지 않았으며 커다란 실수를 했다고 생각하게 만든다. 그래서 이 전환점을 진실의 순간이라고도 부른다. 반면에 주인공으로 하여금 더욱 새롭고 강한 목표를 세우게 한다. 명확해진 목표는 Act III로 함께 이동한다. 이제 그는 자신이 누구인 줄 알고(사실을 받아들이고) 첫 번째 전환점에서 자신이 옳지 못한 판단과 방법을 선택했음을 인정하며 최후의 Act III 후반부로 넘어갈 준비를 한다.

TP 2(진실의 순간)는 TP 1과 같은 기능을 한다.

- 주인공이 포함되며
- 논리적으로 접근하여 마지막 대면 신의 '원인'을 제공(일반적인 마지막 클라이맥스)한다.

〈위트니스〉는 북이 불량배들을 때려눕힌 다음 곧장 Act III로 넘어 간다. 활동적인 주인공의 행동은 클라이맥스의 원인을 제공한다. 이 것이 캐릭터의 본성이다. 인물들이 사건에 휘말려 자신을 몰락시키며 스스로 파멸을 자초하는 것이다. 〈마이너리티 리포트〉의 존은 크로우 를 살려 주지만 그의 죽음을 보게 된다. 〈빌리 엘리어트〉의 빌리가 아 버지의 도움으로 오디션 볼 때, "춤출 때 어떠한 느낌이 드는가"라는 질문에 답하는 순간이다. 〈슈렉〉의 슈렉이 피오나 공주의 "공주와 못 생긴 것은 어울리지 않는다"는 말을 잘못 듣고 자신에게는 기회가 없 다고 느끼는 순간이다. 〈굿 윌 헌팅〉의 윌이 상담 중 "무엇을 원하느 냐?"라는 물음에 마침내 반응을 보일 때다. 〈파이트 클럽〉에서 잭이 타일러는 밖으로 나갔음에도 집에서 아직 타일러의 영향을 느낄 때 다. 〈뷰티풀 마인드〉에서 존 내쉬가 알리시아에게 엄마에게 가라고 말 하며 (오랫동안은 아니지만) 그녀와 헤어질 때다. 〈몬스터 주식회사〉에 서 설리가 괴물들의 소굴에 다시 들어가 비명의 의자에 묶여 있는 부 를 구할 때다. 〈리플리〉에서 '딕키'의 자살 문서를 만들어 그의 모든 흔적을 지우고 리플리가 된 톰이 베니스로 도망갈 때다.

Act I에서 관객이 이야기가 끝났다고 생각할 무렵 시나리오 작가 는 새로운 사건을 발생시켜 문제를 일으켜야 하고, 이것이 TP 1의 원 인이 되어 스토리를 새로운 방향으로 진행시켜야 한다. TP 2는 이야기가 마무리될 무렵에 상반되는 이유가 나타난다. 주인공은 실패를 경험하고 절망 상태에 휩싸여 있다(모든 영화가 이 형식을 따르는 것은 아니니 자신의 스토리에 알맞은 형식에 따르라). 바로 이 순간 돌파구가 생기고 해결의 실마리가 풀리며, 자신의 내면에 숨어 있는 힘을 발견하거나 행동으로 옮긴다. 아직은 절망과 실패에 대한 생각이 그 인물을 지배하고 있기 때문이다. 이러한 행동은 자신의 정체성은 물론, 자신이 어디에 있는지를 지각하지 못하게 하며 Act III로 이어갈 힘을 주는 원동력이 된다.

위에서 언급한 여섯 개의 영화를 다시 보라. 각 영화들의 두 번째 전환점을 찾을 수 있는가? 정답은 부록을 참조하라.

인사이트

TV 시리즈(13회 분량)를 본다면 각 회마다 어떻게 3막 구조(보통 1/4, 1/2, 3/4 부분이거나 1/3과 2/3 부분으로 나뉜다)가 형성되는지가 아니라 모든 회를 통틀어서 살펴보기 바란다. 중요 전환점들은 4회나 5회, 7회, 그리고 10회나 11회에 발생한다.

3. 1 Act III 90-120페이지: 마지막 분발과 클라이맥스

클라이맥스는 스토리의 가장 중요한 부분을 차지하며 그것을 위해 여러 가지가 복합적으로 준비되고 구성되어야 한다.

– 시드 필드

Act III는 다음과 같은 중요한 세 가지를 해결해야 한다.

① 스토리의 액션에 따른 강한 클라이맥스가 있어야 하며

② 문제나 과제를 해결하고 Act I에서 성립된 관계를 해결하고

③ 만족스러운 결말을 제공해야 한다.

Act III에서는 느슨한 결말을 조이고 남아 있는 의문에 대한 해답을 주어야 하며 인물들이 어떻게 변했으며, 무엇을 성취했는지, 어떠한 불행을 당했는지가 드러나야 한다. 관객에게는 안도감을 주어야 한다. 그래서 Act III에서 Act II의 클라이맥스 이후 신 또는 숨 돌릴 수 있는 부분을 경험하는데, 이것은 주인공에게 다시 힘내서 마지막 최후의 일전에 박차를 가하도록 만드는 역할을 한다. 마지막 클라이맥스를 향해 끝까지 밀어붙인다.

Act III에 들어선 주인공은 자신의 정체성을 확실하게 깨달으며 (FP 2부터) 반드시 해야 하는 것이 무엇인지 더욱 명확하게 안다(TP 2 부터). 새롭고 명확해진 목표는 체계적으로 만들어지고 선택되었다. Act I 이후 주인공은 자신의 목표를 전반적으로 무시하는 경향이 있다. 그들이 믿고 생각하는 것을 영화상으로 보여 주어야 하지만 이것이 인물의 성장에 걸림돌이 된다. 목표에도 중대한 영향을 끼치는데 나약한 인물이 변하고 성장하면서 근본적인 목표가 자연스럽게 바뀌기 때문이다. 이전의 목표는 더 이상 그들을 만족시킬 수 없다. 그래서 중간 지점에서 새로운 목표가 주어지고, 진실의 순간 지점에 더 중점을 두게 된다. 목표를 양자택일하거나 간단하게 이전의 목표에 새로운 무엇을 추가하기도 한다. Act II의 사건들은 거의 모든 일을 망치며 주인공에게 실패를 안긴다. Act II의 클라이맥스에 이어지는 최악의 순간은 시나리오에서 주인공이 가장 어려운 상황에 처해 있을 때다(진실의 순간). 그러나 알맞은 시기에 이를 깨달아 Act III에서 이러한 상황들을 바꾸게 된다.

〈위트니스〉에서 존 북의 주요 플롯의 목적은 생존 외에도 레이첼과 사무엘을 보호하는 것이나 Act III에서는 아미시 가치관과 신념을 지키는 것으로 확장된다. 그래서 생명의 위험을 감수하고 총을 버리면서까지 맞선다. 육체적 생존은 더 이상 주요 목적이 아니다. 그렇다면 '무엇' 때문에 위험을 감수하는가? '무엇'이 지금의 주요 줄거리인가? 그에게는 새로운 가치 시스템을 지키는 것만이 아니라(개인보다 공동 단체를 우선시하는 것) 살아남기 위한 방법도 중요한데, 총을 사용하지 않고 공동체의 힘으로 살아남는 것이다. 주요 서브 플롯에서 북의 목적은 레이첼과의 관계. 이 목적은 두 번째 포컬 포인트에서 벌써 바뀌며 영화 후반부에서는 각자 다른 세계에 남아 있는 주인공들의 모습을 보여 준다. 이 '마지막 분발'에서 종종 뒤쫓는 상황을 발견할 수 있다. '추격'이란 빠른 자동차와 귀청을 찢는 요란한 바퀴의 소음이 아니라 무엇인가를 추구한다는 뜻이다. 〈위트니스〉는 곡물 창고에 북을 숨기는 장면이다.

대부분의 영화에 이와 같은 장면이 나온다. 〈파이트 클럽〉, 〈마이너리티 리포트〉, 〈몬스터 주식회사〉, 〈슈렉〉, 〈아메리칸 뷰티〉, 〈빌리 엘리어트〉, 〈리플리〉 등. 〈투씨〉는 생방송 중 가면을 벗어 버린 마이클(도로시)이 줄리의 아버지와 바에 앉아 있을 때다. 마이클은 바에서 나와 스튜디오로 가 줄리와 이야기하려고 한다. 줄리는 처음엔 그를 밀치지만 마침내 서로 이야기 나누며(클라이맥스) 문제를 해결한다.

Act III에서는 스토리 전개 속도도 무척 중요하다(10장 참조). 모든 Act 중에서 스토리가 가장 빠른 속도로 전개되며 많은 사건이 끊임없이 발생한다. 마지막 클라이맥스까지 사건들이 쉬지 않고 발생하는데, 이것들이 Act III에서 하나의 중요한 시퀀스를 만든다. 〈위트니스〉, 〈아메리칸 뷰티〉, 〈꿈의 구장〉, 〈굿 윌 헌팅〉, 〈인썸니아〉, 〈베가번스의 전설〉이 그 예다. 시퀀스는 9장에서 상세히 다룬다.

3. 2 115-120페이지: 마지막 클라이맥스

115-119페이지에서 클라이맥스가 발생한다. 항상(가끔은 가장 마지막 신) 주인공이 가장 어려운 문제에 직면했을 때 발생한다. 마지막으로 상대와 대면하는 장면으로 한쪽은 '이기고', 한쪽은 '진다'(이기는 것이 지는 경우일 수도 있고 지는 것이 이기는 경우일 수도 있다). 이것을 관객에게 '보여' 주어야 한다. 스크린 밖에서 벌어질 수 없으며 전해 들을 수도 없다. 관객은 이 장면을 직접 보고자 한다. 이 클라이맥스는 반드시 다음과 같은 세 가지 요소를 완성시켜야 한다.

① 주요 줄거리를 해결해야 하며
② 새롭게 변화된 모습의 주인공을 행동을 통해 보여 주어야 하며
③ 영화의 주제를 보여 주어야 한다.

클라이맥스는 Act I의 시작과 함께 발생하며 이때 목표도 설정되지만 우리는 그것이 틀리거나 불충분함을 발견한다. Act II 후반부에서 진짜 목표가 설정되고, Act III 후반부에서 실제 혹은 숨어 있던 목표가 밝혀진다. 〈꿈의 구장〉이 이것을 확실하게 보여 준다. 이처럼 시나리오에서 감정의 최고점에 달하는 순간은 무척 중요하다(영상으로 주제의 느낌을 전달하는 지점).

남녀 주인공이 키스로 서로의 마음을 확인하는 장면은 많은 로맨스(로맨틱 코미디) 영화에 등장한다(〈네 번의 결혼식과 한 번의 장례식〉, 〈시애틀의 잠 못 이루는 밤〉, 〈사랑의 블랙홀〉). 〈웨이킹 네드〉에서 배꼽 빠지게 관객을 웃기는 운명의 공중전화 신, 변덕스러우며 마지막 순간까지 결과를 알 수 없는 서스펜스가 이어지는 〈이탈리안 잡〉과 〈록스탁 앤 투 스모킹 배럴즈〉, 팔 한쪽을 잘라 내고 맞이하는 해방감을 표현한 〈127시간〉, 〈아멜리에〉에서 다정한 키스를 나누는 장면, 〈베가

번스의 전설〉에서 남녀 주인공이 다시 만나 춤추는 장면도 빼놓을 수 없다.

지금까지 여러 종류의 클라이맥스를 다루었다. 총성(〈마이너리티 리포트〉에서 존의 원수인 라마가 죽을 때, 〈파이트 클럽〉에서 잭은 우여곡절 끝에 테일러와 떨어진다)부터 에로틱한 살인(〈리플리〉에서 톰이 자신이 좋아하는 피터를 죽여야 하는 상황에 처할 때)까지. 세 개의 '미묘한' 엔딩이 연속적으로 극을 고조시키며 클라이맥스들과 연결된다는 것이 흥미롭다. 〈빌리 엘리어트〉에서 빌리가 자신의 꿈을 위해 마을을 떠난 다음 첫 무대에 올라 사랑하는 가족들 앞에서 공연을 펼칠 때, 〈뷰티풀 마인드〉에서 존 내쉬가 노벨상 수상 소감으로, "오직 미스터리한 사랑의 방정식에 대한 진실한 논리만 발견될 뿐이다"라고 말할 때, 〈굿윌 헌팅〉은 윌의 감정이 무너지는 것으로 시작되는데("그건 너의 잘못이 아니야"), 윌이 숀에게 "이제 당신은 자유의 몸이야"라고 쓴 답장을 보낸 뒤 자신이 가야 할 길을 깨닫고 인정할 때다. 후반부에서 훌륭한 반전을 보여 주는 〈매버릭〉은 사기꾼에 대한 이야기로 관객으로 하여금 자신들도 속았다는 생각을 하게 만든다. 코엔 형제는 〈더 브레이브〉에서 독창적인 논-클라이맥스non-climax를 보여 준다(루스터 카그번과의 재회를 기대했지만 그렇게 되지 않았다). 하지만 논-클라이맥스가 오히려 영화 톤에 더 알맞으며 스토리와 인물의 분위기와도 어울리며 원작(조셉 포티스의 『트루 그릿True Grit』*)에도 충실하다.

〈위트니스〉 Act III에 등장한 존 북은 자신의 생존만이 아니라 아미시의 가치관과 비개인주의적 윤리까지 지키려고 한다. 마지막 부분에서 드러나는 것들이다(그는 이제 새로운 목적을 달성하고자 한다). 레이첼을 인질로 잡고 있는 셰퍼 또한 새로운 가치관으로 그를 위협하는데, 셰퍼가 총으로 위협하는 바람에 북은 무기를 버리지만 공동체의 힘으로 그를 무너뜨린다(엔딩 장면은 주제와 주요 줄거리의 클라이맥스 액션을 훌륭하게 연결시킨다).

이처럼 시나리오는 클라이맥스에 도달하기 위해 쓰는 것이다. 영화 속의 여러 사건에 대한 가치와 인물의 변화 과정은 클라이맥스에 의해 이루어진다. 스토리가 클라이맥스를 향해 나아가는가, 그렇지 않은가? 모든 신을 만들 때 자문해야 할 사항은 이를 어떻게 영상으로 클라이맥스와 연관시킬 수 있는가다. 앞에서도 이야기했지만 시나리오는 뒤부터 써 나가야 한다. 마지막 클라이맥스 다음은 무엇일까? 관객을 진정시키는 일이다.

앞서 이야기한 영화 여섯 편의 클라이맥스 부분을 설명할 수 있는가. 왜 그것들이 효과가 있었는지 생각해 보라. 정답은 부록을 참조하라.

3. 3 Act III 후반부: 결말(대단원)

시나리오 전체에서 가장 중요한 부분인 마지막 클라이맥스 다음에는 고조시켰던 감정을 진정시켜 주어야 한다. 〈위트니스〉에서 존 북은 경찰과 사건에 대해 이야기 나눈 후에 현장을 떠난다. 그러고 나서 레이첼과 만나는데, 두 사람은 말없이 서로에게 작별을 고한다. 〈꿈의 구장〉의 마지막은 크레인 장면으로 카메라가 위로 올라가면서 자동차 행렬의 헤드라이트 불빛을 보여 준다(그들이 다시 올 것임을 암시한다).

결말 부분을 설명할 수 있는 영화가 있는가? 막이 내리는 시점에서 모든 미해결 부분이 완결 지어져야 하고, 풀리지 않은 서브 플롯이 남아 있다면 마지막 클라이맥스에서 반드시 해결되어야 한다. 이 순간은 주인공이 자신의 상황을 재평가하는 순간이다. (시나리오 내용이 끝난 후) 그들에게 새로운 인생의 앞날이 기다리고 있다면 시나리오 작가는 이후의 스토리까지 만들어야 한다. 영화 상영이 끝났을지라도 스토리가 진행된다는 느낌을 주어야 한다. 그래서 3차원적인 캐릭터 창작이 필요하다. 시나리오 작업이 끝난 뒤에도 머릿속에 인물이 맴돈다면 올바른 방향으로 가고 있는 것이다. 덧붙여서 시나리오 끝부분에 이미지들(혹은 중요한 대사들)을 다시 한 번 상기시켜야 한다. 또한 그것들은 당신이 시나리오 초반부에 설정한 장면과 비슷하거나 연관이 있어야 한다. 다만 시나리오 초반부와 비교해 약간 바뀌거나 그대로 적용되어도 상관없으며, 관객이 스토리가 전개되는 동안 주요 인물이 얼마나 변했는지 느낄 수 있어야 한다. 〈포레스트 검프〉에서 초반과 후반에 나오는 바람에 날리는 깃털, 〈파이트 클럽〉의 잭의 입에 들어 있는 총과 같이 스토리의 오프닝과 엔딩에 같은 장면을 보여 주어 너무 빤하게 시선을 집중시킬 필요는 없다. 더욱 확실한 예로 〈리플리〉를 들 수 있다. 〈고스포드 파크〉는 오프닝에 공중 촬영으로 자동차들이 도착하는 장면을, 반면에 엔딩에는 자동차들이 떠나는 장면을 보여 준다. 〈뷰티풀 마인드〉에서는 초반에 이미지(학계 의례 행사에서 존경의 표시로 펜을 건네는 장면)와 대사("당신은 떨리십니까?/무섭고, 어지럽고, 멍하고…")를 보여 준다. 〈스파이더맨〉은 피터 파커의 보이스 오버가 나온다.

인사이트

영화 전공 학생들이 시나리오 작가들에게 종종 물어보는(작가들을 헷갈리게 하려는 의도인지는 모르겠지만) 용어로, 데우스 엑스 마키나deus ex machina가 있다. 신deus이 줄거리를 해결하고자 무대로 등장해 도구나 장치machina를 이용해 주인공의 문제를 해결하는 것을 말한다. 주로 믿기 어렵고, 있을 수 없고, 억지로 꾸민 듯하고, 비논리적이며, 단순하고 어색한 줄거리로 갑자기 등장해 줄거리를 다른 방향으로 전환시키며 등장인물이 처한 어려운 상황을 완화하거나 아슬아슬하게 때를 맞추어 결말짓는 것을 일컫는다. 매직 불렛 magic bullet이라고도 부른다. 유럽의 전설에서 유래된 것으로 늑대인간을 죽이는 유일한 방법은 은으로 만든 총알이라는 이야기에서 비롯되었다. 언덕 꼭대기를 넘어 도착한 기마대 같으며, 〈셰익스피어 인 러브〉에서 엘리자베스 여왕이 등장해 문제를 해결하는 장면이 대표적이다.

---

3. 4 결말

시나리오 작가로서 당신의 시나리오를 읽은 이들에게 어떠한 영향을 주기를 바라는가 생각해야 한다. 반드시 해피 엔딩으로 만들라는 것이 아니라 만족스러운 결말을 보여 주라는 뜻이다.

> 뉴저지에서 〈네 번의 결혼식과 한 번의 장례식〉 시사회를 가졌을 때다. 영화가 끝날 때쯤 우리는 이 영화가 좋은 영화라고는 생각했지만, 작고 조용한, 말하자면 예술 극장에나 맞는 영국 영화 정도로 생각했다. 그런데 미국의 스튜디오 고위 관계자 중 한 명이 "이 영화는 당신에게 50억 달러를 벌게 해 줄 걸세"라고 했다. 내가 말도 안 되는 소리라고 답하자 그는 "저기 나오는 사람들의 얼굴들 좀 봐. 모두 웃고 있지 않은가. 최고의 영화를 보고 나와서 기분이 좋은 거라고. 저 느낌들이 곧 퍼질 거야" 라고 했다.
>
> – 리차드 커티스, 시나리오 작가(〈노팅 힐〉, 〈러브 액츄얼리〉)

〈아메리칸 뷰티〉, 〈리플리〉, 〈필라델피아〉, 〈글래디에이터〉, 〈선셋 대로〉, 〈스파이더맨〉, 〈시네마 천국〉, 〈셰익스피어 인 러브〉, 〈로미오와 줄리엣〉, 〈타이타닉〉, 심지어 〈위트니스〉까지. 이 영화들은 해피 엔딩은 아니지만 상당히 만족스러운 결말을 제공했다. 다른 영화들의 경우는 어떠한가? 대다수 관객은 영화를 보며 이 영화가 만들어진 이유를 생각하지, 고개를 가로저으며 "왜 영화를 저렇게 만들었을까?"

하지는 않는다. 다시 말하면 이는 결말 부분인 주제와 모든 요소가 합쳐져 만들어진 결과다. 심지어 〈프레셔스〉도 구원하는 느낌의 엔딩을 가지고 있다. 다른 영화들도 생각해 볼 수 있는가?

〈식스 센스〉와 〈에너미 앳 더 게이트〉를 보되, 엔딩에 주목하라. 그리고 〈파이트 클럽〉과 비교하자. 어떤 느낌을 받았는가? 엔딩이 놀라웠는지, 상상력이 풍부하다고 생각하는지, 혹은 이해할 수 없는지. 영화 주제와 잘 연결되었는지 혹은 엔딩을 보며 마음이 조마조마했는지.

나는 영화의 첫 5분과 마지막 5분을 확실하게 만들기 위해 최대한 노력한다. 그것은 정말로 중요하다.

– 스티븐 스필버그

영화 후반부의 마지막 10-20분은 관객에게 지대한 영향을 끼친다. 또 여기에서 Act III(이 장의 Act III 참조)의 중요한 세 가지 요소가 합쳐진다. 엔딩 부분에서 주제는 마지막 액션에 녹아 있으며 관객이 쉽게 이해할 수 있게 보여 준다. 영화 전체를 하나로 통합시키는 것이다. 참뜻은 어떤 엔딩을 선택하든 또 그것을 어떻게 보여 주든 반드시 주제를 알리고 영향을 주고 조짐을 보여 주라는 것이다. 그래서 후반부 20분을 확실히 결정짓고 엔딩 부분도 멋진 시나리오를 써야 한다. 시나리오 또는 생각 중인 스토리를 구조와 연관 지을 때 이렇게 접근해 보라.

① 먼저 당신의 스토리의 엔딩을 결정하라.
② 오프닝을 구체화하라(첫 10페이지). 그리고 나서 첫 막으로 넘어가라.

③ 다음의 질문에 답해 보라.

• 활동적인 스토리를 만들고 있는가?

• 주인공을 확실하게 보여 주고 있는가?

• 나의 스토리가 무엇에 관한 것인지 보여 주고 있는가?

• 상황을 설정하고 있는가?

• 나의 인물들이 반드시 부딪치고 이겨 낼 수 있는 문제 혹은 장애가 설정되어 있는가?

• 주인공이 필요로 하는 것과 목적 혹은 행동 동기를 명확하게 보여 주고 있는가?

이 영화를 본 후에 혼란스럽고 불안하고 현실로 나타나지 않을까 두렵다면? 좋다. 당신은 두려워해야 한다. 당신을 두렵게 만드는 것이 이 영화의 주제다. 당신을 또 하나의 어리석고 생각 없는 추종자로 만들고 싶지 않기 때문이다.

– 〈파이트 클럽〉에 대한 평론

인사이트

어째서 〈위트니스〉 이야기만 계속하느냐고 물을 수도 있다. 사실 항상 피터 위어 감독을 존경해 왔다. 그는 관객의 감정을 다룰 줄 아는 감독이다. 〈행잉록에서의 소풍〉, 〈죽은 시인의 사회〉, 〈트루먼 쇼〉, 〈마스터 앤드 커맨더: 위대한 정복자〉를 보라. 톤과 분위기, 암시와 서브 텍스트들. 〈위트니스〉는 할리우드 영화지만 스타일이나 접근성을 보면 유럽 영화에 가깝다. 내가 끝까지 시나리오를 읽게 만든 작품인데, 사실 각 페이지에 대사가 거의 없어 놀라움을 금치 못했다. 많은 것을 표현했으며 시각적으로 뚜렷했다.

3.
시나리오 구조에서
유의해야 할 사항

• '여정'에 대한 영화들은 대부분 스토리가 지형적으로 짜여 있다. 각 Act마다 다른 장소에서 이야기가 벌어진다.

〈레인 맨〉의 Act I 장소는 LA와 신시내티, Act II는 사막, 그리고 Act III는 라스베이거스와 LA다. 〈스피드〉의 경우 각 Act가 서로 구분되는 스토리다. Act I은 엘리베이터(25분), Act II는 버스(64분), 그리고 Act III는 지하철(17분). 〈메브릭〉의 경우 Act I은 타운, Act II는 (초반의) 육지와 (후반의) 강가의 배, 그리고 Act III는 다시 육지다. 이번 장에서 살펴본 영화들 중 Act와 장소의 상관성이 없는 영화가 있었는가?

또한 다음의 영화들도 보기 바란다. 〈오! 형제여 어디에 있는가?〉, 〈이 투 마마〉, 〈니모를 찾아서〉. 왜 그러한 설정을 했는지 자문해 보라.

• 3막 구조 형식을 전체적으로 지배하는 것은 밸런스다(스토리의 중반 내용 지점이 중심이 된다). 강 사이에 놓인 두 개의 중간 받침 기둥을 생각하라. 두 개의 전환점(TP).

• 영화를 에너지라고 생각하고 보기 바란다. 모든 신은 에너지가 넘쳐 난다. 갈등은 에너지들을 만들며 새로운 통찰력과 방향은 관객의 마음에 새로운 에너지를 발생시킨다.

첫 번째로 에너지가 폭발하는 곳은 스토리 초반부에서 시선을 집중시키는 장면인데(Act I의 내용으로 영화에 빠져들게 한다), 다음으로는 사건 발생 지점과 Act II로 넘어가는 TP 1이다. Act II를 보면서 우리들에게 남아 있는 에너지는 주인공이 자신의 가치관과 타협할 때 자신의 방법이 옳았거나 틀렸음을 깨닫게 한다. 그 깨달음은(진실의 순간, TP 2) 또 하나의 폭발로 이어지고 마침내 Act III로 연결되어 클라이맥스로 향한다.

물론 예외도 있고 내가 주장하는 것과 다르게 접근할 수도 있지만(예를 들어 크리스토퍼 보글러의 '주인공의 여정' 구성 방식, 8장에서 살필 것이다), 3막의 '이론적 틀'은 훌륭한 스토리를 만드는 밑바탕이다. 아리스토텔레스에게 물어보라. 어떻게 그리고, 특히 왜 다른 예외들이 다를 수 있는가 질문하라. 글을 쓰면서 의식적으로 시나리오 구조에 대해 생각하지 않고 그것을 이루려고 하라.

스토리 구조를 공식처럼 만들어 가는 것을 보면 걱정스럽다. 정작 가장 중요하고 핵심적인 요소인 캐릭터, 대사, 좋은 스토리를 잊고 있는 것 같아서다. 구조가 다소 엉망이더라도 훌륭한 아이디어와 캐릭터, 그리고 뛰어난 대사를 써 왔으면 한다. 구조는 얼마든지 다시 작업할 수 있다. 정말 원하지 않는 것은 구조가 공식처럼 딱딱 맞아 떨어지더라도, 독특함이 없고 생기와 에너지를 못 느끼는 내용이다.

– 린다 마일스

영화 또는 TV 드라마의 구조는 반드시 지켜야 할 법칙에 방해받기 쉽다. 예를 들어 당신이 쓴 시나리오의 사건 발생 시기가 'X' 페이지에 발생하지 않는다면 당신의 시나리오는 쓰레기라든지. 이 장에 명시된 것들을 꼭 발판으로 삼을 필요는 없다. 시나리오를 쉽게 정리하고, 집중할 수 있도록 돕는 역할을 할 뿐이다.

궁극적으로 당신의 스토리는 포지셔닝과 스타일, 그리고 중요한 클라이맥스와 전환점들을 지휘해야 한다.

당신의 이야기를 믿어라.

마지막으로 확실하게 못 박아 두자면 구조에 대해 너무 '지체'하거나 빠져들지 말고, 특히 실제로 글을 쓸 때 이를 엄격하게 인식하라. 처음 영화를 볼 때나 시나리오를 읽을 때 관객에게 스토리와 캐릭터에 대한 전개를 먼저 인식시켜야 하지 구조가 주목받아야 하는 것은 아니다. 이는 당신이 영화를 분석하고 공부할 때만 나타나거나 보인다. 이론적인 구조며, 기초 모형이라고도 할 수 있다. 모니터 요원들과 영화 관계자들이 시나리오를 이해하는 데 도움을 줄 뿐이다(아마 비평도 할 것이다). 작가에게는 시나리오를 쓰는 데 도움을 줄 뿐이지, 당신의 상상력을 억제하게 해서는 안 된다.

인사이트

오늘날의 많은 영화 제작자들은 3막 구조 형식이라는 '억압'에 몸부림치면서 새로운 형식으로 이야기를 전하려고 한다. 이야기를 조각내서 무작위로 이리저리 붙여 본다거나 줄거리를 끝에서부터 시작해 보기도 한다. 그렇게 해서 하고 싶은 스토리에 집중하게 하거나 스토리를 향상시킨다면 매우 좋은 방법이다(예를 들어 〈메멘토〉, 〈인셉션〉, 〈돌이킬 수 없는〉). 하지만 당신이 그것을 어떻게 보든지 그것은 항상 3막 구조의 형태일 것이다.

기억할 법칙은, 법칙이란 없다는 것이다.

- 짐 쉐리단, 영화감독(《나의 왼발》, 〈더 필드〉, 〈아버지의 이름으로〉, 〈로즈〉)

법칙은 없다. 하지만 그것을 알아야 그것을 무시할 수 있다!

- 아드리안 던버

당신은 법칙에 관한 모든 책을 읽었을 것이다. 당신 자신에게 가장 적절한 것을 선택하고 자신만의 독특한 관점과 의견, 그리고 자신만의 여러 가지 법칙과 지침을 만들어라.

- 도미닉 드롬굴리, 연극 연출가

기억할 것

① 스토리텔링의 원전은 아리스토텔레스의 3막 구조다. 일반적으로 Act I = 1/4, Act II = 1/2, Act III = 1/4으로 나뉜다.

② 당신의 시나리오를 읽는 이(관객)의 시선을 끌고 시나리오를 계속 읽게 만들려면 첫 10페이지가 매우 중요하다. 이곳에 주요 인물과 그들의 배경, 그리고 시나리오의 장르를 소개한다.

③ Act I을 개발하면서 당신의 캐릭터가 살고 있는 환경과 신념을 채워나가야 한다. 당신의 주인공은 사건을 맡게 될 것인데 그것들이 앞으로 시나리오를 헤집고 다닐 것이다.

④ Act I의 마지막 부분은 첫 중대한 전환점이다. 고비와 방해는 스토리를 변화시키며 당신의 히어로를 다음 막으로 밀어 넣을 것이다. 또한 TP 1에서 주인공은 위태로워지며 진행 속도는 탄력을 받는다. 당신의 스토리에 그들이 필요로 하는 것들과 목표를 생성하라.

⑤ 캐릭터와 스토리는 계속 나아가다 중간 지점(시나리오 중간 부분)에서 멈춘다. 돌아갈 수 없는 지점(귀환 불능 지점)이라고도 하는데, 이곳에서 주인공은 원정을 다시 검토하고 포기를 생각하기 때문이다.

⑥ 귀환 불가 지점을 통과하고(다시 집중하고 더욱 열심히 하기로 결심한다) 전진하는 주인공은 Act II의 끝에서 TP 2를 맞이한다. Act II에서 발생하는 방해는 지금까지의 방해보다 심하며 곳곳에 설치되어 있다. 당신의 히어로가 절망에 빠져 있는 순간에 무엇인가 밝혀져 주인공을 결론을 향해 나아가게 한다.

⑦ 클라이맥스(Act III의 끝부분)는 시나리오에서 감정의 최고점이다. 캐릭터들과 관객에게도 마찬가지다. 시나리오는 이 순간을 위해 쓰는 것이므로 결말을 만족스럽게 써라. 관객에게 여운을 남겨라.

8장

다양한 구조의
시나리오

이번 장에서는…

고전 3막 구조 형식에 다르게 접근하는 방식

주인공의 여정

복합적인 줄거리

2, 4, 5막, 그리고 더 많은 구조의 시나리오

두 가지 이상의 내용으로 구성된 영화들

1.
3막 구조 형식 안에서의
주인공의 여정

5장에서 언급한 『작가의 여정』을 다시 보자. 이 책에서 저자인 보글러는 조셉 캠벨의 스토리텔링에 관한 미스터리한 힘을 거론했다. 그는 시나리오 구조를 연속적인 12단계로 보고 있으며 이것을 '영웅의 여정'이라고 칭했다(또는 단일신화monomyth[전형적인 영웅 이야기에서 주인공이 겪는, 초자연적 지역으로 모험을 떠나 엄청난 힘을 얻고 살던 곳으로 돌아와 다른 이들을 도와주는 이야기*]라 부른다).

주인공의 여정은 다음과 같다.

Act I에서는

① 평범한 일상을 사는 주인공을 등장시켜
② 모험의 부름을 받는다.
③ 처음에는 마음이 내키지 않거나 부름을 거부하지만
④ 모험을 받아들이고 선구자를 만나 용기를 얻은 다음에
⑤ 첫 번째 경계선(관문)을 넘어 새로운 세계로 들어간다.

Act II에서는

⑥ 곤란한 상황에 직면해, 동료와 적들을 만든다.
⑦ 내부 깊숙이 들어가서 두 번째 경계선을 넘으며
⑧ 그곳에서 극심한 고난을 견디고
⑨ 결국 소망하는 바를 이룬다.

Act III에서는

⑩ 평범한 일상을 향해 발걸음을 옮긴다.
⑪ 세 번째 경계선을 넘을 때 기사회생하며 그것을 통해 변하고
⑫ 평범한 일상 세계에 도움이 될 무엇을 가지고 돌아온다.

그는 이렇게 3막 구조 형식을 정리했다.

8-1 주인공의 여정

			위기	클라이맥스	

평범한 일상　모험의 부름　부름의 거부　선도자　첫 번째 경계선　관문, 동료, 적들　침투　극심한 고난　보상(검을 쥠)　되돌아감　기사회생　귀한 것을 가지고 돌아옴

ACT Ⅰ ¼ 행동하기로 결심한 주인공의 결단	ACT Ⅱ ½ 행동	ACT Ⅲ ¼ 행동에 대한 결과

노트

각 Act의 길이는 변함없다(1/4–1/2–1/4).

① 평범한 일상

평범한 세계에서 일상생활을 하는 주인공의 모습. 이후 주인공이 들어갈 세상과 비교할 만한 세상. 예를 들어 〈스타워즈〉에서 루크 스카이워커는 우주를 휘젓고 다니기 전에는 평범한 사람이었다.

② 모험의 부름

주인공에게 문제가 생겨 도전이나 모험을 해야 하는 상황이 발생한다. 일단 부름에 응하면 더 이상 편하고 안락한 일상에 안주할 수 없다. 〈스타워즈〉에서 납치당한 레아 공주가 오비완에게 홀로그램 메시지를 보내자 오비완이 루크에게 레아 공주를 구출하자고 설득한다. 이처럼 모험의 부름은 새로운 형식의 사건이다. 형사물에서는 사설탐정이 복잡한 상황을 하나씩 처리해 나간다. 또한 주인공이 처음으로 의미 있는 누군가를 만나는데, 목적을 수행하는 동안 그와 의견 충돌이 있기도 하다. 모험의 부름은 흥미를 불러일으키며 주인공의 목적을 명확하게 만든다. 상을 타기 위해서 사랑하는 자를 쟁취하기 위해서 옳고 그름을 따지기 위해서 복수하기 위해서 꿈을 실현시키기 위해서 주인공은 도전을 받아들이고 인생을 변화시키고자 한다. 사건 발생과 동등하게 간주할 수도 있다.

③ 부름의 거부(마음이 내키지 않는 주인공)

주인공이 모험을 거부하거나 내켜 하지 않을 때도 있다. 두려움 때문이다. 아직 진심으로 모험을 떠날 마음의 확신이 없으며 심지어 되돌아갈 생각을 할 수도 있다. 따라서 주인공에게 계기나 상황을 만들어 두려움을 이겨 나가게 해야 한다. 현재의 상황에 대한 변화이거나 자연적으로 더욱 어려운 현실에 봉착하거나 선구자의 조언으로 용기를 얻는 것 등이다. 오비완의 권유를 뿌리친 루크가 삼촌의 농장으로 갔을 때 그는 친척들이 은하제국의 군사들한테 죽임당한 것을 발견한다. 루크는 더 이상 주저하지 않고 적극적으로 그들을 찾아 나선다. 악의 세력인 은하제국이 자신의 개인적인 문제가 되었기 때문이다.

④ 선도자(멘토)

이 지점까지 선도자적 인물이 등장했어야 한다. 주인공과 그와의 관계는 중대한 여운을 남기는 상징적인 의미를 지닌다. 아버지와 자식, 스승과 제자, 의사와 환자, 신과 인간의 유대와 유사하다. 선도자의 역할은 주인공에게 앞날을 준비시키는 것이다. 조언과 지도를 하고 이상한 물건(오비완이 루크에게 광선 검을 준다)을 주거나 주인공을 질책하기도 한다. 이때 선도자는 주인공과 짧은 동행을 한다.

⑤ 첫 번째 경계선

이것은 Act I과 Act II 사이의 전환점이다. 마침내 모험을 결심한 주인공은 새로운 세계로 들어가는 첫 번째 경계선을 넘는다. 모험의 부름에서 발생한 문제 또는 난제를 해결하기로 하며 그에 대한 결과를 지켜본다. 본격적으로 스토리가 전개되는 순간이다. 여정을 떠나기로 결심(두려움을 떨치고 문제와 맞서며 적절한 대응을 취하는 행동의 결심)한 주인공은 다시는 예전의 세계로 돌아갈 수 없다.

⑥ 관문, 동료, 적들

첫 번째 경계선을 넘은 주인공이 새로운 난제를 맞이한다. 수련도 하고 동지와 적들을 만나면서 이제 막 들어선 새로운 세계에 대한 법칙을 익힌다. 『작가의 여정』에서는 이 지점의 스토리와 관련하여 살롱 혹은 바ᵇᵃʳ를 유용하게 관찰했다(남성 히어로물이나 할리우드 영화에서만 벌어지는 예는 아니다). 친구와 악당들로부터 남성다움과 결단력을 시험받은 후에 새로운 세계에 대한 법칙과 정보를 더 많이 깨친다는 간략한 시나리오다. 물론 모든 테스트, 동지, 적, 증오심이 바에서 이루어지는 것은 아니다. 〈스타워즈〉의 주점 칸티나는 주인공 루크가 한솔로와 절친한 동료가 되는 곳이며 자바 더 헛에 대한 증오가 만들어지는 곳이다. 이곳에서 우리는 루크와 그의 동료들에게 벌어지는 일들의 과정을 볼 수 있다(중요한 촉진제 역할을 한다). 더욱이 루크의 수련은 칸티나 신 이후에도 계속된다. 오비완은 루크에게 포스에 맞서는 법을 자세히 가르치고 은하제국 우주선들과의 첫 레이저 전투에서 눈을 가리고 싸움으로써 모든 관문을 성공적으로 통과한다.

⑦ 침투

주인공은 위험한 상황의 막다른 곳에 이르며, 그가 찾는 목표는 숨어 있다. 적군의 총사령부와 같은 곳이며, 세계에서 가장 위험한 곳(가장 깊숙한 곳)이기도 하다(물리적 의미가 아니다). 그 전에 주인공이 두 번째 중요한 경계선을 넘어야 한다. 적들의 눈을 피해 들어가는 장면이 자주 나오는데, 접근 단계라고도 한다. 〈스타워즈〉에서는 루크와 일행이 다스 베이더를 만날 때다. 접근 방식이란 주인공이 적진 가장 깊숙이 들어가는 모든 준비를 말하는데, 매우 위험한 상태에 빠지거나 죽을 고비를 만나기도 한다.

⑧ 극심한 고난

이곳에서 주인공의 운은 바닥나고 가장 두려운 존재와 정면으로 맞선다. 하지만 극단적인 상황에 처해 생사의 갈림길을 맞이하며 파멸 직전까지 몰린다. 관객은 주인공의 운명을 알 수 없어 마음을 졸이는데 〈스타워즈〉에서 또한 일행은 죽음의 별의 심장부에 끌려와 갇힌다. 루크는 물속으로 빨려 들어가 절체절명의 위기를 맞는다. 주인공의 여정 중에서 매우 중요한 단계다(중간 지점 혹은 귀환 불가 지점 대신 활용 가능하다).

⑨ 보상(칼을 꼭 쥠)

괴물을 물리치고 죽음의 위기에서 벗어난 주인공(그리고 관객도)을 축하할 차례다. 주인공은 자신이 그토록 찾던 대상을 취하는데, 고난의 대가로 특별한 무기나 귀중한 보물이 될 수도 있다. 단 주인공에게 도움이 될 만한 특별한 정보나 경험을 바탕으로 적들과 싸우는 데 도움이 되어야 한다. 루크는 레아를 구출하고 죽음의 별의 계획을 알아차려 이것을 다스 베이더를 물리치는 데 사용한다. 보글러의 관찰에 의하면 이 시점에서 주인공은 부모와의 갈등을 결판 지을 수도 있다. 〈스타워즈 에피소드 6: 제다이의 귀환〉에서 루크(아들)와 다스 베이더(아버지)를 보라. 극도의 고난을 이긴 결과로 주인공이 더욱 멋지게 보이며, 자신이 소속된 공동체를 대신해 가장 위험한 모험을 이겨낸 '영웅'이라고 칭송을 얻는다.

⑩ 되돌아감

그럼에도 주인공은 여전히 위험에서 온전히 벗어나지 못했다. 하지만 Act III로 넘어갈 때 극도의 고난에 적절하게 대처한다. 어느 것(부모, 신, 적대자)과도 화해하지 않는다면 그들은 주인공에게 격노할 것이다. 따라서 이 시점에서 추격 신이 많이 발생한다. 칼자루를 쥔 주인공은 적을 방해하고 위기에서 빠져나가려고 한다(보상, 보물). 죽음의 별에서 탈출한 루크와 레아는 다스 베이더의 끈질긴 추격을 받는데, 이 단계에서 그들은 평범한 세계로 되돌아가겠다고 결심한다. 불가피하게 새로운 세계에서 빠져나온 것만이 아니라 아직 위험과 유혹과 시험이 그를 기다리고 있다는 사실을 깨닫는다.

⑪ 기사회생

새로운 세계에 들어와 여러 가지 일을 겪은 주인공은 평범한 일상으로 되돌아가기 전에 정화 과정 또는 정화 의식을 거친다. 주로 기사 회생의 다음 단계인 두 번째 죽음의 시련을 통해 나타나는데, 극도의 고난에 대한 시나리오, 생사(죽음과 부활)를 재생하는 것과 같다. 어둠의 세력은 최후의 총공격을 펼친다. 마치 주인공이 마지막 시험에 반드시 합격해야 하는 상황처럼 극도의 고난을 통해 무언가를 배우고 느끼고 있음을 보여 주어야 한다. 이 단계는 TP 2와 동등한 상황처럼 보인다(도표상). 주인공은 이 경험을 통해 변화하고 새로운 판단과 새로운 모습으로(다시 태어난 것처럼) 평범한 일상으로 돌아갈 수 있다. 오리지널 〈스타워즈〉 3부작은 계속 이와 같은 형식으로 만들어져 왔다. 세 편 모두 마지막 전투 신에서 루크는 거의 죽을 뻔하고 순간 죽은 것처럼 보이기도 하지만 기적적으로 살아난다. 각각의 고난을 통해 그는 새로운 지식과 포스의 힘을 터득해 나가며 매번 새로운 모습으로 변화된다.

⑫ 귀한 것을 가지고 돌아옴

마지막 단계로 주인공은 평범한 일상으로 돌아온다. 이전과 똑같은 모습이라면 지금까지의 여정이 아무런 의미도 없다. 주인공이 신비의 영약을 가지고 돌아와 온 세상을 치료할 것처럼 자세하게 묘사할 필요는 없다. 언젠가 공동체에 도움이 되고 유용하게 쓰일 간단한 지식이나 자각 정도면 된다. 루크가 다스 베이더를 물리치고 점차적으로 우주는 평화와 질서를 되찾는다. 코미디 영화에서는 종종 정반대 엔딩을 사용할 때가 있다. 주인공은 바보 같은 캐릭터로 배우는 것을 싫어하다 애초의 문제점과 똑같은 상황에 다시 직면한다.

인사이트

아직도 〈아바타〉를 보지 않았다면 당신은 다른 행성에 살고 있는 사람임이 틀림없다. 지금까지 제작된 영화 가운데 최고의 흥행 기록(2017년 12월 기준)

을 세웠을 뿐만 아니라 히어로의 여정에 대한 구조의 원형으로 삼을 만하다.

주인공의 여정은 디테일과 뜻밖의 상황을 토대로 하여 스토리 골격에 맞춘 개인의 이야기다. 구조 자체는 튀어서 안 되며, 너무 정확하게 기준을 따라가서도 안 된다. 여기에 나열한 단계들은 여러 가능성 가운데 일부다. 각 단계는 삭제하거나 덧붙일 수 있으며, 본질을 잃지 않는 선에서 과감하게 섞을 수 있다. 주인공의 여정은 매우 중요한 가치를 지닌다. 밑바탕의 그림은(주인공은 늙은 마법사로부터 신비의 칼을 받기를 원하며, 기사는 사랑하는 여인을 위해 목숨을 걸고 싸우기도 한다) 모두가 공감할 만한 인생의 경험을 상징한다. 스토리 내용과 사회 분위기에 따라서 바뀌기도 하는데, 오늘날의 주인공들은 동굴이나 미궁에 들어가 불가사의한 괴물과 싸우는 것 대신 우주나 현대 도시 속 또는 자신의 마음과 영혼까지 망라한다.

추가 설명

보글러의 기본 구조를 속속들이 이해하기 위해서는 그의 책을 읽어야 할 것이다. 그러나 3막 구조 형식과 주인공의 여정에 대한 이론은 많은 영화에서 찾을 수 있다. 다시 언급하지만 시나리오를 쓰기에 앞서 특정 구조만 고려한다면 작업이 쉽지 않을 것이다. 스토리와 인물, 그리고 기본 구조가 자연스럽게 흘러가는 것처럼 보여야 한다.

인사이트

4장의 '장르'에서 시나리오 작법에 대해 이야기할 때 '과하게 분석'하면 자칫 위험에 빠질 수도 있다고 조언했다. 이 웹사이트를 소개하고 싶다. The 510 + Steps of the Hero's Journey(www.clickok.co.uk/index4.html)인데 메인 화면 오른쪽에 있는 목록 중 Advanced Worksheets를 눌러 보라. 매일 실용적인 메일을 발송해 준다. 대단히 흥미로우며 볼거리가 많다. 하지만 나는 그냥 보글러의 책을 참고할 것이다.

2.
블레이크 스나이더의
'비트-시트'

블레이크 스나이더는 『Save the Cat!: 흥행하는 영화 시나리오의 8가지 법칙』에서 3막 구조에 대한 새로운 관점을 제시했다. 그는 15가지 '비트-시트^{Beat-Sheet}'(시나리오를 구상할 때 전체 내용을 한눈에 볼 수 있게 요약한 것*)의 요점을 보기 쉽게 다루었는데, 7장에서 설명한 3막 구조 형태를 바탕으로 했다.

> **노트**
>
> 이제 블레이크 스나이더의 관점으로 110페이지 분량의 시나리오 요약본을 살펴보자.

(ACT 1 시작)	1페이지
오프닝 이미지	1페이지
설정/주제 명시	1-5페이지
구성	1-10페이지
기폭제/사건 발생	12페이지
논쟁-시큰둥한 태도	12-25페이지

(ACT 2 시작)	25페이지
'B' 플롯 소개	30페이지 정도
즐거움 & 게임들	30-55 페이지

(본격적인 장치 설치 전에 캐릭터를 확실히 꿰차고 있어야 한다.)

중간 지점/버팀목/반전	55페이지
악당들이 접근해 온다	55-75페이지
모두 잃는다/최악의 상태	75페이지
영혼의 어두움(최악의 결정)	75-85페이지

(주로 죽음과 연관되며 가끔 상징적으로 표현된다.)

(ACT 3 시작)	85페이지
클라이맥스/대립	85-110페이지
후유증	107-110페이지
마지막 모습	110페이지

3.
복합적인
줄거리

전체적으로 동시에 일어나는 일을 다룬다면 많은 인물이 등장하며 저마다 자신의 스토리를 가진다. 예를 들어 〈인디펜던스 데이〉, 〈내쉬빌〉, 〈매그놀리아〉, 〈선샤인 스테이트〉, 〈러브 액츄얼리〉, 〈숏컷〉 같은 영화들이다. 간단히 말해 각 Act마다 스토리를 풀어 나가야 한다. 6개의 서브 스토리가 있다면 모두 같은 비중으로 구성해 개발시킨 다음 한 번에 한 블록씩 완성해 나간다.

각 블록의 신과 줄거리 순서를 최대한 극적이며 효과적으로 정리한다(하나의 서브 스토리가 더욱 두드러진다. 주요 줄거리보다 서브 스토리가 두드러짐을 알 것이다). TV 드라마 시리즈인 〈밴드 오브 브라더스〉, 〈CSI〉, 〈웨스트 윙〉, 〈소프라노스〉, 〈매드맨〉, 〈더 와이어〉, 〈씬 시티〉 등은 다양한 스토리가 동시다발로 발생하며(하나의 주제를 설정하고 해당 에피소드 안에서 결말을 맺는다), 하나의 에피소드에서 여러 스토리가 전개되더라도 결국 모두 연결된다.

〈고스포드 파크〉의 전체 줄거리(하나의 연결 고리)는 윌리엄 경의 살해 사건이다. 위층은 귀족들의 공간, 아래층은 그들을 모시는 시중들의 공간으로 분리되어 있으나 하나의 사건을 통해 시선을 집중시키고(독이 든 병을 보여 줌), 사건이 발생하고(상류층 귀족들의 파티 시작), TP 1(사라진 칼), 중간 지점(칼로 찌른다), TP 2(칼을 휘두른 자를 밝힘), 클라이맥스(독살자가 왜 살인을 마음먹었는지 밝힌다)를 거쳐 대단원(독살자는 비밀을 지키고 손님들은 떠난다)의 막을 내린다. 진짜로 집중해야 할 부분은 서브 플롯들과 등장인물들의 모순된 모습이다(각 계층 간의 미묘한 관계 포함).

대부분의 서브 플롯은 각각의 설정과 사건 발생, 개발 과정, 전환점, 중간 지점, 마지막 클라이맥스, 결말이 있다. 클라이맥스와 전환점들은 작은 사건일 수 있다. 결정을 내리고, 눈빛을 교환하고, 기대하는 반응을 보여 주지 않는 등. 하지만 각 서브 플롯마다 중요한 의미를 지닌다(9장 참조).

다음 예를 살펴보자.

① 서브 플롯 1-댄톤: 고스포드 파크로 와서 아래층으로 내려가 많은 질문을 던진다(설정-개발). 첫 상대자인 실비아에게 "주무시는

8-2 서브 플롯 개발하기

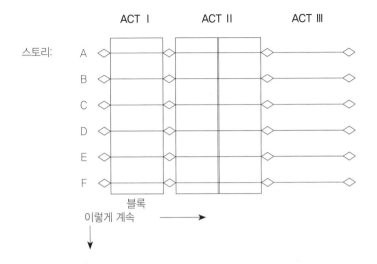

데 불편하세요?"라고 묻는다(사건 발생). 우유를 건네고(TP 1), 정체를 드러낸다(중간 지점). 두 번째로 실비아를 방문하고 그녀의 드레스 훅을 푼다(TP 2). 그의 무릎에 우유를 흘리고 "한 번에 두 군데를 오갈 수 없죠"라는 말을 남기고 집을 떠난다(클라이맥스-대단원).

② 서브 플롯 2-팍스: 고스포드 파크에 도착한다(설정). 만찬이 진행되는 동안 아래층에서 자신이 고아라는 사실을 밝힌다(사건 발생). 미세스 윌슨은 테이블 옆에 있는 그의 어머니 사진을 보고(TP 1), 칼로 찌른다(중간 지점). 메리에게 정체를 폭로한다. "남자는 자신의 아버지를 미워할 수 없나요?"라고 묻는다(TP 2). 윌슨의 서브 플롯에서 팍스의 어머니가 밝혀진다(클라이맥스). 하지만 정작 그는 알지 못한 채 이곳을 떠난다(대단원).

③ 서브 플롯 3-윌슨 부인: 새로이 손님 맞을 채비를 한다(설정). 파크의 이름을 처음으로 거론한다(호기심 자극). 아래층에서 식사하다 누가 고아인지 알게 된다(사건 발생). 파크와 사진에 관한 짧은 대화를

나눈다(TP 1). 윌리엄 경에게 커피를 가져다준다(중간 지점). 독살자가 밝혀진다(TP 2). 파크와 크로프트 부인의 관계도 밝혀지나 비밀을 누설하지 않기로 마음먹는다. "그는 절대 나에 대해서 모를 거야"라고 말하고(클라이맥스) 모두 함께 떠난다(대단원).

또 하나의 복잡하게 꼬인 드라마는 〈아메리칸 뷰티〉로 역시 많은 서브 플롯이 있다. 하지만 여러 인물의 이야기는 영화의 주요 내용보다 낮은 위치다. 주인공의 목표는 모든 형태의 책임에서 벗어나 완전한 '자유'를 얻는 것으로, 그의 이야기는 모든 서브 플롯과 연관 있다. 당신의 작품에도 여러 전환점과 클라이맥스를 대입시켜라. 미묘한 상황이나 다른 인물의 서브 플롯과 교차될 수 있음을 명심하라.

호주 영화 〈디쉬〉를 보라. 이 영화의 각 서브 플롯과 인물들의 변화 과정을 이루는 기본 바탕을 살펴보며 감상하라. 달에 상륙하는 것으로 출발한다(사건 발생), 전류가 강해진다(TP 1), 특사가 디쉬에 방문한다(중간 지점), 달에 상륙한다(TP 2), 달 위를 걷는다(클라이맥스)로 이루어진다. 사실 이것은 TV의 역할을 보여 준다. 서브 플롯은 두 곳에서 발생한다. 엔딩도 살펴보라.
그리고 〈매그놀리아〉를 보면서 한 번 더 연습해 보라. 얼마나 많은 서브 플롯을 찾을 수 있는지. 내 생각엔 최소한 아홉 가지 다른 스토리가 있다. 이와 비슷하게 복합적인 줄거리로 구성된 영화를 다섯 편 정도 골라 각각의 에피소드들을 보라. 그리고 유사한 패턴이 나타나는지 살펴보라.

4.
플롯의 변화

줄거리 구조에 접근하는 방법에는 여러 가지가 있다. 예를 들어 형사 탐정물인 〈형사 콜롬보〉는 당시 매우 혁신적이었다. 오프닝에서 누가 범인인지 보여 주었기 때문이다(Act III 결말 부분에 시선을 집중시킨다). 그러나 사건에 관한 배경을 곁들이면서 콜롬보가 어떤 방식으로 사건 단서들을 모아 범인을 찾는지로 관심을 집중시킨다.

할리우드 주류 영화들이 채택하는 3막 구조 형식의 '법칙'이 점점 굳어지는 것 같다. 그럼에도 줄거리와 구조에 대해 더욱 창의적으로 다가가기 위한 노력도 계속되고 있다. 〈유주얼 서스펙트〉는 흔히 간지 또는 인터리빙interleaving이라 불리는 방식의 훌륭한 예를 보여 준다. 시간 순서보다는 사건을 깔끔하게 정리하는 테크닉에 집중한다. 이러한 영화들의 서브 플롯은 플래시백flashback(과거 장면 삽입*)과 플래쉬포워드flashforward(미래 장면 삽입*)를 교차하며(기교를 부리면서) 전체적인 이야기 구조를 복잡하게 만든다. 또한 액션을 평행적으로 전개한다. 〈펄프 픽션〉, 〈론 스타〉, 〈크래쉬〉, 〈웨이트 오브 워터〉, 〈커리지 언더 파이어〉를 보라.

〈메멘토〉는 도전적이며 야심적인 기술을 보여 주는 영화다. 두 가지 이야기가 계속해서 동시에 벌어지는데, 하나(흑백)는 시작, 중간, 결말, 다른 하나(컬러)는 뒤에서부터 이야기한다. 그리고 주인공의 기억 상태에 따라 엉망으로 기록한 서브 플롯들을 깔끔하게 정리하면서 진가를 발휘한다. 1951년에 만들어진 구로사와 아키라의 〈라쇼몽〉은 강간과 살인 이야기로, 네 가지 시점(P.O.V.)을 통해 이야기를 전개한다. 코스타 가브라스의 〈Z〉(1969)에서도 사용되었던 기술이다. 〈로리스 하트〉에서는 세 명에 대한 각기 다른 이야기(P.O.V.)를 다루었는데, 각 인물의 이야기가 시작될 때마다 첫 장면인 장례식장으로 되돌아간다. 이와 유사한 〈아모레스 페로스〉는 공통점이 없는 세 가지 이야기를 하나의 자동차 사고와 연관시켰다.

터드 솔론드즈는 스토리텔링을 '픽션'과 '논픽션'이라는 두 가지 개별적인 것으로 구분한다. 두 가지 이상의 성질을 지닌 영화라고 부를 수도 있고 2막 구조 영화라고도 부르며, 각 Act마다 시작, 중간, 결말 형식이다. 〈허트 로커〉의 경우 관객을 군인들의 삶 한가운데 떨어뜨려 놓는다. 또한 세련된 기술과 특수 효과의 발전은 작가와 감독들에게 새로운 형식으로 이야기를 전달할 수 있는 길을 열어 주었다. 〈매트릭스〉가 시작이며, 〈소셜 네트워크〉에서는 쌍둥이를 만들어 찍을 정도까지 성장했다. 그리고 크리스토퍼 놀란이 연출한 〈인셉션〉으로 빛을 발했다. 하지만 〈인셉션〉에서 아름다운 도시 파리가 종이처럼 접혀지는 모습에 반했을지라도, 진정 관객을 붙잡는 힘은 스토리와 캐릭터임을 기억하라.

5.
2막 구조의 구성

이와 같은 1차적인 형식은 30분용(대부분 TV) 드라마나 시트콤 등에 사용되며 각 Act는 광고 방송으로 나뉜다. 3막 구조 형식과 비슷한데, 갈등은 Act I에서 시작되고 연속적인 클라이맥스들과 좌절이 나타나며 다시 단계적으로 상승해 갈등의 최고점인 Act II에 도달한다. 반면 2막 구조 형식에서는 각 Act의 길이가 같고 각 Act마다 서너 가지 중요한 신들이 들어 있다. 하나 혹은 두 개의 변화 과정 또는 영화상 외면적으로 설정되는 장면들이 부가적으로 추가될 수 있다.

TV는 초반 2-3분이 가장 중요하다. 시선을 집중시킬 장면은 초반 3페이지에 보여 주고, 메인 줄거리도 첫 신에서 보여 주도록 한다. 서브 플롯이 있다면 보여 주거나 최소한 첫 신에서(첫 신이 짧다면 두 번째 신) 암시라도 해야 한다. 사건의 발단(7장 참조)을 보여 주면 유용하다. 물론 기본 2막 구조를 취하면서 많은 서브 플롯을 가질 수도 있는데(〈심슨 가족〉, 〈프렌즈〉, 〈말콤네 좀 말려줘〉, 〈프레이저〉, 〈사우스 파크〉), 어떤 면에서는 지나치게 기교를 부린 작품들이며, 주로 다수의 작가가 집필한다.

Act I 후반부에는 당연한 클라이맥스 대신 긴장감 있는 상황이 필요하다(관객이 광고 후에도 Act II를 지켜볼 수 있을 정도로). 광고 방송이 있으므로 쉬어 가는 상황은 불필요하다. Act II에 접어들면 계속해서 진실의 순간 지점까지 만들어 나간다. 이와 같은 상황에서는 Act II의 중간 지점(다시 말해 3막 구조 형식에서 드라마가 75% 정도 전개되었을 때), 나머지는 Act II는 결말 부분이다.

8-3 2막 구조

아무 시트콤이나 세 개만 골라서 보라. 위의 기본 구조와 같은 형식인가? 그렇지 않다면 왜 그런가?

6.
4막과 5막
구조의 구성

러닝타임이 비교적 긴 〈좋은 친구들〉, 〈말콤 X〉, 〈바람과 함께 사라지다〉, 〈매그놀리아〉, 〈진주만〉, 〈브레이브 하트〉, 〈쉰들러 리스트〉,

〈카지노〉, 〈타이타닉〉, 〈반지의 제왕〉, 〈벤허〉 등은 4막 혹은 5막으로 구성된다(각 Act의 길이는 비슷하다). 중요 전환점들은 3막 구조 형식과 비슷하다. 사건 발생은 20%, 되돌아갈 수 없는 지점은 50%, 그리고 진실의 순간은 75% 정도 전개되었을 때 일어난다.

7.
둘 이상의 내용으로
구성된 영화

이런 영화들은 감독의 스타일을 많이 따른다. 대부분 연결 지점이 나오는데, 같은 캐릭터(〈딜런 독: 죽음의 밤〉, 〈펄프 픽션〉, 〈포 룸〉), 같은 장소(〈뉴욕 스토리〉, 〈그랜드 호텔〉, 〈포 룸〉, 〈어사일럼〉, 〔이란 영화인〕 〈텐〉), 같은 주제(〈아리아〉) 혹은 작가, 비슷한 이야기 구조 또는 같은 버팀목처럼 연결된 영화, 또 같은 사건을 다룬 영화(〈아모레스 페로스〉, 〈2001년 9월 11일〉) 등이다.

각각의 작은 스토리들은 시작, 중간, 결말로 나뉜다. 이 전체적인 스토리 구성에 여러 장르를 혼합시키면 혼란만 초래할 뿐이다(〈뉴욕 이야기〉, 〈포 룸〉).

인사이트

왕년에 인기를 누렸던 노래들을 새로운 시나리오로 재구성한 '주크박스 뮤지컬' 영화가 여럿 제작되는 것은 새롭지 않다. 1952년도 작품인 〈사랑은 비를 타고〉나 1967년도 작품인 〈모던 밀리〉를 들 수 있다. 오늘날에는 보다 일반화되었다. 〈맘마 미아!〉, 〈드 러블리〉, 〈물랑 루즈〉, 〈해피 피트〉, 〈에브리원 세즈 아이 러브 유〉 등이 있다. 이 세상에 결코 새로운 것은 없다.

기억할 것

① 보글러는 1990년대 이후 영웅의 여정(또는 단일신화)이 주류 영화의 대세라고 상정한다.

② 영웅의 여정을 간단히 말하자면 영웅은 미지의 세계로 여행을 떠나서 죽음(위험)과 맞서고(그리고 적을 패배시킨다) 마침내 '보물'을 가지고 돌아온다. 그는 이를 세 개의 Act를 통해 열두 단계로 요약해 보여 준다.

③ 이는 단지 이론적인 분석용으로 구성한 것임을 기억하라. 반드시 지켜야 할 법칙은 아니다. 훌륭한 시나리오들을 살펴보면 영웅의 여정과 3막 구조 형식이 겹쳐짐을 볼 수 있다.

④ 2막 구조(대개 길이가 동일하다) 형식은 모든 3막 구조 형식의 양상을 띠지만 진실의 순간 지점은 Act Ⅱ 중간 지점에서 발생한다.

⑤ 여러 형식으로 이야기를 전달하는 추세가 높아지지만(이야기를 무작위로 잘게 나누는 것부터 거꾸로 시작하는 것까지) 어떤 형태든 초반–중반–끝 형식에 의지한다.

9장

심층 구조 연구

이번 장에서는…

전체 시나리오를 시퀀스와 신으로 나누기

대사 쓰는 방법과 그 속의 숨은 의미인 서브 플롯

지금까지 구조에 대해 전반적으로 살펴봤다. 이제부터는 심층 구조(기초 작업) 즉, 스토리를 극으로 만들기 위한 요소를 알아보자. 대략적에서 구체적으로 써 나가는 과정에서 시나리오의 핵심 내용에 조금씩 다가감을 의미하는 동시에 당신이 초고 쓰기 단계에 가까이 와 있음을 말해 준다.

시나리오를 쓰기 위해서는 두 가지 장치가 필요하다. 첫째, 신은 개별적인 사건이고 둘째, 시퀀스는 여러 신을 배열해 의미 있어 보이게 만들어 발전시키는 것이다. 당신의 도구는 다음의 두 가지다. 첫째, 영상은 인물이 펼치는 연기와 당신이 선택한 이미지들을 영상적인 기법을 통해 보여 주는 것이다. 둘째, 소리는 주로 대사를 말하며 주변에서 들리는 소리나 효과음도 포함된다. 지금쯤 당신이 쓰고자하는 시나리오의 전체적인 구조를 만들고, 특정 장면에 대한 뚜렷한 아이디어도 마련해 놓았을 것이다. 더 진행하기에 앞서서 다음 다섯 가지를 염두에 두기 바란다. 어디서 시작하며, 사건 발생과 TP 1은 어디인지, Act II 클라이맥스 및 진실의 순간(TP 2)은 어디인지, 최후의 클라이맥스와 결말은 어디인지. 그리고 스토리를 만들며 시퀀스대로 나누어 기초부터 쓰면 된다.

1.
시퀀스

시퀀스는 구조상 스토리의 기본 틀에 해당한다. 시퀀스의 종류에는 두 가지가 있다.

• 극적 시퀀스: 여러 신이 서로 결합되어 있거나 한 가지 아이디

어에 연결되어, 자체로 시나리오의 일부가 된다(시퀀스 클라이맥스로 결말 맺는다).

• 연결 혹은 변하는 시퀀스: 작은 시퀀스들은 극적인 시퀀스 혹은 인물 설정(Act I 초기) 때 사용되기도 한다. 극적인 사건에서는 최고점으로 오르지 않는다.

극적인 시퀀스는 시나리오에서 가장 중요한 요소다. 구조가 시나리오의 뼈대라면 시퀀스는 내장을 담은 골격이다. 작은 소우주, 기초, 시나리오의 설계도다. 이 한 구획의 극적인 액션은 하나의 아이디어로 수용되며, 하나 혹은 몇 개 단어로 표현할 수 있다. 도망, 추격, 도착, 떠남, 확실한 인물, 재회, 살인, 등. 예를 들어 〈졸업〉 후반부에서 벤자민이 엘레인을 뒤쫓은 끝에 교회에서 그녀를 찾는 시퀀스(수행), 〈대부〉의 결혼식이 담긴 시퀀스, 〈대부 III〉의 클라이맥스인 오페라 전당 시퀀스(해당 Act의 대부분을 차지한다).

구조라는 빨래 줄에 스토리를 넌 다음 시퀀스라는 빨래집게로 고정시킨다고 할 수 있다. 모든 극적인 시퀀스는 확실한 시작, 중간, 끝이 있으며(극적인 행동을 구성하는 시퀀스) 각 시퀀스는 시나리오 구조 전체를 반영한다. 더욱이 각 시퀀스(극적인 사건 혹은 연결)는 다음 시퀀스와 연속성을 갖기에 추진력 있게 만들어야 한다.

중요한 시퀀스를 여러 개 만들 수도 있다. 시나리오 전개 속도와도 연관 있는데, 〈꿈의 구장〉처럼 편안하고 묵상적인 드라마에는 아홉 개, 〈이유 없는 반항〉은 일곱 개, 〈스피드〉, 〈분노의 질주〉, 〈xXx〉 같은 액션 영화들은 전개 속도가 빠르므로 그만큼 많은 시퀀스를 필요로 하나 각 시퀀스의 길이는 짧다. 〈스피드〉의 시퀀스가 몇 개인지 살펴보라. 줄거리는 확실하다. 7장에서 봤던 영화들의 시퀀스들을 묘사해보고 시퀀스가 왜 많고 적은지 생각해 보라.

팁

DVD로 출시된 영화들을 보면 '장'으로 구분되어 있다. 장으로 나뉘는 지점을 주목하라.

〈델마와 루이스〉의 시퀀스를 살펴보자(러닝타임은 123분이다).

① 시퀀스 시작(탈출)하고서 2-11분 경과
▷ 델마에게 전화하는 루이스 (목적 설정 필요)
▷ 부엌에서 다릴과 대면하는 델마 (문제/장애: 델마를 지배하는 다릴 등)
▷ 결단을 내리는 델마 (방법: 다릴이 떠나길 기다림)
▷ 짐을 싸는 델마 (행동)
▷ 델마를 차에 태우는 루이스, 함께 떠나는 두 사람 (클라이맥스와 결과)

② 바 시퀀스 (연결) (11분)

③ 도망자 시퀀스 (18분)
▷ (19분) 강간 시도 (사건 발생으로 문제 등장: 행동 동기 유발, 후에 복잡해짐)
▷ (20.5분) 총격 (행동, 위기)
▷ 탈출 (결정)

④ 변화하는 (첫 번째) 도망 시퀀스 (21분)
▷ 운전 중: 계획 없음 (문제)

▷ 호텔 방: 계획 세움 (문제 해결)

⑤ 돈을 잃는 시퀀스
▷ (45분) 제이디를 차에 태워 줌
▷ 경찰을 피하고자 우회함: 호텔에서 루이스를 만나는 지미 (진로에 장애 등장)
▷ (60분) 제이디와 사랑을 나누는 델마: 루이스와 헤어지는 지미
▷ 깨달음: 방 안에 돈이 있음 (위기)
▷ (66분) 제이디가 그들의 돈을 훔쳤음을 알게 되는 델마와 루이스 (클라이맥스, 해결)-큰 좌절

⑥ 델마가 리드하는 시퀀스
▷ (71분) 편의점을 터는 델마-큰 좌절: 돌이키지 못함

⑦ 멕시코로 향하는 시퀀스 (못된 트럭 운전사 등장 전·후)
▷ (74분) 트럭 운전사와 첫 번째 만남
▷ 경찰서에 잡혀 있는 제이디
▷ 다릴에게 전화하는 델마, 형사들이 집에 있음을 알아차림(문제 증대)
▷ 밤새도록 운전하는 두 사람 (이 부분의 시퀀스만 총 15분)
▷ (89분) 트럭 운전사와 두 번째 만남
▷ 델마는 루이스에게 텍사스에서 강간당했더라면 어땠을지 물음
▷ 속도위반한 그들을 뒤쫓는 경찰
▷ 트렁크 안에 경찰을 가둠
▷ 도망치는 자와 이야기 나누는 델마와 루이스
▷ 협조적인 형사와 다시 통화하는 델마

▷ 다시는 돌아가지 않겠다는 이야기를 나누는 델마와 루이스 (이 부분의 시퀀스만 총 16분)

▷ (105분) 트럭 운전사와 세 번째 만남

▷ (108분) 그의 트럭을 폭발시킴-전체 시퀀스 중 클라이맥스

⑧ 마지막 추격 시퀀스

▷ (111분) 델마와 루이스를 뒤쫓는 경찰들

▷ 절벽 위에 몰린 두 사람

▷ (120분) 절벽을 향해 돌진

위와 같이 각 시퀀스의 뚜렷한 패턴이 보일 것이다.

시퀀스의 목적

설정 → 문제 등장 → 문제 해결을 위한 방법 → 행동 → 위기 → 클라이맥스 → 사건 직후의 여파

각 시퀀스의 주요 인물들은 확실한 목적을 가지는데, 저마다 목적 달성을 위한 확실한 방법이라고 생각하는 행동을 취한다(또한 극적으로 필요한 것을 채워 준다).

• 시퀀스의 목표는 전체적인 목표로부터 나온다.
• 이는 다른 시퀀스들의 목표와는 다르다.
• 단계적으로 활동할 수 있도록 도움을 준다(전의 시퀀스들의 목적보다 강도가 세다).

시퀀스에서 인물이 자신의 목표를 이루려고 할 때에 방해받기 마련인데 보통 처음에는 실패하여 새로운 방법을 구사하게 된다. 새로운 도전을 할 때는 새로운 전략과 방법으로 접근해야 한다. 후반부에는 이와 같은 시도가 실패, 성공 혹은 중단되기도 한다. 어쨌든 극적인 시퀀스에서 시퀀스의 목표를 달성하려고 애쓰는 것은 중요하다. 이것은 문제와 갈등을 해결하려는 목적에 의해 생긴다.

시퀀스의 방해

시퀀스는 방해나 반전을 다음 시퀀스로 이동시키기 위한 에너지 폭발 장치 역할을 한다. 또 스토리의 방향을 바꾸지는 못하지만 인물의 운명을 바꾸어 목적 달성법을 극적으로 전환시킬 수 있다. 그리고 다음 시퀀스의 방향을 가르쳐 주기도 한다. 〈델마와 루이스〉의 시퀀스를 복습하고 어떻게 짜였는지 살펴보라.

폭로

방해 이후 특정한 순간이나 과정에서 인물은 그들의 방법(또는 시퀀스의 목적)을 달성할 수 없음을 깨달아야 한다. 의도적은 아니어도 주인공의 포기 의사를 특별한 행동으로 구체적으로 보여 준다.

문맥과 내용

시퀀스 수에는 제한이 없겠지만 무엇이 각 시퀀스(문맥)를 연결하는지는 반드시 숙지해야 한다.

'떠나다'로 시퀀스를 짜 보자.
배경: 한 청년이 새 일자리를 얻어 멀리 떠나게 되었다.
시작: 주인공의 아침부터 시작하자. 침대에서 일어나 면도하고, 옷을 입고 짐

을 싸서 집을 나선다.

중간: 차에 짐을 싣고 공항으로 가다 잠시 친구 집에 들러 작별인사를 할지도 모른다.

결말: 공항에서 가족들과 작별하고 비행기에 탄다. 비행기가 이륙한다.

무언가 잘못되었다. 잘 생각해 보라. 이제 세 개 부분마다 다섯 개 혹은 그보다 많은 신을 만들어 해당 시퀀스에 살을 붙여야 한다. 6-8페이지 분량의 내용을 만들어야 한다.

비행기를 타는 것, 여행 또는 도착에 관한 아이디어로 다음 시퀀스(시작-중간-끝)들을 만들어 보자. 앞서 살펴본 아웃라인 형식으로 시나리오 스토리를 시퀀스로 나누어라. 그것이 DVD로 출시된다면 어떠한 '장'을 만들 것이며 어떠한 제목을 붙이겠는가?

2. 신

신의 구조를 이해하고 싶다면 당장 콘스탄틴 스타니슬랍스키가 쓴 책(『배우 수업』*)을 사서 신에서 배우가 무엇을 관찰해야 하는지 기술한 부분을 읽어 보라. 각 인물이 원하는 것은 무엇인가? 그들이 갈등을 겪는 시점은 어디인가? 어디서 신이 바뀌며 다른 방향으로 흘러가는가?

　　　　　　　　- 래리 퍼거슨, 시나리오 작가(《붉은 10월》, 〈에이리언 3〉, 〈맥시멈 리스크〉)

신은 시나리오 가운데 가장 중요하고 기본적인 요소로 무슨 일이 발생하고 구체적으로 무슨 일이 벌어졌는가를 다룬다. 행동과는 별개이며 스토리가 벌어지는 장소와 극적인 갈등을 준비하는 배경이기도 하다. 특정 영화를 생각하면 무엇이 떠오르는가? 아마도 훌륭한 신일 것이다. 〈싸이코〉의 샤워 장면, 〈내일을 향해 쏴라〉의 주인공이 궁지에 몰려 있다 뛰어나오며 총 쏘는 장면, 〈카사블랑카〉의 주인공 릭이 "연주해 보게, 샘"이라고 말하는 장면 혹은 비행기를 타고 떠나는 장면, 〈저수지의 개들〉의 흥겨운 팝송 노래와 함께 귀를 자르는 장면, 〈해리가 샐리를 만났을 때〉의 샐리가 케이크로 오르가슴을 느끼는 장면, 〈지옥의 묵시록〉의 헬리콥터 등장 혹은 엔딩의 폭발 신, 〈미션 임파서블〉의 에단이 천장에 와이어를 매달고 작업하다 갑자기 줄이 느슨해져 몸이 거의 바닥에 닿을 뻔한 장면, 〈여인의 향기〉의 탱고를 추는 장면 등. 이처럼 훌륭한 신이 훌륭한 영화를 만든다.

신의 장소나 시간이 변경되면 새로운 신이 시작된다. 신의 목적은 스토리 전개다. 그래서 시나리오에 신 번호가 많은 것이나 정작 번호는 중요하지 않다. 이야기를 전하는 데 알맞은 수의 신을 사용하면 그만이다. 따라서 신은 필요한 만큼 길거나 짧아질 수 있다. 한 문단, 한 줄, 단 몇 단어일 수도 있고, 여러 페이지를 사용할 수도 있다. 다만 시나리오를 읽는 사람들은 한 신이 3페이지(3분)를 넘으면 짜증을 낼 수도 있다. 초보 작가들은 많은 대사를 상세하게 쓰는 경향이 있는데, 문제는 시작과 결말이 말끔하지 않다는 것이다. 스토리는 신 길이가 얼마큼 길고 짧으냐에 따라 결정되니 자신의 스토리를 믿어라.

사실 신은 복잡하다. 전체의 일부이며, 시나리오라는 큰 구조의 구성 요소다. 자동차 카뷰레터와 비슷하다고 생각하면 된다. 카뷰레터의 목적은 자동차의 움직임을 돕는 것이며, 카뷰레터가 없으면 자동차가 작동하지 않는다. 시나리오에서 신 하나를 삭제하면 시나리오는 이야기가 되지 않는다. 카뷰레터가 작동하듯 신도 같은 역할을 한다. 따라서 신의 기능을 개별적인 요소와 커다란 본체를 구성하는 기능의 두 가지로 보기 바란다. 신의 종류에는 세 가지가 있다.

① 영상 신은 대사를 배제하고 영상만 보여 준다. 액션 신 혹은 연결 신이나 변화 신이다.

② 대사는 한두 사람의 대화다.

③ 극적인 신은 영상과 대사다.

영상 신은 대체로 짧고 극적이지도 않다. 다른 신과의 연결이 목적으로, 다른 부분의 액션에 대한 연결 혹은 변화 과정을 보여 준다.

EXT. 필라델피아 거리 - 낮

집으로 가는 길에 존의 차가 지나간다.

또는 다음의 극적인 신을 위한 설정 역할을 한다.

EXT. 홍콩. 시장 - 낮

동서양의 장사꾼들로 가득 차 있다. 이곳에서는 모든 것을 구할 수 있다. 가전제품, 가구, 음식, 무엇이든.

또한 둘을 같이 사용할 수도 있다.

이런 신들은 내부 구조가 없기에 클라이맥스로 이어지는 위기를 만들지 않는다. 단순히 스토리를 전개시키거나 관객이 의문을 갖지 않게 A에서 B까지 인물들의 움직임을 연결하여 보여 주는 것이 목적이다. 대사 신을 쓸 때는 영상 기법을 함께 사용해야 한다. 대화로만 구성된 신은 늘어지기 마련이다. 대사 신이 3페이지(3분)를 넘지 않게 하라. 예외는 있겠지만 거의 모든 신은 지면의 1/4에서 3페이지 사이다. '스냅샷'의 기본 구조를 기억하라.

갈등은 드라마이자 사실이다. 하지만 극적 장면은 누가 설거지할지 말다툼 벌이는 것이 기차 사고만큼이나 큰 효과를 불러오는 장면이다.
- 말 영, BBC 드라마 책임자

발달, 전개, 결말 부분의 극적인 장면을 만들 때 넣으면 좋겠다고 생각하는 '이상적인' 신이 있을 것이다. 영화에 전부 드러나진 않겠지만 정해 두어야 한다. 이런 신들은 전체적인 줄거리와 캐릭터를 설명하며 스토리를 전개시킨다. 또한 스토리에 이미 발생한 갈등을 단계적으로 확대시키며 클라이맥스에 이어지는 위기 시점에 도달하도록 만든다.

극적인 신은 다음을 포함한다.

- 텍스트(원문): 인물이 무엇을 하는지
- 대사: 그들이 무슨 말을 하는지
- 서브 텍스트: 어떠한 행동이나 말에 숨은 진실은 무엇인지

시나리오에는 모든 이미지와 설명 묘사가 있어야 한다. 특히 모든 대사 라인은 다음의 셋 중 하나여야 한다. 줄거리에 대한 행동의 진전, 캐릭터 설명, 또는 두 가지 모두. 아무것도 없다면 다른 방법으로 표현할 수 있는지 생각하거나 꼭 필요한지 의문을 품어야 한다. 훌륭한 시나리오(〈위트니스〉, 〈LA 컨피덴셜〉, 〈표적〉, 〈투씨〉, 〈미져리〉, 〈매버릭〉, 〈유주얼 서스펙트〉, 〈스피드〉 또는 7장에서 언급한 영화들)를 보면 모든 대사에 이유와 정당성이 있다. 그 자체의 신과 각각 다른 신들에 대해 무엇을 보여 주고 안 보여 줄지 선택하라.

신은 다음의 두 가지 요소로 이루어진다.

① 일반적인 문맥
② 뚜렷한 내용

신이 언제, 어디에서 일어났느냐는 장소와 시간으로 표현한다. 장소는 EXT. 또는 INT.으로, 시간은 낮 혹은 밤 등으로 쓴다. 아래와 같이 사용할 수 있다.

INT. 부엌-낮
EXT. 거리-밤

장소와 시간의 변화는 새로운 신의 등장을 의미한다.
스토리 문맥상 모든 신은 관객에게 적어도 한 가지 이상의 정보를 주어야 한다. 정보 제공이 신의 목적이기 때문이다. 다른 신과의 연결일지라도 적어도 다른 장소로 이동한다는 정보를 준다. 시나리오와 시퀀스처럼 극적인 각 장면들은 시작, 중간, 끝으로 구성된다. 어느 부분을 보여 줄지는 시나리오 작가가 결정한다. 최고로 극적인 충돌을 찾아라. 정해진 법칙은 없다. 스토리가 무엇을 해야 할지 말하게 하라.

> 신을 시작하기 전에 나는 최대한 마지막 순간까지 기다리다가 최후의 순간에 시작한다. 정확하게 말하면 신의 후반부에서 뚜렷한 행동(액션)이 끝나자마자 당장 빠져나온다!
>
> − 윌리엄 골드먼

팁

신을 완성하고 난 후에 처음과 끝 부분을 편집해 보라. 그리고 나서 나머지 정보들도 요약해 보라. 절반 분량으로 줄었지만 두 배로 압축되었을 것이다. 그렇지 않다면 이 과정을 반복하고서 만족스러울 때까지 손질하라.

3.
신 만들기

시퀀스와 같이 신의 배경(목적, 장소, 시간)을 만들면 내용이 따라온다. 배경을 완성하고 다음 질문에 답하라.

- 이 신에서는 무슨 일이 일어나는가?
- 각 캐릭터는 이 신에서 무엇을 원하고, 무엇이 발생하기를 바라며, 마지막 부분에서 무슨 일을 막으려 하는가?
- 신의 장소는 어디인가?
- 신은 어느 때에 이루어지는가?
- 이 신의 목적은 무엇인가?
- 왜 거기에 있는가?
- 어떻게 스토리를 전개시켜 나가는가?
- 스토리를 전개시켜 나가려면 어떻게 해야 하는가?

배우는 해당 신에서 자신이 맡은 인물이 그곳에서 무엇을 할지 생각한다. 마지막 등장 다음부터 그다음 등장까지 어디에서 무엇을 하다 왔는지, 이 신이 진행되기 바로 전에 무엇을 하고 있었는지, 어디로 가며, 이 신 다음에는 무엇을 할 것인지. 그리고 이 신에서 그들의 목적은 무엇인지와 왜 거기에 있는지. 당신도 알고 있어야 한다. 신

안(실제 시간)에서 무슨 일이 일어나는지와 신 사이(생략 시간)에 무슨 일이 벌어졌는지도 중요하다. 당신이 시나리오에서 일부러 보여 주지 않은 것, 어떤 신을 삭제할지는 어떤 신을 만들지 못지않게 중요하다. 관객이 추론할 수 있는 것은 삭제하라(1장 참조). 시나리오 작가인 당신에게 달려 있다는 사실을 잊지 마라! 다음 질문에 답해 보라.

- 인물이 어떻게 앞 신 후반부에서 이번 신 초반부까지 왔나?
- 그들은 내내 무엇을 하고 있었는가?
- 인물 X와 Y에 집중하고 있을 때, 다른 인물들은 어디서 무엇을 하고 있을까?
- 다른 인물들은 신 사이마다 무엇을 하고 있을까?

당신은 왜 그 등장인물이 이번 신에 등장하며 그들의 행동과 대사가 어떻게 스토리를 전개시키는지를 알고 있어야 한다. 시나리오 작가가 모른다면 누가 알겠는가? 도표 9-1이 도움을 줄 것이다.

장소

장소는 극적인 사건이 일어나는 공간이다. 아무 일도 일어나지 않는 곳은 잘못된 장소다. 항상 갈등을 찾아라. 어려운 상황을 만들어 긴장감을 유지하라.

- 신에서 가장 극적인 배경을 찾아라. 〈가위손〉에서 에드워드는 (공평한 선택과 한정된 행동이 가능한) 소파가 아닌 물침대를 두려워한다. 가위손으로 엉망으로 만들 수 있는 장소이기 때문이다. 러브 신의 가장 극적이며 흥미 있는 배경은 어디일까? 침실 안, 차고 앞마당, 콘서트홀 박스 안, 동물원 사자 앞? 독창적인 장소를 찾아라.

9-1 신 작업표

(출처: Jurgen Wolf)

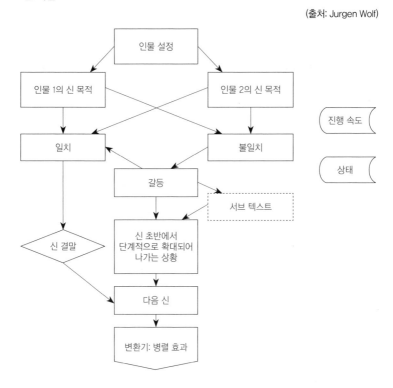

• 활동적으로 제한된 장소와 환경(잠수함, 우주선, 비행기, 지하철, 자동차, 창고), 즉 인물이 도망칠 수 없는 곳을 찾아라. 〈스피드〉, 〈크림슨 타이드〉, 〈패닉 룸〉, 〈디 아더스〉. 〈글렌게리 글렌 로스〉는 사무실과 바에 대한 밀실 공포증(편집증)을 재치 있게 묘사했다. 〈체리쉬〉는 주인공에게 전자 추적 장치인 팔찌를 채워 집 밖으로 나갈 수 없게 만들었으며, 〈127시간〉에서 주인공은 바위에 낀 상태였고, 〈더 문〉의 주인공 샘 벨은 달나라 기지에 3년간 갇힌다.

〈다운튼 애비〉는 좁고 사방이 막힌 한 건물을 배경으로 한다. 그 건물은 두 개 층으로 나뉘어 있고, 두 개의 다른 사회가 실제로 존재할 법한 장소에 반해서 만들어졌다.

- 줄리안 펠로우즈

• 신에서 '못마땅한' 상황을 극적으로 만들 수 있는가? 콘서트홀 박스에 한 커플이 있다. 두 사람이 막 키스하려는 순간 갑자기 다른 커플이 들어와 옆자리에 앉는다. 커플은 동작을 멈춘다. 그들은 콘서트를 볼 것인가 아니면 다른 곳에 가서 사랑을 나눌 것인가.

• 날씨를 이용해 감정을 고조시킬 수 있는가? 비가 내리는 장면에서 얼마나 많은 신이 극적이거나 감정적인 장면으로 연출되었는가? 〈지옥의 묵시록〉, 〈피아노〉, 〈스파이더맨〉, 〈로드 투 퍼디션〉, 〈위트니스〉, 〈티파니에서 아침을〉의 마지막 장면, 〈네 번의 결혼식과 한 번의 장례식〉, 〈아메리칸 뷰티〉의 3막 전체 등. 이처럼 비는 극적인 장면에 많이 사용된다. 춥고, 찬바람이 몰아치는 황량한 겨울을 배경으로 한 〈파고〉, 〈미져리〉, 〈인썸니아〉를 생각하라.

인사이트

좁고 사방이 막힌 공간 또한 무척 드라마틱하다. 꽉 막힌 공간에서 진행된 〈미세스 파커〉 시사회에 간 적이 있다. 126분의 긴 러닝타임 동안 도로시 파커와 1920년대의 뉴욕 알곤킨 호텔에서 벌어지는 일들을 잘 묘사했고, 영화에 출연한 배우들을 존경한다. 하지만 영화가 끝날 때쯤 이곳에서 꺼내 달라고 소리치고 싶은 충동을 느꼈다.

내용

신의 극적인 목적에 따라 내용이 결정되고 이에 따라 대사와 액션들이 만들어진다. 먼저 해당 신의 구성 요소부터 찾아보자. 신에 등장하는 각 인물들에게 다음과 같은 질문을 해 보라.

- 어떤 관점으로 인물의 생활(전문적, 개인적, 사생활)을 보여 주려 하는가?
- 이 신의 목적은 무엇인가? 무엇을 하고자 하며, 무엇을 얻으려 하는가?
- 일치한 적이 있는가?(그렇다면 다음 신으로 넘어간다)
- 불일치한 적이 있는가? 그렇다면 갈등은 있는가? 무엇인가? 어떤 종류인가? 서브 텍스트는 무엇인가? 신 초반부터 상황이 단계적으로 확대되어 가는가?(그렇다면 계속 진행한다)
- 신은 흥미진진해지는가? 어떻게 그렇게 되었는가?
- 처음 신 등장 이후 마지막 부분에서 무엇이 변화되었는가?

인물의 태도에 대해 다음 질문에 답해 보라.

- 영화에서 해당 인물의 전반적인 태도는 무엇인가?
- 특정 장면, 그리고 신의 처음과 끝에서 해당 인물의 태도는 어떠한가? 변화되었다면 어떻게 변화되었는가?

신 안에서 각 인물들의 관계에 대해 위의 두 가지 질문을 다시 던져 보자.

마지막으로, 이 신이 주인공을 시나리오(시퀀스도)의 마지막 목적을 향해 다가가게 하는지 생각해 보라. Act III 클라이맥스와는 어떻게 연관되는가? 아무런 역할을 하지 못한다면 아무리 훌륭한 신이라도 버려야 한다.

위기와 클라이맥스

앞서도 언급했지만 극적인 신은 내부적인 구조로 만들어지며, 위기에서 클라이맥스로 이어진다. 물론 큰 위기에 도달하기 전에 여러 작은 위기가 연속적으로 생길 수 있다. 다시 정의 내리자.

• 위기란 신에서 내린 결정이 인물이나 스토리를 바꾸는 순간을 말한다. 위기 이후의 신 상황과 액션은 사건을 정리하는 기능이 있다. 그러므로 중요한 위기는 전환점이 된다.
• 클라이맥스란 신에서 위기가 일방적으로 혹은 다르게 변화되는 순간이다.

인물의 발견

거의 대부분의 신에서 인물은 무엇인가를 발견하고 무엇인가를 깨닫고, 무엇인가를 찾아낸다. 그럼으로써 견문을 넓힌다. 이것은 스토리나 캐릭터, 혹은 두 가지 모두에 영향을 끼친다. 인물의 발견이 드라마틱한지 아니면 그다지 중요하지 않은지는 스토리에 따라 달라진다.

신 안에서의 인과 관계

각 신은 다음 신에 '원인'을 제공한다. 신 안의 사건들이 다음 사건의 원인을 제공하는 것이다. 인과 관계는 시나리오를 만드는 중요한 요소이자 시나리오를 이해하는 데에도 도움이 된다. 심지어 줄거리나 원동력을 만드는 도구로 활용되기도 한다(10장 참조).

신의 결말(뒤에서부터 쓰기)

시나리오를 쓰기 전에 전체 결말과 각 Act의 결말을 미리 숙지하

라. 마찬가지로 각 신의 결말도 알고 있어야 한다. 신을 써 나가는 작업은 언제나 신을 탐구하는 작업이다. 신의 결말 부분까지 다 쓰고 나면 번뜩이는 아이디어가 떠올라 다시 글을 쓸 수밖에 없을 것이다. 마지막으로 바로 전 신 혹은 다음 신과의 병렬 배치를 잘 생각해 어떤 효과를 만들지(만들려고 하는지) 생각해 보기 바란다. 변화, 대조, 갈등, 유머, 익살, 그리고 무엇을 만들려고 하는가(10장 '시나리오 전개 속도' 참조)?

플래시백

과거에 벌어진 일들을 설명한다. 인물 혹은 상황 설명에서 관객의 이해를 돕기 위해 삽입한다. 시나리오를 쓰다 보면 플래시백을 넣고 싶은 충동이 많이 일어날 것이다. 그러나 조잡하고 시나리오에 문제가 있다는 오해를 불러일으킬 수도 있으므로 조심해야 한다. 가급적이면 행동으로 보여 주어라. 꼭 사용해야 한다면 최대한 드물게, 그리고 효과적으로 사용하라. 플래시포워드도 마찬가지다.

> 오래전부터 플래시백 사용은 금기였으나 〈CSI〉를 하면서 금기를 깼다. 플래시백과 함께 '버전'이라고 불리는 특별한 플래시백을 사용했다. 일반 플래시백은 무슨 일이 벌어졌는가를 보여 준다. 반면에 버전 플래시백은 인물의 시점 또는 그들의 말 혹은 무슨 일이 벌어졌는지에 대한 그들의 주장을 보여 준다.
> – 앤서니 E. 즈이커, CBS 제작 책임자(《CSI: 마이애미》, 《CSI: 뉴욕》)

인사이트

창의적인 플래시백이 영화 전체를 채우기도 한다. 〈시민 케인〉은 거의 전체가 플래시백으로 구성되어 있다. 조셉 거튼이 요양소에서 과거를 회상하는 장면을 플래시포워드로 보여 준다. 〈밀드레드 피어스〉, 〈과거로부터〉 등과 같은 많은 필름 누아르 고전에 플래시백 기법이 사용되었다. 〈선셋 대로〉는 오프닝 신만 빼고 나머지가 몽땅 플래시백으로 채워진다. 〈매버릭〉은 첫 시작부터 교수형 신이 나오는 중간까지 플래시백이다.

어느 하이테크 사무실 안. 리처드는 회계 간부다. 43세인 그는 근면하고, 믿음직스럽고, 내성적이며 마른 스타일이다. 그의 상관인 스티브는 28세의 야심가이며 무정하고, 몰아붙이는 성격이며, 집중력이 강하며, 적당한 체격에 나이 많은 사람들과 행동이 느려 터진 사람을 몹시 싫어한다. 누군가 회계 기록에 중대한 실수를 범했다. 리처드는 자신의 실수가 아니라고 생각하며 상관을 의심하지만 누군가 책임을 져야 한다. 스티브는 자신의 사무실에서 리처드와 이 문제에 대해 이야기 나누고 있다. 이 신을 써 보라.

이 신을 다른 장소로 옮겨 보고(빌딩 안) 갈등을(직·간접적으로 작품에 숨겨진 뜻을 생각하여) 사용해 액션을 복잡하고 조이고 풍요롭게 만들어라. 인물 간의 대조와 관계, 각 인물들을 관객에게 더 자세히 보여 주고, 앞으로의 갈등 조짐도 예상하게 하라. 반드시 보여 주고 싶은 것은 무엇인가? 어떻게 극적으로 만들어 보여 줄 수 있는가? 각 신들의 목적은 무엇인가? 대사 없이 가능한가? 장소를 활용하기 바란다. 이미 써 놓았다면 변형시키는 연습을 하라.

4.
대사

대사는 말로 스토리를 전개시키며 신 안에서 인물이 필요로 하는 것을 나타낸다. 대사는 가장 쉽게 스토리와 캐릭터 정보를 알려 주는 방법이다. 이 때문에 시나리오 작가들은 대사에 치우치는 경향이 있다. 사실 시나리오상의 정보를 제공하는 것은 모든 대본의 구성 요소를 함께 나누는 것이다.

시나리오 쓰기는 모든 표현 방법을 동원해 가장 적절한 방법을 찾는 과정이다. 영상적 액션(육체적, 그리고 결단), 소품, 음향, 배경, 사건의 정황, 숨은 뜻 등 일반적으로 대사는 작가가 모든 표현 방법을 동원해 시도하고 원하는 것을 찾은 다음에 사용한다. 〈위트니스〉가 얼마나 대사를 아껴 썼는지 알고 있는가? 스토리 내용과 인물들을 이해하는 데 충분한 설명을 했는가? 아니면 대사 양이 적으면서도 많은 의미를 표현했는가?

> 이따금 당신은 당신이 듣는 대사를 훔치기도 할 것이다. 나는 대사를 쓸 때 대사의 길이가 얼마 정도 될지 안다. 한 페이지, 두 페이지, 세 페이지. 정보나 인물의 변화 과정에 대해 얼마큼 신을 뒷받침해 주며 그 대사에 얼마큼 포인트를 주어야 하는지 충분히 고려한 다음 대화를 만든다. 가장 편안하게 들리는 방법으로.
> — 폴 슈레이더, 시나리오 작가(〈택시 드라이버〉, 〈어플릭션〉, 〈성난 황소〉)

> 배우에게 꼭 해야 할 말을 빼고는 절대로 입을 열게 하지 마라.
> — 존 휴스턴, 영화감독

영화는 영상 매체로, 글이 아니라 이미지다. 말하지 말고 보여 주어라. 쿠엔틴 타란티노 특유의 영리하고 재미있는 '줄거리 없는 대사'라 할지라도, 누군가의 특징을 보여 주는 것이 대사로 설명하는 방식보다 낫다.

대사는 다음과 같은 일정한 기능을 수행한다.

- 정보를 제공한다.
- 스토리를 전개시킨다.
- 감정, 분위기, 느낌, 의지(서브 텍스트에 의한) 등으로 캐릭터 행동을 통해 어려운 점과 답답하고 지루한 상황, 문제를 말해 준다.
- 과거, 자세히 말하면 배경 이야기는 사건과 정보(특히 행동 동기)를 보여 줄 수 있으며, 따라서 대사는 플래시백을 피할 수 있다.
- 각 신과 시나리오 스타일에 맞게 리듬과 속도감을 더하라. 〈태양을 향해 쏴라〉, 〈펄프 픽션〉, 〈슈렉〉, 〈매버릭〉은 잔뜩 멋 부리고 재치 넘치는 대사를 사용했다. 반면에 〈위트니스〉, 〈베니스에서의 죽음〉은 대사 양이 적다. 〈블레이드 러너〉, 〈파이트 클럽〉, 〈메멘토〉, 〈브라질〉 등은 대사가 독특하다. 〈빌리 엘리어트〉, 〈굿 윌 헌팅〉, 〈달콤한 열여섯〉처럼 사실적인 느낌이 나도록 쓴 것도 있다.
- 신과 샷을 연결해 연속성을 제공한다.
- 화면 밖의 오프 스크린(o.s.) 대사를 사용하여 사건 또는 사람이 존재하고 있음을 암시한다.

(이상적으로) 인물의 모든 대사는, 해당 신 안에서나 이후에라도, 인물이 원하는 것에 대한 동기여야 한다. 좋은 대사는 특정한 시점의 신 안에서 인물이 필요로 하는 것에 대한 동기와 결과로, 줄거리를 연결시키며 시나리오상 장기적으로 필요한 무엇을 보여 준다.

영화용 대사는 일상의 대화가 아니다. 효과적인 대사를 얻어야 하며, 진짜 대화하는 것 같은 착각을 불러일으키도록 해야 한다. 효과적인 대사는 자연스럽게 들리며 일상 대화처럼 느껴지며, 일상 대화보다 짜임새 있다. 또한 일상 대화보다 훨씬 간결하며 직설적이다. 사람들의 대화를 녹음해서 들어 보라. 대부분 반밖에 채우지 않은 문장투성이다. '어…', '음…'처럼 말을 더듬거나 반복적이며, 산만하고, 중복되며 집중되지 않는다. 조금도 문학적이지 않다.

효과적인 영화용 대사는 본질상 간접적이며(이 장의 '서브 텍스트' 참조), 연극용 대사보다 훨씬 자연스럽다. 시나리오도 말을 더듬거나 절반뿐인 문장 등을 사용할 수 있지만 대사는 요점만 간결하게 전해야 한다. 〈굿 윌 헌팅〉의 주인공들은 많은 대사를 주고받는다. 주연 배우이자 이 영화의 각본을 쓴 맷 데이먼과 벤 애플렉은 오리지널 신을 만들 때 즉흥적으로 대사를 만들었다. 모든 촬영을 마치고 살펴보니 해당 신에 필요한 중요 정보들이 해당 시점에서 다 드러났다. 처음부터 신의 목적을 매우 명확하게 생각하면서 썼기 때문이다.

시나리오는 대체적으로 군더더기 없이 실용적으로 써야 한다. 효과적인 대사란 간단하고, 격식을 차리지 않은 단어를 사용한 간단한 형식의 짧은 문장이다. 연설조는 간단하며 분명하다. 영화용 대사는 귀에 쏙쏙 들어오게 하기 위함이며, 듣는 용도이지 눈으로 읽기 위한 용도는 아니다.

짧게 말하고 많이 표현해야 한다. 모든 시나리오 묘사에 통용되는 원칙이다. 대사는 인물의 생각을 보여 주어야 한다. 영화용 대사의 단어들은 함축적으로 사용된다. 단어의 뜻 그대로가 아니라 그 신에서 전달하려는 상황을 표현해야 한다. 말을 하지 않은 것이 말을 하는 것만큼, 그 이상으로 중요할 수 있다(이 장의 '서브 텍스트' 참조).

대사는 인물에 맞게 특정 상황의 분위기와 감정을 잘 살려야 하며 리듬과 각 인물만의 개성을 표현해야 한다. 작가가 아니라 영화 속 인물이 하는 말처럼 들리게 했는지 테스트하는 방법은 다른 인물에게 그 대사를 하게 하면 된다. 서로 대사를 바꾸어 말했을 때 명백하게 식별되지 않는다면 인물과 대사가 효과적으로 개성을 살리지 못했다는 증거다.

대사를 적게 쓰면서 많이 표현하는 게 이상적이다. 지나친 감정과 단조로운 말은 자칫 멜로드라마를 만든다. 감정적인 대사라도 해당 인물 특유의 말투를 사용해야 한다. 마찬가지로 특별히 개성 있는 설정이 아니라면 진부한 표현과 자주 쓰는 말은 삼가는 게 좋다.

대부분의 영화에서 사용하는 대사는 짧고 빠르다. 탁구 게임을 하듯 대사를 주고받으며, 그 한마디로 이목을 집중시키거나 스토리를 만들어 나간다. 한 사람이 지나치게 긴 대사를 하면 관객과의 사이가 멀어진다. 관객에 앞서 시나리오 모니터 요원들이 대사 쓰는 법도 모르는 작가라고 생각할 것이다. 그래도 꼭 긴 대사를 사용해야 한다면 정당한 이유가 있어야 한다.

〈글래디에이터〉에서 "내 이름은 막시무스…"라고 주인공이 자신이 누구인지 밝힐 때와 〈글렌게리 글렌 로스〉의 첫 장면에서 블레이크의 강하고 힘 넘치는 연설은 해당 인물의 성품만이 아니라 다른 인물들이 존재하는 전체적인 환경을 구체적으로 표현한다. 또한 스토리의 주된 목적을 설정한다. 마찬가지로 올리버 스톤의 〈월스트리트〉에서 고든 게코는 "욕심은 좋은 거야"라고 말하는데, 이것은 그의 인생철학이다. 그러므로 가급적 긴 대사는 피하거나 줄이던지 혹은 여러 개의 작은 대사로 만들어라. 반드시 사용해야 한다면 최대한 자제해서 사용하라.

침묵의 필요성도 알아 두어라. 말을 하지 않는 것은 말을 하는 것만큼이나 중요하다. 이때 침묵의 효과를 잘 활용해야 한다. 배우와 감독뿐 아니라 작가도 마찬가지다. 대사는 영상 밖에서(o.s.) 또는 소리 없이 사용할 수 있다(M.O.S.). 〈스타워즈〉의 초고를 읽은 해리슨 포드(한 솔로 역)가 조지 루카스에게 한 말이 있다. "조지, 이런 말도 안 되는 대사를 쓸 수는 있어도 이렇게 말할 수는 없어." 당신의 시나리오 대사가 이처럼 되어서는 안 된다.

인사이트

'대사가 풍부한' 시나리오들을 찾아서 읽어 보라. 〈소셜 네트워크〉나 코엔 형제의 〈더 브레이브〉가 있다. 이 영화의 대사들은 한결같이 캐릭터와 배경, 그리고 시대에 맞게 쓰였다. 또 두 작품 모두 책을 바탕으로 했다.

고전 영화지만 〈리피피〉를 보라. 특히 30분간 벌어지는 강도 행각 시퀀스를 눈여겨보라. 그러고 나서 〈앱솔루트 파워〉의 초반 40분을 보라. 두 영화는 거의 아무 대화가 없이 진행된다.

보이스 오버

요즘은 눈에 띌 정도로 보이스 오버를 많이 사용해서 이를 자연스럽게 받아들이는 추세다. 근본적으로 문학적 장치로 사용되며 주로 작품의 주제를 말한다. 아예 사용하지 말거나 최대한 자제하라고 말하고 싶다. 보이스 오버 내레이션이 스토리를 최대한 효과적으로 설정할 수 있으며, 또한 명확하게 보여 줄 수 있어야 한다.

• 화자가 시나리오에도 나오는 인물(주로 주인공)이라면 개인적인 느낌과 시나리오의 시점을 만들 수 있다. 특히 영화 초반에 가능하다. 〈꿈의 구장〉, 〈스파이더맨〉, 〈위대한 개츠비〉, 〈LA 컨피덴셜〉, 〈라운더스〉, 〈브리짓 존스의 일기〉, 〈어바웃 어 보이〉, 〈아웃 오브 아프리카〉, 〈인포먼트〉, 〈아메리칸 뷰티〉, 〈좋은 녀석들〉, 〈콰이어트 아메리칸〉, 〈파이트 클럽〉, 〈씬 시티〉, 〈300〉, 〈가라, 아이야, 가라〉 등. 이 영화들 중 책을 바탕으로 한 게 몇 개인지 알겠는가?

• 화자가 시나리오에 나오는 인물이 아니라면 〈반지의 제왕〉, 〈톰 존스〉처럼 객관적으로 사용하거나 대조 요소를 만들 수도 있다(유머 넘치는 〈조지 오브 정글〉, 변덕스러운 〈아멜리에〉, 모순적인 〈알제리 전투〉).

• 어떤 스토리는 화자가 전체 스토리의 구성을 완성하기도 한다. 〈좋은 녀석들〉, 〈가위손〉, 〈프레스티지〉, 〈크루피어〉, 〈트레인스포팅〉, 〈스탠 바이 미〉, 〈친절한 마음과 화관〉, 〈84번가의 연인〉 등이 있다.

• 〈메멘토〉, 〈슈가랜드 특급〉처럼 연관 있는 장면이나 잠시 쉬어 가고 싶은 장면에 화자를 등장시킬 수도 있다(10장 '시나리오 전개 속도' 참조).

인사이트

〈아바타〉를 보고서 1945년 작품인 〈밀회〉를 다시 봤다. 두 작품이 사용한 보이스 오버의 내레이션과 겉으로 잘 드러나지는 않는 관객의 감정을 조정하고 안내하며 집중시키는 방법이 너무나 똑같아 놀라웠다.

〈인셉션〉과 〈셔터 아일랜드〉의 시나리오를 읽으면서 흥미로웠던 점은 신뢰할 수 없는 내레이터의 존재였다. 그렇게 해야만 관객을 이끌 수 있었다. 관객들을 인도하고, 속이고, 놀리고, 헷갈리게 하고, 같이 놀기도 하는 것이다.

— 레오나르도 디카프리오, 영화배우(〈캐치 미 이프 유 캔〉, 〈타이타닉〉)

〈일렉션〉을 보라. 모두 다섯 명의 보이스 오버/P.O.V.가 나온다. 복잡하게 만들었는가 아니면 충분히 활용하고 있는가?

시나리오를 쓰다 보이스 오버를 사용하고 싶은 유혹을 받는다면 자문해 보라. 지금 덧붙이는 내용이 더욱 좋고 창의적인 시나리오를 만드는지, 나아가 영상으로 잘 표현될 것인가도.

지금까지의 대사에 대한 지침들은 제안일 뿐이다. 고정된 형식에 얽매이다 보면 대사가 기계적이며 부자연스러워진다. 궁극적으로 좋은 대사를 쓰고자 한다면 듣는 법부터 배워야 한다. 언어적 또는 비언어적으로(실제 생활과 영화상으로) 어떻게 뜻이 전달되는지 듣고 관찰하며, 말에 숨겨진 진실에 귀를 기울여야 하며(서브 텍스트), 목소리를 잘 듣고 표현과 몸짓까지 자세히 관찰해야 한다. 무엇보다도 등장인물의 소리에 귀 기울이는 법을 배우기 바란다. 인물을 철저히 조사했다면 그에게 실제 같은 느낌을 주며 대화 패턴을 잘 살려 그들만의 말투를 부여하라.

> 대사 쓰는 것은 배울 수 있는 영역이 아니다. 그것을 들을 수 있는 귀가 있느냐 없느냐에 달려 있다.
>
> – 데이빗 에드거, 극작가

조언들

- '일상적으로 지나치는 형식적인 말'들의 대화를 삼가라. 문안인사, 작별 인사를 비롯하여 아무 내용도 없는 이야기 등이다.
- 한 번 나온 정보는 반복하지 마라. 초보 작가들의 시나리오에 이런 실수가 유독 잦다.
- 사투리를 자제하고 말하는 그대로 적지 마라(습관적으로 덧붙이는 단어나 '음…' 등*).
- '?'나 '!'와 같은 감탄 부호를 사용하지 말고 감정 표현에 절대로 이탤릭체나 대문자를 사용하지 마라. 드물게 사용하는 것은 괜찮다. 밑줄 치는 방법도 있다.

• 대화 중 나오는 질문에 일일이 답할 필요는 없다. 침묵도 훌륭한 답이 될 수 있다(〈위트니스〉가 그러하다). 빤한 답을 요하는 질문에 대해서는 더욱 그렇다. 간접적인 대답 역시 가능하다.

• 근래 들어 무의미한 감탄사, 저주의 말, 비속어, 외래어 등이 많이 허용되는 추세지만 논리적으로 알맞은 문맥에서 사용되어야 한다. 어쨌거나 최대한 자제해야 한다. 그리고 이것이 오히려 커다란 효과를 얻을 수 있다.

• 카메라를 똑바로 쳐다보며 말하라. 이는 극적인 효과를 노리는 장치다. 이를테면 〈말콤네 좀 말려줘〉와 〈셰익스피어 인 러브〉가 그렇다. 하지만 '연극적'인 느낌을 지우지 않고서는 성공을 기대하기 어렵다. '셰익스피어'는 할 수 있겠지만, 어쨌거나 최대한 자제하고 조심스럽게 다루기를 바란다.

액션 위주가 아닌 당신이 좋아하는 영화를 선택하라.

Act I을 구분해서 보라(전체적인 Act에 길들여지는 느낌을 받았다면 짤막한 30분용 TV드라마 혹은 영화의 첫 10분을 주목하라).

Act I의 내용을 상세히 알 수 있을 때까지 반복적으로 보라. 각 신에 대해 기록하고 각 신에서 무슨 일이 일어났으며, 어떤 중요한 정보를 얻었는지 등을 기재하라. 시나리오를 구해서 공부하는 게 최선이다.

정리한 노트나 시나리오를 가지고 Act I 전체를 무성 영화처럼 대사 한마디 없이 다시 써 보라. 이때 최대한 영상을 통해 인물의 변화 과정과 액션에 대해 집중해서 설명하라.

왜 이런 훈련이 필요한 것일까? 인물 묘사와 설명 방법, 그리고 말 대신 인물의 감정을 살리는 최고의 표현 방법을 관객에게 보여 줄 수 있는 훈련이기 때문이다. 이 훈련을 마치고 나면 인물 묘사에 대한 한층 세련된 표현법을 배울 수 있을 것이다.

5.
서브 텍스트

대사를 공부할 때, 그 대사들을 연결시키는 생각들도 공부해야 한다.

– 해리엇 월터, 영화배우(《예감은 틀리지 않는다》, 《어톤먼트》)

훌륭한 드라마는 서브 텍스트가 뛰어나다. 〈톰 존스〉에서 전통적인 방식으로 식사하는 장면, 〈순수의 시대〉에서 마차 안에서 장갑 단추를 푸는 장면, 〈피아노〉에서 구멍난 스타킹에 손가락을 집어넣고 장난치는 장면, 히치콕의 〈39계단〉에서 아나벨라가 스타킹을 벗는 장면. 이 장면들에서 등장인물들은 무엇을 하고 있는가? 장면이 말해주는 실제적인 뜻은 외부적으로 보이는 모습이 아니라 그 안에 숨은 의미이며, 이것이 서브 텍스트다. 서브 텍스트는 글의 내용과 액션에 숨은 의미, 인물의 실제적인 목적(의식 혹은 무의식)을 전달한다.

〈투씨〉의 파티 신을 관찰해 보라. 샌디는 마이클이 얼마나 아기를 사랑하는지 묻는다. 그녀는 마이클이 지나갈 때 이 질문을 던지는데, 마이클은 아기를 거들떠보지도 않은 채 "응"이라고 답하며 지나친다. 여기서 어떤 서브 텍스트가 전달되는가? 또 어떻게 사용되었는가?

서브 텍스트는 여러 방법으로 활용할 수 있다.

• **의제를 정해서** 줄거리로 사용할 수 있으며 인물이 무엇을 해야 하는지를 관객에게 인식시킬 수 있다. 특히 스릴러, 모험, 추리와 하이틴 로맨스 영화에 적합하다. 떨어져 있는 여러 정보를 하나로 합쳐지게 만든다.

• 관객에게 주인공이 알고 있는 것보다 많은 정보를 제공할 수 있어 관객을 **뛰어난 위치**에 올려놓을 수 있다. 관객으로 하여금 곧 주인공에게 들이닥칠 불행을 미리 알게 함으로써 인물들이 불행을 향해 가다 맞부딪치는 모습을 보게 만든다.

• **질문을 제시**해 관객과 인물들이 답을 말하게 한다. 〈대부 II〉에서 마이클과 비토는 서로의 미래에 대해 상의한다. 마이클은 비토에게 자신의 형이 마피아와 손잡고 음모에 가담했다는 자백을 강요하지만 비토는 발뺌한다. 이 장면에서 관객들은 극도의 긴장감과 강렬한 느낌을 받는다. 여기서 주목해야 할 사항, 이러한 장면이 무리가 없어 보이는 이유는 앞서 마이클이 "그가 자백한다면 용서해 줄 수 있어"라고 말했기 때문이다.

• **방해물**을 설정할 수 있으며, 이를 통해 관객에게 앞으로 주인공이 부딪힐 문제를 상상하게 만든다. 관객이 곧 방해물이 나올 것임을 아는 데에서 드라마가 시작되고, 이것은 관객을 '높은 위치'에 올려놓는 역할을 한다.

• 마지막 순간을 위해 관객의 궁금증을 배제하고 **수수께끼처럼 만들 수 있다.** 관객에게 정보를 조금씩만 흘림으로써 관객들을 애타게 만들고 서브 텍스트를 위해 설명하지 않은 장면을 보여 주며 '조금만 참고 기다리면, 모든 것을 이해하게 될 것'임을 표면적으로 보여 줄 수 있다.

위의 사항들은 동떨어진 것이 아니라 연결되어 있다. 관객에게 기대감을 주는 요소며, 서브 텍스트가 먹히는 이유이기도 하다. 또한 속임수에 활용되기도 한다. 한 인물의 말은 겉과 속의 의미가 다르다. 영화의 다른 인물들은 그의 속뜻을 모르지만 관객은 알아채야 한다.

조셉 로지의 〈하인〉에 서브 텍스트의 정의를 단번에 보여 주는 신이 나온다. 집을 떠나 하룻밤을 보낸 주인공 토니에게 하인 배럿이 악의 없는 한마디를 던진다. "어젯밤에 좋은 시간을 보내셨나요?" 하지만 관객은 이 질문의 서브 텍스트에 질투가 담겨 있음을 안다. 그 말의 뜻은 "당신은 그녀와 잠자리를 했죠, 그렇죠?"다. 더욱이 배럿은 꽃병의 꽃들을 매만지면서 천진난만하게 이 대사를 한다.

글을 쓸 때 작가는 배우가 어떻게 해당 신을 읽는지 아는 것만이 아니라(신에서 일어나는 일 등), 관객이 이 신을 어떻게 읽는지도 알아야 한다. 관객의 마음을 꿰뚫어 보려는 노력을 하라. 가끔 서브 텍스트는 영화의 주 내용과 서브 플롯을 표면적으로 보여 주는 것보다 관객에게 큰 감동을 경험하게 한다. 흥미로운 점은 이렇게 다른 두 가지 뜻이 서로 원만하게 통합된다는 것이다. 적절하고 성공적인 서브 텍스트를 보여 준 영화는 많은 사람의 기억에 오래 남는다.

> 나는 일반적인 감각으로 서사적인 작품을 만들지 않는다. 서사적인 감동을 만들 뿐이다.
>
> — 마이크 리, 영화감독(〈비밀과 거짓말〉, 〈세상의 모든 계절〉)

배우들은 신 리허설 때 테크닉을 통해 서브 텍스트를 끄집어내려고 한다. 먼저 대본에 적힌 대로 대사를 읽은 후에 서브 텍스트의 느낌을 살려 목소리를 낸다. 당신도 따라해 보라. 가장 좋아하는 영화의 신을 골라라. 특히 대사 양이 많고 몇 가지 행동과 움직임이 있으면 좋다. 그 장면을 보고 나서 해당 신의 대사와 행동을 적어 보라. 시나리오를 구해 작업하면 더 좋다. 대사와 행동에 대한 서브 텍스트가 무엇인지 상상하며 적어 보기 바란다. 한두 번 신을 보고 다시 작업해 본 후, 당신의 신도 마찬가지 방법으로 작업해 보라. 녹음기에 녹음하고 서브 텍스트를 느껴 볼 수도 있다. 내가 쓴 대사가 관객에게 서브 텍스트를 확실하게 보여 주고 있는지 자문하라.

> 스크루볼 코미디screwball comedy(1930-1950년대 미국에서 유행한 영화 장르로, 로맨틱 코미디의 원형이라고 할 수 있다. 두 남녀가 만나 우여곡절 끝에 사랑의 결실을 맺는다는 이야기에 희극적이고 재치 있는 대사를 더한 스타일*)는 빠른 템포의 대사를 많이 사용한다. 하지만 대사들의 중간과 아래에는 캐릭터들의 관계가 내재되어 있다. 그것이 중요하다.
>
> — 르네 젤위거, 영화배우(《브리짓 존스의 일기》, 〈시카고〉)

대사 쓰는 데 도움이 될 만한 사이트를 소개한다.

fictionwriting.about.com/od/crafttechnique/tp/dialogue.htm

아래 도서들도 참고할 만하다.

Jean Saunders, 『Writing Realistic Dialogue』
Lewis Turco, 『The Book of Dialogue』
Rib Davis, 『Writing Dialouge for Scripts』
Tom Chiarella, 『Writing Dialogue』

기억할 것

① (사건 발생 지점들에서) 이야기는 신을 통해 전해진다.

② 시퀀스도 마찬가지다. 신들의 배치는 스토리가 발전하는 무리 속으로 들어간다.

③ 각 신은 액션의 뚜렷한 구성 단위이며 새로운 신은 장소나 시간이 변경될 때마다 발생한다.

④ 모든 신은 시각적으로 보여 주어야 하며 대사가 있기도 하다.

⑤ 모든 신은 스토리를 전개시킨다.

⑥ 극적인 신은 그것만의 내부 구조를 가진다.

⑦ 신은 극적으로 필요할 때까지만 보여 준다.

⑧ 시퀀스는 일련의 신이 모인 것으로, 하나의 아이디어에 연결되어 있다. 주로 한 단어로 표현된다. 탈출, 추적, 살인 등.

⑨ 신에서 들려지는 대화는 일상 대화와 다르다. 극적이며 선별되었다. 꼭 필요한 정보만 밝혀라.

⑩ 보이스 오버는 내면을 밝히고 캐릭터의 관점을 보여 준다. 하지만 지혜롭게 사용하기 바란다.

⑪ 당신이 시나리오에서 보여 준 것과 말한 것은 최대한 많은 것을 드러내야 한다. 당신이 보여 주지 않았거나 말하지 않은 것(서브 텍스트)도 마찬가지다.

감정 살리기

지금까지 시나리오를 최대한 작은 요소로 나누어 봤다. 이제는 전체적인 시각에서 어떠한 사건들이 관객의 마음에 전달되는지 생각해 보자. 이 과정을 제대로 이해한 후에야 스토리를 전달하는 작가로서 관객의 감정을 솜씨 있게 다룰 수 있을 것이다. 모든 결정은 작가 자신이 무엇을 보여 주고 무엇을 배제시킬지에 달려 있다.

인사이트

감정을 느끼고 싶은가? 〈업〉을 보라. 첫 20분까지는 절망의 눈물을 흘리다가 그 후에는 기쁨과 웃음을 선사하는 감동적이며 삶을 돌아보게 만드는 이야기에 귀를 기울여 보라.

1.
인물의 행동 동기와
구조

시나리오를 이끄는 원동력과 극적인 상황은, 갈등을 겪고 있는 인물과 그 인물이 무슨 이유로 갈등을 겪고 있는지를 풀어 나가는 과정에서 나온다. 일반적으로 영화는 여러 이야기가 서로 꼬이고 얽혀 있어도 크게 보면 간단하고 직설적이다. 〈위트니스〉의 주요 내용은 살인 사건을 해결하려는 형사가 살인범인 동료 경찰들에게 쫓기는 것이다. 얼마나 단순하면서도 흥미진진한 이야기인가.

간단한 스토리에 깊이와 복잡함을 더하고 질을 높이는 요소는 '인물'이다. 스토리에 영향을 미치고 변화시키고 깊이를 더한다. 인물은 시나리오의 모든 사건에 영향을 미치고 다른 인물과 만나고 스토리의 방향을 바꾸고 새로운 방향으로 인도하기도 한다. 우리에게 가장 연관 있는 요소인 동시에 영화의 힘을 만드는 중요 요소다. 인물 없이는 관객과 연관 지을 수 없기 때문이다(인물과 관객의 동질성).

〈위트니스〉의 존 북은 레이첼의 영향으로 아미시 의상을 입게 되고 두 번째 사건의 전환점인 불량배들과 싸울 때 아미시 의상을 입고 있었기에 주목받는다. 그래서 Act III에서 그를 쫓는 셰퍼가 존이 어디 숨어 있는지 알게 된다. 그 전에 관객들은 북이 레이첼의 영향으로 그녀에게 자신의 총을 맡겼으며, 존 북의 성격이 조금씩 달라지고 있음을 알아챈다. 이와 같이 인물은 영화의 주요 내용에 깊은 영향을 끼치며 관객을 영화에 몰입하게 만든다.

그렇다면 무엇이 인물로 하여금 그가 하고픈 대로 행동하게 하는가? 인물의 행동 동기, 행동하고 있는 인물이다. 구조에 대한 지식을 접목시켜 어떻게 인물이 성장하는지를 살펴보자. 관객인 우리는 처음 인물을 볼 때, 그의 일대기와 특히 배경을 바탕으로 행동 동기를 가늠한다. 인물의 행동 동기는 작가에 의해 만들어지며 영화가 진행되면서 섬자 변화된다. 물론 각 3막(4막 또는 5막)은 인물의 행동 동기의 중심 부분을 뚜렷하게 반영한다.

인물의 행동은 뚜렷한 진로를 따른다. 인물은 우연히(혹은 만들어진) '문제'와 만나는데, 이것이 인물을 위협한다. 긴급한 상황을 만들고 인물은 문제를 해결하기 위해 무엇을 취하거나 해결책을 찾으려고 하며 마침내 새로운 목표를 정한다. 즉, 외부적인 행동 동기다. 해결책이 무엇인지 결정하면 이제 성취(행동)할 차례다. 하지만 쉽게 이루어지지 않고 위기도 겪는다. 위기를 넘긴(혹은 위기를 넘기지 못함을 인정하는) 시점에서 행동 동기는 변한다. 이것을 클라이맥스 혹은 변하는 시점이라고 한다. 이를 통해 다음과 같은 인물의 행동 공식을 만들 수 있다.

문제 → 의도/필요 → 행동 → 위기 → 결과/클라이맥스/변화 시점
(동기)　　(목적)

시나리오 전체는 물론이고 각 Act에도 적용되며, 보통 각 시퀀스와 종종 주요 장면에서 이루어지는 공식이다. 이를 기반으로 인물과 시나리오에 대한 행동 동기를 만들 수 있다.

예를 들어 〈위트니스〉의 Act I은 다음과 같은 구조다.

문제	=	살인 사건
필요/목적	=	살인자를 잡으려 함
행동	=	수사
위기	=	살인자는 동료 경찰
클라이맥스	=	총격전: 배반

〈위트니스〉의 Act II 와 Act III 공식도 만들어 보라.

인사이트

〈라이언 일병 구하기〉를 연출한 스티븐 스필버그는 영화에 출연하는 배우들에게 그들이 맡은 배역을 잘 준비할 수 있도록 견디기 힘든 군사 훈련을 받게 했다. 하지만 맷 데이먼(라이언 일병 역)은 제외시켰다. 다른 배우들이 그를 분하게 여기기를 원했으며, 그 원망을 렌즈를 통해 스크린에 담고 싶었기 때문이다. 물론 감독의 계산이었다.

2.
행동 동기의
변화 과정

시나리오 구조를 만드는 또 다른 단계다. 인물의 행동 동기 유발은 대부분 배경이 결정한다. 인물이 위험 상황에 빠지는데, 자신들조차 느끼지 못할 때가 있다. 긴급한 상황을 만들어 그의 약점을 보여라. 새로운 방향으로의 전환이 쉬울 것이다.

〈위트니스〉에서 레이첼은 남편과 사별한 지 얼마 안 되었고, 이것이 그녀가 상처받기 쉬운 캐릭터라는 데 신뢰를 부여한다. 또한 그녀가 필라델피아로 여행 가는 이유를 사실적으로 뒷받침한다(동생을 만나러 가는 길). 레이첼의 배경을 보여 주면 관객은 그녀가 위기를 맞이할 필요를 느끼게 된다. 이것이 육체적 배경만이 아니라 정신적 배경까지 포함하여 자신이 속한 아미시 생활, 가치관과 모든 것이 정반대인 남자와 사랑에 빠질 수 있도록 한다. 7장에서 살펴본 영화들 중 등장인물이 위기에 처한 사건들을 찾아보라.

이와 같은 위기 상황 장치는 시나리오의 어느 부분에도 사용할 수 있지만, Act I에서 사용하면 유용하다. 주인공이 위기 상황을 맞게 한 다음에 폭탄처럼 사건을 던지면 폭발이 일어나 인물들이 스토리 속에 뛰어들게 된다. 사건 발생은 스토리에 '문제'를 발생시키고, 주요 인물들을 모이게 하며 인물의 행동에 힘을 더하고 강력한 행동 동기를 유발시킨다.

〈위트니스〉는 도입부에서 북의 배경에 대한 행동 동기를 보여 주는데, 그는 야심에 찬 경찰이다(승진을 원한다). 레이첼의 배경에 대한 행동 동기는 그녀가 아미시 공동체에 환멸을 느끼는 것으로 드러난다. 두 사람은 다른 배경과 다른 행동 동기 때문에 만나자마자 갈등을 나타낸다. 하지만 같은 살인 사건에 연루된다(사건의 목격자는 레이첼의 아들 사무엘). 북에게는 최고의 자극을 주는데 승진에 더없이 유리한 사건이기 때문이다. 레이첼도 협조하기로 한다. 원래 생활로 되돌아가기 위해서다. Act I의 행동 동기는 사건 발생 시점 즉, 첫 번째 줄거리의 위기 부분에서 클라이맥스까지 이어진다. 이 지점은 관객에게 스토리와 인물의 행동 동기를 증대시킨다. 사무엘이 범인의 사진을 가리킬 때, 그들이(관객이) 살인자가 동료 경찰임을 알았을 때다. 주인공의 결정은 이야기를 간결하게 만들고 전개시켜야 할 상황과 방향, 그리고 더욱 위험한 상황이 여럿 발생한다.

그다음으로 행동 동기를 증대시키는 부분은 주인공이 시나리오상에서 자신의 목적과 외부적인 행동 동기 혹은 극적 필요성을 만드는 Act I의 클라이맥스라고 할 수 있다. 〈위트니스〉에서 존 북은 살아남아야 하고, 레이첼과 사무엘을 보호해야 한다.

인물의 목적은 그의 배경 환경, 다른 사람들, 혹은 그들 자신과 갈등을 겪게 한다. 또한 시나리오 구조를 첫 번째 변환점에서 최고조 클라이맥스가 생기는 Act III까지 연결시킨다.

배경 이야기 → 등장 시점 → **사건 발생** → 줄거리 → Act I 클라이맥스 →

     (일대 위기)   위기 1   (이야기 전환점 1)

포커스 포인트 1 → **중간 지점** → 포커스 포인트 2 → 줄거리

     (되돌아갈 수 없는 상황)   위기 2

진실의 순간
Act II 클라이맥스 → Act III 클라이맥스
 (이야기 전환점 2)

볼드로 표시한 네 개 요소가 가장 중요하다. 이것이 인물의 행동 동기에 가장 큰 영향을 준다. 다른 방향으로 전환시키거나 되돌아갈 수 없는 상황을 만들지 않고도 방향을 바꾸거나 강렬하게 만들 수 있다. 외부적인 행동 동기는 관객의 마음에 확실하고 강하게 남아야 한다. 시나리오 작가부터 이 점을 확실히 알아야 한다. 당신이 헷갈리면 관객은 더욱 혼란스러워진다.

위의 차트를 참고하여 당신의 스토리를 적어 보라. 그리고 각 사건들과 상황에 따라 주인공의 행동 동기가 어떻게 변하는지 보라.

3.
사건의 계기:
긴장감 만들기

어떠한 영화든 스토리를 전개시키는 데는 합당한 계기가 필요하다. 이것은 시나리오가 관객의 마음을 사로잡는 효과적인 요소가 된다. 이 모든 것은 긴장감을 만든다. 시나리오의 거의 모든 신은 긴장감이 있어야 한다. 관객이 스토리에 빠져들게 하고 앞으로 전개할 에너지의 원동력이 되기 때문이다. 긴장감은 관객이 인물에게 바라는 일 또는 두려운 일이 생기지 않기를 바랄 때 만들어진다.

- 예상
- 서스펜스
- 서브 텍스트
- 흥미진진하게 만들기

긴장감은 숨은 에너지로 스토리를 탄탄하게 붙든다. 두 점을 연결하고 그 사이에 전류를 흐르게 한다. 모두 액션일 필요는 없다. 감정도 긴장감을 만들 수 있다. 그리고 긴장감을 발생시키는 훌륭한 방법은 비밀 사용이다.

– 프랭크 코트렐 보이스, 시나리오 작가(《어스》, 《레일웨이 맨》)

간단하게 정리하면 긴장감은 갈등과 대조로 이루어진다. 반대(반대적인 힘, 반대 인물, 반대 예상)는 당신의 인물과 관객에게 긴장감을 조성한다. 반대 예상은 관객에게 희망과 두려움을 발생토록 한다. 긴장감을 만드는 데는 여러 가지 방법이 쓰인다.

인사이트

〈플라이트 93〉과 〈허트 로커〉에서 긴장감, 스토리 전개의 가속도, 예상, 서스펜스, 위기 수위를 어떻게 다루었는지 보라. 얼마나 훌륭하게 우리의 감정을 붙잡고 긴장감을 높이는지 관찰해 보라.

예상하기란 관객의 마음속에 벌어질 일을 생각해 보는 것이다. 그들은 상상을 통하여 목표 달성의 단계를 밟아 간다. 상상으로 스토리를 전개하고, 원하고, 갈망하며 목표에 도달한다. 생일을 맞이한 한 소녀를 상상해 보자. 오전 9시, 이제 막 잠에서 깨어난 소녀에게 오늘 오후 4시에 친구들을 초대해서 맛있는 음식과 넘쳐 나는 선물로 깜짝 파티를 열 거라고 말해 보라. 축하한다! 당신은 지금 그녀의 생일을 망쳤다. 이제 소녀에게 오전 9시부터 오후 4시까지는 존재하지 않는다. 시간이 빨리 가기만을 바라며 생일 파티 시간에만 정신이 팔려 있을 것이다. 미리 다 말해 버렸으므로 깜짝 파티는 의미가 없어졌다.

관객의 마음도 똑같다. 그들에게 필요 이상의 정보를 주어서 비밀 계획을 망치지 마라.

당신이 계획한 극적인 사건에 관객이 어떻게 반응할지 궁금하다면 다음 두 가지를 기억하라.

① 배우의 감정과 관객의 감정은 일대일로 연결되지 않는다. 배우가 특정 행동을 한다고 관객이 특정 감정을 느끼는 것이 아니다. 이를테면 배우가 슬픔을 표현한다고 해서 관객이 꼭 슬퍼하리라는 법은 없다. 관객의 반응과 감정을 하나로 만들려면 인물의 성격, 상황에 있는 인물들, 어떠한 위험 부담이 있는지, 그리고 관객과의 동질감 등을 보여 주어야 한다.

② 관객의 반응을 합칠 수 있는 가장 강력한 방법 중 하나는 후에 발생할 사건의 시간과 다음엔 무슨 일이 일어날까, 그것이 일어날까, 언제 일어날 것인가 등 미래에 대해 궁금하게 하는 것이다.

영화에는 세 가지 시간이 존재한다. 과거와 현재, 그리고 미래. 예상과 서스펜스에서 가장 중요한 시간은 미래다. 미래적 범위는 과거와 현실에서는 결코 할 수 없는 불확실성에 대한 두 가지 요소를 가지고 있다. 즉, 과거와 현실에서는 어느 장소에서 어떠한 사건이 벌어질지 알 수 없고, 또 그 일이 언제 일어날지 알 수 없다.

예상
무슨 일이 발생하면 둘 중 어느 하나의 경우를 예상하게 된다. 항상 그렇게 발생되어 왔기 때문에(아침에 해가 뜨는 것 같은 일상의 패턴), 그리고 시나리오 작가가 시나리오의 세계에 특정한 규범을 만들어 놓았거나(드라마 〈도망자 로간〉에서는 사람이 서른한 살이 되면 죽는다) 특별한 인물을 표준으로 삼는 경우(예를 들어 침대에서 담배를 피우고, 아내를 구타하고, 은행을 털고, 매일 술통에 빠져 사는 인물 등)다.

놀라움을 주는 것도 하나의 방법이다. 관객에게 흥미를 불러일으켜 예측할 수 없고 그들의 예상이 빠르게 이루어지지 않게 한다. 완벽한 세상에 살고 있는 〈트루먼 쇼〉의 주인공 트루먼에게 하늘에서 빛이 내려오는 것은 예기치 않은 사건이다. 의지와 마찬가지로 주인공의 예상은 반드시 끝마쳐져야 한다. 이루어지거나 모순되거나 혹은 가로막아야 한다. 예상을 만들고서 그냥 놔두면 안 된다. 해결되지 않은 결말은 관객에게 불만족을 주며 속았다는 느낌을 들게 한다.

긴장감은 질문(구성)과 대답(결실)의 중간에 있으므로 제대로 묻고 답해야 한다.

－프랭크 코트렐 보이스

서스펜스

관객은 평범하지 않은 장소에서 사건이 벌어질 때 긴장감을 느낀다. 관객을 불편하거나 고통스러운 상태에 놓지만 즐거운 불편함이다. 놀이동산에 있는 귀신의 집 안으로 들어가는 느낌 같다. 안에서 무서운 것을 보지만 밖으로 나오자마자 다시 안으로 들어가고 싶은 심정처럼 말이다. 〈위트니스〉의 남자 화장실에서 일어나는 살인 사건을 생각해 보자. 긴장감 넘친다. 정체가 발각된 사무엘이 죽음을 코앞에 두고 있기 때문이다. 이 장면이 지나간 후 안도의 한숨을 쉬었는가? 아마 그랬을 것이다.

이 모든 요소가 관객의 마음속에서 일어난다. 그리고 관객의 마음을 앞으로 움직이게 한다. 관객은 못 견딜 만큼 미래가 현재가 되기를 바라고, 예상하는 사건들에 대해 도달하고 싶어 하며, 마침내 긴장감 있는 상황에서 벗어나 숨을 고른다. 긴장감은 관객이 주인공이 목적을 달성할 수 있을지에 대한 판단이 불확실할 때 생기며, 시나리오 전체에 적용된다(물론 시나리오 아무 곳에나 집어넣을 수 있다). 서스펜스의 요소들을 관찰해 보자.

- 인물은 자신이 필요로 하거나 중대하게 여기는 것을 갖고 있어야 한다.
- 인물은 그 필요함으로 목적을 생각해 낸다.
- 목적을 쉽게 이룰 수 있다면 서스펜스는 없다. 불확실성이 없기 때문이다.
- 목적이 불확실하다면 어려움이 따라야 한다. 목적을 달성하지 못할 만큼의 강한 어려움이어야 한다.

우리가 특정 행동의 결과를 알 수 없을 때 서스펜스가 발생한다. 관객에게 두 가지 감정이 들도록 해야 하는데, 소망과 두려움이다.

- 소망: 결과는 나타날 것이다(하지만 두려움은 아닐 것이다)
- 두려움: 결과는 나타날 것이다(하지만 소망은 아닐 것이다).

감정들도 관객과 인물을 연결시켜야 하며, 이것이 곧 관객과의 동일성이다(5장 참조). 서스펜스는 의문과 같다. 확실함 속의 결과, 불확실함 속의 결과 가운데 하나를 택해야 한다. 그러므로 강하고 명백한 목적이 중요하다. 행동 동기를 이룰 수 있게 돕고 방향을 제시하고 스토리 내용과 인물의 행동에 따른 뜻을 전한다. 관객이 인물의 목적을 모른다면 인물의 힘과 문제의 강도도 알 수 없으며, 불확실하고 의심스러운 목표 달성을 위해 얼마나 노력하는지도 모른다. 그리고 불확실함과 의문이 생기지 않는다면 서스펜스도 없는 것이기에 관객은 인물이 이루려는 목적이 무엇인지, 얼마나 고생해야 이룰 수 있는지 알아야 한다.

서스펜스는 다음의 세 가지 조건이 있어야 발생한다.

- 목적(명백하고 강한 목적을 준비)
- 어려움, 특히 이루려는 목적에 반대되는 것. 그것이 어떠한 상황을 발생시킨다.
- 불확실한 결과

목적이 나타나자마자 가능한 한 빨리 곤란한 상황을 보여 주려는 경향이 있다. 오히려 이것이 불확실한 상태를 만든다. 서스펜스는 시나리오와 함께 오래 유지되어야 한다. 그래서 목적 설정이 중요하며 문제점을 최대한 빨리 보여 줄수록 좋다. 서스펜스도 최대한 오랫동안 보여 주어야 한다. 서스펜스는 마지막 클라이맥스 신이 끝나자마자 사라지는데, 주인공이 목적 달성을 했는지 아니면 불확실한 결과를 주었는지에 대한 성공 여부를 보여 주기 때문이다. 또한 마지막 클라이맥스 장면을 끝내자마자 이야기를 마무리 지어야 한다. 서스펜스는 이야기를 이끌어 나가는 데 없어서는 안 될 중요한 요소지만 한 번 사용되면 다시는 사용할 계기가 만들어지지 않는다. 시나리오의 어느 부분에도 이 세 가지 구성 요소가 없다면 서스펜스의 효과는 부족해진다.

서스펜스를 영화의 모든 단계에 만들어야 한다는 점도 염두에 두자. 시나리오 전체에서 각 Act는 시퀀스와 신들로 구성되어 있다. 이 모든 것이 겹치면서 서로를 구성한다. 서스펜스라고 해서 항상 목숨의 위협을 받을 필요는 없다. 러브 스토리에도 서스펜스는 있다. 〈나의 그리스식 웨딩〉의 서스펜스는 툴라와 이안이 다른 문화에 속해 있음에도(그리고 그들의 길에 놓인 다른 장애물들) 영화가 끝나기 전에 결혼하여 행복하게 살 수 있을까. 〈시애틀의 잠 못 이루는 밤〉과 〈오션스 트웰브〉는?

〈세븐〉을 보라. 얼마나 훌륭하게 서스펜스를 만들고 관객을 한눈팔지 못하게 하는지. 어떤 요소가 어떻게 사용되었는가? 왜 우리는 마지막 두 개의 살인 사건을 보지 못하는가?

4.
서브 텍스트의 힘

9장으로 돌아가 서브 텍스트에 관한 내용을 다시 읽어 보라. 직접 보지 않는 것이 가끔 실제로 보는 것보다 큰 효과를 낸다. 문 밖에 서서 방 안에서 뜨거운 사랑을 나누는 소리를 듣는 것이 방 안의 상황을 직접 보는 것보다 감정적으로 더 큰 효과를 준다. 〈쉘로우 그레이브〉, 〈프레일티〉는 살인 장면을 매우 효과적으로 보여 주는데, 우리는 어둠 속에서 사건이 벌어지며 소리만으로도 살인이 저질러졌음을 안다. 〈덤 앤 더머〉에서는 로이드가 맥주병에 소변 보는 것을 소리로 듣는다. 〈피아노〉에서의 손가락의 움직임, 〈리플리〉의 클라이맥스인 교살 장면, 〈블레어 위치〉의 대부분 장면들. 관객은 직접 보지 못해도 추론을 한다. 〈저수지들의 개들〉에서 귀를 자르는 장면처럼 말이다. 감독이 결정할 몫이지만 무엇을 보여 주고 싶고 안 보여 주고 싶은지를 선택하는 것은 시나리오 작가의 역할이다. 서브 텍스트의 영향력과 힘은 관객의 상상력에 지대한 영향을 끼친다. 히치콕의 영화를 보면 알 것이다.

5.
위기 상황 만들기

스토리가 전개될수록 주인공의 위험 부담도 커진다. 그가 무언가를 잃거나 목적을 달성하는 데 실패하면 안 좋은 일이 일어난다. 이러한 위험 부담은 '문제'를 개인화시키고, 동질성을 통해 관객에게 다가온다. 다시 말하지만 소망과 두려움을 통해 관객을 솜씨 있게 다루려는 의도다.

이를 보여 주는 모범적인 작품이 〈체인징 레인스〉다. 〈프레스티지〉 역시 마술사들인 엔지어와 보든의 라이벌 관계를 보여 준다. 〈마이너리티 리포트〉에서 초반부의 위기 상황은 공공의 신뢰를 받는 주인공이 아들을 잃은 슬픔 때문에 프리크라임(범죄 차단 시스템*)에 온 정열을 쏟지만 이것이 프리크라임의 주도권을 위태롭게 한다는 점이다. 주인공에게 조금씩 위기가 다가와 마침내 그의 자유와 나아가 목숨마저 위태롭게 한다. 〈아마겟돈〉에서 주인공의 행동보다 흥미로운 것은 없다. 누군가 운석을 멈추게 하지 않는 이상 지구는 멸망한다. 〈나의 그리스식 웨딩〉은 서로 다른 문화권의 툴라와 이안이 결혼에 도달하지 못하고, 각자의 문화권에서 불완전하고 외롭게 살아가게 될 것인지가 관건이다.

시나리오에는 큰 위기 상황만이 아니라 각 신, 시퀀스, 막에 들어가는 작은 위기도 있다. 스토리가 전개될수록 갈등이 고조되면서 위기 상황도 커진다. 논리적으로 설명하면 Act I 후반부 특정 부분에서 위기 상황이 생기면, 그곳에서부터 시나리오의 끝부분까지는 말할 것도 없이 재미가 반감된다. 재미 요소가 떨어지면 관객의 흥미 또한 사라진다.

위기 상황 강조에 중요 요소는 인물과 관객의 동질감이다. 관객이 인물에 동질감을 느끼지 않는다면 그의 위험에도 상관하지 않을 것이다. 반대로 관객이 인물에 관심을 가질수록 그를 보다 쉽게 위험에 빠뜨릴 수 있다. 그래서 예상, 서스펜스, 서브 텍스트, 위기 상황을 흥미롭게 만드는 모든 것이 긴장감 조성 장치이며 긴장감을 만들어 냄으로써 사건의 계기가 형성된다. 각 장치들을 잘 활용해 긴장감을 충분히 만들고 있는가? 각 신마다 다음과 같이 자문해 보라.

• 여기서 관객이 소망하는 것은 무엇이며 동시에 두려워하는 것은 무엇인가?
• 관객이 소망하고 두려워하는 것들을 강하게 어필하며 다음 신으로 이동하고 있는가?

〈유주얼 서스펙트〉, 〈LA 컨피덴셜〉, 〈차이나타운〉을 보라. 긴장감을 조성하는 네 가지 장치가 어떻게 사용되었는가? 특정 상황에서, 특정 요소만 사용되고 나머지는 배제된 이유는 무엇인가?

6.
시나리오 전개 속도

시나리오의 속도감이란 시나리오에 대한 전체적인 느낌, 클라이맥스에 대한 흐름과 리듬, 강조와 숨 돌림, 높고 낮음, 각 페이지마다의 위기 상황, 큰 구조 속에서의 핵심 역할 등을 말한다. 드라마는 여러 구성의 일체성이 필요하다. 한편으로 위기의 순간, 직면, 클라이맥스는 조용한 변화의 순간(잠시 멈춤)을 요구한다. 한층 강한 위기를 맞이하기 전에 관객들을 숨 돌리게 할 필요가 있다.

〈마이너리티 리포트〉는 대부분 추격, 추적 같은 빠른 액션으로 채워진 시퀀스와 주인공의 집, 시골에 있는 주인공의 아내와 같은 조용한 시퀀스를 교차로 보여 준다. 〈로드 투 퍼디션〉도 비슷하다. 이 영화의 배경은 폭력, 타락, 긴장감, 밀실 공포가 등장하는 도시와 자유, 평온, 정직, 묵상이 등장하는 시골로 나뉜다. 〈스피드〉, 〈에드 우드〉, 〈아메리칸 파이〉, 〈트리플 엑스〉와 같은 시작부터 관객의 주목을 이끌고 한시도 긴장을 놓지 않는 영화들도 자세히 살펴보면 조용하고 평화로운 순간이 있다. 스티븐 스필버그의 고전 〈1941〉처럼 강도가 높거나 대부분 강도가 낮은 소위 '예술' 영화의 경우, 강도가 계속 높아진다면 아래와 같은 모습일 것이다.

10-1 지속적으로 높아지는 강도

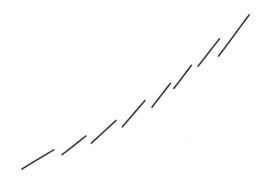

시나리오에 변화가 없다면 따분해지기 쉬우며, 관객들도 흥미를 잃는다. 시나리오에 생동감을 주려면, 다시 말해 관객의 반응을 일깨우려면 높고 낮은 부분의 조화를 갖추어야 한다. 갈등과 실패 그래프의 높낮이는 톱의 이빨 같은 모습이어야 한다.

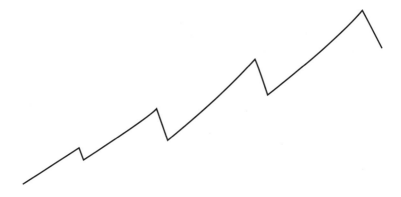

시나리오의 리듬을 살리려면 신과 신 사이에 다음과 같은 대비되는 변화 요소들을 사용해야 한다.

- 빠르고 vs. 느린 템포의 신

- 짧고 vs. 긴 길이의 신

- 줄거리/극적인 신 vs. 주제/캐릭터/무드 신

- 정보를 제공하는 신/무드 vs. 감정

- 낮 vs. 밤, 빛 vs. 어둠

- 외부 vs. 내부

- 대사 vs. 대사 없는 신(설명적 vs. 액션)

- 역동적 vs. 움직임이 없는 활동

- 발전적 vs. 정교한 배경

- 밝고(혹은 코믹적인) 톤 vs. 무거운 톤

- 주관적 vs. 객관적인 P.O.V.

- 조용한 vs. 시끄러운(맹렬한 파도/산업지대/록 뮤직 등)

- 여러 형태의 실시간 & 플래시백/플래시포워드

속도감의 역할은 신의 어느 부분에서 들어가고 빠져나오느냐다. 신이란 커다랗고 연속적인 행동의 한 부분임을 기억하라. 신에 얼마나 시간을 할애하느냐에 따라 속도감이 높아지거나 낮아질 수 있다. 전체적인 시나리오에 대한 속도감은 시퀀스의 속도감으로 결정된다. 속도가 빨라지거나 클라이맥스에 빠르게 도달할수록, 시퀀스는 짧아질 것이다. 이때 Act III가 매우 중요한 역할을 한다. 모든 Act 중에서 가장 빠른 속도감을 보여 주며 또한 사건들도 클라이맥스를 향해 빠른 속도로 돌진하기 때문이다.

인사이트

나는 인서트insert가 영화에 더욱 주목하게 만들며 속도에도 영향을 준다는 사실을 깨달았다. 2010년에 뉴욕 코넬 대학교 연구원들이 훌륭한 영화를 만드는 데 필요한 공식을 찾았다고 주장했다. 유명 배우나 훌륭한 시나리오가 아니라 영화에 규칙적으로 일정한 길이로 촬영한 샷과 리드미컬한 패턴을 사용하는 것이 비법이었다. 1935-2005년의 할리우드 영화들을 분석한 결과, 1990년 이후의 영화들에 이와 같은 방법이 많이 사용되었다고 했다. 물론 액션 영화의 수가 증가해서일 수도 있다.

팁

잠시 쉬어 가는 장면이나 자성적인 느낌을 넣고 싶다면 보이스 오버를 사용하라(9장 참조). 어느덧 고전이 된 〈황무지〉는 전개가 빠른 액션 영화지만 사이사이에 보이스 오버를 사용함으로써 연속으로 무드를 바꾸는가 하면 극의 빛과 그림자와 높낮이를 조절했다.

신은 시나리오의 스토리 구조만 도와주는 게 아니라 전체적인 문맥에서도 일정 부분 역할을 담당한다. 상호 작용을 통해 시나리오의 형식적인 구조(흐름과 리듬, 움직임)를 구성하는데, 이러한 요소들(대비하기, 보완하기, 바꾸기, 균형 잡기)이 섞여 조화를 이룰 때 비로소 신의 전체적인 리듬이 살아난다. 시나리오 개발 단계(11장 참조) 중 스텝 아웃라인/카드에 내용을 적는 단계에서 속도감을 염두에 두어야 한다. 고쳐 쓰기 때 효율적으로 활용할 수 있다.

먼저 시나리오의 전체적인 느낌을 잡는 작업을 해 보자. 〈스트레이트 스토리〉, 〈그 남자는 거기 없었다〉, 〈루키〉 같은 느린 속도의 영화인지 아니면 코미디나 로맨틱 코미디 혹은 빠른 속도와 액션 위주의 속도감 있는 편집으로 완성된 〈분노의 질주〉, 〈파이트 클럽〉, 〈델마와 루이스〉와 비슷한지 또는 천천히 시작해 점점 속도를 붙여 가며 마지막 클라이맥스를 향해 나아가는 〈미져리〉, 〈아메리칸 뷰티〉, 〈리플리〉와 유사한지. 그것도 아니라면 대부분의 히치콕 영화들처럼 호러 장르인지? 시나리오의 전체적인 느낌을 파악해야 신, 시퀀스, 그리고 최종 시나리오에 대한 속도감을 결정할 수 있다.

히치콕의 영화들은 서브 텍스트, 속도감, 무드 등을 기술적으로 적절히 또 교묘하게 구사함으로써 관객에게 안도감을 주다가 갑자기 충격과 놀라움을 주기도 한다. 본받아야 할 점이다. 또한 브라이언 드 팔마, M. 나이트 샤말란 감독도 훌륭하게 해냈다! 〈패닉 룸〉, 〈폴링 다운〉에는 어떤 요소들이 사용되었는가? 기술적으로 잘 나타났는가? 어떻게 또 왜 그렇게 했을까? 〈저수지의 개들〉의 진행 속도가 관객의 흥미를 유발시키는가? 이 영화의 긴 신들을 보며 집중했는가 아니면 따분해했는가? 마틴 스콜세지의 〈카지노〉의 보이스 오버는 적절했는가 아니면 지나쳤는가? 너무 많이 사용하지는 않았는가? 〈좋은 친구들〉과의 차이는 무엇인가? 두 영화 중 무엇이 더 잘 되었다고 생각하는지, 그리고 두 영화는 속도감에 어떠한 요소들을 사용했는가?

7.
반대 상황으로 표현하기

신 혹은 극 중의 드라마 장면에서 감정을 최고조로 끌어올리려면 이렇게 해 보라.

• 아주 기쁘거나 안도하는 장면 전에 매우 긴장감이 돌거나 위험한 장면을 보여 주어라.
• 훌륭한 드라마나 무거운 비극 장면 전에 매우 즐겁고 평온한 장면을 보여 주어라.

〈네 번의 결혼식과 한 번의 장례식〉에 나오는 주인공의 친구 가레스는 즐겁고 쾌활하게 춤추는 모습을 보여 준다. 또 이 영화에서 가장 위트 넘치고 기억에 남는 대사(오스카 와일드의 팩스 번호)를 함으로써 웃음을 선사할 뿐만 아니라 관객이 그에게 정을 주게 만든다. 이처럼 잠깐 '잠시 쉬어 가는' 장면이 나오고, 곧장 가레스가 심장마비로 쓰러짐으로써 매우 영리하게 반대 상황을 연출했다.

8.
시나리오상의 정보 제공

정보를 표현할 수 있는 방법은 많다. 각 요소들이 다른 정보를 나타내는데 이러한 요소들의 본질과 효과가 어떻게 관객의 마음에 영향을 주는지 알아 두어야 한다. 각 신과 전체적인 시나리오에서 얼마의 정보를 보여 주고 배치할지는 작가가 주관한다.

관객에게 정보가 전해지는 경우는 다음과 같은 때다.

- 관객에게 무엇을 **숨기고** 싶을 때
- 관객에게 무엇을 **드러내고** 싶을 때
- 관객에게 무엇을 **특정한 방법**으로 드러내고 싶을 때

또한 신의 여러 정보를 종합해 더 많은 정보를 얻는다. 이는 관객에게도 어느 정도 영향을 미친다. 각각의 정보는 제공될 때마다 서로 연결되며 자동적으로 가정과 추론을 낳기에, 반드시 관객의 마음을 꿰뚫어 봐야 한다.

> **팁**
>
> 당신이 글 쓰는 벽 앞에 흰색 카드를 붙여라. 그 카드를 바라보면서 지금 극장 안에 앉아 있다고 상상하라. 흰 스크린과 당신 앞에 앉아 있을 사람들의 뒤통수까지. 글을 쓸 때 자신이 의도하려는 내용이 영화상으로는 어떻게 보일지를 상상하며 쓰기 바란다.

- 신과 시나리오의 정보에 대한 중요한 법칙 중 하나는 당신이 설정해 둔 정보를 관객에게 보여 줄 때, 그것이 잘못되었다고 말해 주기(사실을 부인하거나 추가 정보를 전할 때) 전까지는 사실이라고 믿는다는 점이다.

무엇을 믿게 했건 관객들은 영화 내내 그것을 사실이라고 믿는다. 같은 정보를 반복해서 보여 줄 필요가 없다는 뜻이다(강조하거나 의도가 있다면 모를까). 관객들은 스토리 전개에 따라 시나리오 세계와 그곳에 사는 사람들의 실생활에 대한 정보를 얻는다. 정보는 시나리오에 포함되어 관객이 이미 알고 있는 정보에 영향(알려 주든지 혹은 변경시키는)을 끼친다는 데 의미가 있다.

〈위트니스〉의 사무엘이 첫 장면에서 살인범의 사진을 손가락으로 가리켰다면, 큰 효과를 얻지 못했을 것이다. 또 사무엘은 자신의 갈 길을 떠났을 것이다. 하지만 이것이 살인 사건 시퀀스 후에 나옴으로써 전혀 다른 느낌을 주었고, 관객에게 불길한 예감을 전했다.

• 정보는 관객이 그것을 극적으로 이해할 수 있게끔 보여 주는 순서가 중요하다. 서스펜스, 호러, 살인 미스터리 장르에서 특히 적절히 사용되어야 한다.

인사이트

큰 시간 경과를 조심해야 한다. 이를테면 〈바스터즈: 거친 녀석들〉은 한번에 1941년에서 1944년으로 3년을 훌쩍 뛰어넘었다. 1984년에 호주에서 만들어진 영화 〈더 보이 후 해드 에브리싱The Boy Who Had Everything〉은 중반까지 1960년을 배경으로 전개되다가 갑자기 화면이 암전되면서 '21년 후'라고 적힌 자막이 뜬다. 이 영화를 본 모든 관객은 이후의 내용에 집중하지 못했을 것이다. 이 영화를 코엔 형제의 서부극 〈더 브레이브〉의 끝부분에서 "한 세기의 1/4은 오랜 시간이다"라는 보이스 오버로 등장하는 대사를 통해 시간 경과를 알리는 방법과 비교해 보라. 후자가 더 자연스럽다. 게다가 영화 후반부 끝에 위치하기에 종결부 역할까지 한다.

9.
정보 보여 주기와
감추기

신 혹은 시나리오에서 누가 정보를 가지고 있고, 누가 가지고 있지 않느냐는 중요하다. 가능성은 다음과 같다.

- 인물과 관객이 같은 정보를 공유하고 있을 때
- 관객이 모르는 정보를 인물이 가지고 있을 때
- 인물이 모르는 정보를 관객이 가지고 있을 때
- 어느 인물은 정보를 가지고 있고, 다른 인물은 정보를 가지고 있지 않을 때(관객은 둘 중의 하나)
- 잘못된 정보

이는 관객의 마음에 다른 영향을 끼친다. 놀라움, 자극, 깊은 감정 개입, 코믹적인 영향, 충격적인 놀라움 등. 시나리오 작가의 임무는 이들을 적절히 이용해 관객에게 알맞게 사용하는 것이다.

유의할 점도 있다.

- 인물이 정보의 구성 요소를 얻기 전까지는 하고자 하는 행동을 할 수 없다.
- 인물이 모르는 정보를 관객은 알고 있는 경우 관객을 최상급에 놓는 것이지만, 결국 인물에게도 정보를 제공해야 한다. 이것을 P.O.V로 하면 이미 알고 있는 정보를 반복하는 것과 같다.
- 관객은 모르는 정보를 인물이 알고 있는 경우 관객에게 반드시 정보를 제공해야 한다. 정보를 받지 못한 인물에게 정보를 제공하는

방법을 통해 노출시켜라.

전체적으로 어떤 정보를 보여 주거나 감추어서 관객의 마음에 어떤 영향을 미치게 할지를 고려해야 한다.

10.
정보 심고
거두기

다른 말로 '징조'라고도 한다. 시나리오의 모든 것에는 이유가 있다. 무언가를 심으면(물건, 정보의 일부분, 특징) 그것을 거둘 때 해당 장치를 심은 이유를 보여 주어야 한다. 모든 행동에는 결과가 따르고 모든 정보의 일부분에 영향을 끼친다. 어떤 신에서 총이 보였다면 이후에 그것이 반드시 사용되어야 한다. 해당 신이 아니더라도 이후의 신에서라도 사용되어야 한다.

〈쿵푸 팬더〉에 나오는 '죽음의 잡기'를 생각해 보라. 〈몬스터 주식회사〉의 오프닝에 등장하는 비명을 모으는 장면은 영화 마지막에서 진짜로 나쁜 놈을 잡는 데 사용된다. 〈고스포드 파크〉의 병 속의 독, 사라진 칼, 파크 어머니의 사진은 모두 드라마의 중요 부분으로 사용된다. 전체적인 효과적 장치의 결과는 파커의 이름을 언급하자 윌슨 부인이 그의 이름을 알아차리는 과정이다. 〈아메리칸 뷰티〉의 클라이맥스는 관객이 (영화 중반부에 나오는) 캐비닛 속의 총을 보지 않았다면 이해하지 못할 것이다.

〈뷰티풀 마인드〉에서 영화 내내 등장하는 손수건은 스토리 전개에서 중대한 감정 기준의 역할을 한다. 〈마이너리티 리포트〉 오프닝의

'체포' 시퀀스에서 주인공 존 앤더튼은 왼쪽-오른쪽에 나오는 아이의 간접적인 말을 추론의 근거로 삼는데, 이것은 또한 영리하게 반대편 물의 소용돌이로 앤 라이블리의 살인에 대한 아이디어를 준다. 심지어 〈덤 앤 더머〉의 모든 장치(병에 소변 보는 장면과 죽은 잉꼬를 장님 소년에게 파는 것)의 결과는 이후 장면에 나온다.

진정으로 심고 거두기를 잘 표현한 영화로 〈해리 포터〉를 빼놓을 수 없다. 시리즈 중 하나의 말미에 해리가 탈출하는 장면이 나온다. 그중 뱀에게 주술을 거는 신이 있는데, 이 기술을 첫 번째 영화에 심어 두었다. 또한 〈사랑보다 아름다운 유혹〉에서 세바스찬의 일기와 캐스린의 십자가 목걸이의 역할을 살펴보라.

엔딩 크레디트가 올라간 후에 결말은 안 보이더라도 처음에 심어 놓은 장치들에 대한 결말은 보여 주어야 한다. 아니라면 지면만 낭비한 셈이다.

> 빤한 설정으로 결말을 알려 줄 수도 있다. 하지만 설정이 아무 신호도 주지 못한다면, 서스펜스를 발생시키지 못할 것이다. 그 비결은 기대감을 만드는 것이며 관객이 완전히 예상하지 못하게 채워 넣는 것이다.
> – 프랭크 코트렐 보이스

또한 시나리오에 정보를 심거나 준비할 때(관객이 알아야 할 정보)는 가장 자연스럽거나 믿을 만한 상황에 삽입해야 한다. 그리고 최고의 극적 효과를 위해 최대한 시간을 끌다가 마지막 순간에 터뜨려야 한다. 〈싸인〉에서 주인공 아들의 천식 호흡기와 야구 방망이, 그리고 벽에 장식된 트로피들은 매우 일찍 설정된 영화적 장치다. 이는 영화 마지막 부분에서 강한 영향력을 끼친다. 〈나의 그리스식 웨딩〉에서 윈덱스에 관한 농담은 재미있는 설정처럼 보이지만 리무진 안에서 진짜 역할을 발휘한다. 또한 더욱 크고 극적인 감정을 끌어내는 효과를 가져왔다(이 장의 '이미지 시스템' 참조).

인사이트

징조의 좋은 예가 '레드헤링red herring'(주의를 다른 곳으로 돌리거나 혼란을 유도하여 상대를 속이는 것*)으로, 관객이 어떤 결과가 일어날지 의심할 수 있게 의도적으로 장치를 심는다. 대부분 성공하는데 반대 상황이 발생하거나 잘못된 힌트나 결말에 상관없이 나타나기 때문이다. 주로 유머나 아이러니 상황에 사용된다. 히치콕의 전매특허인 맥거핀macguffin과 혼돈하지 마라. 맥거핀은 장치 또는 플롯 요소(항목, 물건, 이벤트, 목적 또는 정보의 일부분)로서, 관객의 관심을 끌고 캐릭터의 매우 중요한 요소처럼 보이지만 이내 흐지부지되거나 목적을 위해 사용된 다음 사라지고 만다. 〈북북서로 진로를 돌려라〉 초반에 나오는 '신원 오인', 〈싸이코〉 중반부까지 등장하는 '훔친 4만 달러' 등이다. 1941년 영화 〈말타의 매〉에 등장하는 '검은 새' 조각상은 맥거핀이라는 단어가 사용되기 전부터 그 역할을 했다.

〈네 번의 결혼식과 한 번의 장례식〉이 찰스의 벙어리 동생 데이빗을 어떻게 다루었는지 관찰해 보라. 마지막 결혼식 장면에서 중요한 역으로 등장한다. 처음에는 결혼식 뒤풀이의 스쳐 지나가는 사람 혹은 멀리 혼자 있는 캐릭터다. 그다음으로는 극장 밖에서 만나게 되는데 비로소 그의 실체를 발견하게 된다. 영화의 1/3 지점이 지나 있는데, 왜 이렇게 늦게까지 끌었을까? 〈로드 투 퍼디션〉에서 마이클 주니어가 『고독한 레인저』의 삽화를 반복해서 사용하는 것에 주목하라.

11.
이미지
시스템

이미지 시스템이란 전체적인 시나리오에서 반복해서 이미지들을 구분해 보여 주는 것으로, 주요 내용 또는 주제에 대한 공명과 보충을 담당한다. 오늘날의 관객들은 영화에 대한 해박한 지식을 갖고 있다. 영화의 모든 것을 이해하지는 못하더라도 모든 이미지에 대한 주요 상징을 찾으려고 한다. 이미지는 공통적으로 이해하고 받아들여질 수 있는 상징과 보다 사적으로 묘사되는 이미지로 나뉜다.

• 외부적 형상: 영화상에 보이는 것과 외부적으로 표현되는 것이 같은 이미지를 뜻한다(예: 성조기, 십자가, 주사위 등).
• 내부적 형상: 영화상에서 보이는 것(긍정적 혹은 인생을 성공하게 할 수 있는 것)과 달리 스토리상 다른 뜻을 포함하고 있는 것(부정적 혹은 인생을 망칠 수 있는 것)이다.

예를 들면 다음과 같다.

• 〈투씨〉: 여성다움과 남성다움에 대한 이미지와 아이콘이다.
• 〈스파이더맨〉: 스파이더맨은 자연적으로 거미줄을 연상시키지만, 복잡하게 얽힌 인간관계를 뜻하기도 한다. 주인공은 거미줄을 발판 삼아 빌딩숲을 돌아다니고, 때로는 위험에 빠지기도 하며, 정체성을 고민한다.
• 〈마이너리티 리포트〉: 보는 것과 보지 못하는 이미지들의 관계, 환영과 예견, 과학 대 종교, 기술 대 자연, 완전함 대 인간의 약점, 쉽

게 빠지기 쉬운 경향 대 자기 결정과 선택이다.

• 〈차이나타운〉: 네 가지 이미지 시스템이 서로 짜 맞추어져 있다. 정치적 부패와 같은 더러운 사생활, 성적인 잔혹함, 물과 가뭄, 무분별과 분별 등이다.

〈피셔 킹〉에서 초고의 상징은 성배가 아닌 연어였다. 내가 연어를 성배로 바꾼 이유는 일반적으로 성배가 연어보다 이해하기 쉬운 상징이기 때문이었다.

— 리처드 라그라브네스, 시나리오 작가(〈피셔 킹〉, 〈매디슨 카운티의 다리〉)

시나리오 작업에서는 두 가지 목적을 잘 살리도록 노력해야 한다. 또한 균형을 잘 맞추어야 한다. 한 가지에만 무겁게 혹은 독점적으로 치중하면 관객과 멀어진다. 이미지를 잘 선택해서 관객이 의식하지 못하도록 조심스럽게 스크린에 집어넣어야 한다. 시나리오 모니터 요원들에게는 명백하게 알아차릴 수 있게 해야 하지만 극장에서 영화를 보는 관객에게는 일부러 이미지를 첨가했다는 생각이 들지 않게 해야 한다.

〈아메리칸 뷰티〉에서 바람에 날리는 빈 봉지는 중요한 장치 중 하나이자 영화 전체 내용에 핵심이 되는 이미지다.

— 샘 멘데스

7장에 언급된 영화들 중 한 편을 골라 보라. 그리고 이미지 시스템을 조사해 리스트를 작성하라. 그다음에는 리스트를 바탕으로 외부적인 형상과 내부적인 형상으로 구분해 보라. 마지막으로 당신의 시나리오로 작업해 보라.

12.
삼세번의 법칙

삼세번의 법칙에는 무엇인지 모를 마술적이거나 미스터리한 연결 장치가 있는 듯하다. 대부분의 드라마를 보면 주인공이 난관에 부딪혔을 때 나타나는 일정한 공식 같은 것이 보인다. 한 번 실패하고 다시 시도하지만 또 실패한다. 하지만 마침내는 성공하고야 만다는 공식. 시나리오 전체만이 아니라 하나의 신 안에서 벌어지기도 한다(주인공, 적대 인물, 자신을 반영해 주는 혹은 로맨스에서의 삼각관계 인물). 또한 극적으로 중요한 대사는 슬로건 위주로 만들어지는데 여기서도 삼세번의 법칙이 적용된다.

〈글렌게리 글렌 로스〉의 첫 장면은 회사원의 일상과 업무를 잘 묘사한다. 또한 등장인물과 그들의 위기 상황을 명백하게 보여 준다. 여기에는 세 가지 상이 등장하는데 캐딜락 엘도라도, 고급 스테이크 나이프 세트, 마지막으로 해고다.

〈월 스트리트〉에 나오는 고든 게코의 "탐욕이란 좋은 거야"라는 대사에서 삼세번의 법칙을 떠올렸는지? 또 다른 행동에서 삼세번의 규칙 또는 그 반대가 적용되었다고 생각한 장면이 있는지?

당신의 시나리오는 어떠한가?
이에 더하여 매우 유용한 웹사이트 한 곳을 소개한다. 수백 가지 내용이 알파벳순으로 정렬되어 있다.

whysanity.net/monos

훌륭하다는 생각이 드는 영화가 있다면, 극장에서 세 번 보기 바란다. 한 번은 팬으로 편안하게 관람하고, 두 번째는 스토리 구조와 인물, 그리고 모든 구성 요인을 어떻게 설정했는지 떠올리며 보라. 세 번째는 스크린을 보지 말고 관객을 보라. 그리고 그들의 반응을 살펴라. 어떻게, 어느 시점에서 반응하고, 그때 스크린에서는 어떤 일이 벌어졌는지 살펴라.

기억할 것

① 당신의 시나리오 속 인물들의 동기 부여(그들이 왜 그렇게 행동하고 그들의 행동에 대해 뭐라고 말하는지)가 당신의 시나리오를 이끄는 원동력이다.

② 동기 부여의 뜻은 '인물들이 행동을 취하는 것'이다.

③ 한 인물의 목적(들)은 자신들이 선택한 길을 가면서 갈등을 겪게 만든다. 일의 진행에서 탄력은 당신의 스토리를 앞으로 나아가게 한다. 관객의 마음속에 긴장감을 일게 하는 것과 연관된다.

④ 관객에게 정보를 전해 줌으로써 앞으로의 일을 예상하게 할 수 있다. 하지만 각 상황에서 알아야 할 만큼의 정보만 전해야 한다.

⑤ 관객의 마음속에 불신과 의심을 심어서 (신의 결과 또는 인물의 행동에 대해) 서스펜스를 유지하라.

⑥ 스토리가 전개되어 감에 따라 당신의 인물이 맞이하는 위기 상황도 점점 높아져야 한다. 갈수록 더 위험한 상황에 빠져야 한다.

⑦ 당신의 시나리오에 대한 전체적인 전개 속도는 각양각색이다. 그것은 당신의 스토리텔링에 영화의 톤을 비롯한 여러 가지를 제공하며 관객을 집중시킨다.

⑧ 서브 텍스트에 대해 반복하고 싶다면 보여 준 것이나 말한 것에 대해서만이 아니라 아직 밝혀지지 않은 것도 중요하다. 가능하면 최대한 마지막까지 기다렸다 정보를 밝혀라.

⑨ 심기와 거두기(결과)는 꼭 필요한 장치다. 소품과 인물만이 아니라, 정보 요소들까지 포함된다.

11장

시놉시스와
트리트먼트

이번 장에서는…

스토리의 내용과 캐릭터들을 한 장
분량의 시놉시스에 담는 방법

스텝 아웃라인이란 무엇인가?

시나리오 트리트먼트 쓰는 방법

1.
한 장 분량의
시놉시스

다음은 시놉시스 쓰기다. 스토리를 A4 용지 한 장 분량(한 줄씩 띄어서)으로 간추려서 자유로운 문체의 현재 진행형 문장으로 써라.

아래 사항들이 들어가야 한다.

- 스토리의 꼬임과 변형, 그리고 마지막 클라이맥스
- 중요 캐릭터들과 그들 사이의 행동
- 시나리오 스타일

누구보다 시나리오 작가에게 시놉시스가 필요하다. 전체 시나리오에 대한 명확한 그림을 떠올리기 위해서다. 꼭 써야 하는 것은 아니지만, 줄거리에 있을지도 모를 약점과 부족한 부분을 잡아낼 수 있다. 이처럼 시놉시스는 스토리의 중요 부분을 잃지 않으면서도 약점을 줄여 나갈 수 있게 도움을 준다. 가끔 문제점들이 직접적으로 눈에 띄기도 한다.

〈제3의 사나이〉의 줄거리를 살펴보자.

노력에 비해 평판이 좋지 않은 삼류 소설가 홀리 마틴스는 친구 해리 림의 일자리 제안을 받아들여 빈에 도착한다. 하지만 림이 교통사고를 당했다는 말을 듣는다. 마틴스는 여기에 의문을 품고 림의 친구들을 찾는다. 그러다가 외롭고 겁에 질린 여배우를 만나는데 그녀는 림과 연인 사이였다. 이후 마틴스는 림의 친구 두 명을 만난다. 그들은 사건을 목격한 나약한 커츠와 교활한 포터로, 한 명은 짐꾼이고 다른 한 명은 의사다. 마틴스는 사건을 조사하면서 빈의 어두운 이면과 함께 림이 아직 살아 있음을 알게 된다. 그리고 자신의 친구가 실은 아주 파렴치한 인물임을 알게 된 그는 양심과 싸우다 최후의 결판을 눈앞에 둔다.

영화 시놉시스에서 자세하게 정리한 글들은 트레이드 잡지, 신문, 영화 잡지 등에서 쉽게 찾아볼 수 있다. 언론 자료로 배포되는 자료에도 자세히 나와 있다(언론 기관과 홍보업체에 연락을 취하면 얻을 수 있다). 당신이 시나리오를 판매하려고 피칭pitching할 때 사용하는 문서 또는 프로듀서가 아이디어를 피칭할 때 사용하는 것과는 다르므로 혼돈하지 않도록 주의한다(19장 참조).

이제 시놉시스를 써 보자. 한 페이지 분량이니 냉정하게 잘 생각해서 써 보길 바란다.

인사이트

나는 한 페이지 분량의 시놉시스 쓰기를 좋아한다. 다른 사람이 노력해서 쓴 것을 다시 쓰고, 가볍게 쓰고, 페이지 수를 줄이는 것도 재미있다. 짧은 문장과 슬로건, 표어 문구는 주의 깊게 구상해야 한다.

2.
스텝 아웃라인
작성하기

지금쯤 시나리오 쓰기에 대해 어느 정도 파악했을 것이다. 이제 스텝 아웃라인(신 바이 신 나누기 혹은 스텝 페이지라고도 한다)을 작성해 보자. 스텝 아웃라인을 작성하려면 먼저 3″×5″(7.5×12.5cm)사이즈의 색인 카드가 필요하다. 각 카드는 시나리오의 한 신을 나타내며(연결 장면이라도), 카드 윗부분에 신 헤딩을 짧게 적고 각 신에 대한 간단한 액션과 내용을 기재한다. 필요하면 대사도 넣을 수 있다. 어떻게 신의 시작과 결말을 쓰고 중간 부분을 명확하게 기재해야 할지 곰곰이 생각해 보라. 왜 3″×5″사이즈를 사용하는지에 대한 답은 다음과 같다. 카드 한 면에 다 기재하지 못한다면 해당 신이 너무 길어진다는 것이 전문가들의 의견이다.

이 카드는 신의 시퀀스와 각 Act를 정리해 주며, 각 신이 다음과 어떻게 연결되는지도 보여 준다. 또한 캐릭터의 성격 변화 과정과 스토리 전개의 속도감, 그리고 어디서 클라이맥스가 나타나는지도 나타난다.

카드 작업을 마친 다음 당신 앞에 펼쳐 놓아라. 그리고 바닥 혹은 벽에 붙여 놓고 살펴보자. 시나리오 내용을 모두 꿰뚫고 있다는 느낌을 받을 것이다. 카드를 섞어 보고, 몇 개의 신을 삭제해 보기도 하고 다른 카드를 넣어 보기도 하라. 캐릭터, 줄거리 혹은 서브 플롯을 형광펜으로 구분 짓고 싶다면 그렇게 해도 좋다. 시나리오의 극적인 상태를 최대한 살릴 수 있다면 모든 방법을 총동원해도 무방하다. 다음의 가이드라인이 도움이 될 것이다.

구조

극적으로 가장 중요한 신들을 표기하라. 그리고 그 신들이 드라마 전체에서 얼마 간격마다 배치되어 있는지를 살펴보라. 이것들은 스토리의 가장 중요한 부분이다. 다음의 질문에 답해 보라.

• 이와 같은 큰 신들의 전개 방식은 효과적인 속도로 나아가고 있는가?

• 전체적으로 극적인 서스펜스가 있는가?

• 관객을 흥미롭게 만들고 같이 참여하게 하는 요소(뜻밖의 반전)가 충분히 포함되어 있는가?

• 위기 상황의 사건들은 전체적인 시나리오에서 비교적 적당한 간격으로 발생하는가 아니면 서로 몰려 있는가?(Act III는 몰려 있을 필요가 있다)

• 위기 상황의 사건들과 즐거운 사건 전에 보여 주는 '반대로 표현하는 기법'을 사용하고 있으며 여기에 만족하는가?

• 클라이맥스 혹은 매우 무거운 극적인 장면 후 잠시 쉬어 갈 수 있는 신 혹은 안도의 순간들은 잘 사용되었는가?

당신은 신의 리듬과 자연스럽게 전개되는 과정, 그리고 신들이 서로 잘 어울리는지 살펴봐야 한다. 그렇지 않다면 카드들을 다시 섞어서 빼냈다가 다른 곳에 넣어 보자. 효율적인 작업 방식을 위해 무엇이든 다 해보라.

인물

시나리오 작가는 각 인물의 전체 목적과 각 신에서 목표로 하는 것들을 전부 알고 있어야 한다. 신의 기능이 곧 시나리오의 목적이다.

• 다른 인물이 언제 등장하는지 관찰하라.
• 인물의 언행과 행동이 사실성 있게 표현되었는가?
• 인물의 언행과 행동이 계속 일치하는가?
• 변화 과정이 사실감 있게 표현되었는가?

• 전체적으로 인물들이 알맞은 순간에 등장하는가 아니면 스토리 전개 중에 너무 오랫동안 나오는가? 혹은 줄거리 전개를 간단하게 만들기 위해 갑자기 등장해 사건의 결말 부분에 나타나는가?

약점

수정할 수 있는 시나리오의 약점들을 살펴보라.

• 최고점에 달하는 행동의 신들이 너무 가깝게 몰려 있지는 않은가? 쉬어 가는 장면들을 첨가해 인물, 무드 혹은 서스펜스의 진행이 더뎌지도록 대사가 있는 신을 첨가하라.

• 최고로 흥미로운 장면에 만족하지 못하는가? 추가로 몇 가지 위기 상황과 관객의 시선을 끌도록 서스펜스를 강화하고 놀랄 만한 반전을 준비하라.

• 너무 빠르게 진행되는지 혹은 너무 처지는지? 인물들의 관계를 보여 주는 신들을 추가하라. 깊이를 더해 준다. 계속 최고점으로 치닫는 여러 장면을 보여 주기보다 인물들을 깊이 알 수 있게 해 주는 것이 좋다.

신의 구조

각 신을 살펴보되 특히 내부 구조를 잘 보라. 신이 잘 안 풀린다면, 다음 사항을 점검해 보라.

• 시작, 중간, 끝이 명확하게 보이는가?

• 신이 만들어졌다면, 무엇에 대한 결과 혹은 최고점으로 사용하는 게 어울리겠는가?

• 신 안의 인물과 행동들을 신뢰할 수 있는가?

• 인물들이 사실성 있게 나타나는가? 신 안의 상황에서 인물들은 그렇게 행동하겠는가?

• 기본적으로 신이 재미있는가?

• 이 신은 이야기 전개상 꼭 필요한가?

시나리오 작가는 신 구성에 표현적인 요소를 많이 사용할 수 있다. 구성, 구조, 인물, 관계, 배경, 톤, P.O.V.(시점), 대사, 소품, 의상, 소리 등. 이미지로 생각하라. (글이 아닌) 이미지가 기본 전달 매체다. 진짜처럼이 아니라, 살아 있는 것처럼 만들어야 한다.

3.
트리트먼트
작성하기

트리트먼트는 무엇인가?

산문체로 작성된 문서로(대략 1시간용이며 TV 방송용으로는 12-15 페이지, 영화용으로는 25-30페이지 정도), 인쇄용으로 쓰며 한 행씩 떼고, A4 사이즈 한 면에 기재한다. 시나리오 줄거리를 사건이 벌어진 시간 순서로 적는다. 몇몇 트리트먼트를 구입할 수는 있지만(부록 참조) 일반적으로는 쉽지 않다.

트리트먼트는 무엇을 위한 것인가?

여기에는 두 가지 목적이 있다.

① 작가가 시나리오 구상과 개발을 하는 데 정리를 도와준다.

② 프로듀서들에게 스토리를 팔 때 문서로 활용된다(19장 참조).

트리트먼트는 작가의 사적 용도이기 때문에 원하는 만큼 사용이 가능하다.

트리트먼트에는 무엇을 써야 하는가?

다음의 요소들이 필요하다.

• 스토리를 명확하게 말해 주어야 하며, 중요 줄거리와 서브 플롯을 명시해야 한다.

• 전체적으로 중요한 극적 구조에 집중한다.

• 인물들과 그들의 행동에 대해 보이는 것만 말하라.

• 시나리오상에 중요한 무드와 분위기와 느낌을 써라.

• 시원스러운 문체로 써라. 짧은 문장을 사용하고(신마다 한 문장), 현재 진행형을 사용하고, 동작 동사를 사용하며, 시나리오에 나타나 있는 행동, 기백, 진행 속도에 대해 서술적인 명사를 사용하라. 속도감이 중요하다(트리트먼트상에도 1/4-1/2-1/4 형식으로 기재하라).

• 중요 인물에 대해서는 (두세 줄로) 자세하게 묘사하라. 또한 인물이 등장할 때 기재하라(영미권의 경우 인물이 처음 등장할 때는 이름 전부를 대문자로 쓰고 그다음부터는 첫 알파벳만 대문자로 쓰고 나머지는 소문자로 쓴다). 따로 등장인물표를 만들 필요는 없다. 인물의 족보를 파는 것은 아니기 때문이다.

좋은 트리트먼트는 쓰기도 쉬운가?

아니다. 물론 많은 작가(또는 에이전트)가 좋은 트리트먼트 쓰기가 좋은 시나리오 쓰기보다 힘든 작업이라고 생각하며, 심지어 여기에 시나리오 쓰는 시간의 절반을 소비한다. 트리트먼트 쓰기 또한 하나의 기술이다. 그러나 이에 대한 정확한 방법은 없다. 여기에 제시된 팁들은 지침이다. 각각의 시나리오는 모두 다른 특별함을 가지며 그 것을 트리트먼트에 잘 살려 보여 주어야 한다.

반드시 써야 하는가?
아니다. 하지만 매우 중요한 과정이다. 이유는 다음과 같다.

• 트리트먼트는 계획했던 시나리오의 약점을 발견하게 도와줌으로써 그것을 더 진행시킬 가치가 있는지 판단하게 해 준다. 모든 것에 만족한다면, 다음 단계(초고 쓰기)로 빨리 넘어갈 수 있다. 트리트먼트 작업에 문제가 발생했다면, 일주일 혹은 더 길게 시간을 두고 다른 작품에 몰두하라. 시간적 여유를 두었다가 새로운 기분으로 작업하라. 트리트먼트 작업이 불만족스러운 상태에서는 절대 초고를 쓰지 마라.
• 최종 목표는 프로듀서들에게 트리트먼트를 보내 그들의 흥미를 끌어내는 것이다(시나리오보다 빨리 읽을 수 있다). 물론 모든 시나리오마다 트리트먼트를 첨부해야 하는 것은 아니다. 시나리오 자체로 팔아야 한다.

트리트먼트는 독이 든 성배와 같다. 쓰기 힘들며 고통스럽지만 영화에 대한 맛보기 역할만 한다. 문제는 트리트먼트를 완성하기 전에는 시나리오를 쓸 수 없다는 것이다.
— 아드리안 허지스, 시나리오 작가(〈톰과 비브〉, 〈베스파〉, 〈로나 둔〉)

잘 쓰인 트리트먼트를 구해 보라(부록 참조). 여러 종류를 비교하고 저마다 다른 점을 보라. 그리고 완성된 영화 혹은 TV 제작물에 대해 어떤 느낌이 들었는지 살펴보라.

인사이트

나는 이 수수께끼를 풀고 싶다. 트리트먼트 쓰기가 이토록 어렵고 힘들다
면 어떻게 그것들이 내 손에 들어와서 내가 읽고 있겠는가. imdb.com에 들
어가서 '영화'를 누르고 그것에 대한 전체 요약summary 또는 전체 줄거리
synopsis를 찾아보라. 가끔 산문체로 가득한 트리트먼트를 발견할 것이다.
〈아바타〉도 있는데, 완벽에 가까운 트리트먼트다.

이제 당신의 트리트먼트를 써 보라. 모든 방법을 총동원해 카드를 채우고,
아이디어, 이미지 등을 사용해 당신만의 독특한 이야기가 전해지도록 쓰기
바란다.

트리트먼트에 대한 몇 권의 책을 소개한다.

David S. Freeman, 『Writing the Killer Treatment: selling your
story without a script』

Kenneth Atchity, Rebecca J. Donatelle & Chi-Li Wong, 『Writing
Treatments That Sell』

Michael Halperin, 『Treatment Pack』

유용한 웹사이트들도 있다.

LawrenceGray.net
screenplaytreatment.com

기억할 것

① 한 페이지 분량의 줄거리를 쓰는 이유는 당신이 쓰는 시나리오의 스토리와 인물, 그리고 생각을 좀 더 명확하게 하고자 함이다. 다시 말해 당신 자신을 위해서다. 이것은 단 한 장의 분량이다. 단 한 장.

② 3"x5"사이즈 색인 카드를 준비하라. 각 카드는 시나리오에 적힌 각 신을 뜻한다. 스텝 아웃라인 또는 신 바이 신이라고도 한다.

③ 3"x5"사이즈인 이유를 생각하라. 한 면에 신 내용을 전부 적을 수 없다면 해당 신이 너무 길다는 뜻이다. 당신의 스토리에 제일 적합하도록 카드들을 섞어서 다시 배치해 삭제 또는 대체해 보라.

④ 트리트먼트는 산문체(약 12–30페이지)로, 처음부터 끝까지 당신의 시나리오 전체 내용을 표현한 문서다. 이 문서는 당신을 위한 것이다. 당신의 스토리에 부족한 부분이 있는지 찾아볼 수 있으며 인물 성장과 논리적으로 타당한지도 볼 수 있다. 다시 한 번 말하지만 스토리에 집중하게 만드는 장치다.

⑤ 당신은 또 하나의 트리트먼트를 쓰게 될 것인데 이는 판매용으로 사용될 것이다. 그것들은 동일한 내용이 아니지만 불가피하게 교차하는 부분이 있다.

12장
초고 쓰기

나는 내가 쓴 초고를 대할 때마다 항상 다지 선택형 테스트를 하는 느낌이다. 곤란한 상태에 직면할 때면 대충 적어 놓고 끝까지 쓴다. 그러고 나서 다시 세심하게 살핀다. 신인 작가들의 문제는 자발성을 잃어버리고 반복해서 고쳐 쓰기만 한다는 데 있다. 그냥 먼저 다 써라. 지금 이 시간만 쓸 수 있는 건 아니다.

-톰 슐만

1.
초고 쓰기

지금 당신은 시나리오를 쓰기 전, 사전준비 단계의 65%를 마쳤다. 이제 다음 5%인 초고 쓰기에 도전해 보자. 이 작업은 한번에 끝마쳐야 한다. 열흘 이상이 걸리지 않게 하라. 작성한 카드를 청사진처럼 사용해 내용과 대사를 만드는 데 활용하기 바란다. 당장 자리에 앉아 쓰기 시작하라!

전략적으로 계획을 세워라. 120페이지 쓰기가 계획이라면, 하루에 최소 12페이지를 써야 한다. 더 많은 페이지를 써야 한다고 해도 겁내지 마라. 당신의 목적은 완전한 시나리오를 쓰는 게 아니라 시나리오 형식으로, 모든 것을 종이 위에 적는 것이다.

팁

쓰는 속도가 보통 빠르기라면, 정사각형 종이에 시나리오 형식(2장 참조)으로 써 보라. 이상적인 길이(1페이지=1분), 타이밍, 속도감을 느끼게 도와줄 것이다.

어제 쓴 작업을 고치려고 하지 마라. 나중에도 할 수 있다.

이렇게 쓰기 위해 노력해라.

- 진부한 행동과 생각을 피하라.
- 너무나 당연한 설명과 대사들을 피하라.
- 명확히 하라. 길고 장황한 말들을 피하라(특히 대사).
- 대사는 짧고 극적으로 써라.
- 행동과 그에 대한 반응을 나타내라.
- 영상적인 이미지들을 써라.
- 이미지로 생각하라. 말로 하지 말고 보여 주어라.
- 생생하게 묘사하고 감동적이며 기억될 만하며 쉽게 읽을 수 있도록 하라.

물론 이 모든 것을 초고에서 다 완성하기는 힘들겠지만, 마음속에 새기기 바란다. 이제 이 책을 덮고 카드를 꺼내고 글을 쓰자.

열흘이 지난 다음에…

최종 단계: 끝인가 시작인가?

초고 쓰기의 길고도 어두운 터널을 나온 당신은 "와! 이제 완성이다. 더 이상 이보다 좋게 수정할 곳이 없다"라고 할 수도 있다. 틀렸다! 당신은 초고를 수정해야 하며, 다시 쓰기 단계에서 할 것이다. 하지만 그에 앞서 잠시 쉬어야 한다. 그간 너무 깊숙이 빠져 작업했기에 당장은 객관적인 생각을 가질 수 없다. 거리 두기가 필요하다.

최소한 일주일에서 한 달 정도 초고를 잊어라. 당신의 아이디어를 모아 둔 파일 중 하나를 찾아 다른 작업을 하라(양심의 가책을 갖지 마

라. 많은 작가가 한 번에 하나 이상의 시나리오 작업을 하고 있다). 감정적으로 동요되지 않고 비판적으로 읽게 되었을 때, 초고를 다시 읽기 바란다. 그래야만 고쳐 쓰기 단계(마지막 30%)로 들어갈 수 있다. 정말로 시나리오의 모든 것이 완성되는 단계 말이다.

글을 쓰는 것은 다시 쓰기 위함이다. 초고는 중요하지 않다. 다만 그것을 가지고 작업할 뿐이다.
- 그레이엄 라인핸, 시나리오 작가(⟪IT 크라우드⟫, ⟨블랙 북스⟩)

기억할 것

① 전체 과정의 65%를 마쳤다면 이제 초고를 쓸 차례다(5% 과정).

② 자리에 앉아 스텝 아웃라인을 참고하면서 초고에 당신이 이 시나리오를 쓰고 싶어 했던 에너지와 정열과 열정을 쏟아라.

③ 하루에 작업할 시나리오 페이지를 정하고 써 나가라.

④ 그냥 써라. 쓰고 또 써라. 절대로 어제 썼던 글을 수정하지 마라. 그 작업은 나중에 할 수 있다. 초고를 마칠 때까지 계속 써라.

⑤ 당신이 초고를 완성했다고 해도 그것이 시나리오를 끝마쳤다는 뜻은 아니다.

13장

초고 고쳐 쓰기

이번 장에서는…

시나리오 고쳐 쓰기를 위해 거쳐야
하는 단계

모든 것을 하나로 완성하는 작업인
시나리오 고쳐 쓰기

훌륭한 작가는 글 잘 쓰는 사람이 아니라 잘 고쳐 쓰는 사람이다.

－윌리엄 골드먼

먼저 감정으로 쓰고, 머리로 다시 써라.

－비키 킹, 시나리오 작가(『21일 만에 시나리오 쓰기』 저자)

〈센스 앤 센서빌리티〉 시나리오가 크게 수정되어 다시 쓰게 되었을 때,
몇 번을 고치고 또 고쳤는데 그 과정에서 진짜로 눈물을 흘렸다.

－엠마 톰슨, 영화배우

몇 주가 지난 다음에…

당신의 초고는 열정과 절박함으로 쓰인 것으로 당신이 처음 생각
해 낸 아이디어를 바탕으로 쓴 결과물이다. 고쳐 쓰기란 당신이 그동
안 배워 왔던 기술적인 방식들을 살려서 그 지식을 사용하는 것이다.
좋은 시나리오를 쓰려면 이 두 가지를 함께 진행시켜야 한다. 우선 감
각적인 힘을 잃지 말고 처음 느낌 그대로의 재미를 살려야 한다.

실수를 통하지 않고서는 절대로 배우지 못한다. 쓰고 다시 쓰는
작업은 실수를 통해 배워 나가는 과정이다. 막다른 궁지에 몰리기도
하고 좋은 방법을 연결하는 노하우를 배우기도 할 것이다. 따라서 초
고에 대한 집착을 버려라. 새로운 마음으로 단번에 멈추지 말고 아무
런 메모도 하지 말고 읽어 보라(매우 힘들 것이다).

시나리오 전체를 하나의 느낌으로 읽기 바란다. 그러고 나서, 도
표 13-1을 사용해 당신의 시나리오를 체크하라. 체크 리스트에 나오
는 질문들은 영화사에서 모니터 요원들에게 제공하는 실제 질문을 바
탕으로 재구성했다.

시나리오 평가 체크 리스트

1. 인물

① 모든 인물이 실제 인물처럼 느껴지는가?

② 각 인물이 말하는 형식은 개인적, 사실적, 그리고 일관적인가?

③ 각 인물을 이해하기 위해 꼭 알아 두어야 할 사항들을 충분히 보여 주고 있는가? 흡족할 만큼 인물들을 깊이 있게 다루었는가?

④ 그들의 행동 동기는 뚜렷하게 보이는가?

⑤ 인물이 처음 등장한 이후 계속 변화하는 과정이 보이는가 아니면 처음부터 똑같은 스타일로 나오는가?

⑥ 그들만의 삶을 살아가고 있는가 아니면 작가의 목적에 의해 꼭두각시처럼 살아가는가?

2. 갈등

① 갈등이 있는가?

② 갈등이 애매모호하게 보이거나 혹은 개인적인 문제로 나타나는가?

③ 앞쪽에서 배경 이야기를 너무 많이 보여 주고 있지는 않은가?

④ 위험에 빠진 인물에게 도움을 주고 있는가?

3. 액션(단순한 활동과 혼동하지 마라)

① 인물들은 무슨 일을 하는가?

② 무슨 일이 일어나는가?

③ 누군가에게 무슨 일이 생기도록 만드나? 혹은

④ 인물들이 무엇에 대해 서로 이야기만 하고 있는가? 혹은

⑤ 인물 또는 그룹에 관하여 단순하게 묘사했는가?

⑥ 인물이 자신의 고민 혹은 비밀을 털어놓을 때 시나리오에 시간상 제한을 두고 있는가?

⑦ 인물들이 본격적으로 일에 착수하는가 아니면 혼자만의 상상으로 끝나는가?

4. 내용

① 단순한 사건을 계기로 성공하는 이야기인가?

② 전체적으로 사건의 원인과 결과로 구성되어 있는가?

5. 구성

① 스토리를 전개시켜 나가기에 충분한 여러 가지 다른 속도감을 사용하고 있는가?

② 스토리 전개가 정확한 시점에서 발생하는가?

③ 스토리 전개 과정은 알맞은 진행 속도로 전개되는가?

④ 결말 부분을 타당성 있게 보여 주는가?

⑤ 관객들의 기대를 만족시키고 있는가?

6. 내용

① 주제가 내부 혹은 외부적으로 보이는가?

② 각 부분들이 무엇에 대한 것인지 명확하게 보이는가?

③ 인물들은 알고 있는가?

④ 인물들이 알고 있어야 하는가?

⑤ 주제는 명확하게 설명되는가 혹은 줄거리에 의해 보이는가?

⑥ 이야기하고자 하는 스토리의 분량은 적당한가?

7. 실용적인 것

① 얼마나 비싸게 보이는가?

② 모든 인물이 꼭 필요한가?

③ 너무 많은 장소가 등장하는가? 세트로 대체해서 촬영할 수 있는가?

④ 만약 필름으로 찍는다면 가능한가?

⑤ 외부적인 신들은 이미지적으로 혹은 감정적으로 영화 내용에 도움을 주는가?

⑥ 만약 (의도적으로) 모든 필름의 영상이 다른 영화들의 일부분을 모아서 만든 것이라면 포함시킬 수 있는가?

8. 연습의 목적

시나리오의 주제와 작품 내용에 개인적인 감정을 연관시키지 말고 가정으로 간주하기 바란다.

① 시나리오를 계속 넘기고 싶도록 만들었는가?

② 직감적으로 좋았는가 또는 싫었는가? 혹은 너무 지루했는가?

③ 작가 자신이 작품에 대해 잘 알고 있다는 느낌을 받았는가?

④ 혹시 작가가 쓴 작품에서 생생한 생기를 느꼈는가?

⑤ 이 작품을 더 손질할 필요를 느꼈는가?

⑥ 여러 관객층이 좋아할 만한가?

존중할 만한 사람(친한 친구와 가족들은 제외)에게 시나리오와 체크 리스트를 건네며 평을 부탁하라. 이를 통해 시나리오에 대한 다양한 의견을 받을 수 있을 것이다. 이것을 종류별로 나누어 보자. 구조, 줄 거리와 서브 플롯, 시퀀스, 캐릭터, 대사, 이미지 등 필요로 하는 모든 것을 분류해 보라.

많은 사람이 고쳐 쓰기 단계에서 모든 것을 단 한 번에 고쳐 쓸 수 있으리라 생각한다. 절대로 그렇지 않다. 당신이 완전하다고 생각할 때까지 고쳐 쓰기 단계를 여러 번 반복해야 한다. 시나리오는 매번 다 른 관점에서 봐야 하며, 다시 쓸 때마다 의문점과 부딪쳐야 한다. 고 쳐 쓰는 작업을 마칠 때마다 전보다 완성도를 높여야 한다. 매우 복잡 한 과제겠지만 이것이 시나리오 쓰기 과정 전체 중 마지막 30%를 차 지한다. 그러니 한 번에 완성하려 들지 마라.

나는 최소한 여섯 단계를 거쳐야 한다고 권한다.

첫 번째 고쳐 쓰기　　이해하기 쉽게 쓰기

두 번째 고쳐 쓰기　　구조 다듬기

세 번째 고쳐 쓰기　　인물 다듬기

네 번째 고쳐 쓰기　　대사 다듬기

다섯 번째 고쳐 쓰기　　스타일 다듬기

여섯 번째 고쳐 쓰기　　마무리 다듬기

이처럼 여러 번 고쳐 쓰기 단계를 밟는 이유는 시나리오의 문제점 을 정확하게 보기 위함이다. 고쳐 쓰기의 목적은 무엇이 당신의 시나 리오에 남아 있고 (더욱 중요하게는) 무엇이 사라지는지 살펴보기 위함 이다. 삭제 기술이 필요하다.

쓸데없는 부분과 불필요하게 설명한 부분, 그리고 재미없는 부분을 과감히 잘라 버리는 것. 이것을 결정하기란 매우 어렵지만 반드시 해야 한다. 제일 아끼고 사랑하는 것들을 가차 없이 버리는 방법을 배워라. 당신이 가장 좋아하는 대사, 묘사, 신들이라도 어울리지 않는다면 지워야 한다. 최고의 시나리오는 고쳐 쓰기를 통해서 만들어진다.

도표 13-1은 단순한 체크 리스트다. 불문율을 만들려는 게 아니다. 특정한 법칙이란 존재하지 않는다. 당신의 마음속에서 정열적으로 타오르는 내용을 쓰기 위해 이 책에 나와 있는 모든 '법칙'을 깨야 한다면 기꺼이 깨기를 바란다.

첫 번째로 모든 지혜를 버려라. 그러고 나서 모든 부수적인 것을 버려라. 나는 내가 제일 아끼는 것들을 쳐냈다. 삭제할 때는 동정심을 갖지 않는다. 인정사정없이 쳐낸다. 내가 가장 많은 애착을 느끼고 제일 아끼는 부분들이 내 눈앞에서 쫙쫙 그어져 나갔다.

– 패디 체이예프스키, 시나리오 작가

인사이트

시나리오 작업 요청이 들어오면 삭제 작업을 먼저 한다. 그때마다 내가 삭제한 많은 양에 놀란다. 상황이나 주제와 관계없는 대사(신 전체를 차지하기도 한다)로, 이미 우리가 알고 있는 것 또는 볼 수 있는 것들이나 아예 상관없는 내용들이다. 사건들과 시퀀스들은 우리가 꼭 봐야 할 필요가 없다. 나중에 그에 대한 신이 꼭 나오기 때문이다.

1.
첫 번째:
이해할 수 있게 쓰기

시나리오 초고를 읽으면서 당면하는 문제점들은 어떠한 상황들이 왜 발생하며 인물들은 왜 그렇게 행동하는지 작가인 당신 자신도 이해하지 못하는 상황이다. 당신의 마음속에는 이야기나 인물이 존재하지만 중요한 요소들 또는 작은 정보들이 시나리오에 드러나 있지 않기 때문이다.

다음 질문에 답해 보라.

• 내가 하고자 하는 이야기가 매우 극적이거나 감동을 주는가(4장 '어떻게 메인 스토리를 결정할 것인가?' 참조)?

• 이야기를 전체적으로 이해하기 위해서 관객은 어떠한 정보들을 알아야 하는가? 혹시 가장 극적이고 효과적인 장면을 빠뜨리지는 않았는가(10장 '정보 심고 거두기' 참조)?

• 어떤 장르의 영화인지를 분명히 하는 것이 효과적인가(4장 '장르' 참조)? 예를 들어 모험과 스릴에 찬 로맨스에서 로맨스 혹은 위험 상황 부분이 약하다면, 당신이 쓰고 있는 이야기가 작품의 장르와 맞지 않는 것이다.

• 이야기 속 인물들이 이해할 수 없는 이유로 인물에 걸맞지 않은 행동을 하고 있는가(5장 '인물의 일대기' 참조)? 인물의 행동에 믿을 만한 대답을 하지 못한다면 대안을 찾아 바꾸도록 하라.

• 이미 설정해 놓은 시나리오 구조가 영화 내용과 맞는가(4장 '3막의 기본 구조' 참조)? 구조를 바꾸면 더 나아지지 않을까?

• 누구에 대한 이야기를 하고 있으며 관객은 누구의 시점으로 보고 있는가(4장 '누구의 이야기인가?' 참조)?

　초고 구조가 엉성한 것은 글쓰기의 예비 단계인 사전 준비가 부족했음을 반증한다. 이를테면 총 120페이지 분량 가운데 처음 70페이지는 정처 없이 돌아다니게 묘사하고 본격적인 이야기의 액션들은 마지막 50페이지 분량에 꽉 차게 써, 처음 70페이지 분량을 사용할 수 없게 만들곤 한다. 어떻게 멈출 수 있을까? 확실한 결말을 만들어라(4장 '스토리의 콘셉트 명료하게 하기' 참조).
　다음 질문에 답해 보라.

• 이 스토리의 독창적인 면, 다른 스토리와 구별되는 면은 무엇일까? 계속 고쳐 쓰면서 이 점을 항상 염두에 두어라. 독창성이란 한 가지 요소가 아니라 여러 가지가 합쳐져 만들어진다.
• 드라마틱한 구조는 무엇인가? 전체적인 3막 형식만이 아니라, 그 구조 속에 포함되어 있는 작은 구조까지 발견할 수 있는가?
• 플래시백과 플래시포워드를 정보를 제공하는 부차적인 기능뿐 아니라 극적으로도 사용하고 있는가?
• 깜짝 놀라게 할 만한 것은 무엇이며 어디에 있는가? 예측 가능하게 쓴다면 관객의 시선을 붙잡아 둘 수 없다.
• 적절한 시점에서 관객에게 정보를 제공하는가? 극적인 순간, 관객에게 가장 효과적이며 놀라움을 줄 때 정보를 제공하라.
• 시나리오 분량은 적당한가? 설정한 분량에 맞는 이야기인가? 너무 빠듯하거나 너무 늘려 쓰지는 않았는가(7장 '고전적인 3막 구조' 참조)?
• 가장 알맞은 곳에서 시작하고 끝맺음하고 있는가?

• 주제(4장 참조): 시나리오의 진정한 메시지는 무엇인가? 당신은 정말로 알고 있는가(이런 질문들과 부딪쳐야 한다). 주제를 알고 나면 줄거리와 서브 플롯(특히 중요한 서브 플롯), 이미지, 은유, 배역 설정 등이 무엇에 대한 내용인지 주제와 동조하는지 반박하는지 쉽게 분류할 수 있다. 주제는 각 Act와 인물의 변화 과정(특히 Act III)을 하나로 만들어 구성하며, 전체적인 스토리를 하나로 통합하기도 한다.

• 왜 이 이야기를 쓰려고 하는가? 주제와 마찬가지로 트리트먼트 혹은 초고를 마치기 전까지는 발견할 수 없다. 왜라는 질문에 대한 답을 결정한 후에야 줄거리와 서브 플롯을 결정할 수 있을 것이다.

팁

각각 완전한 하나의 극적인 구조 방식으로 만들어라. 이제 당신은 왜 하나 다음에 또 하나의 사건이 등장해야 하는지 알 것이므로 시나리오에 필요한 부분이 무엇인지 결정해서 사용해야 한다.

인사이트

감독에 관심 있다면 프레임포지 프레비즈 스튜디오FrameForge Previz Studio라는 소프트웨어를 추천한다. 무척 유용하게 쓰일 것이다. 가상의 배우, 소품, 카메라 등을 제공해 주기에 당신만의 디지털 스토리보드를 만들 수 있다. 프리비즈Previz, pre-vizualization의 콘셉트는 시나리오를 검토하는 것으로 실제 촬영하면 어떻게 보일지를 미리 확인할 수 있어 쓸데없는 영상과 대사들을 삭제할 수 있다. 비슷한 종류의 소프트웨어 패키지를 구입할 수 있지만 대부분 프레임포지보다 코믹북 형태에 가깝다.

또 하나의 대안은 손으로 대충 스토리보드를 그린 다음에 인터넷으로 스토리보드 작가들을 찾아서 적당한 금액을 지불하고 대충 그린 그림을 멋진 스

토리보드로 만드는 것이다. 훌륭한 스토리보드 작가가 많으니 시도할 가치
가 있다.

2.
두 번째:
구조에 중점 두기

솔직히 나는 초고를 쓸 때 3막 구조 형식을 갖출 수 있다고 믿지 않는다.
그러나 다시 글을 고치는 단계에서는 매우 유용하게 쓰인다고 생각한
다. 다시 확인하면서 어디서부터 틀렸는지 혹은 어느 지점에서 불확실
하게 명시되었는지 검토할 수 있기 때문이다.

– 톰 슐만

섹스를 영화의 중심으로 잡아라.

– 로버트 맥키

시나리오에서 보여 주는 모든 행동은 (육체적, 감정적, 언어적, 심리
적으로) 전체 줄거리를 전개시켜야 하며, 가깝게 연결되어야 한다. 이
야기 구조는 주인공이 궁극적인 목적 달성을 위해 분투하는 것이다
(외부적인 행동 동기). 이러한 행동 동기와 연관 없는 행동은 삭제해야
한다. 또한 시나리오에 갈등이 생기도록 조심스럽게 알맞은 행동으로
만들어야 한다. 따라서 전체적인 줄거리는 앞에서 전개시켜야 하며
점차적으로 Act III의 클라이맥스를 향해 나아가야 한다.

각 Act의 구성 요소를 관찰해 보자.

Act I

목적: 스토리에 대한 매우 중요한 정보, 주요 등장인물 소개, 갈등, 톤, 이미지 스타일, (육체적, 사회적, 심리적) 배경 설정, 주제와 무드 구성

구성 요소: 사건 등장 시기, 위험한 (행동, 계획에 관한) 상황, 시간의 틀, 행동하는 인물, 위기, 클라이맥스/TP 1, 흥미 유발하기, 관객과 인물의 일체감

필요: 정보, 극적인 스토리의 구성 요소에 알맞게 배치하기

위험: 불투명한 의도 전달 또는 전개 방향, 주인공과 동질감을 느끼기에 부족한 느낌, 주인공이 누구인지 모르게 보이는 불확실함, 애매한 인물의 행동 동기

Act II

목적: 갈등과 부딪치는 상황을 보여 주며 스토리를 전개한다. 필수인 요소/목적에 대한 행동 동기를 만든다. 인물을 다시는 되돌아갈 수 없는 상황으로 몰아가라. 인물의 변화 과정과 성장 과정을 조리 있게 보여 주며 막의 클라이맥스로 다가가라. 이 상태를 유지하라.

구성 요소: TP 1을 바탕으로 명확하고 강한 설정을 만든다. 극적으로 필요한 상황/목적/외부적인 행동 동기, 포커스 포인트, 중간 지점, 시나리오 구조(딜레마, 장애물, 사건의 복잡화, 방해-한정된 시간), 시퀀스, 사건 시작, 서스펜스, 신의 인과 관계, 커다란 위기, TP 2/진실의 순간, 서브 플롯의 발전 과정

필요: 사건(계기), 포커스, 강력한 인과 관계

위험: (관객과 작가에게) 매우 긴 섹션이다. 일반적으로 체계적으

로 정리되지 않은 구조다. 중요한 사건/신이 없을 수도 있다. 밋밋한 줄거리 내용(불충분한 사건의 복잡함과 방해 요소 등), 약하거나 틀린 지점의 되돌아가지 못할 지점, 이야기의 핵심 '문제'에 없어서는 안 되고 논리적인 사건들과 연결되지 않을 때(자세히 말하면 집중력이 부족하며 약한 인과 관계)

Act III

목적: 이야기를 해결하며, 클라이맥스에 긴장감을 높이며, 주제를 완성하며, 전체적인 스토리를 하나로 합치며, 마지막으로 주인공의 변화와 성장 과정을 보여 주며, 만족할 만한 결과를 보여 줌

구성 요소: TP 2/진실의 순간을 바탕으로 강력하게 만든다. 결과, 핵심적으로 마주치는 신(주인공 vs. 맞상대), 고조되는 속도감

필요: 모든 스토리의 요소들을 통해 결과를 보여 줌(작은 미해결 부분까지도 매듭지음)

위험: 사건(계기) 순간을 잃었거나 약할 때, 결과를 무시했을 때, 만족스러운 클라이맥스가 나오지 않거나 이제까지 진행해 오던 내용과 연결이 안 될 때

줄거리와 서브 플롯(부차적인 줄거리)

서브 플롯을 살펴보되, 특히 주요 부분의 서브 플롯을 보라(메인 플롯과 주인공에게 가장 영향을 끼칠 서브 플롯).

① 각 서브 플롯에 대해 질문하라. 여덟 가지 기능 중 최소 하나 혹은 그 이상 적용되는가(도표 13-1 참조)?

② 여덟 가지 기능이 고쳐 쓰는 작업에 어떤 도움을 제공하는가?

▷ 초보 시나리오 작가들의 서브 플롯은 대부분 주제를 설명하지

못하는 것처럼 주요 내용도 알려 주지 못하는 경향이 있다.

▷ 처음 글을 쓰는 시나리오 작가들 대부분 결정적으로 고쳐 쓰기에서 서브 플롯의 주요 내용을 알려 주지 않거나 여덟 가지 기능에 해당하는 서브 플롯을 버리려고 하지 않는다.

▷ 서브 플롯이 정보를 제공하거나 실행되면 효과적으로 보일까? 극적인 효과를 높이기 위해 작게라도 수정할 부분이 있는가?

③ 주인공을 최고로 밀어붙일 수 있는 한계를 알아 두어라. 그것을 찾아서 그들을 더욱 세게 밀어붙여라. 그들의 가장 극적인 요소들을 찾아서 Act III의 클라이맥스에서 보여 주어라.

클라이맥스

① 각 Act의 후반부에 위치한 클라이맥스들을 보라. 스토리 안에서 클라이맥스는 정확한 순간이어야 하며 스토리의 전환점이기도 하다. 어쨌거나 당신의 시나리오는 여러 스토리를 혼합한 것이다(서브 플롯). 따라서 각 클라이맥스는 넓은 범위 내에서 이야기에 대한 전환점을 필요로 한다.

② 서브 플롯의 클라이맥스는 효과적이며 고조되어 가며 신뢰성이 있는가? 극적인 시퀀스들을 살펴보라.

③ 후반부 Act II의 고조되어 가는 클라이맥스 시퀀스는 많은 문제가 제기되는 곳이다. 주인공이 이루려는 목적, 뜻밖의 사실, 혹은 Act III 클라이맥스 부분에서 알게 되는 사항들을 가능한 한 멀리 떨어뜨려야 한다. 논리적으로, 그들은 지금쯤 (목적 달성에) 자포자기 상태에 빠져 있어야 한다(7장 '3막 구조의 페이지별 구성' 참조). 고조되어 가는 클라이맥스 시퀀스와 방법을 살펴보라.

주인공은 다음과 같이 행동한다.

▷ 그들의 행동에 대한 책임을 거부하고

▷ 목적 달성을 포기하려고 한다(다시 생각한다).

▷ 진실의 순간과 맞닥뜨린다.

위의 역할을 하지 못한다면 다음과 같이 해결하라.

▷ 다른 인물을 등장시킨다(따라서 다른 서브 플롯도 생긴다).

▷ 맞부딪치는 상황을 보여 준다(현재 시간 혹은 과거 시점으로).

▷ 뜻밖의 사건들의 증거를 보여 준다(예를 들어 테이프, 〔이러한 증거들이 존재하도록 미리 장치해 놓은〕 일기장, 다른 서브 플롯).

▷ 현재 주인공의 심리 상태가 드러나는 행동을 보여 준다.

▷ 플래시백을 이용해 병행적인 행동과 병행적인 시간으로 설정된 두 가지 이야기의 구조를 만들어 전자가 후자를 이끌어 부딪치게 하라(위 참조).

④ 마지막으로 다음 질문에 답해 보라.

▷ 당신의 클라이맥스들은 가장 작은 부분부터 의미심장한 부분까지 모두 잘 설정되어 있는가?

▷ 각각의 극적인 시퀀스들은 가능한 한 클라이맥스를 미리 설치해 놓아야 하며 관객이 생각에 잠기게 만들어야 하며 클라이맥스 자체를 보여 주어야 한다.

▷ 극적인 시퀀스의 구조는 두 가지 요소로 구성된다. 당신의 선택에 따라 어떠한 정보를 공개할 것이며 언제 공개할 것인가가 결정된다.

▷ 중요하고 극적인 클라이맥스 후에는 잠시 쉬어야 하는데, 그 순간(혹은 신에서는) 전체적인 시나리오의 리듬감과 속도감을 갖추어야 한다.

오프닝과 엔딩

오프닝과 엔딩을 어디서 어떻게 할 것인가가 중요하다. 당신이 시나리오 속에서 무엇을 중요하게 생각하고 있는지를 관객에게 보여 주는 중요한 계기이기 때문이다.

신과 시퀀스

다음의 사항들을 살펴보라.

▷ 인물들이 명확하고 효과적으로 흥미 있게 잘 표현되었는가?

▷ 영상적인 설정은 흥미로운가?

▷ 대사의 소리와 속도감이 효과적으로 사용되고 있는가?

▷ 서스펜스는 있는가?

▷ 줄거리는 설정되어 있는가?

▷ 갈등은 있는가?

▷ 무슨 일이 일어났는가?

▷ 주인공이 원하는 것은 무엇이며 그의 행동 동기에 대해 알고 있는가?

▷ 작가가 개별적인 인물의 P.O.V. 시점과 개개인의 생각을 보여 주고 있는가?

▷ 시나리오 속에 존재하는 세계는 일관적인가 아닌가?

▷ 페이지를 계속 넘기고 싶어지는가?

신

각 신의 목적 달성하기

다음 질문에 답하라. 왜 이 신이 필요한가? 그 신의 목적은 무엇인가? 신은 전체 스토리와 마지막 클라이맥스에 어떠한 기여를 하는가? 액션과 인물의 행동 동기에는? 위의 질문에 대한 형편없는 대답은 "그 전 신 다음에 나오기 때문입니다"다. 각 신은 항상 각 신에 설정된 기능을 완수해야 한다. 또한 다음 질문에 답해 보라. 이 신의 처음부터 끝까지 각 인물들은 무엇을 하는가? 기억하라!

늦게 입장해서 일찍 퇴장하라.

설명과 헤어지는 장면은 삭제하라. 대부분의 신은 중간 내용만 필요하다.

집중하기

누구에 대한 신인가? 무엇에 대한 신인가? 각 인물들이 무엇을 원하거나 무슨 일이 생기기를 바라는가? 왜 그가 이 신에서 목적을 이루지 못하며 영화상으로는 어떻게 표현할 것인가? 당신이 원하는 극적인 부분을 떠나 인물들이 원하는 방향으로 가라. 이 신에서의 인물의 태도는 어떠한가? 그들이 해야 할 행동들과 이 신에서 일어나는 일에 대한 감정은 어떠한가? 인물의 말과 행동에 숨은 뜻을 찾아보라. 위장했거나 서로 모순되게 행동하고 있는지도 모른다. 관객이 당신의 뜻을 이해할 수 있을까? 신은 다음과 같은 요소로 이루어져 있다. 문제에 직면한 인물의 행동, 반대 혹은 혼란, 긴장감을 주면서 사건은 해결되거나 더욱 커진다. 정보를 전한 후, 바로 빠져나오라. 도표 9-1을 참조하라.

신 엔딩

이 신의 엔딩이 놀라움을 주는가 아니면 누구나 예상할 수 있는가? 윌리엄 골드먼의 "모든 페이지에 서프라이즈를 심어라"라는 말을 각 신에 적용해 보라. 결말을 알고 그것을 향해 나아가되 누구나 예상할 수 있는 방식으로는 하지 마라.

신의 본질

신이 대화 혹은 행동 혹은 두 가지가 혼합된 형식인가? 혹시 대사가 막히는가?(네 번째 고쳐 쓰기)

시퀀스

3막 구조의 기본을 바탕으로 관객이 작가의 기술을 알아차리지 못하도록 기교적으로 쓴다.

각 시퀀스에 대해 알아 두어야 할 사항은 다음과 같다(9장 '시퀀스' 참조).

• 각 블록에서 모든 인물(주인공 포함)이 원하는 것은 무엇인가? 왜 그것을 원하는가? 심리 상태는?
• 스토리의 각 시퀀스와 서브 플롯에서 실제로 무슨 일이 일어나며 어떻게 강조되거나 메인 플롯을 보강해 주는가?
• 각 시퀀스의 감정선은 어떠한가?

위의 사항을 결정한 후에 자문하라.

• 이 시퀀스의 실제적인 극적 구조는 무엇인가? 서브 플롯은 어떻게 그리고 어디에서 들어맞는가?

인사이트

나는 오래전부터 이런 생각을 해 왔다. 시나리오에 문제가 생겼음을 단번에 알아챌 수 있다는 것을. 그것은 한 인물이 다른 인물에게 "우리 이야기 좀 하자" 말할 때나 그것과 비슷하게 말할 때다.

〈황당한 외계인: 폴〉의 오리지널 시나리오는 '독립' 영화에 가까웠다. 스튜디오에서는 시나리오를 검토한 후에 코믹한 부분을 많이 추가했고, 진화론이냐 창조론이냐 같은 철학적인 논쟁을 줄였다. 그러고는 계속 "스토리를 이렇게 진행시키면 안 되겠습니까?" 하고 물었다. 다른 방법으로는 결코 만들어지지 않았을 것이다.

— 사이먼 페그, 영화배우 겸 시나리오 작가(〈터미널〉, 〈미션 임파서블〉)

3.
세 번째:
인물에 중점 두기

항상 여러 곳을 살필 준비를 하라. 당신이 사실적으로 명시한 곳 대신 편리하게 처리한 곳을 찾아보라.

— 클라이브 바커, 영화감독 겸 시나리오 작가(『피의 책』, 〈드레스〉, 〈헬레이저〉)

인물 변화시키기
다음 두 가지를 명심하라.

① 모든 인물이 다 필요한가?
② 그들 모두에게 특색이 있는가?

일상적으로 부딪치는 문제들
- 너무 많이 등장하는 인물
- 스토리를 전개시키기 위해서만 만들어진 인물

위의 질문을 잘 생각해 보고, 대답에 따라 인물을 빼거나 다른 인물로 대체하라. 시나리오의 길이와 형식을 봐야 한다. 너무 많은 인물이 등장하지 않게 말이다(4장 참조). 너무 많은 인물이 등장하면 집중력을 잃는다. 모든 시나리오는 세 명의 중심인물에 중점을 둔다(다시 나온 삼세번의 법칙). 주인공, 대립, 반사/거울 인물이며, 가끔 로맨스 인물(중심인물 세 명 중 한 명일 수도 있다)이 나오기도 한다.

인물이 무엇을 하는지가 명확해야 한다. 조금씩 줄여 나가는 법을 배워라.
– 노마 해이맨, 프로듀서

주요 인물

처음 시나리오에 등장했을 때 그들의 존재는 간결하게 요약되어야 한다. 즉, 강하면서도 최고의 느낌을 주어야 한다. (나이, 태도, 배경 같은) 주인공에 대한 두세 줄의 정보로 시나리오를 읽는 이들에게 인물에 대한 느낌을 최대한 제공해야 한다. 어떤 단어를 선택할지 생각하라. 감정이 전달되게 하라. 주요 인물들에게 행동 동기의 변화 과정이 있는지 자문해 보라. 목적 달성을 위한 행동과 그들의 행동 동기가 기본 뼈대 구조와 연결되어 있는지 살펴보라(10장 '행동 동기의 변화 과정' 참조).

변형 과정

당신의 모든 인물(특히 주인공)의 변화 과정을 살펴보라(6장 '인물에게 변화를 경험하게 하기' 참조).

• 주인공과 그 외의 주요 인물, 조연 가운데 누구에게 변화 과정이 있는가? 그들 모두를 최선을 다해 변화시켰는가?

• 그들은 어떠한 변화 과정을 거쳤는가? 어디서 변화되었는가?

• 영화 속 세계의 가치와 감정을 영화 초반부에 설정했는가?

• 시나리오 위기 지점에서 인물들은 감정을 호소하며 동요하는 가? 그들의 가치가 도전받는가, 특히 주인공이?

• 후반부에서 인물들은 어떻게 변하는가? 어떠한 가치 시스템이 적용되며, 감정 반응은?

뚜렷하고 특징 있는 인물들을 만들 수도 있다.

• 태도(중요): 뚜렷함과 독특함은 예측할 수 없는 흥미를 유발시 킨다. 다른 인물들과 어떤 관계를 성립하는가도 중요하다.

• 독특한 특징: 외모와 말하는 모습, 행동 등을 말한다.

• 놀라움: (태도에 의해 보이는 게 아니라) 예측할 수 없는 행동을 살펴라. 시나리오의 중요 장면에서 인물들이 예측할 수 없는 행동을 하게 하라.

• 불확실한 행동 동기: 왜 이 인물이 특정 행동을 하는지에 관해 수수께끼 같은 생각이 들도록 보여 줄 수 있는가? 스토리를 전개시키 면서 이러한 불확실성을 만들고 유지시켜야 한다(다른 인물이 주인공의 행동을 이해하지 못한다면, 관객에게 나중에 설명할 거라는 사인이다).

• 창조력: 인물을 만들고 보강하라. 관객이 원하는 것과 반대 혹 은 그들의 인물 유형을 설정해 그들에게 독특한 태도 혹은 독특한 특 징 혹은 우발적으로 예측할 수 없는 행동으로 불확실한 행동 동기를 부여할 수 있다.

• 단역: 스크린에는 잠시 등장할지라도 신뢰를 주기 위해서는 (단역 배우라 할지라도) 필요한 모든 정보를 관객에게 알려 주어야 한 다. 의상(보통 인물의 직업과 관련된 의상)을 통해 카메오를 (전체적인 시

나리오 톤을 방해하지 않는 선에서) 사실적으로 묘사하고, 외모와 몸짓, 그리고 그들이 말하는 스타일까지 만들어야 한다.

•스테레오 타입: 진부한 인물을 피하고 싶다면 그들의 이야기에 뜻밖의 결과를 첨가하라(코미디물은 스테레오 타입과 모순에 의존한다). 당신의 인물이 스테레오 타입으로 설정되는 것에는 이의가 없다. 하지만 안주하면 곧 지루해진다. 당신의 스테레오 타입 인물이 예측할 수 없는 일을 하게 하라. 관객의 시선을 고정시키기에 충분하게끔 말이다.

4.
네 번째:
대사에 중점 두기

나는 나의 인물들이 무슨 말을 하려는지 알기 때문에 대사를 사용한다. 나는 신을 상상하며 대사를 생각한다. 그리고 나서 다시 대사를 쓴다. 그리고 대사를 자른다. 마지막으로 만족할 만한 신이 될 때까지 대사를 손질한다.

– 패디 체이예프스키

항상 어렵다. 작가들은 이미 쓴 대사를 삭제하길 원치 않는다. 그럼에도 훌륭한 대사는 삭제하고 압축하고 집중해서 고쳐 쓰는 과정을 통해서 만들어진다.

꽉 막힌 대사
자주 부딪치는 문제점들은 다음과 같다.

• 블록킹blocking : 대사를 주고받지만 진전이 없는 상황. 예를 들어 "너 아프니?"/"아니." 이것은 틀린 형태다. 계속 진행되어야 한다. 이렇게 해 보라. "너 아프니?"/"음, 속이 좀 메스꺼운 거 같아."

• 대사가 두서없이, 목적도 없이, 아무렇게나 쓰였거나 쓸데없이 많지 않은가(한 신의 분량이 5-6페이지 정도)? 혹은 신 밖의 상황을 언급하는가? 인물은 필요한 말만 해야 하며 신 안에서 벌어지는 상황과 내용과 장소에 상응하는 대사를 사용해야 한다.

• 신이 무미건조할 수 있다. 단어의 의미는 전달되나 결과는 감정적이지 못할 수 있으며 글에 생기가 없으면 죽어 버릴 수도 있다. 스타일을 바꾸어 보라. 신을 근본적으로 다른 스타일로 생각하라. 무거운 내용의 드라마? 코미디처럼 다시 써 보라. 순수한 대화 위주의 신인가? 영상적인 슬랩스틱처럼 생각하라. 한번 시도해 보라. 생명력 넘치는 신이 되는 방법을 찾아보라. 여러 방법을 찾아서 자신에게 알맞게 사용하라.

• 영화상의 중요한 말들은 두 가지 개념, 즉 삼세번의 법칙과 대조법(4장 '표어 만들기' 참조)을 바탕으로 만들어진다.

• 대사와 신을 고쳐 쓸 때 신 안에 생기를 불어넣는 고전적인 방법은 많다. 그중 한 가지는 하나 혹은 두 명의 포커스나 태도를 바꾸는 것이다. 다른 방법은 자신에게 자문하는 것이다. 내가 이것을 영상적으로 표현할 수 있는가?

'사람들이 말하는' 신이라고 생각하지 말고 이것을 어떻게 영화와 종이 위에 말 없이 표현할 수 있을까를 생각하라. 영상적으로 생각하고 영상 매체의 무한한 잠재력을 사용하라.

쿠엔틴 타란티노의 영화가 선풍적인 인기를 끌었을 때, 입에도 담을 수 없는 폭언으로 가득한 시나리오들을 기하급수적으로 받았다. 솔직히 말하면 나는 그런 것이 싫다. 내가 그와 같은 단어를 사용할 때는 인물에게 꼭 필요하거나, 그들이 살고 있는 문화적 배경을 반영할 때다. 다른 경우는 작가의 상상력 부족이라고 볼 수밖에 없다. 자신만의 스타일을 쓸 수 있는데 왜 구태여 타란티노의 아류 작품을 쓰려고 하는가?

서브 텍스트

새로 고쳐 쓴 시나리오를 토대로 신 안의 대사와 행동을 살펴보라. 서브 텍스트는 존재하는가? 9장에서 언급한 서브 텍스트의 기능에 적용되는가? 그렇지 않다면 대사, 행동 또는 서브 텍스트를 바꿔라.

5.
다섯 번째:
스타일에 중점 두기

속도감

10장 '시나리오 전개 속도'를 참조하라. 속도감, 전체 시퀀스(길이), 신들과 신 안의 신. 먼저 전체적인 시나리오의 느낌을 정하라. 이 결정으로 시퀀스 속도를 가늠할 수 있다. 다음으로는 신 안에서 극적인 속도감을 결정하라. 항상 당신이 가장 극적으로 사용할 수 있는 것을 찾아라. 관객의 관심을 놓칠 것 같다는 생각이 든다면 관객이 흥미로워하는 것을 다음 신 혹은 후에 삽입하라.

톤 사용하기

톤이 어떻게 사용되는지 살펴보자.

• 극적인 행동의 크기: 알맞은 길이의 장면인가(러브 신, 추격 신, 클라이맥스 등)?

• 신과 시퀀스의 길이: 시나리오에서 긴 신들이 모두 한 시점에서 발생하며 속도감을 늦추는가?

• 성격 묘사: 모든 인물이 같은 시나리오에 속해 있는가?

• 미장센: 배경, 장소, 날씨, 복장, 낮과 밤의 결정 등을 보라. 전체적으로 극적 긴장감을 더하는가?

• 대사: 재검토하라. 시종일관 내용과 장르에 알맞게 쓰였는가?

• 이미지(10장 '이미지 시스템' 참조): 영상적인 참고 자료를 사용하라. 무엇을 의미하며 관객에게 무슨 의미를 전달하는지, 장소와 지형의 상징적 뜻을 살펴보라.

• 사운드 트랙(v.o. 사용 포함): 무드에 영향을 끼치는가? 당신이 원하는 음악을 정확하게 기재하지 마라. 음악적인 언어를 사용하지 말고 분위기만 서술하라.

장면 변화

모든 신은 반드시 한 신이 끝나고 다음으로 넘어가야 한다. 이러한 도구들의 비슷한 점과 대비되는 것들을 각 신에 병렬해 보라. 신의 마지막 줄에 대해 생각해 보라. 영상적인 묘사 혹은 대사로 처리할 것인가? 움직이는가 아니면 고정 상태인가? 장면 변화는 하나의 연속 상태인가, 점프 컷인가 아니면 중복되게 보여 줄 것인가? 대사라면 반응 샷을 보여 줄 것인가? 다음 장면의 오프닝과 영상적인 표현 기법은 어느 신의 첫 장면에서든 주목을 끈다. 당신의 선택이 중요하다. 신의 첫 장면은 이전 신의 마지막 장면과 어떠한 연관이 있는가? 신이 움직이는 이미지에서 끝났다면 다음 신의 첫 장면도 움직임으로 시작하는 게 관례다.

시공간상의 커다란 점프가 필요하다면 이렇게 해 보라.

- 여분의 연결 신을 첨가해 다음 신으로 넘어간다.
- 컷 투CUT TO 대신 디졸브 투DISSOLVE TO를 사용한다.
- 페이드 투 블랙FADE TO BLACK이라고 적고 다음 신에서는 페이드 업FADE UP이라고 적는다.

대사 위주의 신 혹은 시퀀스를 크게 건너뛰어야 한다면, 대사를 한 신에서 다음 신으로 겹쳐지게 한다. 시나리오에는 아래와 같이 기재한다.

John (v.o.) 또는 John (over)

관객에게는 이와 같은 장면 전환이 튀어 보이지 않아야 한다.

기분 전환과 잠시 멈추어 가는 신

기분 전환 신 또는 장면은 최고조의 클라이맥스나 감동적인 장면 바로 다음에 나온다는 사실을 잊지 마라. 관객이 숨을 고르고 결과를 받아들이게 한다. 신 안에서 기분 전환 장면을 보여 주려고 할 때의 규칙은 극적인 내용의 신은 한 번의 가벼운 기분 전환 장면밖에 사용하지 못한다는 것이다(신 혹은 시나리오의 목적이 가벼운 기분 전환을 주기 위한 것일 때만 적용된다). 기분 전환과 잠시 멈춰 가는 신의 속도를 생각할 때, 반대 상황을 살펴보며 사용하라.

페이지에 감정 전달하기

감정은 이야기를 사실성 있게 만드는 요소로, 페이지 위에 감정을 표현하기란 까다롭다. 시나리오를 읽고 경험해 보고 나서야 어떻게 감정이 영화와 시나리오에 표현되었는지를 알 수 있다. 작가는 자신이 추구하는 감정-각 신, 각 시퀀스, 그리고 시나리오의 전체적인 감정 상태를 숙지해야 한다. 신 혹은 클라이맥스 부분에서 이전과 다른 감정을 전달한다면 시나리오와 다르게 보인다(갑자기 놀라게 할 만한 사건이 있다면 먼저 설치하라). 다시 말하지만 클라이맥스 감정 이후를 보기 바란다. 잠시 멈추어 가는 장면은 관객에게 감정을 받아들이게 하며 감동적인 글을 쓸 때에도 중요하다.

각 인물은 나름대로 그들의 목소리로 이야기하지만 신의 감정 상태는 항시 같아야 한다. 인물의 진실한 감정의 소리를 듣고 싶다면 자문해 보라. 인물들이 어떻게 세상과 연관되어 있으며, 어떠한 감정으로 이를 표현하는가? 또한 일관된 언어를 지켜서 가장 중요한 순간에 감정적의 힘을 쏟아 부어라.

강한 관계가 설정되었다면 감정적으로 강력한 클라이맥스에서 감정적으로 강한 대사(특히 끝부분)보다는 모습과 반응을 보여 주는 쪽이 효과적이다.

믿음직한 인물과 믿음직한 욕망과 믿음직한 상황과 믿음직한 관계가 합해져 믿음직한 감정을 만든다.

가장 중요한 사항은 감정이 실린 대사를 찾아 집중하고, 타이트하게 조이는 것이다.

관객의 반응 잡기

당신이 사용하는 단어들이 영화상에서 당신이 원하는 여러 감정 상태를 보여 주고, 관객에게도 알맞은 감정 상태를 전해 주어야 한다.

코미디 시나리오는 행동을 재미있게 서술해야 한다. 긴장감 도는 극적인 신은 스파르타식으로 서술하라. 그리고 계속 그렇게 하라. 스크린에 보이지 않는 것을 적지 마라.

6.
여섯 번째:
다듬기

이 단계에 다다르면 시나리오가 제대로 되어 가는지 알 수 있다. 모든 구절을 면밀하게 조사하고, 특정 대사의 단어나 서술 형식의 글 또는 행동에 대해 꼼꼼히 살펴보며 항상 질문을 던져라. "이것이 여기에 가장 어울리는 단어 혹은 행동인가?"

얼마나 많이 고쳐야 하는지 정해진 법은 없다. 시나리오가 잘 나올 만큼 원하는 대로 고치면 된다(할리우드에서는 보통 아홉 번 이상 다듬는다). 단, 고칠 때마다 정확하게 수정하여 점점 쉬워지고 더욱 부드러워지며 더 재미있고 계속 읽고 싶어져야 한다. 다시 고쳐 쓰는 것에 익숙해져라. 그것이 제작 과정에서 중추적인 역할을 한다.

> 나이를 먹을수록 더 많은 시나리오가 팔리며, 거기에는 항상 비평이 따른다는 사실을 깨달았다. 시나리오는 고칠수록 계속 좋아진다.
> – 아이언 라 프레네스, 시나리오 작가(《마이 제너레이션》, 《뱅크 잡》)

《아메리칸 뷰티》의 오리지널 원본은 영화가 끝나는 이후의 이야기를 담고 있었다. 레스터의 부인은 버디와 결혼하고, 딸은 감금되고, 옆방에는 그녀의 남자친구가 갇혀 있다. 편집실에서 작업하고 있는 나에게 시나리오 작가인 앨런 볼이 "우리가 너무 많이 자른 것 같은데"라고 말했다. 하지만 나는 "난 아직 충분히 자르지 않았다고 생각해요"라고 답했다.

– 샘 멘데스

어느덧 여기까지 왔다. 자신의 시나리오에 어느 정도 자신감이 생겼을 줄로 믿는다. 손에 크리스털을 쥐고 있는 심정일 것이다. 손을 펴고 크리스털을 보면 각 면마다 '된다'라는 문구가 적혀 있을 것 같고 한편으로는 산후 우울증(시나리오를 쓰는 것은 분만과 같으니까) 증세를 보일지도 모른다. 그러나 너무 깊이 빠지지 마라. 아직 끝내지 못한 과제들이 남았다.

기억할 것

① 시나리오는 쓰는 것이 아니라 '다시 고쳐' 쓰는 것이다. 이 단계가 전체 과정 가운데 약 30%를 차지한다.

② 이 단계에서 한두 번 전체 시나리오를 고쳐 쓴다고 해도 시나리오가 완벽해지지는 않는다. 초고를 체계적이고 객관적으로 분석하는 단계라고 생각하라.

③ 당신은 여러 번 고쳐 쓰기를 하게 될 것이다. 그리고 매번 시나리오의 특정한 부분을 집중적으로 수정하게 될 것이다.

④ 최소한 여섯 번의 집중적인 고쳐 쓰기를 권한다. 이해하기 쉽게 쓰고, 구조를 다듬고, 인물을 다듬고, 대사를 다듬고, 스타일을 다듬고, 마지막으로 전체를 다듬어라.

⑤ 자신이 가장 아끼는 것을 버리는 법을 배워라. 자르고, 자르고, 자르는 것과 제일 아끼는 대사를 삭제하는 것을 두려워하지 마라.

14장

원고 완성하기

이번 장에서는…

시나리오에 대한 의견을 듣는 다양한
방법

좋은 제목을 고르는 방법과 시나리오
를 발표하는 방법

1.
주위의
반응 듣기

이제 주위의 반응을 기다릴 차례다. 여러 사람에게 시나리오를 보여 주어라. 부모님이나 배우자 같은 아주 가까운 이들은 피해야겠지만(당신의 글을 객관적으로 볼 수 없다), 신뢰할 만한 사람에게 조언을 구하는 것이 좋다. (협회에 가입되어 있다면) 작가협회의 회원이나 당신에게 호감을 보이지 않는 사람에게도 조언을 구하라. 그런 사람까지 당신의 시나리오에 호의적이라면 아주 긍정적인 신호다. 비평이 끝나면 그들이 적어 준 조언을 토대로 수정할 부분을 다듬길 바란다.

배우들의 목소리를 녹음해 보는 것도 좋다(아마추어 연극 단체에 의뢰해도 좋다). 배우들에게 시나리오를 건네고 리허설 없이 쭉 읽어 보게 하되 연출은 하지 마라. 녹음이 끝난 후에는 체크 리스트를 전제로 질문하라(13장 참조). 그들이 제대로 이해하지 못하는 부분이 있다면 그 신 혹은 상황에 대해 조언을 구할 수도 있다. 녹음과 메모도 필요하다.

iscript.com을 소개한다. 시나리오를 읽어 줄 뿐만이 아니라 이를 오디오 파일로 변환해 주는 서비스까지 제공한다. "그동안 생각하지 못한 형식으로 시나리오를 보낼 수 있다"(웹사이트에 이 문구가 적혀 있다). 새롭고 신기한 방식으로 좋은 '계기'를 만들지도 모른다.

이제 손을 떼고 다음 날(혹은 일주일 후)에 다시 시나리오 리딩을 들어 보라. 당신이 스크린에서 보여 주고 싶은 것과 흡사한가? 관객의 마음속에 드라마를 만들고, 시나리오를 읽는 사람들에게 영화로 보이게끔 만들고 있는가? 대사가 신선하고 새롭게 느껴지는가? 대사들이 정말로 말하는 것처럼 들리는가 아니면 너무 형식적이며 책을 읽는 것처럼 들리는가? 막히지 않고 잘 흘러가는가? 자연스러운 느낌이 나는가? 필요하다면 다시 써라.

고쳐 쓰는 작업 때문에 오히려 처음의 의도와 멀어지는 느낌이 들 때 작업을 중지하고 제목을 결정하라.

팁

www.videojug.com에 방문하여 'Screenwriting'으로 검색하면 짧은 영상을 여러 개 볼 수 있다(몇 가지는 이 책과 연관 있다).

2.
제목
결정하기

훌륭한 제목을 생각해 보라. 뭔가 좀 특별하게 보이며, 뭔가 관객을 붙잡을 수 있게 말이다.

– 줄리안 크레이인

4장의 '제목' 부분을 다시 읽어 보라. 가제가 마음에 들면, 시나리오의 느낌을 충분히 살린다는 판단이 서면, 사용하라. 그렇지 않다면 좀 더 강하고 시선을 집중시킬 만한 제목을 생각해야 한다.

팁

시나리오 비평 때는 제목을 염두에 두지 마라. 다 읽고 난 다음에 제목에 대한 자문을 구해라. 시나리오 내용에 대한 당신의 생각이 글로 옮겨지고 시나

리오를 읽은 사람들이 당신의 의도를 느꼈을 때, 그들이 좋은 제목은 물론
더 좋은 제목을 제시할 수도 있다.

자, 이제 출력해 보라. 공식적으로 초고가 완성되었다.

3.
제출하기:
커버 제작에서 첨부서 작성까지

이것은 당신의 시나리오를 완벽하게 만드는 과정으로, 시나리오
모니터 요원과 프로듀서들의 책상에 제출될 형식이다. 전문가다운 모
습을 보여 주는 게 당신의 할 일이다. 형식에 알맞게 적고, 규격 폰트
를 사용하며, 맞춤법에도 이상이 없는지 확인하라. 커버와 표지도 시
나리오의 일부다. 접수 담당자가 일진이 사나운 날에 당신의 시나리
오를 받고서 어떤 흠이라도 찾으려고 이곳저곳을 살펴본다 생각하고
꼼꼼하게 체크하라. 시나리오 모니터 요원들은 보통 일주일에 50개가
넘는 시나리오를 읽기 때문에 조금이라도 부족한 부분을 발견하면 가
차 없이 처분한다. 그들에게 약점을 잡히지 마라.

커버와 바인딩

커버(앞과 뒤)는 무색의 얇은 카드로, 화려한 색을 삼가고(수수한
색이 좋다), 이미지를 첨가하지 마라. 바인딩은 두 개(혹은 세 개)의 얇
은 금속 종이 묶음(혹은 무두정)을 사용하라. 시나리오의 왼쪽 가장자
리에 구멍을 뚫어 묶는다. 다른 시나리오들은 실과 나선철로 제본하

기도 하며 투명한 비닐 PVC 커버(영국에서는 적용되지만 미국에서는 별로 선호하지 않는다)를 사용하기도 한다. 가장 좋은 방법은 가는 못과 나사받이들이다. (한국에서는 주로 제본을 한다. 제본기가 없다면 가까운 문구점을 이용하자.*)

타이틀 페이지

이제 첫 장을 작업해 보자. 도표 14-1을 보라. 어떤 느낌이 드는가? 간단하고 명확하고 꾸밈없어 불필요한 정보가 보이지 않는다. 저작권 유효 기간과 그래픽, 캐스팅 리스트, 세트 리스트 따위는 신경 쓰지 마라. 타이틀 페이지에는 타이틀, 작가 이름, 그리고 간혹 연락 가능한 사람의 이름과 연락처(당신 또는 당신의 에이전트 연락처)를 하단 오른쪽이나 왼쪽 구석에 명시한다. 간단하다. 제목 아래에다 '시나리오 원본'이라고 쓸 필요는 없다. 다만 실화를 바탕으로 한 것이나 각색한 것이라면 다음과 같이 기재해야 한다.

블랙 뷰티

– 캐롤라인 톰슨 씀

애나 슈얼의 동명 소설을 각색함

절대로 타이틀 페이지 위에 표어를 기재하지 마라. 꼭 사용해야 한다면 타이틀 페이지 바로 다음 장이나 시나리오 첫 장이 시작되기 전의 새 페이지 위에 기재하라. 타이틀에 필요한 사항은 작가의 이름과 연락처가 전부다.

시나리오 분량

당신은 이제 막 글을 쓰기 시작한 초보 작가지만, 당신의 시나리

MONSTERS

by

Gareth Edwards

오는 알맞은 분량을 갖추고 있어야 한다. 영화용, 특히 할리우드에서는 최대 120페이지 분량까지 허용된다. 어떤 이들은 105-115페이지 분량이라고 한다. 코미디와 호러 장르는 95페이지 이내다. 90페이지 분량의 시나리오는 120페이지 분량의 시나리오보다 빨리 읽힌다는 장점이 있다.

인사이트

세월이 흐르면서 선호되는 장편 극영화의 페이지 수가 120장으로 줄었다. 최근 들어 나는 90-100페이지를 목표로 쓰고 있다.

텔레비전 방송은 더욱 중요하다. 시리즈 종류에 따라 분량을 정확히 해야 한다. 상업 TV용이면 중간 광고를 잊지 말아야 한다. 60분용 드라마는 사실 47분에서 52분 정도여야 한다.

첨부서

당신이 쓴 모든 것(특히 당신에 대한 첨부서와 타이틀 페이지)은 시나리오 작가의 능력에 견주어진다. 프로답게 요점만 넣어라. "이 작품은 특별히 누구에게…", "이것은 반드시 흥행 대작이 될 것", "내가 이것을 쓴 이유는…" 등을 적지 마라. 적게 말하고 많이 표현해라. 당신의 시나리오는 자체로 판매되어야 한다. 접점 받는 사람(에이전트, 프로듀서, 누구든지)에게 직접 물어보기 전에는 완전한 시나리오를 보내지 않는다는 관례가 생기고 있다. 당신이 할 일은 간단한 첨부서를 보내는 것이 전부다. 다음의 세 가지 중요 요소를 포함해야 한다.

① 한두 줄의 자기소개: 당신이 이러한 (영화/TV 드라마/시트콤)

시나리오를 썼다는 것과 제목과 그것이 어떤 장르인지 기재하라(4장 '한 줄로 표현하기' 참조).

② 지면으로 설득시키기: 세 줄에서 다섯 줄을 사용하라(4장 '스토리의 콘셉트 명료하게 하기' 참조). '이 이야기는 …에 대한 것이며 누가 …을 하려고 하는데… 그리고 마침내…'를 참고하라. 결말이 확실하게 보이게 하고, 시나리오 전체를 읽어 보고 싶도록 만들어라.

③ 첨부서를 보내는 이유: 에이전트에게는 '나는 에이전트를 찾고 있습니다', 프로듀서에게는 '이 프로젝트에 관심이 있으십니까?'라는 뜻으로 쓰인다.

당신이 추구하는 목표나 간단한 문장을 곁들이고 싶다면 그렇게 하라. 주목을 끌 만한 이상적인 상황은 모니터 요원 혹은 프로듀서가 "이거 재미있는데. 누가 썼지?" 할 때다. 시나리오를 우편으로 보낼 때에는 봉투 안에 투명 화일을 넣고, 자신의 주소를 적고, 우표 붙인 봉투도 동봉하라. 연락처를 보내는 것도 잊지 마라. 프로다운 면을 인식케 하는 동시에 당신과 당신의 시나리오를 마케팅하는 방법이다.

> 당신의 시나리오가 최대한 많은 사람에게 읽히며 거절당하지 않게 만드는 것이 중요하다. 누군가 당신의 재능을 알아줄 때까지 끈질기게 시나리오를 돌려라.
> ― 루이 헌터, UCLA 시나리오과 교수 겸 시나리오 작가(《킬링 엔젤》)

유용한 자료를 볼 수 있는 웹사이트 두 곳을 소개한다.

oscars.org/awards/nicholl/resources.html
scriptsupplies.com

인사이트

사람들은 당신의 시나리오를 주관적으로 읽을 것이다. 영화사 세 곳에 시나리오를 보냈다면 세 곳에서 완전히 다른 결과를 들을 것이다. A는 주인공의 별난 구석을 좋아할 수도 있지만, B는 거슬리게 볼 수 있으며, C는 아예 알아채지 못할 수도 있다.

기억할 것

① 이 냉정한 세계에 시나리오를 제출할 준비가 되었다면, 올바른 제출 형식은 필수다.

② 훌륭한 제목을 붙였는가? 관객의 시선을 붙잡고 그들이 어떠한 내용인지 궁금증을 갖게 해야 한다.

③ 당신의 시나리오가 시나리오를 읽게 될 사람의 책상에 놓였을 때, 프로다운 느낌이 들겠는가. 타이틀 페이지부터 시나리오 형식과 올바른 제본 형식을 갖추었는가.

④ 시나리오의 분량은? 120페이지 이상은 사람들의 흥미를 잃게 한다.

⑤ 당신의 첨부서는 올바른 '톤'인가? 크게 부담 주지 않으면서도 시나리오를 읽게 될 사람이 당신이 목표하고 있는 것에 기대감을 불러일으키게 하라.

15장

포트폴리오 만들기

이번 장에서는…

포트폴리오 만드는 방법

표어, 한 장 분량의 시놉시스, 새로운 트리트먼트

당신의 시나리오를 어필하는 데 필요한 모든 것

시나리오를 탈고한 다음에는 시나리오 작가에서 비즈니스맨으로 거듭 나야 한다. 그러고 나서 여러 전략을 시장에 적용해 당신의 작품과 당신 을 팔아야 한다.

－제프리 시몬스, 에이전트

　도표 15-1은 앞으로 설명할 여섯 장의 내용을 보여 준다. 첫 시나 리오를 완성하고 나면 자연적으로 사람들에게, 특히 에이전트나 프로 듀서들에게 보내고 싶어진다. 그러나 최소한 가장 애착 가는 두 개의 완성된 시나리오와 거의 완성 단계에 있는 하나의 시나리오를 가질 때까지는 기다리라고 조언하고 싶다. 그것이 당신의 식견과 깊이, 그 리고 글 쓰는 스타일, 내용, 주제를 보여 줄 것이다. 셰익스피어의 팁 을 참고하여 하나의 비극, 하나의 코미디, 그리고 하나의 역사물을 써 봐라.

인사이트

'셰익스피어 전략'은 내가 초보 시나리오 작가 시절에 채택했던 방법이다. 내 가 이때 쓴 역사 드라마 시나리오가 BBC에서 옵션으로 채택되어 나는 첫 에 이전트를 얻었다.

당신이 쓴 글이 당신이 의도하는 바를 그대로 전할 거라는 생각은 잘못 되었다. 제작사와 방송국은 처음 접하는 시나리오를 작가의 연락 카드 로만 취급한다.

－찰스 엘튼, 프로듀서(〈기찻길 옆 아이들〉, 〈댄싱 퀸〉)

　시나리오를 보내는 단계에서 당신이 알아 두어야 할 네 가지 사항 이 있다.

15-1 시나리오 파는 과정(3장의 도표와 연결)

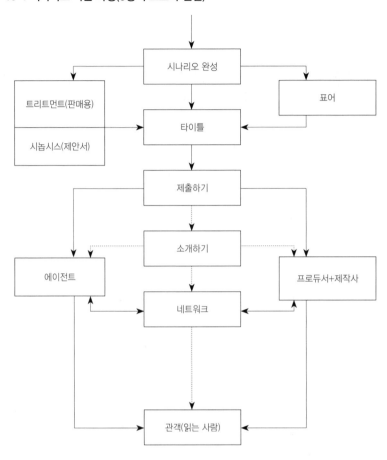

① 당신의 '연락 카드' 시나리오: 그들의 관심을 끌고 "다른 것도 있나요?"라고 물어볼 수 있게 하는 작품을 말한다.

② 그다음 다른 시나리오(혹은 두 번째): 좋은 에이전트와 프로듀서들은 오랫동안 함께 작업하며 발전시킬 수 있는 가능성이 보이는 작품을 찾는다(19장 참조). 당신의 연락 카드가 일회용이 아님을 보여주어라.

③ 매우 두꺼운 분량: 많이 거절당할 것이다. 익숙해져라. 그들은 당신의 요구 사항을 거절하는 것이다. 그들이 거절하는 것은 많은 분량이지 당신이 아니다.

④ 끈질김: 한 보따리의 시나리오를 계속 보내라. 끈질김과 거절에 관련된 사항은 20장에서 자세히 다루도록 하겠다.

> 두 가지 고민이 있다. 하나는 좋은 글을 써야 한다는 것이고, 다른 하나는 읽어 보게 해야 한다는 것이다. 당신은 이 두 개의 고민과 끈질기게 싸워야 한다.
> – 크리스토퍼 맥쿼리, 영화감독 겸 시나리오 작가(《엣지 오브 투모로우》)

팁

당신이 보낸 시나리오가 되돌아왔다면 다른 곳에도 보내라. 다만 그 전에 시나리오 상태를 검토해 봐야 한다. 너덜너덜해졌거나 커피 얼룩 혹은 메모가 있는 건 아닌지 살펴라.

시나리오를 보내기에 앞서 중요한 통화를 해야 한다. 에이전트에 연락을 취해 다른 원고를 보내도 되는지 물어보라(17장 참조). 프로듀서에게도 연락해 혹시 찾고 있는 작품이 있는지 물어보고, 있다면 어떤 종류인지 알아보라(지금쯤 당신은 자신만의 아이디어를 가지고 있어야 한다[19장 참조]). 시나리오를 보낼 때는 원본이 아니라 복사본을 보내야 한다. 또한 다음과 같은 사항을 동봉하라.

- 짧은 첨부서(14장 '제출하기' 참조)
- 짧고 적절한 이력서

• 시나리오를 돌려받을 수 있는 봉투(우표가 붙어 있고, 주소가 적힌 봉투)

초조해하지 마라. 작가들의 심정은 다 똑같다.

1.
표어 다듬기

이제 당신이 알고 있는 시나리오의 내용에 대한 새로운 표어를 만들어라. 4장의 '표어 만들기' 부분을 다시 읽어 보라. 슬로건이 마음에 든다면 차용하거나 시나리오 발표 때 사용하고, 제안서 머리글에 기재하거나 표어를 새 종이에 적어 타이틀 페이지 다음에 첨가하라. 발표 시간에 담당자들이 표어 문구는 무엇인지 질문할지도 모르니 준비해 두는 것이 좋다.

표어는 단 한 가지의 중요한 작용을 한다. 사람들이 보게 만든다. 기초 단계로, 관객의 반응을 솜씨 있게 다루는 기술이다.

2.
한 장 분량의
시놉시스(제안서) 작성하기

미디어계 종사자들은 언제나 시간의 제약을 받는다. 또한 끊임없이 새로운 것을 창조해야 한다. 그들에게 당신의 시놉시스를 보내도 되는지, 누구에게 보내야 하는지를 묻고 나서 보내자. 제안서라 불리는 이 문서는 산문체로 쓴, 한 장 분량의 판매를 위한 문서다. 목적은 읽는 사람들에게 흥미를 불러일으켜 트리트먼트 또는 초고를 읽게끔 하는 데 있다. 따라서 그들의 관심을 끌 충분한 내용이 들어가 있어야 한다. 작가의 한 장 분량 시놉시스와 혼동하지 마라.

중요한 점은 다음과 같다.

- A4 용지 한 면에 다 적을 수 있어야 한다.
- 글이 적고 여백이 많을수록 좋다.

시놉시스의 목적은 단 한 가지다. 스토리의 흥미를 돋우는 것. 하지만 그렇게 만들기 위해 스토리의 내용을 전부 말할 필요는 없다. 한 장 분량의 제안서에는 다음의 사항을 기재하라.

- 스토리의 기본 아이디어를 말하라. 읽는 사람들에게 작품을 상상하게 소개하라. 어디서 시작하며, 무엇에 관한 이야기이며, 배경, 장소, 무드, 시대, 장르, 그리고 (필요하다고 생각할 경우) 누가 연기했으면 좋을지도 기재하라.
- 그들에게 누가 볼 것이며 대상 관객이 누구인지 밝혀라.
- 어느 시간대에 방영되는 게 적합한지 말하라.
- 질문을 첨가하라. 빌리 엘리어트(〈빌리 엘리어트〉 주인공)는 꿈을 이룰 것인가? 톰 리플리(〈리플리〉 주인공)는 범죄 행위에서 벗어날 수 있을까? 아나킨 스카이워커와 아미달라 공주(〈스타워즈〉 주인공)는 마지막에는 함께할 것인가?
- 당신의 시놉시스를 읽는 사람들(배우, 감독, 프로듀서 등)에게 어느 '요소'라도 흥미로운 부분이 있는지 물어보라. 다시 말해 당신의 작품에 흥미를 느끼는지 말이다.

(출처: © M&A Film Corporation Pty. Ltd.)

시놉시스

1940년대의 할리우드 댄스 영화에서 따온 〈댄싱 히어로〉는 로맨틱 코미디로 〈귀여운 여인〉, 〈더티 댄싱〉과도 비슷하다.

화려한 볼룸 댄스 세계를 배경으로 한 젊은이가 기존의 댄스 제도에 반기를 들고 고뇌하는 이야기다.

스물한 살의 볼룸 댄스 챔피언 스캇은 엄격한 무도장의 댄스 스텝을 어기는 중대한 실수로 징계를 당한다. 파트너 리즈에게도 버림받는다.

이와 같은 절망적인 순간에 프랜이 나타난다. 댄스 스튜디오에서 미운 오리 새끼 취급을 받는 초보자지만 그녀의 끊임없는 구애로 두 사람은 파트너가 된다.

스캇과 프랜이 첫 공개 석상에 나타나자 댄스계는 흥분에 휩싸인다. 협회는 무슨 수를 써서라도 그들을 막으려고 한다.

스캇의 약점은 그의 아버지다. 환태평양 대회 전날 밤, 사악한 댄스협회장은 스캇에게 그의 아버지의 과거를 폭로한다. 스캇은 협회장의 간계에 걸려든다. 아버지를 구하기 위해서는 프랜을 배신해야만 한다.

대회 당일, 스캇과 그의 옛 파트너가 무대로 나가기 직전에 협회장의 거짓말이 밝혀진다. 스캇은 자신의 의지를 따르기로 한다.

스캇과 프랜은 무대 위로 나가고, 관객들은 열정적으로 환호한다. 협회장은 음악을 중단시킨다.

그럼에도 1만2천 명의 관객이 두 손 모아 박수를 보낸다. 두 사람은 관중들의 박수에 맞추어 춤춘다. 무대 위에는 축하의 물결이 넘쳐 난다.

좋은 시놉시스인지를 확인할 수 있는 방법은 다음과 같다.

① 프로듀서, 에이전트들이 다른 사람들에게 쉽게 이야기할 수 있는가?

② 한 번 빨리 읽고 나면 누구라도 바로 이해할 수 있으며, 무엇에 대한 스토리인지 알 수 있는가? 다시 말해 자세하게 설명하지 않아도 쉽게 이해할 수 있겠는가?

③ 모니터 요원, 프로듀서들에게 내용이 정확하게 전달되는가?

인사이트

시나리오 검토 요청을 받을 때마다 나는 "한 페이지 분량의 시놉시스와 시나리오의 첫 5페이지 또는 10페이지를 보내 주세요"라고 말한다. 그것으로 이 프로젝트가 흥미를 느끼게 하는지, 여러 장치를 포함하고 있는지, 그래서 더 읽고 싶어지게 만드는지를 본다. 좋은 시놉시스로 〈댄싱 히어로〉의 시놉시스를 들 수 있는데 단번에 투자자들의 관심을 샀다(도표 15-2 참조). 짧게 설명한 문구와 영상적인 단어와 동작 동사를 사용했으며, 장면을 생생하게 보여 주며 흥미 넘치도록 서술했다.

지금 당장 당신의 시놉시스를 써라.

웹사이트 두 곳을 추천한다. 유용한 정보가 많이 있다. 22장에도 많은 정보가 수록되어 있다.

imdb.com
screenscripts.com

3.
트리트먼트로
상품화하기

트리트먼트만으로 제작이 이루어지지는 않는다. 그러나 그것이 좋거나
재미있다면 최소한 높은 위치의 사람들과 인터뷰를 할 수는 있다.

– 앨런 레이치, 프로듀서(《성난 군중으로부터 멀리》, 〈28주 후〉)

우리는 트리트먼트가 스토리에 대한 아이디어를 집중시키는 매
개체 역할을 한다는 사실을 숙지했다(11장 '트리트먼트 작성하기' 참조).
다시 한 번 그 부분을 읽어 보라. 거기서 언급한 모든 것은 아직까지
적용된다.

이제 트리트먼트가 어떻게 이용되는지를 살펴보자. 작가가 프로
듀서에게(또는 프로듀서가 위원들에게) 문서를 판매하고자 보내면 그들
은 이 작품을 계속 진행시킬지, 그리고 당신에게 시나리오를 쓰게 할
것인지를 결정한다(또는 벌써 시나리오를 썼다면 작업을 진행시키기 전에
완성본의 초고를 받아 보기를 원할 것이다).

앞서 언급한 트리트먼트에 관한 규칙은 여전히 적용된다. A4 사
이즈 한 면에 한 줄씩 줄을 띄고 진행형의 짧은 문장을 시원시원한 문
체로 속도감 있게 써라. 영상적인 감각과 사건 중심으로 주요 인물과
작품에 대한 요점을 첨가하라. 다만 판매를 목적으로 하는 문서이기
에 12-15페이지의 영화용 분량과 8-10페이지의 한 시간 드라마용 분
량을 초과하지 않게 하라. 처음 두 문장에서 강한 인상을 남기는 것
이 중요하다(깨끗하게 인쇄하고, 눈에 들어오기 쉽게 하고, 맞춤법을 틀리
지 않게 하라. 사진과 흥미로운 그래프를 첨가할 수 있지만 이것이 트리트먼
트를 압도하게 하지는 마라. 물론 정해진 법칙은 없다). 마지막으로 인물과

장소에 대한 목록을 첨부하고 싶다면 그렇게 해도 좋다. 하지만 새 종이에 써서 맨 마지막 장에 넣어야 한다. 앞장에 넣어도 의미가 없다.

스타일은 전문가다운 느낌이 들게 하고 내용은 흥미롭고 색다르게 보이게 하라.

인사이트

가끔 스스로에게 "트리트먼트는 꼭 필요한가, 어떤 용도로 사용되지?"라고 묻는다. 그에 대한 답은 "꼭 필요하다"이다. 첫째, 스토리에 대해 미처 알아채지 못한 것들을 정리해 준다. 다시 말해 스토리에서 보이는 문제점들을 해결해 줄 수 있다. 둘째, 누군가가 당신의 스토리에 관심을 가진다면 그들은 완벽한 트리트먼트를 보자고 할 게 분명하다. 또한 현재 영미권에 있는 작가들 중에는 트리트먼트만 써서 많은 돈을 버는 이들도 많다. 영화로 만들어지지 않았을지라도 말이다. 책을 각색하는 데 쓰이기도 한다.

이제 당신의 트리트먼트를 써 보라.

기억할 것

① 영상업계에 다가가려면 전략적으로 생각해 볼 필요가 있다.

② 관계자들에게 보여 줄 시나리오에 대한 포트폴리오(최소 3편)를 준비해 당신의 글솜씨 폭이 넓다는 사실을 보여 주어라.

③ 거부당하는 것을 거부하라. 그런 일은 반드시, 또 많이 일어난다. 그러니 적응하기 바란다. 끈질기게 버티면서 다시 올라서라.

④ 당신의 (새로운) 표어와 한 장 분량의 시놉시스를 준비하라. 이번에야말로 작품을 팔 수 있는 기회가 온 것이다. 문장과 이미지를 효과적으로 사용하라.

⑤ "트리트먼트는 갖고 있나요?"라고 물을 수 있으니 준비해야 한다. 예전에 썼던 것과 크게 다르지 않지만 이번에는 당신의 작품과 당신의 능력을 파는 기능을 할 것이다.

16장
시나리오
저작권

이번 장에서는…

시나리오 저작권 소유 방법

1.
저작권에 관한
모든 것

시나리오를 영화사에 보내기에 앞서 저작권을 등록하는 것이 바람직하다. 정확히 말하면 공식적으로 등록함으로써 당신이 창작 작품의 소유자임을 주장하는 것이다. 내가 가장 자주 받는 질문 중 하나가 어떻게 자신의 아이디어에 대한 저작권을 소유하고 도용을 방지할 수 있는가이다. 사실 아이디어에 대한 저작권은 소유할 수 없다. 다만 문서상으로 규정된 형식(시놉시스, 제안서, 트리트먼트 또는 시나리오)에 따라 자신의 아이디어를 표현했다면 저작권을 인정받을 수 있다(규정받은 형식으로 된 양식). 또한 문서에 아이디어를 상세히 기재할수록 효력은 보다 확실해진다(시놉시스보다는 트리트먼트 저작권을 소유하는 편이 낫다).

인사이트

스티븐 스필버그 감독은 자신의 영화가 개봉될 때마다 몇 무리의 작가들이 그가 그들의 저작권 및 아이디어를 도용했다며 고소하겠다고 으름장을 놓는 게 늘 있는 일이라고 말한다.

엄밀히 따지면 문서상에 기재된 아이디어는 저작권의 보호를 받을 수 있다. 하지만 이것만으로는 큰 효과를 볼 수 없다. 시나리오의 일부에만 해당되기 때문이다. 또한 저작권을 표기하는 ⓒ와 소유자의 이름과 날짜를 사용한다고 해서 저작권을 보호받을 수 있으리라 확신할 수는 없다. 다만 창작 작품의 날짜와 저작권의 소유자라는 증거는

될 수 있다.

영화계에서 오래 일하면 별의별 소문을 다 듣는다. 누가 아이디어, 형식, 심지어 시나리오 내용까지 훔쳐서 다른 사람 이름으로 저작권을 등록하고 개봉까지 했다는 등. 하지만 저작권을 훔치는 사례는 드무니 너무 염려하지 마라. 저작권을 소유한 작가만의 문체와 문법, 그리고 말투와 작가의 스타일이 담긴 시나리오는 포기하고 트리트먼트만 훔치는 예가 많다.

현재 영화계의 관습으로는 영화사에서 시나리오를 받았거나 반송할 때, 다음과 같은 내용(혹은 비슷한) 첨부서를 동봉한다.

'(○○영화사는) 비슷하거나 혹은 같은 내용들의 제안서를 많이 받고 있습니다. 이러한 이유 때문에 곧 제작되어질 또는 위임한 (영화/프로그램/프로젝트) 작품들이 당신이 제의한 것과 똑같거나 비슷할 수 있으며, 당신은 이를 기쁘게 생각하실 줄 믿습니다만 공교롭게도 다른 출처를 통해서 받았기에 저희는 보상해드릴 수는 없습니다. 당신의 의뢰서(제안서)를 이 편지와 함께 보냅니다. 저는 어느 누구에게도 당신의 시나리오를 돌리지 않았습니다.'

이와 같은 영화사의 태도는 도덕적이고 지능적으로 소유권을 주장하는 듯해 보이지만 관습을 모르는 사람이 볼 때는 알맹이만 쏙 뺀 듯하다. 사실 당신이 할 수 있는 일은 조금밖에 없다.

인사이트

나는 '우주 의식'에 대한 개념을 믿는다. 지구상에서 다섯 명이 동시에 하나의 같은 아이디어를 생각해 낼 수 있다는 이론이다. 그들은 모두 자신이 가장 먼저 생각했다고 믿을 것이다.

2.
양도 계약서 쓰기

일반적으로 영화계에서 사용되는 방식은 공개 양식으로, 시나리오를 제출한 작가가 양식 또는 배상 증서에 사인하기 전에는 시나리오를 읽지 않는다. 이 짧은 문서에는(1-3페이지) 다음과 같은 문구가 적혀 있다.

'저희는 아직 작품을 읽어 보지는 않았지만 경쟁사에서 준비 중인 작품과 비슷할 수도 있다는 가능성이 있기에 심사숙고하고 있으며 자회사 또는 친분 있는 제작사에서 진행 또는 제작 준비 중일 수도 있음을 알립니다.'

① 이미 우리에게 있거나 진행 중인 작품에 당신의 작품과 비슷한 개념과 내용이 있을 수 있음을 인정한다.
② 작품에 대해 당신과 의논하는 과정에서, 당신은 언제든지 또는 우리에 대응해(우리 에이전시 관계자 중 누구나 혹은 직원들에게) 비슷한 내용이 첨가된 어떠한 프로젝트 또는 시리즈를 우리가 개발, 제작, 배급, 특허 또는 판매한다 해도 당신의 권리를 주장할 수 없다는 데 동의한다.

당신이 양도 계약서에 사인하지 않는다면 당신의 원고는 읽히지도 않은 채 되돌아올 것이다. 따라서 당신의 명작은 빛을 보지 못하게 된다. 모순된 규칙 아닌가! 사인 결정은 전적으로 당신의 선택이다. 당신의 원고가 읽혀지고 돌려지고 있다는 사실이 중요하다. 사인을 하기로 했다면, 눈을 크게 뜨고 살펴보라. 당신의 아이디어를 뺏길 수도 있지만 현재로서는 지탱할 수 있는 다리가 없다. 어쨌든 당신의 첫 과제는 당신이 제출한 원고를 읽히게 하는 것이다.

공개 양식은 일반적으로 작가에게 유리하지 않다. 하지만 작가, 특히 신인 작가는 자신의 아이디어를 도둑맞을까 봐 피해 망상적으로 의심이 많다. 걱정을 떨쳐 버려라.

－ 제프 폴스틴, ICM 스토리 부서 총 책임자

몇 명의 미국 작가는 자신들의 원고를 빨간 종이에 출력한다. 빨간 종이는 복사가 불가능하기 때문이다!

인사이트

1980년대에 나는 아스픽aspic에 감싸진 선사 시대의 곤충이 발견되었으며, 과학자들이 그 곤충에서 DNA를 추출할 수 있기를 기대한다는 기사를 읽었다. 이후 나는 그것으로 영화 아웃라인을 썼다. 과학자들이 오래된 DNA를 추출해 맘모스를 탄생시키며 그 맘모스가 도시를 습격해 날뛴다는 내용이었다. 그리고 1991년에 〈쥬라기 공원〉이라는 소설이 출간되었다. 이런 일이 생길 줄이야! 어쨌든 작가의 아이디어는 내 것보다 나았다.

3.
내가 할 일은?

가장 널리 사용되는 방법인 동시에 가장 저렴한 방법은 봉인한(봉인 테이프는 사용하지 마라) 시나리오를 자신에게 등기 우편으로 보내 수령한 다음, 개봉하지 않은 채 안전한 곳에 보관하는 것이다. 존 레논이 10대일 때 이 방법을 사용했다. 겉봉투에는 날짜 도장이 선명하게 찍혀 있고 미개봉 상태여야 한다. 법정 분쟁이 생길 때 봉투를 증거물로 제시해 법정 대리인들 앞에서 봉투를 개봉하고 확인시킬 수 있다. 존 레논에게 도움이 되었다면 당신에게도 도움이 될 것이다.

요즘에는 저작권 심의조정위원회에 등록하는 방법이 선호된다. 주로 각 협회나 독립 단체, 그리고 몇 곳의 지방 예술협회 또는 영상개발위원회에 의해 운영된다. 비용은 들지만 회원들에게는 할인을 제공하기도 한다.

저작권을 등록했다고 아이디어 도용을 완전히 막을 수는 없지만 적어도 작품의 완성 날짜와 등록 날짜는 문서로 남을 것이다. 따라서 어느 정도 안도감을 제공함은 물론이고 당신의 작품에 대해 사람들과 보다 자유롭게 이야기할 수 있다. 저작권 관리 협회들이 많이 생겨나는 것 역시 영화계에 자신의 작품을 표절할지도 모른다는 걱정(혹은 사건)이 많아져서라고 본다. 모든 서류에는 사인과 등록 날짜가 명시되어 있으며 저작권 등록비를 받는다.

영화사에 시나리오를 제출할 때 당신이 할 수 있는 방법은 첫 장(필요하다면 모든 페이지)에 '저작권 등록'이라는 문구와 함께 ⓒ 로고와 당신의 이름과 작업을 마친 날짜를 기재하는 것이다. 다시 말하지만 이것으로 표절을 완전히 방지하지는 못한다. 그러나 적어도 시나리오를 받아 보는 사람에게 확실하게 당신의 법적 소유권을 보여 준다. 또한 표절에 대한 당신의 뜻을 단호하게 보여 주기에 안도감을 주는 방법이다.

시나리오를 쓰는 것은 위험성이 높은 비즈니스다. 항상 비슷한 시기에 비슷한 소재의 내용들이 돌고 있음을 명시하라. 작품을 여러 곳에 보내 좋은 임자를 만나 영화관에서 상영되게 해야 한다. 책장에 두고 먼지만 쌓이게 놔두어서는 안 된다. 선택은 당신에게 달려 있다.

4장의 '여덟 가지 기본 스토리' 부분을 다시 보라. 몇 년간 내 머릿속에 맴돌던 아이디어를 바탕으로 한 것이지만 이 책이 처음 출간되었을 때 누군가 내가 자신의 아이디어를 도용했다며 나를 고소했다. 물론 나는 그의 책을 읽어본 적이 없다. 또한 내가 20년 전에 신문에 기고한 원본도 간직하고 있다.

기억할 것

① 당신은 아이디어에 대한 저작권을 주장할 수 없다. 하지만 종이에 쓰면 주장할 수 있다.

② 양도 계약서 작성은 현실이다. 권리를 포기하기 싫으면 사인해야 한다. 요약하면 사람들이 당신의 시나리오를 읽기 원하는지 아닌지라고 할 수 있다.

③ 한 명의 작가가 큰 영화사나 성공한 감독과 저작권 관련 소송을 벌이는 일이 늘고 있다. 하지만 단 몇 건만이 작가에게 유리하게 판결 났다.

④ (영국에서) 당신의 저작권을 보호할 수 있는 손쉬운 방법은 당신의 작품을 자신에게 등기로 보낸 다음 뜯지 말고 갖고 있는 것이다.

⑤ 비용은 들지만 협회를 통해 시나리오를 등록할 수도 있다.

17장

에이전트:
그들이
하는 일과
찾는 방법

이번 장에서는…

에이전트의 세계와 찾는 방법

1.
에이전트의 길, 좋은 에이전트 찾는 방법, 같이 일하는 방법

좋은 에이전트를 만나는 것은 매우 중요하다. 그는 당신의 목표를 일깨우고 큰 포부를 가지고 일할 수 있도록 곁에서 조언해 주고, 목표를 상기시켜 줄 것이다. 대박 터뜨리기에만 급급한 에이전트를 만나면 혹사만 당할 것이다.

– 폴 아타나시오

에이전트는 누구인가?

에이전트는 작가의 눈과 귀가 되어 준다. 비즈니스 매니저이자 작품을 포장해 주는 역할도 하는데, 당신이 글쓰기에 집중할 수 있도록 모든 일을 대행한다. 작가와 수수료(보통 10% 혹은 그 이상)에 대해 상의하며 영화사와의 계약 조건을 면밀히 검토해 주며 부지런히 여러 사람과 연락해 진행될 작품의 정보를 수집하고 새 작품을 진행시켜 최대한 상품 가치가 높은 시나리오가 나오도록 한다. 작가인 당신은 하나의 상품이며 에이전트는 최선을 다해 시나리오 계약을 성사시킨다. 에이전트들은 작가가 1년에 최소한 2만 파운드(약 3천 만 원*)의 수입을 올려야 총 경비를 빼고 투자 이익을 볼 수 있다고 말한다.

나에게 에이전트가 필요한가?

에이전트가 없다면 아마도 불리한 조건으로 일을 진행하고 있을 가능성이 높다. 이 업계에서 에이전시에 소속되어 있다는 것은 '이 작가는 좋은 글을 쓸 수 있는 사람이다'라는 인정과 같다. 다시 말해 신뢰할 수 있는 사람이 당신에게 자질이 있음을 인정하는 것이다. 에이전트가 당신이 원고 마감 날에 정확히 시나리오를 제출할 수 있다고 말한다면, 프로듀서 또한 자신의 판단이 맞았다고 생각할 것이다. 신인 작가들을 내켜 하지 않는 사람들도 있다. 예부터 이어져 오는 이 세계의 불안감이다. 그래서 프로듀서들은 에이전트에게서 시나리오를 받는 쪽을 신뢰한다. 시나리오는 모니터 요원이 아니라 프로듀서가 직접 읽을 것이며 조금이라도 호감을 가지고 읽을 것이다. 할리우드에서는 보통 에이전트를 통해 들어오는 시나리오만 받는다. 물론 당신이 직접 계약을 협상할 수도 있지만, 그러기 위해서는 좋은 변호사(매체 전문가)를 곁에 두어야만 한다.

어떻게 에이전트를 찾을까?

당신은 딜레마에 빠졌을 수도 있다. 에이전트가 당신의 시나리오에 만족한다 해도 작품이 들어간다는 보장이 없다면(자세히 말하면 수수료) 함께 일할 수 없다. 다시 말하지만 에이전트 없이 일감을 찾는 것은 열 배로 힘들다. 거꾸로 영화사나 감독이 당신의 작품에 관심을 보이며 시나리오 구매를 언급한다면, 에이전트가 어떻게 그들과 이야기하는지 지켜보길 바란다.

> 좋은 글을 읽으면 본능적으로 뱃속에서 뭔가 꿈틀거리는 느낌을 받는다. 당신이 현재 특별한 상황에 빠진 것 같은 느낌을 줄 것이다.
>
> – 멜 케온, 에이전트

어디서부터 시작해야 할까?

작가의 핸드북Writer's Handbook(부록 참조)을 보면 에이전트, 담당자, 연락처, 그들의 목록과 수수료를 청하지 않은 시나리오에 대한 그들의 자세를 볼 수 있다. 이것이 길잡이가 되어 줄 것이다. 인터넷에서 찾을 수도 있다. 미국의 경우 매해 발행되는 『The Writer's Digest Guide to Literary Agents』를 추천한다. 이를 기반으로 당신의 시나리오 유형에 관심 가질 만한 에이전트 목록을 작성하라. 그리고 당신의 시나리오에 대한 요점과 포부에 대해 간단한 메모를 써라.

제일 좋은 방법은 통화를 하는 것이다. 두려워하지 않아도 된다. 에이전트와 직접 통화하지 못하더라도 최소한 (매우 중요한 연결자인) 에이전트의 비서와는 연락할 수 있으며, 시나리오를 보내도 되는지 물을 수 있다. 안 된다고 하면 목록에 나와 있는 다음 에이전시에게 연락하면 된다. 그들이 시나리오를 보내라고 답한다면, 대단히 놀랄 만한 일이다. 에이전시에 접근하는 기본 방식은 14장에서 언급했다. 그들은 당신에게 시놉시스, 트리트먼트, 간단한 이력서도 동봉하라고 요구할 텐데, 요구 사항에 따라 모두 준비하라.

먼저 당신의 에이전시를 조사해야 한다. 그들의 해외 계약과 특정 지역 즉, 시나리오를 보낼 곳을 알아보라. 큰 에이전시에서 열정적으로 일하는 젊은 신참 사원들(에이전트가 되기 위해 일하는 사람)과 가까이 지내면 좋다. 큰 에이전시들은 수익이 많은 곳으로 눈길을 돌리는 추세다. 영화 제작에 전반적으로 참여하기 위해 소속 작가들을 최대한 상품화하고 있기 때문에 신인 작가들은 작은 에이전시에 몰린다. 또한 몇 군데의 에이전시는 시나리오를 읽어 주는 명목으로 적지만 금액을 요구하기도 한다.

반응

이 세계에서는 모두 주관적으로 반응을 보인다. 당신의 시나리오에 등장하는 'A'라는 인물에 대해 한쪽에서는 구식이라며 부정적으로 볼 수 있지만 다른 한편에서는 구식이라 호의적일 수도 있다. 그러니 절대 포기하지 마라. 거절당하는 것은 이 세계에서 벌어지는 일의 일부며 필연적으로 받아들여야 할 과제다. 거절이나 비평을 감당할 수 없다면 진로에 대해 다시 한 번 생각해 봐야 한다.

인사이트

나의 경우 이 분야에서 일하던 친구의 추천으로 첫 에이전트를 얻었다. 당시 나에게 흥밋거리가 있는 시나리오가 있었고 이 책을 출판하기 위해 몇 곳의 출판사와 미팅을 하고 있었다. 나는 두세 개의 시나리오와 저널리즘에 관한 글, 그리고 이 책에 대한 자세한 내용을 에이전트에게 보냈다. 첫 미팅에서 우리는 긍정적인 대화를 나누었다. 대화가 끝날 무렵 나는 이 모든 것이 어리둥절했다. 그리고 그녀에게 질문했다. "그런데 책 계약은 어떻게 되는 건가요?" 답은 간단했다. "걱정하지 마세요. 내가 알아서 할 거예요."

진행 과정

에이전트들은 당신이 '호출용' 시나리오를 보내는 일을 꺼리지 않을 것이다. 당신에게 다른 시나리오가 있는지 물어볼 수도 있다. 반드시 대안을 준비해야 한다. 당신의 두 번째 시나리오(그들을 설득하기에 충분한 다른 시나리오)를 보여 주며, 대여섯 개의 시나리오에 대한 아이디어 시놉시스도 함께 보내라. 시나리오 포트폴리오 준비는 매우 중요하다(15장 참조).

포트폴리오가 준비되기 전에 에이전트에게 접근하는 것은 현명한 방법이 아니다. 하나의 시나리오 혹은 아이디어만 제출한 작가의 능력과 경력을 어디에서 찾아야 할까? 호출용 시나리오를 보내고 연락이 오지 않는다고 안달하지 마라. 3개월 정도는 기다려야 한다. 4-6주 사이에 진행 사항을 체크하는 것도 괜찮다.

마지막 대목

에이전트에게 선택되었다 해도 당장 계약서에 사인하지는 않는다. 몇 번의 미팅이 있을 것이고, 그 과정에서 자연스러운 합의를 이끌 것이다. 어쨌거나 에이전트가 생겼다고 전적으로 의지하지는 마라. 그들이 당신의 일을 해 준다고 생각하지 마라. 나아가야 할 방향을 제시해 줄 수는 있지만 스스로가 영상업계와 네트워크를 구축하며 자신이 일할 곳을 직접 찾고 누가 무엇을 찾는지 알아야 한다.

에이전트 구하기가 전부가 아니며, 이제부터가 시작이라는 것만 기억하면 된다. 이제 막 작가 일을 시작한 당신이 얼마만큼 프로다워질 수 있느냐에 달렸다. 당신의 작품이 더 이상 대중에게 호소하지 않는다는 판단이 서거나(마지막 작품으로 평가한다), 같이 일하기 힘든 사람이라고 여겨지면 당신을 가차 없이 버릴 것이다. 나는 당신이 '나의 가장 좋은 친구인 에이전트'라고 여기는 태도를 버렸으면 한다. 이것도 사업의 일종이며 그들과 적절한 거리를 유지하며 신뢰 관계를 쌓아야 한다.

에이전트는 작가를 위해 일하는 것이지 반대는 아니다. 수수료 배분 비율을 생각해 보라. 누가 90%를 차지하는가? 어쩌면 당신이 에이전트를 고용한 것 같은 느낌이 들기도 할 것이다. 하지만 누가 누구를 더 필요로 하는지는 논쟁의 여지가 있다.

글을 쓰기 위해 에이전트에 소속될 것까지는 없다.
– 데이빗 톰슨, BBC 필름 대표

에이전트는 반드시 도움이 된다. 나는 풀타임으로 일하는 작가가 에이전트, 그것도 좋은 에이전트 없이 일한다는 것을 상상조차 할 수 없다.
– 데이빗 코엡, 시나리오 작가(〈패닉 룸〉, 〈스파이더맨〉, 〈인페르노〉)

인사이트

단번에 에이전트를 얻기란 불가능에 가깝다. 당신을 향상시켜 줄 에이전트를 만나라고 말하기는 쉽지만 오늘날의 분위기는 이 경우에도 실용적이고 융통성이 있어야 한다. 다양한 협상에 열린 마음이어야 한다. 내가 아는 작가 한 명은 전문적으로 글을 써 오면서도 처음 몇 년은 에이전트 없이 활동했다. 수수료를 받으며 작업했고 계약 협상은 매체 전문 변호사를 선임했다. 또 하나의 방법은 각 프로젝트를 기반으로 당신 대신 협상을 맡을 에이전트를 찾아 일임하는 것이다. 에이전트는 협상 중인 작품이나 팔릴 만한 프로젝트만 팔려고 한다는 뜻이다.

에이전트와 연관된 웹사이트 몇 곳을 소개한다.

agentsassoc.co.uk
societyofauthors.org
wgaeast.org
wlwritersagency.com
writersservices.com/agent/index.htm

기억할 것

① 에이전트 구하기는 쉽지 않다. 그들이 당신의 작품과 경력에 관심을 보인다면, 당신과 당신의 능력을 통해 돈을 벌 수 있다고 생각했다는 뜻이다.

② 에이전트는 당신의 수입에서 10% 이상(부가세 미포함)을 자신의 몫으로 가져가겠지만 90%는 당신이 가져가니 괜찮은 조건이지 않은가.

③ 에이전트가 당신에게 일감을 물어다 줄 것이라 기대하지 마라. 스스로 밖으로 나가야 한다. 하지만 당신의 에이전트는 작품을 준비 중인 회사들을 찾아 계약과 관련된 모든 업무를 전담할 것이다.

④ 포트폴리오는 항상 준비되어 있어야 한다. 에이전트가 당신의 시나리오에 관심을 갖는다면 그들은 당신이 그 능력을 계속 살릴 수 있는지 궁금해할 것이다. 추가로 보낼 작품도 준비해라.

⑤ 에이전트를 구하는 것으로 일이 끝나지 않는다. 결실을 맺기 위한 협력 관계의 시작이다.

18장

각색, 단편, 드라마, 시리즈, 시트콤 쓰기와 공동 작업

이번 장에서는…

전문 분야 시나리오 쓰기

다른 사람의 작품 각색하기와 단편영화 시나리오 쓰기

주목받기 좋은 작업과 시트콤 쓰기

공동 작업 시 도움이 될 조언들

1.
영화용으로
각색하기

인사이트

각색이란 특정 매체의 소재(소설, 희곡, 단편, 실화 등)를 다른 매체(필름 또는 TV)로 바꾸거나 변형시키는 것이다. 제작된 시나리오의 60% 이상이 각색용 일지라도(대부분 소설), 첫 작품은 거의 창작 시나리오다. 각색 시나리오는 제작사에서 선정한 특정 작가에게 맡기기 때문이다. 작가가 각색 작업을 하기 전에 커미셔너(주로 프로듀서)는 원작자에게 영화용으로 각색할 저작권을 확보한다. 대부분 높은 액수의 저작권료를 지불한다.

이 책에서 영화용 각색 시나리오 쓰기는 중점적으로 다루지 않겠다. 특별한 기술을 요하기 때문이다. 각색법을 다룬 책들은 많다. 각 매체를 이해하기 위해서는 특정 매체의 행동과 갈등에 대한 기본 원칙과 독특한 한계점과 표현 방식을 잘 이해해야 한다. 영화용으로 각색하는 작업은 이와 같은 기본적인 원칙들을 바탕으로 스크린에 잘 표현될 수 있게 하는 작업이다. 각색 습작을 원한다면 다음과 같이 질문해 보라.

• 원작의 중심이 되는 이야기를 두 시간 안에 끝낼 수 있는가?(소설은 페이지 제한이 없지만 시나리오는 최대 120페이지다)
• 극적인 드라마로 만들어 스크린으로 보여 주어야 하는 목적과 의도가 있는가? 마지막 클라이맥스까지 이끌고 나갈 탄탄한 스토리 구조가 명확한가?

중심 뼈대를 찾아야 한다. 다시 말해 한 줄로 설명할 수 있어야 한다(4장 '스토리의 콘셉트 명료하게 하기' 참조). 그러고 나서 무엇을 취하고 버릴지 정한다(선택하고, 압축하고, 삭제하고, 변형시켜 뚜렷하게 나타낸다). 그다음 이전 작업을 기본적인 스토리 구조에 알맞게 줄여라. 그리고 시나리오를 시작, 중간, 결말로 구분 짓는다. 마지막으로 스토리의 주된 정신을 첨가하라.

이는 당신이 시나리오를 쓰는 기점이며 명분이기도 하다. 영상으로 각색하는 것은 새로운 유형의 리얼리티를 창조하는 작업이다. 형식에 순종하라. 책에 나오는 것들을 무시하라는 뜻이 아니다. 뚜렷하게 나타내는 것이 중요하다. 당신이 무엇을 추구하며 어떠한 형식으로 시나리오를 다듬을지 확실히 알고 있어야 한다.

원작에 충실하다는 것은 똑같은 글을 반복한다는 것과 다르다. 나는 원작자들이 잊고 쓰지 못한 신들을 쓰고 있는 자신을 발견하곤 한다. 각색자에게 제일 큰 황홀감을 주는 것은 내가 만든 새로운 신을 본 관객이 그것이 원작에 있다고 확신할 때다.

– 앤드류 데이비스

예를 들어 원작이 있는 영화 〈리플리〉를 보자. 영화에서는 마지막에 주인공 톰의 정체가 탄로 나지만 원작은 정반대다. 〈로드 투 퍼디션〉도 마찬가지다. 원작에서 마이클 주니어는 성장해 신부가 되지만 영화는 그가 소년일 때 끝난다. 물론 보이스 오버로 성인 남성의 목소리는 나온다. 그리고 아직도 나는 제인 오스틴의 소설을 원작으로 한 〈오만과 편견〉에서 미스터 다시가 몸에 달라붙는 승마복을 입고 물속에서 나오는 장면을 찾고 있다. 영상으로 만든 버전들은 모두 매체의 논리에 의해 사실처럼 받아들여지고 있다. 왜 원작과 다른 버전을 만들었을지 자문해 보라. 저작권을 소유한 이상 어떠한 것도 창작할 수 있다.

팁

작가 스스로 자신의 소설을 각색하는 일은 드물다. 너무나도 잘 알고 있기 때문이다!

좋은 책은 형편없는 영화를 만들고, 나쁜 책은 좋은 영화를 만든다는 말이 있다. 〈허영의 불꽃〉, 〈아메리칸 싸이코〉, 〈매디슨 카운티의 다리〉를 떠올려 보라. 위의 말에 동의하는가? 각각의 유형에 맞는 영화들을 세 편씩 생각해 보라. 예외가 있다고 생각하는가? 적어 보라.

『스크리닝 더 노벨Screening the Novel』과 『디 아트 오브 어댑테이션: 터닝 팩트 앤드 픽션 인투 필름The Art of Adaptation: turning fact and fiction into film』은 각색에 도움을 줄 훌륭한 도서다. tvfilmrights.com은 전 세계 저작권을 유용하게 볼 수 있는 유용한 사이트다.

인사이트

팀 버튼이 만든 〈이상한 나라의 앨리스〉는 각색이라고 보기 어렵다. 원작자인 루이스 캐럴의 『이상한 나라의 앨리스』와 『거울 나라의 앨리스』를 으깬 느낌이다. 주인공들은 알아들을 수 없는 말을 계속 지껄이는데, 감독은 "입체적으로 몽롱한 느낌을 준다"고 주장했다. 그가 원하는 대로 구현되었다고 보는가?

2.
단편영화 쓰기

우리는 모두 단편영화로 시작한다. 많은 돈을 들이지 않고도 능력을 보여 줄 수 있기 때문이다. 당신이 열정을 갖고 만든 것을 상영하면 어디서 누군가 그것을 보고 기회를 줄지도 모른다.

- 폴 해기스, 시나리오 작가(《인버전》, 《밀리언 달러 베이비》, 《엘라의 계곡》)

단편영화(보통 5분에서 30분)는 신인 작가들이 영화계에 입문하기 쉬운 방법이다. 영화 학교에서 여러 작품이 만들어지는데, 독립적으로도 많이 제작되는 추세다. 몇몇 TV 방송 채널들도 단편영화를 지원해 준다(TV 방영 시간은 최고 11분). 단편 시나리오를 쓰는 것은 긴 드라마를 쓰는 것과는 다른 기술을 요한다. 시나리오를 쓰는 형식 중 가장 도전적이며 어렵다고 생각한다. 넓게 고려해야 할 몇 가지 사항은 다음과 같다.

• 성공한 모든 단편의 한 가지 공통점은 아이디어와 표현이 '딱 들어맞다'는 것이다. 긴 이야기를 짧은 시간에 강제로 쑤셔 넣은 게 아니며, 대충 생각한 아이디어를 길게 늘인 것도 아니다. 두 가지 모두 영화 시나리오를 쓰기에는 부적합하다. 혹시 당신이 해결할 수 있다면 아주 뛰어난 능력을 가지고 있는 것이다.
• 단편 시나리오는 모든 줄마다 그 글이 존재해야 하는 이유가 있어야 한다. 그럼에도 고작 15페이지가 전부다. 주인공의 인생 또는 처한 상황에서 바로 시작하라. 인물의 전체적인 삶에서 특정한 상황을 취해 극적으로 만들어라.
• '후반의 반전'에 대해 곰곰이 생각하라. 관객은 뻔한 내용의 결

말을 비웃을 것이며 대부분은 그들의 생각이 들어맞는다.

• 유머를 즉흥적인 방편으로만 사용하지 않는다면 단편영화에 잘 어울릴 것이다.

그들은 부인하지만 영화계에 있는 대다수의 사람들은 단편영화를 감독의 매체라고 생각한다. 따라서 감독의 능력에 따라 데뷔할 수도 있다. 신인 감독들, 프로듀서들과 어울려라. 앞으로는 단편영화가 인터넷으로 상영될 것이다. 그곳에 새로운 시장이 있다. 유튜브에 작품을 올리면 된다. 다만 수익을 기대하지는 마라. 아직까지는 확장 중인 핸드폰 시장에서도 언제나 '콘텐츠'를 필요로 한다. 1-3분 정도의 마이크로드라마다.

유용한 웹사이트들을 소개한다.

atom.com

babelgum.com

encounters-festival.org.uk

fortheloveofit.com

funlittlemovies.com

futureshorts.com

hollyshorts.com

lashortsfest.com

moviepoet.com

nisimasa.com

shootingpeople.org/shortsighted

shortfilmbigshot.com

shortscriptsonline.com

shortsinternational.com

sohoshorts.com

studentfilms.com

TheSmalls.com

triggerstreet.com

추천 도서도 있다.

Clifford Thurlow, 『Making Short Films : the complete guide from script to screen』

Jim Piper, 『Making Short Films』

Linda J Cowgill, 『Writing Short Films : structure and content for screenwriters』

3.
드라마, 시리즈,
시트콤 쓰기

TV 드라마와 시리즈물 쓰기가 돈에 연연하는 일이라는 편견을 버려라. 오히려 정기적인 글쓰기에 합당한 작가라고 인정받을 수 있다. 글 쓰는 훈련으로도 매우 좋다. 전문가가 되어 융통성 있게 행동하라.

TV 드라마를 가장 극적으로 만드는 방법 중 하나는 중간 부분의 막이 절대 끝나지 않도록 쓸데없는 이야기를 계속 채우는 것이다.

– 아드리안 무어비, 시나리오 작가

TV 대본 편집자의 업무 중 하나는 열정적이며 의욕 넘치는 신인 작가 찾기다. 모든 시리즈는 작품에 대한 설명이 가득한 '지침서'와 같다. 무거운 문서들로 작성되며 모든 등장인물에 대한 세부 설명, 배경 이야기, 등장인물의 행위를 결정하는 도덕적인 특질, 윤리적 기품과 접근 방식, 그리고 제작에 관한 정보들이 수록된다. 어쨌든 이 '지침서들'을 얻기란 어렵다. 그 작품에 관해 쓰지 않는 이상 볼 수도 없다. 시리즈가 추가된다면 인턴으로 작가 밑에서 글을 쓸 수 있을 것이다. 특정 프로그램을 선택해 최대한 많은 에피소드를 시청함으로써 그 드라마가 보여 주는 리듬을 숙지하라. 대본 편집자와 이야기 나누거나 당신이 쓴 추론적인 시나리오를 보내서 읽게 하라. 다만 해당 시리즈에 대해 쓴 추론적인 시나리오와 동일 인물을 등장시키는 것은 피해야 한다. 같은 장르 또는 비슷한 시리즈에 대한 배경을 가진 이야기가 가장 좋다. 가능성을 보여 주면 된다.

그들이 당신의 실력에 감탄했다면 보다 자세한 이야기를 나누기 위해 당신을 초청할 것이다(19장 참조). 그에 대비하여 한 장 분량의 대여섯 개 이야기의 아웃라인을 준비해라. 아마도 당신이 드라마와 구조에 대해 얼마나 자세히 알고 있으며 마감까지 각본을 완성할 수 있는지 질문할 것이다. 다만 드라마에 대한 혹평을 피해야 한다. 이때도 거절에 대한 준비가 필요하다. 항상 끈기 있게 기다려야 한다. 하나가 거절당하면 더 좋은 것을 준비해 보내라. 그렇게 하다 보면 성사되는 무언가가 나올 것이다.

일반적인 제작 일정은 다음과 같다.

2월: 작가 미팅-스토리에 동의

늦은 2월: 내용에 대한 초안 전달

4월: 프로듀서에 의해 내용 수정

5월: 첫 번째 초고 의뢰

7월 중순: 프로덕션 디자이너와 함께 두 번째 초고 작성

7월 하순: 마지막 대본 완성

9월 초순: 드라마/시리즈 녹화

10월 중순: 드라마/시리즈 방영

일 년에 한두 번 신인 작가들을 모집하니 이때에 맞춰 대본을 준비하면 좋다.

인사이트

미국 TV 시리즈(특히 시트콤)에서는 시즌 중에 한두 번 정도 '특별 에피소드' 편이 방영된다. 유명인을 카메오로 출연시키거나 생방송으로 방영한다거나. 스위프sweep 주간(프로그램들의 랭킹을 정하는 달)일 가능성이 높다.

HBO는 우리가 이제까지 보아 왔던 것을 보여 주고 싶어 하지 않는다. 다른 방송사들은 몇 가지 새로운 쇼를 보고 나서는 곧장 그것과 비슷한 것이 있는지 샅샅이 훑는다.

– 수 내글, HBO 엔터테인먼트 사장

시트콤

비극은 내 손가락이 베일 때며, 코미디는 당신이 뚜껑 없는 하수구에 빠져 죽을 때다.

다시 말하지만 시트콤은 특별한 분야다. 다른 글과 다른 특징이 있다. 30분용 드라마에는 2막 구조가 적용된다(8장 참조). 시트콤은 상황과 코미디라는 두 가지 구성 요소로 이루어져 있음을 기억하자. 설정해 둔 상황에 코믹하게 대처하는 인물을 보고 사람들을 웃게 만든다. 관객은 기억에 남는 인물에게 반응한다. 그러므로 그런 인물을 만들어야만 한다! 코미디 대사와의 차이점은 우스운 것을 말하는 것과 우습게 말하는 것이다. 물론 사람들은 후자를 원한다.

프로듀서들은 각 페이지에 최소한 세 번 정도 자연스러운 웃음을 유발하는 작품을 원한다. 또한 시트콤의 주기적인 변화에 대해서도 알아 두어야 한다. 각 에피소드 후반부에서 인물은 진행 과정을 통해 나름대로 무언가를 하지만, 기본적으로 처음과 똑같은 곤경에 처해 있다. 또한 시트콤이 어떻게 제한된 환경을 이용하는지 살펴라. 등장인물들은 자신들이 처한 상황에서 빠져나가거나 변하고 싶어 하지만, 주변 상황이나 관계 때문에 (어쩔 수 없이) 아무것도 할 수 없다. 시청자들에게 익숙하지 않은 색다른 것은 불행하게도 대부분 성공하지 못했다. 무엇보다 다른 사람들이 웃을 거라는 생각으로 쓰지 말고, 자신을 웃게 만들 수 있는 것을 써라.

나는 사람들의 삶을 풀어헤치는 것이 재미있음을 깨달았다. 처음부터 감정을 감추거나 강하고 자신을 제어하는 인물일수록 그들의 삶을 풀어헤치는 것이 더욱 재미있고 우여곡절 많은 결과를 보여 준다.
- 존 클리즈

프로듀서들은 다음과 같은 사항을 원한다.

- 완전한 에피소드 대본-첫 (파일럿) 에피소드
- 다음 에피소드에 관한 (최소) 6-7개 에피소드의 반 페이지 분량 스토리 아웃라인
- 한두 페이지 분량의 주요 인물에 대한 요약(6-8행)

몇 가지 관찰해야 할 점을 보자.

- 오늘날에는 여러 소재의 드라마들이 방송되고 있다. 신랄한 비판을 하는 캐릭터들은 입에 담을 수도 없는 말들도 한다. 충격적이거나 불쾌한 내용의 프로그램들은 유료 채널이나 케이블, 그도 아니면 독립 계열사 중의 한 방송사나 지역 방송 채널에서 시청할 수 있다.
- 미국 시트콤에 나오는 주인공들은 마지막에 항상 승리한다. '더 멋지고', '더 섹시하게'가 주제 같다. 반면 영국 시트콤의 인물들은 대개 인생의 실패자로 바보스러우며 평범하거나 자기 비하적이다.
- 최근에는 '당황스러운 코미디' 스타일이 보이는데 당혹감이 주요 요소다. 인물의 특징과 어색한 상황은 주변에서 경험해 봤을 만한 것들이라 친숙하다.

코미디 장르에 유익한 웹사이트 몇 곳을 소개한다.

bbc.co.uk/writersroom
britcoms.com
FunnyorDie.com
othernetwork.com
robinkelly.btinternet.co.uk
sitcomtrials.co.uk

tv.groups.yahoo.com/group/SitsVac

몇 권의 책도 소개한다.

Brad Schreiber, Christopher Vogler, 『What Are You Laughing At?』
Jenny Roche, 『Teach Yourself Comedy Writing』

인사이트

왜 대부분의 영국 TV 시리즈가 총 13개의 에피소드로 방영되는지 궁금증을 가진 적이 있는가? 시즌별로 방영되기로 위임받았기 때문이다. 1년에 네 개 시즌이 있으니 '13'은 52주의 1/4에 해당한다. 두 개 시즌을 위임하기도 한다.

공동 작업

함께 글 쓸 사람을 찾아라. 파트너와 작업하는 것은 돈도 벌고 사람과도 어울리는 일이다. 혼자서 글 쓰는 것은 노동이다.
  ― 릭키 제바이스, 코미디언 겸 시나리오 작가(《오피스》, 〈데릭〉)

과거에 나는 공동 작업을 시작하기 전에 몇 가지 규칙을 정하라고 조언했다. 누가 어떠한 일을 맡을지(상호 간의 장점과 단점), 이름이 올라갈 때 누구의 이름을 먼저 할지(주로 알파벳순), 그리고 작업비 분배와 액수다. 후에 발생할 수 있는 논쟁을 줄이기 위함이다. 하지만 이제는 직접 만나 머리를 맞대지 않고서도 온라인으로 공동 작업을 할 수 있게 되었다. 게다가 모두 무료다.

다음의 소프트웨어들을 참고하라.

Celtx.com
PlotBot.com
Protagonize.com
Scripped.com
ScriptBuddy.com
Zhura.com

특히 Celtx.com은 흥미롭다. 무료일뿐더러 스토리보드, 캐스팅, 스케줄까지 내장되어 있다. 다음 사이트에 접속하면 관련 자료들을 다운로드 할 수 있다.

celtx.com/download.html
netribution.co.uk/stories/19/1503-free-online-screenwriting-and-scheduling-tool-releases-v10

더 시간이 흐르면 TV 프로그램 아이디어를 구상할 필요가 없어 질지 누가 알겠는가. 검색만으로 끝날 수 있다.

기억할 것

① 각색은 특정 매체의 소재(소설, 무대극, 만화 등)를 다른 매체로 옮기는 작업이다.

② 스크린을 통한 스토리텔링에는 제약이 있다. 한정된 시간에 맞추기 위해 많은 분량과 구조, 인물이 삭제될 수 있다.

③ 원전의 '본질'을 유지하는 비결 중 하나는 원전을 심하게 난도질해 예상외의 결과를 보여 주는 것이다.

④ 단편영화는 이 업계에 당신을 알리는 '호출' 역할을 해 준다.

⑤ (일반 관객을 대상으로) 단편영화라도 상영되었다는 것은 사람들이 당신의 시나리오에 흥미를(또 당신의 능력을) 느꼈다는 뜻이다. 당신의 존재감을 알리는 계기가 되어 줄 것이다.

⑥ 스크린에 당신의 이름이 새겨져야 한다. 최근 인터넷 포털을 통한 상영도 많으니 그쪽에도 관심을 가져 보자.

⑦ TV 연속극과 심각한 드라마를 쓰는 것은 돈을 벌기 위함이 아니다. 다만 급료를 받으면서 당신이 알아 두어야 할 많은 일을 배울 수 있다. 글 쓰는 훈련과 마감 지키기, 대본 수정과 전문성까지도 말이다.

⑧ 코미디를 쓸 때에는 당신을 웃게 만드는 것을 써라.

⑨ 공동 작업으로 프로젝트를 진행할 때에는, 먼저 서로의 일을 확실하게 구분 짓고 약속한 역할을 지켜야 한다.

⑩ 오늘날에는 웹사이트나 애플리케이션을 통해서 온라인으로 공동 작업하는 경우가 많다. 역시 서로의 영역을 잘 지켜야 한다.

19장

영화 산업의 세계

이번 장에서는…

전반적인 영화계 사정과 당신의 위치

어떻게 시장을 공략할 것인가?

프로듀서와의 미팅 시 말하는 방법

달콤하게 들리는 '진행 중'을 조심할 것!

1.
영화계 입문하기

당신이 영화계와의 관계를 이끌지 않으면, 영화계가 당신을 끌고 다닐
것이다.

– 폴라 말린

영화계에 입문해 당신만의 '목소리'를 찾았다고 해도 그것을 잃을 위험
이 있다. 그러니 그것을 유지하기 위해 싸워라.

– 알렌 덴맨, 제작자

무엇을 아느냐가 아니라 누구를 아느냐가 중요하다는 말이 있다.
영화계에 딱 들어맞는 말이다. 연락망과 친교를 뜻하는데 당신의 시
나리오와 함께 당신도 홍보해야 한다. 마케팅 전략을 세워라. 운도
중요한 요소다. 그렇다면, 어떻게 입문해야 할까?

• 자발적으로 행동하라. 유명한 작가 혹은 영화계 저명인사가 컨
퍼런스, 세미나에 강사로 나온다면 참석하라.
• 글쓰기 강좌에 참석하라(20장 참조). 강좌에 참석하는 동료들은
야심이 있고 작가가 되려는 사람들이므로 미래에 영화계 핵심 인물이
될 것이다. 많은 작가(특히 TV 연속극과 시리즈)가 이와 같은 강좌에서
누군가를 만나 첫 작업을 시작한다.
• 몇몇 TV 네트워크와 영화 학교는 때로 무료 강좌를 개최한다.
시나리오 제출이 등록 절차이므로 다음 강좌 시작을 알아보라.
• 관련 잡지 등에 나오는 시나리오 공모 일정과 장학금 제도를 참
조하라.

• 작가 협회에 등록하여 모임에 참석해라. 영화계 종사자를 강사로 초빙하여 세미나를 개최할 수도 있다.

• 영화업계 단체에 등록하고 새로운 사람들을 만나되, 특히 갓 프로듀서나 감독이 된 사람들과 교제해라. 그들과 함께할 수 있는 여건이 만들어질 수도 있다. 또한 당신에게 자신감을 심어 줄 것이다.

• 주변 연극 공연장에 작가 그룹이 있다면 등록하라. 영화는 아니지만 이곳에 더 많은 일거리가 있다. 또한 많은 영화 관계자들이 새작가를 찾을 때 제일 먼저 생각하는 곳이 연극 공연장이다.

• 인턴 채용을 노려도 좋다(18장 참조).

영화 관계자들과 만날 때는 상대방이 어느 위치에 있건 즐겁고 용기 있게, 자신감 있고 프로답게 행동하라. 그리고 듣는 법을 배우고 조언에 귀를 기울여라. 상대방과 교류하는 것도 기술이다. 많은 사람과 연락하는 것은 좋지만 당신이 건넨 시나리오가 형편없다면 누구건 시나리오를 받고 무척 당황할 것이다.

인사이트

생각이 비슷한 사람들끼리 그룹을 만들어라. 초보 작가, 배우, 감독, 제작자 등 드라마 〈안투라지〉처럼. 그리고 그룹의 특징을 나타내는 이름을 만들어 소개하라. 당신이 먼저 시작하면 된다. 장 뤽 고다르는 이렇게 시인했다. "우리 모두는 각자 우리 자신들에 대한 이름을 만들려 했습니다. 그래서 우리는 새로운 운동이라는 뜻의 누벨바그Nouvelle Vague라는 이름을 만들었고 그것을 '운동'이라고 부르게 함으로써 사람들이 우리를 알아볼 수 있게 했습니다." 미국 시인 앨런 긴즈버그는 다음과 같은 유명한 말을 남겼다. "'비트제너레이션'이라는 것은 존재하지 않는다. 단지 한 무리의 남자들이 그것을 알리려고 한 것뿐이다."

2.
영화계에서
당신의 위치

할리우드 명예의 거리에 있는 개, 고양이, 말을 위한 별들이 작가의 것
보다 많다.

- 브라이언 헬겔랜드, 시나리오 작가(〈LA 컨피덴셜〉, 〈레전드〉, 〈컨스피러시〉)

영향력? 작가 주제에 무슨 빌어먹을 영향력이 있나? 부자나 유명한 작
가면 몰라도.

- 한 미국 TV 관리 이사

영화계의 계급에 따르면 전통적으로 작가는 가장 밑바닥에 위치
한다. 당연히 가장 낮은 급료를 받아 왔다. 영화가 성공하면 모든 것
은 감독 공으로 돌려지며, 반대로 망하면 모두 작가를 비난한다. 다행
히 최근에는 좋은 시나리오가 중요하다는 인식이 날로 높아지고 있
다. 마찬가지로 그것을 쓸 수 있는 사람의 급료도 올라가고 있다. 접
대와 존경은 덤이다.

이제는 '무엇'에 대한 영화인가 이전에 '누가' 나오는 영화이냐가 중요
한 요소가 되어 버렸다.

- 로버트 알트만, 영화감독(〈패션쇼〉, 〈긴 이별〉, 〈더 컴퍼니〉)

영화계의 진상을 밝혀 보자. 21세기 들어 미국 영화 관람객 중 40
대 후반이 무려 40%를 차지하고 있다. 할리우드는 스토리의 재미를
잃었다. 극단적으로 17-24세를 겨냥한 영화들이 다수 제작되며 에이

전시의 영향력은 갈수록 높아지고, 그만큼 제작에 깊이 개입한다. 이는 관객이 미디어에 정통하면 독립 영화와 신기술을 받아들이는 추세가 높아지는가에 대한 근거를 뒷받침한다.

> 내가 처음 〈나의 그리스식 웨딩〉의 시나리오를 돌리고 있을 당시 일반인들의 반응은 좋았지만 스튜디오 간부들은 "유대인을 주인공으로 할 수 있나?" 혹은 "라틴 아메리카계로 주인공으로 다시 쓸 수 있나?"라고 물었다. 나는 "안 돼요. 이건 그리스인이라고요. 이건 내가 쓴 것이고 따라서 그리스인으로 해야 해요"라고 대답했다. 결국 나는 여자 한 명인 원맨쇼로 무대 위에 섰다. 그리고 톰 행크스 부부가 쇼를 보러 왔는데….
>
> – 니아 발다로스, 영화배우 겸 시나리오 작가(〈나의 그리스식 웨딩〉, 〈카 독스〉)

> 중요한 일을 성사시키기 위해서는 남들이 '아니요'라고 할 때 '예'라고 할 줄 알아야 한다. 또 남들이 '예'라고 할 때 '아니요'라고 할 수 있어야 한다.
>
> – 샤론 스톤, 영화배우 겸 프로듀서(〈러닝 와일드〉, 〈퀵 앤 데드〉, 〈원초적 본능〉)

3.
영화 시장을 향해

시나리오 쓰는 법만큼이나 영화계가 어떻게 돌아가는지에 대해서도 알 필요가 있다. 사람들(특히 프로듀서들과 제작사들)에게 스스로를 소개해야 하며 누가 무엇을 하고, 누가 무엇을 찾고 있으며, 누구에게 몰리고, 누가 창의력 있게 쓰는지와 제작비와 흥행 기록 등. 관련 잡지를 구독하는 것도 바람직하다. 영화와 TV 크레디트도 유심히 살펴보라. 영화가 끝나고 마지막 크레디트가 올라갈 때까지 앉아 있으면 극장 직원들은 짜증나겠지만 중요한 정보를 얻을 수 있다.

파일링 카드를 사용하여 프로듀서, 에이전시, 코미디 등으로 분류하라. 중요한 사람들을 찾아야 하는데, 영화 분야로는 시나리오 개발 담당자, 개발 총 책임자, 프로듀서, 감독 등이다. TV 분야로는 시나리오 에디터, 프로듀서, 감독, 그리고 편집위원들이다. 데이터를 쌓고 이름과 연관된 제작사, 작품, 그들의 작품 경력, 느낌과 좋아하는 성향, 신인 작가에 대한 태도까지도 꼼꼼하게 기록하라. 이러한 자료들이 쌓일수록 그들의 이름이 친숙하게 느껴질 것이다.

영화계 인사들에게 시나리오를 보낼 때는 담당자에게 보내야지 영향력 없는 사람에게 보내면 소용없다. 당신의 시장을 정하라. 정보가 힘이다.

인사이트

영화계에 종사하는 모든 이는 매체 연구와 관련된 강좌를 택하거나 학위를 받는 것에 긍정적이다. 이왕 이 길을 가기로 마음을 정했다면 강좌 수강이 도움될 것이다. 스스로에게 물어보라. "이 수업을 들으면 영화계에 보여 줄 수 있는 시나리오 포트폴리오나 단편영화 또는 수상할 수 있는 작품을 쓸 수 있을까?"

4.
프로듀서와
그들과의 생존 방법

〈네 번의 결혼식과 한 번의 장례식〉이 훌륭한 영화로 자리 잡을 수 있었던 주요한 요인은 이 영화가 어떻게 보여야 한다는 나의 비전을 프로듀서와 감독이 이해했기 때문이다. 우리는 서로의 의견을 존중했다.

– 리차드 커티스, 시나리오 작가(《맘마미아! 2》, 〈어바웃 타임〉)

모든 제작 과정에서 작품 전반을 책임지는 사람은 프로듀서다. 좋은 프로듀서는 작품을 만들며 능력이 부족한 프로듀서는 당신의 에너지와 재능과 시간을 낭비하게 만든다. 좋은 프로듀서는 '열정'(정열과 헌신)을 끌어올려 여러 사람의 재능을 하나로 합쳐 영화 혹은 TV 제작을 한다. 결정적으로 프로듀서는 투자자를 찾는다. 그들의 일 중에서 가장 중요한 일이다. 그들의 목표는 가장 적은 예산을 들여 좋은 작품을 제작하는 것이다. 영화와 TV 제작은 창조적인 작업임을 잊지 마라. 물론 제작비와 시간이 허락하는 선 안에서다. 가끔 창조적인 작업에 많은 입김을 불어넣기도 한다.

최근에는 독립 제작사에서 재능이 있고 정열적이며 비전이 뚜렷한 프로듀서들이 두드러진 활동을 하고 있다. 당신이 좋아하는 작품의 제작사와 연락하라. 그들이 과거에 제작했던 작품들을 알아 두어라. 당신의 시나리오와 비슷한 느낌의 영화를 제작한 적이 있다면 시나리오를 보내도 되는지 물어보라.

마지막으로 할리우드의 유명 제작사에서 왜 수없이 많은 쓰레기 영화를 만드는지 궁금할 것이다. 작품의 창의성만 보고 영화 제작을 결정하는 것은 아니기 때문이다. 그러므로 당신과 함께 작업하는 프로듀서를 신뢰해야 한다. 그는 당신의 시나리오의 예술적 측면을 오락적 요소와 충분히 병행해 합의 볼 수 있도록 할 것이다.

상호 간에 다른 점과 먼저 해야 할 일을 인정하라. 시나리오 작가로서 제일 중요한 고민은 시나리오를 확실하게 쓰는 것이다. 프로듀서의 역할은 제작비를 모으고 영화로 만들어지도록 하는 것이다.

인사이트

이 분야에서 생존하려면 기술이 필수다. 나에게 제작에 관련된 일자리에 지원한 두 명의 후보자를 인터뷰하라고 한다면(한 명은 대학교에서 갓 영상 매체 학위를 받은 졸업생, 다른 한 명은 3년간 영화나 TV 방송국에서 일자리를 찾으려고 노력했으며, 밑바닥 일들과 주로 영상과 관련된 일을 배워 온 사람) 망설임 없이 후자를 택할 것이다.

어떠한 제작에도 큰 경비가 든다. 믿을 수 있는 사람들을 곁에 두어야 한다. 경험이 없거나 검증되지 않은 사람들과 작업하면 제작비를 낭비할 수 있는 위험이 따른다. 가혹하다고 생각하겠지만 이것이 현실이다. 이제 막 학위를 받았다면 인턴 자리부터 알아보라고 조언하고 싶다. 일자리가 어디에 있는지 상관하지 마라. 일단 그 분야의 일에 발을 들여라. 그리고 경험을 쌓아라.

5.
프로듀서와
미팅하기

새로운 작품을 의뢰받아 스튜디오에 갔다. 담당자 중 한 명인 20대 중후반으로 보이는 남자가 아흔이 넘은 나를 앉혀 놓고 말했다. "자, 와일더 씨, 이제까지 무슨 작품을 했는지 말해 보세요."

—빌리 와일더, 영화감독(〈뜨거운 것이 좋아〉, 〈사브리나〉)

당신의 시나리오가 마음에 든 프로듀서가 당신을 초청했다고 하

자. 첫 번째 미팅에서는 보통 일상적인 이야기를 나눈다. 당신이 그와 함께 작업하겠다고 결정하면, 상대방도 똑같은 결정을 내릴 것이다. 가장 기본적인 원칙을 기억하라. 영화 제작은 여러 사람과의 협동 작업을 통해서 이루어진다.

> 프로듀서들은 당신이 여러 사람과 어떻게 작업하는지를 눈여겨본다.
>
> — 에드리언 호지스, 방송 제작자

성격에 중대한 문제가 있거나 (그들 생각에) 작가로서 너무 완강한 태도를 보이거나 혹은 시나리오 수정에 깐깐하게 굴면 작업 진행을 거절당할 가능성이 높다. 미팅 자리에서 이와 관련된 논의가 나올 것이다. 당신이 작가로서 글을 잘 쓸까 외에도 신뢰성 있고, 마감 안에 확실하게 작업을 마칠 수 있을지도 살핀다. 그들이 제작한 작품에 대해 무례하게 말하거나 아첨하지 마라. 옷차림도 중요하다. 개방적이고 건설적이며 자신감을 가져라.

첫 만남에서는 급료를 언급하지 않는다. 작품에 대한 논의가 먼저다. 당신이 갖고 있는 다른 아이디어가 있다면 듣기 원할 테니 시놉시스를 준비하자(15장 '한 장 분량의 시놉시스(제안서) 작성하기' 참조). 자신들이 추진 중인 작품이나 아이디어를 바탕으로 당신의 의견을 듣고 싶어 하며 시나리오 작업을 의뢰할 수도 있다. 합의 사항은 구두로 마치나 확인받고 싶으면 이메일 등을 이용할 수 있다.

옵션 계약을 제안할지도 모른다. 약정한 금액에서 시나리오에 대한 모든 저작권 소유 또는 일정 기한까지 시놉시스를 개발하는 조건이다(보통 1년이며, 매년 갱신할 수 있다). 이로 말미암아 작품을 고쳐 쓰게 될 것이나 여기에 익숙해져야 한다.

나는 아직까지도 HBO로부터 메시지를 받는다. 그들은 똑똑한 사람들이다. 다른 방송국들에서도 온갖 메시지를 받지만 대부분은 쓸데없고 모순되는 내용이다.

– 앨런 볼, 시나리오 작가(〈트루 블러드〉, 〈식스 핏 언더〉, 〈아메리칸 뷰티〉)

괜찮은 금액을 제시받았다 해도 적절한 금액인지 조언을 들어 보는 것이 좋다(부록 참조). 그러나 지금 당신에게 필요한 것은 경험임을 명심하라. 작품이 촬영 단계에 들어갈 때 비로소 처음으로 큰 금액을 받게 된다. 이후의 시나리오 원고료는 당신이 마지막으로 시나리오를 판 금액에 의해 결정된다. 최근 선호되는 형태는 바이-아웃Buy-Out이다. 작가가 소유권 포기 사인을 하고 선금으로 작가협회에 나와 있는 기본 금액보다 두세 배 높은 돈을 받는 것이다. 선택하기 나름이다.

좋은 프로듀서들은 당신의 작품을 물심양면 도울 것이다. 많은 프로듀서가 자신들이 발견하고 양성하고 신뢰할 수 있으며 안정되고 좋아하는 작가와 오랜 기간 동안 좋은 관계로 일하기를 원한다.

고료를 받고 무언가를 쓰기로 정했다면 최고의 잘못은 늦게 제출하는 게 아니라, 아무것도 전달하지 못하는 것이다.

– 콜린 클레멘츠, 시나리오 작가

인사이트

몇 년 전에 나에게 조언을 구했던 한 명이 단편영화 현장에서 무임금으로 일하게 되었다. 그런데 촬영에 문제가 생겼다. 첫 연출을 맡게 된 감독은 폭군으로 군림했다. 모든 것이 잘못되고 있었다. 그는 나에게 이렇게 말했다. "저는 결심했어요. 머리 숙이고 입 다물고 상황을 주시하기로 말이에요." 지혜로운 선택이다.

6.
미팅 시
말하는 방법

피칭 기술 습득에 대한 많은 글이 있다. 강좌들도 여럿 생겨나고 있다. 무경험자에게는 두려울 수도 있지만 기초적인 사항만 숙지하면 된다. 피칭은 말로 시나리오 혹은 아이디어를 발표하는 방식으로 즉각적인 반응을 얻을 수 있다. 주로 시나리오 개발 담당자들에 의해 이루어지지만 작가들이 프로듀서에게 말할 기회가 많아지고 있다. 대개 3분 이상의 기회는 주어지지 않으며, 거의 2분 안에 전체 내용을 다루어야 한다. 〈플레이어〉에서 그리핀 밀은 작가에게 "25개의 단어로 설명하게. 그 이상은 안 돼"라고 한다. 당신의 스토리 콘셉트, 한 줄로 설명하기, 그리고 표어가 필요한 이유다.

현재 영미권에서 피칭은 자연스러운 현상으로 행해지고 있으나 아주 선호되는 것은 또 아니다. 격식을 차리지 않더라도 많은 발표 기회가 있다. 언제 어디서 누군가(에이전트, 프로듀서, 시나리오 에디터, 감독 등)가 당신을 초대해 작품에 관한 질문을 할지 모른다. 이 자리가 곧 작품 발표 자리다. 이때 주요 인물, 그들의 여정, 결말, 그리고 누가 그것을 보고 싶어 하는지(다시 말해 어떤 영화를 봤던 관객이 볼 것인지)를 첨가해야 한다.

> 좋은 아이디어라도 형편없이 설명하면 나쁜 아이디어처럼 들린다.
> ─스티븐 J. 커넬, 프로듀서 겸 시나리오 작가(《포커 하우스》, 《21 점프 스트리트》)

어떻게 해야 작품 발표를 효과적으로 행할 수 있을까? 작전을 짤 필요가 있다.

- **자신의 목적을 알아야 한다.** 발표할 때 좋은 인상을 주려면 프로처럼 보여야 한다. 시간 엄수와 단정한 옷차림은 기본이다. 명랑하고 또박또박하게 말해라. 당신의 아이디어에 대해 열정과 확신을 갖는 모습을 통해 상대방도 그 열정에 휩싸이도록 만들어서 당신의 작품을 반드시 만들어야 할 작품으로 인식시켜라. 듣는 사람에게 당신의 아이디어와 의도를 인식시켜야 한다. 설령 당신의 작품을 거절하더라도 언제든지 당신의 아이디어를 환영하도록 만들어라. 열정은 필수지만 지나친 행동은 금물이다.

- **누구에게 발표할지 알고 있어라.** 그들의 작품 경력을 염두에 두어라. 그들에게 결정권이 있는가? 그렇지 않다면 결정권을 갖고 있는 사람과 얼마나 가까운가?

- **준비하라.** 3-4행으로 당신이 쓴 스토리의 콘셉트를 말해야 한다. 첫 줄에는 제목과 어떤 유형의 영화인지를, 그다음으로 그들의 호기심을 끌 만한 전체적인 스토리와 중점 내용과 주요 인물들과 스토리 중 벌어지는 커다란 사건들을 말해라. 훌륭한 표어는 유용하게 활용된다. 혹시 그들이 작품에 큰 관심을 보일지 모르니 오래 설명할 준비도 해라(보통 10-15분).

- **연습하라.** 친구, 가족, 녹음기, 거울을 보며 연습해라. 외우려고 하지 말고 당신이 말하고자 하는 바를 명확하게 말하라.

- **예상하라.** 반대 의견을 염두에 두고 그에 대한 건설적인 답변을 준비해라. 당신의 창의력에 대해 간결하게 설명할 수 있어야 한다.

- **준비하라.** 필요한 보충 자료(한 페이지 분량의 제안서, 가능하면 트리트먼트 전체)를 준비하면 듣는 사람을 통해 그들의 담당자에게 판매할 수도 있다.

- **판매하라.** 한 번에 한 작품씩만 선정하라. 필요하면 적절한 시놉시스도 준비하라.

• 듣는 이에게 좋은 경험이었다는 생각이 들도록 해야 한다.

관계자들은 투자 작품을 고를 때, 인물을 보고 신뢰할 수 있는지를 확신한다. 그것이 시나리오를 팔리게 한다.

발표 후에는 당신에게 질문한 사람을 붙잡아라. 질문을 했다는 것은 당신이 그의 호기심을 자극했다는 뜻이며, 당신에게 관심을 보이고 있다는 반증이다.

– 토니 마챈트

자세한 안내를 원하면 아래 사이트를 참고할 수 있다(22장 참조).

moviepitch.com
screenplaymastery.com/3MinutePitch.htm
scriptblaster.com
storylink.com

도서도 있다.

Eileen Quinn, Judy Counihan, 『The Pitch』

7.
시나리오
함께 개발하기

어떤 작품이건 보통 약 5년의 시간이 걸린다. 〈킹스 스피치〉, 〈네 번의 결혼식과 한 번의 장례식〉, 〈크라잉 게임〉은 10년이 걸렸다.

– 닉 포웰, 스칼라 프로덕션 프로듀서

지금 한창 시나리오 작업 중이라면 시나리오 편집자(TV 방송) 혹은 개발 담당자(영화)와 작업하게 될 것이다. 그들은 당신의 모든 가능성을 뽑아내려 할 것이다. 또 프로듀서를 위해 일하지만 여러 사람의 의견을 조율하기도 한다. 다시 말해 공동 작업을 하는 셈이다. 당신을 도와주려고 그 자리에 있는 것이다.

당신이 죽은 후에도 당신은 계속 고쳐 쓰는 작업을 하게 될 것이다.

– 〈선셋 대로〉 중에서

인사이트

15장에서 BBC가 내가 쓴 역사적 내용의 시나리오를 선택했다고 말했다. 하지만 그들은 아무 연락이 없었다. 몇 년 후에야 나는 그 이유를 발견했다. 다른 작가가 내 시나리오와 똑같은 주제로 벌써 일을 진행하고 있었기 때문이다(그가 쓴 시나리오 역시 제작되지 않았다).

시나리오 '작업 중'을 다른 말로 하면 '엿 먹어라'다.

– 로렌스 그레이, 홍콩 시나리오 작가

영국의 프로듀서들과 커미셔닝 에디터에 관한 유용한 사이트를 소개한다.

farnfilm.com/uktv.htm

mediaresourcecontacts.com

pact.co.uk

theknowledgeonline.com

기억할 것

① 이 분야에서는 제대로 된 사람을 아는 것이 필수다. 당신의 시장의 목표를 정하고 그들이 어떠한 사람인지 조사하라.

② 인터넷 덕분에 이들에게 접근할 수 있는 방법이 훨씬 쉬워졌다.

③ 그러므로 네트워크를 시작하라. 영화계 관련 행사에 참가거나, 강좌를 듣거나, 단체에 가입하거나, 비슷한 부류의 사람들을 만나거나, 현재 영화업계에 종사하는 사람들과 친밀을 도모하라.

④ 그리고 계속해서 연락해라. 성가시게 하거나 귀찮게 하지는 마라.

⑤ 이 분야에서 평생 일할 것이라면 사람들과의 궁합도 잘 맞아야 한다.

⑥ 당신은 팀의 일부니 여기에 적응하라. 쉴 틈 없이 시나리오를 수정하라는 '메시지'에도 적응해라.

⑦ 당신의 프로젝트에 대해 말하는 것은 당신에게 매우 중요한 기술이다. 관객(프로듀서, 의뢰인)의 마음속에 당신의 영화를 보여 주며 그들을 열광시키고 그다음에 무슨 일이 벌어지는지, 당신이 다른 시나리오를 가지고 있는지 질문하게 만들어라. 그리고 그에 대한 준비를 해라.

⑧ 3분 안에 프로젝트에 대해 말할 수 있어야 한다. 이에 대해 한두 문장으로 확실하게 말할 수 있는가?

⑨ 당신의 말을 듣는 사람은 당신의 시나리오가 아니라 당신에게 투자하는 것이다.

⑩ '작업 중'이라는 단어에 적응해라. 잘하고 있다는 뜻이다.

20장

시나리오 작가의 길

이번 장에서는…

작가, 인간, 프로로서의 네트워킹과
마케팅 전략

거절 대처 방법과 시나리오 작법 강
좌와 세미나

1.
자신을 알고
시장을 개척하라

대부분의 작가들은 자신의 시나리오 홍보를 꺼리는 경향이 있다. 오늘날의 작가와 에이전시들은 어떻게 하면 자신이 직접 시나리오를 홍보할 수 있는지 가르침으로써 시나리오 선택에 영향력을 행사한다.

―스테반 리벨로, 시나리오 작가

성공한 작가 대부분은 그들의 일을 비즈니스라고 생각한다. 프로정신으로 정해진 마감을 정해 놓고 부지런히 일한다. 몇 명은 동시에 두세 가지 작품을 쓰기도 한다. 물론 이와 같은 사고가 당신이 글을 쓰는 어떠한 이유보다 우월하다는 뜻은 아니다. 자기 자신을 잘 알아야 하며 내가 왜 글을 써야 하는지 확실히 아는 것이 중요하다.

시나리오 작업은 협동 작업이다. 특정 대사나 신, 심지어 전체적인 시나리오라도 너무 귀중하게 생각해서는 안 된다. 다시 말하지만 자신이 가장 아끼는 것을 버리는 것을 배워라. 몇 명의 작가는 시나리오 작업이 감독 또는 프로듀서가 되는 과정의 일부라고 생각한다. 그렇다면 왜 애초부터 그 길을 가지 않는 것일까? 대부분의 작가 겸 감독들은 감독으로 먼저 데뷔하기 때문이다.

스스로를 상품화하려면 먼저 작가와 인간으로서 자신의 능력과 약점에 대해 알아야 한다. 당신 자신과 당신의 작품에 대한 모든 것을 보여 주는 것이다(알맞은 형식으로 제출하는 것 또한 잊지 마라[2장 참조]). 네트워킹과도 관련 있다. 여러 정보망을 설치해 후에 좋은 성과가 나타나길 바란다. 누군가 당신에게 '미디어 쓰레기'라고 비평해도 놀라지 마라. 이 업계에서는 칭찬이다.

몇 명의 작가는 매체에서 다루는 정보들이 자신과 상관없다고 생각하지만 그렇지 않다. 분명 당신에게 힘이 되어 줄 것이다.

기본적으로 작가는 엄청난 양의 시간을 창조적인 작업에 쏟으면서도 정작 자신을 상품화하는 데는 투자하지 않는다. 영화 시장에 작품만이 아니라 당신 자신도 팔아야 한다. 남들에게 깊은 인상을 남기고 인식시키는 것이 무엇을 썼는가보다 중요하다. 이를 통해 사람들은 당신이 글을 잘 쓸 거라고 생각하고 일을 맡기게 된다.

– 줄리안 프리드만, 문학 담당 에이전트

융통성을 배워라. 영화만 써야 한다는 집착을 버려라. 당신에게 오는 기회는 모조리 잡아야 한다. 정기적인 일을 원하지 않는가? 먼저 기회를 잡아야 경력을 쌓고 좋은 평판을 얻을 수 있다.

인사이트

이 업계가 정말로 나를 화나게 만드는 것은 나이에 대한 고질적인 차별이다. 시나리오 작가들에게도 영향을 미친다. 얼마나 많은 제작자가 "우리는 항상 새 작가들을 찾습니다"라고 하는가. 이는 "우리는 항상 젊은 작가들을 찾고 있습니다"라는 뜻이다. 나이가 먹었다는 것은 더 많은 작품을 써 왔다는 뜻임을 인지하지 못하는 것 같다. 30대 중후반부터 거절당할 확률이 높아지기 시작한다. 시나리오 공모전의 나이 제한을 확인하라. 우리는 도전적이며 글을 쓰기 시작하고 변화를 줄 수 있는 사람들이 필요하다.

2.
이미지를
관리하라

당신에 대한 평판이 모든 것을 좌우한다. 이 업계는 무척 좁기 때문에 서로에 대해 너무나 잘 알고 있다. 평판은 입소문에 달려 있다. 누군가로부터 "그 사람과 같이 일하면 피곤하다고 들었는데"라는 말이 나온다면 치명적이다.

- 말콤 게리, 위즈키드 엔터테인먼트 MD

위의 말은 내가 쇼 비즈니스 세계에 처음 발을 들여놓았을 때 말콤 게리가 해 주었던 조언이다. 그는 프로듀서였다. 언젠가 러셀 크로우가 그를 벽으로 밀치며 "다시는 할리우드에서 일을 못하게 만들 줄 알아"라며 큰소리친 적이 있었다고 한다. 들리는 소문에 의하면 이로 인해 러셀 크로우는 그 해에 오스카 트로피를 놓쳤다. 이것이 평판이다.

다른 사람들이 당신을 어떻게 보는지 알아야 한다. 새롭고 재능 있는 동시에 같이 일하기에 편한 사람이라는 평을 받도록 노력하라. 같이 일하기 '피곤한' 스타일이라는 평판은 사형 선고와 다름없다.

인사이트

영상위원회 재직 시절이었다. 미팅을 마치고 문을 나서는데 누군가 어떤 사람에게 물었다. "방금 ○○으로부터 지원 신청서를 받았는데, 그가 예전에 당신과 같이 작업했다고 하더군요." 질문을 받은 사람은 잠시 생각한 후, 대답했다. "네, 맞아요. 괜찮은 사람이에요. 언제 점심이나 같이 하면서 그에 대해 말씀드리죠." 일은 이렇게 시작된다.

몇 명의 작가들은 자신들이 쓴 작품을 엉망으로 만들어 놓았다며 여러 사람에게 그에 관한 엄청난 분노를 표출하거나 어리석은 행동을 하기도 한다. 나는 자신을 진정시키고 논리적인 방법으로 협상해야 한다고 말하고 싶다. 프로듀서가 당신이 받아들일 수 없는 사항을 바꾸라고 요구한다고 해도 언성 높일 필요는 없다. 생각해 보겠다고 말한 다음 며칠 후 다시 만나서 그것이 왜 합당하지 않은지 명확한 의견과 함께 건설적인 대안을 마련해야 한다. 이때 다른 대안을 제시해야 한다. 그들의 관점에서 문제를 보면서 긍정적인 논쟁을 해야 하며, 지식과 자신감을 가지고 이론적으로 주장해야 한다. 타협의 여지는 항상 있다. 작가와 프로듀서의 파트너 관계에서 모든 것이 프로듀서에 의해 움직인다고 속단하지 마라.

마지막으로 많은 시나리오나 트리트먼트를 쓸 수 있는 능력이 있지만 아직 한 번도 작품으로 만들어지지 않았거나 극장에 걸리지 않았다는 평판을 받지 않도록 조심하라.

> 평판 지키기는 매우 중요하다. 당신이 무엇을 쓰느냐보다 당신이 어떻게 이 계통에서 다른 사람들, 즉 프로듀서, 감독, 당신의 에이전트들과 원만하게 작업하는지가 더욱 중요하다. 그리고 당신이 다른 사람들과 잘 어울리는지도 중요하다.
>
> – 줄리안 프리드만

인사이트

이 업계에서 당신의 능력을 믿어 주고, 당신을 보호해 주고, 업계에서 어떻게 행동해야 할지 보여 주며, 당신에게 일할 곳을 소개해 줄 수 있는 멘토를 찾아라.

3.
거절 대처 방법

작가들의 좌절감을 충분히 이해한다. 나 역시 수많은 시나리오를 썼지만 몇 개만이 영화로 만들어졌다.

ㅡ마이클 톨킨, 시나리오 작가(〈나인〉, 〈체인징 레인스〉, 〈딥 임팩트〉)

당신은 제일 어렵고 또 가장 냉소적인 세계에 들어오려 하고 있다. 따라서 당신은 거절당할 것이다. 그것도 아주 많이. 적응하기를 바란다. 다시 일어나라. 철면피가 되어라. '거절당함을 거절하라.' 그들이 거절하는 것은 작품이지 당신이 아니다.

작품을 거절당했다고 해도 그것이 작품의 질 때문만은 아니다. 많은 이유가 있다. 아주 잘 쓰인 작품도 거절당할 수 있다. 작품을 시장에 내놓은 지 얼마 안 되었기 때문일 수도 있고, 제작 스케줄이나 비용 등의 이유가 있을 수도 있다.

ㅡ잔 레벤탈, 칼톤-센트럴 TV

똑같은 시나리오를 열두 사람에게 보내면 열두 가지 반응이 나오기 마련이다. 시나리오에 대해 걱정하고 다시 검토해야 할 경우는 그들 모두가 같은 이유로 거절했을 때다. 대부분의 거절 편지는 짧고 간략하며 모호하다. "우리가 현재 찾는 시나리오가 아니다." 그들에게 전화해서 정확하게 그들이 찾는 것이 무엇인지 물어보라. 더 좋은 방법은 거절 이유를 더욱 자세하게 묻는 것이다. 단점과 이야기의 힘에 대해 질문하라. 시나리오 모니터 요원의 평가서를 볼 수는 없겠지만 물어볼 수는 있다! 최소한 프로듀서와 제작사와 적극적으로 시나리오에 대해 이야기 나누었기 때문에 도움이 될 것이다.

결국 중요한 것은 책임이다. 자신의 시나리오와 글 쓰는 일과 자신의 직업에 최선을 다했는지 자문하라. 시나리오 작법 교수인 마이클 하우지의 말을 빌리자면 책임은 겁나는 일이다. 내일 결혼할 사람에게 얼마나 떨리는지 물어보라! 이러한 태도가 작가로서 일할 때 문제점들로부터 당신을 보호해 줄 것이다. 만약 그런 일이 일어난다면 자문하라. 이 시나리오, 신 혹은 무엇이든 나 자신은 얼마나 책임감 있게 행동했는가? 여러 사람에게 시나리오를 보여 준 결과에 대해 얼마나 두려움에 떨 것인가?

> 나의 작업을 여러 사람이 읽게 만들고 그에 대한 답변을 들을 때, 스스로를 믿는 것은 대단히 힘들다. 그럼에도 계속 노력한다면 어느 순간 정상에 올라서게 되어 있다. 끈질기게, 그리고 오래 버텨라.
>
> —톰 숄만

인사이트

유튜브에 『해리 포터』의 작가 조앤 K. 롤링의 하버드 졸업식 연설문이 있다. 그녀는 '실패에 대한 혜택'을 주제로 택했다. 기억에 남는 부분은 다음과 같다. "여러분 나이였을 때 제가 가장 두려워했던 것은 가난이 아니라 실패였습니다. 실패는 즐거운 것이 아닙니다. 당시는 제 인생의 가장 어두운 시기였습니다. 그런데 어째서 오늘 실패에 대한 혜택을 주제로 택했느냐고 질문할 수 있습니다. 실패는 꼭 필요한 것이 아닌 것들을 벗겨 내는 것입니다. 저는 스스로가 쓸모없다는 생각을 버리고 저의 모든 에너지를 글 쓰는 작업에 쏟았습니다. 그리고 저는 자유로워졌습니다. 두려움을 깨달았기 때문입니다. '나는 아직까지 살아 있고, 사랑하는 딸이 있으며, 낡은 타자기와 훌륭한 아이디어가 있다'고 생각했습니다. 그리고 다시 견고한 기초를 다지고 새 인생을 시작했습니다."

4.
시나리오 작법 강좌와
세미나

시나리오 작법 강좌와 세미나가 어떤 도움이 될 것인가는 당신에게 달려 있다. 각 강좌마다 몇 가지 공통적인 장점을 주장하는데 아래와 같다.

• 당신이 잊고 있던 것과 전체적으로 이해하지 못했던 것들에 대해 많은 것을 생각하게 해 준다.
• 당신이 생각했던 시나리오 작법에 대해 명확하게 해 주거나 새로운 실용적인 방법들을 배울 수 있다.
• 같은 목적을 가진 사람들과 친분을 유지하면서 좋은 정보를 공유할 수 있다(19장 참조).
• 집중적으로 가르친다. 과정은 힘들겠지만 수강을 마치면 새로운 에너지를 주기 때문에 글을 쓰는 데 더욱 열중할 수 있다.

몇 가지 단점을 살펴보면 다음과 같다.

• 비용이 든다. 대부분의 초보 작가들은 가난하다. 그 돈으로 오리지널 대본, 작법에 대한 책, 비디오나 DVD로 영화를 공부한다거나 장비를 사는 것이 나을지도 모른다. 하지만 꼭 참여하고 싶은 강좌가

있다면 할인 등의 방법이 가능한지 알아보자.

• 그들은 할리우드의 3막 구조 형식에 집착하는 경향이 있다. 잘 생각해 보고 판단해 자신에게 알맞게 해석하라.

• 시나리오 강좌 대신 진짜로 글을 쓰는 작법 강좌가 있다면 일단 조심하라(시리즈처럼 강좌를 듣는 사람들이 있다). 내 조언은? 시나리오를 쓰고, 강의를 들어라. 그리고 또 시나리오를 쓰고 강좌 듣기를 반복하라는 것이다.

그리고 올바른 태도로 임하라.

• 시나리오 작법에 대한 모든 문제점을 해결하거나 빠른 답을 듣기를 기대하지 마라. 강사들은 그들만의 '노하우'가 있다.

• 당신에게 가장 적절하게 사용될 수 있는 과목을 선택하고 다른 과목은 다음에 들어라. 마음을 굳게 먹고 '반드시 이렇게 써야 해'라고 생각하지 마라. 그렇지 않으면 결국 합성된 시나리오를 쓰는 결과가 초래된다. 당신은 작가다. 당신의 의견을 내세워 당신의 필요에 맞는 강좌를 선택해 자신의 재능을 갈고닦기 바란다.

• 강좌를 통해 당신이 글쓰기를 마칠 수 있는지 자문해 보라. 이제 막 글쓰기를 배우는 단계에서 도움이 되는 강좌는 최소한 전체 혹은 일정 부분까지만 완성한 시나리오를 마치게 해 주는 강좌다.

• 새롭게 시작한 당신으로서는 자신의 깊이를 몰라 두려움을 느낄지도 모른다. 그렇게 생각하지 마라. 참석한 다른 사람들도 마찬가지다.

• 수강을 마치면, 연락처를 교환하며 계속 연락을 취하라. 그들이 언제 좋은 성과를 거둘지는 모르는 일이다.

• 당신에게 어떠한 일감이 오든지, 하라.

마지막으로 온라인 강좌에 대해 한마디 하자면, 솔직히 나는 별로 흥미를 못 느낀다.

당신의 재능을 계속 개발해 사용하라. 새로운 영역을 개척하라. 당신이 그럴 만한 재능이 있음을 당신 자신은 알고 있을 것이다.

– 알란 플래터, 시나리오 작가(《매우 영웅적인 쿠데타》)

솔직히 말하자면, 적절한 사람을 알고 있느냐에 달려 있다. 인터넷 덕분에 그들과의 연락이 훨씬 쉬워졌다. 그들 대부분이 웹사이트를 갖고 있다.

인사이트

영화계의 고질적인 나이 차별에 대해 투덜거렸다. 이 말이 괴팍하게 들릴 수도 있을 테니 간략하게 영화배우 피터 오툴의 말을 인용하겠다. "할리우드에서 내가 젊은 배우들, 젊은 감독들과 일하는 것을 끔찍이 싫어한다는 심각한 소문이 퍼지고 있다고 들었다. 나는 젊은 사람들과 일하는 것을 좋아한다. 그들의 에너지를 빨아들이기 때문이다."

기억할 것

① 작가이자 인간으로서 스스로의 능력과 약점을 숙지하기 바란다. 업계로 나아가 자신을 상품화하는 것을 두려워하지 마라.

② 평판은 소중하다. 좋은 평판은 당신에게 좋은 기회를 준다. '같이 일하기 힘든 사람'이라고 낙인찍히는 순간, 끝이다.

③ 당신의 작품에 대한 비평에 긍정적으로 협상할 수 있는 방법이 있다. 감정적으로 대처하지 말고 성숙하게 대응하라.

④ 당신은 수차례 거절당할 것이다. 거부당하는 것을 거절하라.

⑤ 이 모두가 사람들과의 네트워킹과 접점을 만드는 일이다. 강좌나 업계 세미나 등에서 그런 일들이 벌어진다.

21장

시나리오 작가를 위한 마지막 조언

이번 장에서는…

영화 담당자가 시나리오를 받아 볼 때 가장 먼저 살펴보는 것

성공하는 작가가 되기 위한 십계명

실패하는 작가가 되기 위한 십계명

인생과 글쓰기에 관한 마지막 조언

시나리오 작업은 예술 행위가 아니다. 그것은 천벌을 받은 일이다.

— 프란 레보비츠, 작사가 겸 시나리오 작가

대부분의 시나리오를 읽으면서 가장 아쉬운 점은 여운이 남지 않는다는 것이다. 마음에 와 닿지 않는다. 읽고 나서 금방 잊거나 읽는 도중에도 무슨 내용인지 잊는다. 그런 시나리오들은 흥행과 스타 배우만 염두에 두고 썼다는 인상을 준다.

— 스티븐 레벨로

1.
시나리오 모니터 요원과
프로듀서가 시나리오에서 찾는 것은 무엇일까?

정확한 답은 모른다. 하지만 내 손에 좋은 시나리오가 쥐어진다면 단번에 알 수 있다고 확신한다. 말 그대로 시나리오에 고개를 박고 스토리에 빠져들기 때문이다. '동물적인 감각'의 반응이 아닌가 싶다.

— 던컨 켄워시, 프로듀서(《러브 액츄얼리》, 《노팅 힐》)

시나리오 모니터 요원과 프로듀서 또한 다른 사람들과 같은 것을 원한다. 훌륭한 스토리. 이것은 이야기를 전하는 가장 기본적인 요소를 다시 깨닫게 한다. 사람들에게 다음에 무슨 일이 발생할지 궁금하게 만드는 것. 그것을 연마했다면 당신은 경지에 거의 다다랐다.

매주 많은 시나리오를 읽어 내는 모니터 요원들은 사소한 것이라도 자신들이 읽는 시나리오를 탈락시킬 꼬투리를 찾는다. 엉터리 형식, 어설픈 프레젠테이션, 기본 구조와 캐릭터의 성격 묘사에 대해 구상 없이 쓴 글, 쓸데없이 많은 대사 등등. 그러므로 초반에 그들의 호기심을 잡지 않으면 아쉽지만 당신의 시나리오는 '반송함' 파일로 갈 확률이 높다.

모니터 요원들의 머릿속에는 그들만의 정해진 기본 형식의 틀이 박혀 있다. 따라서 당신의 시나리오를 읽을 때도 그 틀에 의존해 살펴본다. 예를 들어 인물의 신뢰성, 인물의 일관성, 인물 간의 특색 있는 구별, 행동의 신뢰성, 줄거리의 일관성, 신뢰할 수 있는 대사, 구조, 주제의 융합과 열정 등.

반면에 그들이 원하지 않는 것은 다음과 같다.

• 지난주 혹은 작년에 제작된 영화에서 약간의 수정만 한 내용. 새롭고, 흥미 있고, 감동을 줄 수 있는 작품을 제공해야 한다.

• 당신 생각에만 흥행할 수 있다고 여겨지는 것들. 그들은 당신에게 감동과 흥분을 갖게 했던 무엇을 원한다. 당신이 왜 이 작품에 대해 그토록 호언장담하면서 오랜 시간 책상에 앉아 글을 썼을까, 하는 동기가 중요하다.

• 트렌드를 염두에 두고 쓴 시나리오. 작품 제작 시기는 기복을 탄다. 고전을 부활시킨 영화는 수도 없이 많다. 〈로미오와 줄리엣〉, 〈오만과 편견〉…. TV와 뮤지컬 분야도 마찬가지다. 또한 야구, 경찰, 법, 병원 소재의 드라마, 절망에 빠진 여성, 시한부 인생, 중세 시대 공포물, 로맨틱 코미디, 10대 공포 영화, 슈퍼히어로, 지겨운 코미디물 등도 있다. 영화가 제작되어 극장에 걸리기까지 최소한 18개월이 걸린다. 오늘 유행하는 내용이라고 해도 개봉을 고려하면 늦은 감이 있을 수도 있다. 시나리오 작가는 트렌드를 창조하지, 그것을 좇지는 않는다.

• 흥미와 호기심은 자극할지언정 열정적으로 빠져들지는 못하게

하는 내용들. 초반 10페이지에 이야기가 형성되어야 한다.

• 오탈자, 엉터리 문법, 어색한 글은 결격 사유다. 부적절한 시나리오 여백과 말로만 설명하고 어떻게 그릴지는 보여 주지 않는 것도 마찬가지다. 영화는 영상 매체이므로 이미지로 이야기한다.

• 정확한 분량에 담아내지 못하면 무조건 탈락이다.

읽는 이가 당신의 원고에 깊숙이 빠져들도록 유혹하라.

그렇게 만들기 위해서는 스토리를 많이 읽고 영화도 많이 보고 본능에 의지해야 한다. 많이 볼수록 영화에 대한 리듬을 터득할 것이다.

– 캐롤라인 톰슨

그러므로 성공적인 시나리오를 쓰기 위해서는 관객의 마음과 감정을 잘 연결시켜야 한다. 이를 위한 작가의 할 일은 다음과 같다.

• 당신이 쓴 작품이 스크린과 시나리오에 어떻게 나타나는지와 관객이 그것을 어떻게 보고 읽는지를 염두에 두어야 한다.

• 관객이 캐릭터와 일체감을 느껴야 한다. 관객에게 어떠한 영향을 끼칠지 알아야 한다.

• 세상의 평범한 이치와 사람들이 이해하고 의지할 수 있는 진실을 보여 주어야 한다.

• 오래된 이야기와 신화에 새 생명력을 불어넣고 갈등 요소를 찾는다.

• 그리고 그것을 개인적인 문제로 만들고 캐릭터를 위험한 상황에 빠지게 해서 흥미를 불러일으켜야 한다.

• 흥미를 유지하다 마침내 주제를 구성하고 감동을 주어 전체 이

야기를 하나로 완성함으로써 관객을 타당성 있게 만족시켜야 한다.

이외에도 교묘한 기술 장치들이 곳곳에 숨어 있지만 관객은 알아차리지 못할 것이다.

> 시나리오 작업은 개인적이며 통합적이다. 개인적이라는 말은 그것이 어느 장르이건 작가가 가장 중요하다고 생각하는 것과 이것이 숙고 끝에 얻은 생각임을 나타낸다는 뜻이다. 통합이라는 말은 각각, 그리고 모든 각도에서 우리가 보고 듣는 모든 것을 스토리로 만들어 전개시키며 인물과 주제를 동시에 이루어 나감을 뜻한다.
>
> – 리차드 월터, UCLA 시나리오 작법 교수

시나리오를 읽는 이들에게 재미와 영향을 줄 수 있다면 사용할 수 있는 모든 방법을 사용하라. 풍부한 상상력과 감정에 호소하는 묘사, 재미 또는 재치 있는 대사, 또 연기 자체이건 무엇이든지 말이다. 그 위치에 합당한 이유와 역할을 하면 그만이다. 너무 지나치지만 않으면 된다. 시나리오를 작가와 관객의 대화라고 생각하고, 읽는 이의 마음에 한 편의 영화를 만들겠다는 생각을 하라. 흥미롭고 열중하게 만들며 자극 또는 감동을 줄 수 있다면, 읽는 이들도 그와 똑같은 효과를 느낄 것이다.

인사이트

오늘날까지도 "어떻게 좋은 시나리오를 알아차릴 수 있습니까?"라는 질문을 받는다. 그때마다 던컨 켄워시의 말이 귓가에 맴돈다. "나도 몰라요…. 하지만 좋은 시나리오가 당신에게 건네지면…. 아시잖아요?" 그렇다. 좋은 시나리오는 자세를 바로 하게 만들고 곧장 거기에 빠져들게 만든다.

시장을 아는 것 또한 중요하다. 영화계 정보에 귀를 기울여라. 다른 사람이 작업 중인 스토리를 또 보낼 이유는 없지 않은가.

2.
성공하는 작가가 되기 위한
십계명

많은 영화와 TV 방송을 보라. 조금 더 자세히 말하자면 당신이 쓰고 싶은 특정 장르를 정해서 시청하라. 거기에 어떤 시장이 형성되어 있는지 알아보라. 좋은 작품은 적어도 두 번 이상 보길 바란다.

① 작품을 열중해서 보되, 작가의 관점으로도 보면서 관객 반응에도 관심을 기울여라. 영화가 왜, 그리고 어떻게 좋고 나쁜지 보라. 마지막으로 감상을 정리하여 곰곰이 생각해 보라.

② 시나리오를 읽어라. 최대한 많이 또 오리지널 원본 형식으로 읽으면 좋다(22장과 부록 참조).

③ 작가 모임에 등록해 정보, 연락망, 진심 어린 도움과 작품에 대한 긍정적인 견해를 들어라(강력 추천).

④ 영화계에 대한 식견을 넓혀라. 관련 잡지 등을 구독하거나 읽어라. 영화계에 대한 정보를 알아 두어라. 영화계의 동향을 살피고 기꺼이 참여자가 되어라.

⑤ 통계 자료에 신경 쓰지 마라. 이런 통계는 어떤가. 현업 시나리오 작가 100%가 한 번 이상 백수 시절을 겪었다.

⑥ 매일 적어도 하루에 한 시간이라도 책상 앞에 앉아라. 최소한 30분씩 혹은 매일 몇 줄이라도 글쓰기를 목표로 삼아라. 자신과의 시

간 약속을 정해서 써라.

⑦ 단번에 정확하게 쓰려 하지 마라. 고쳐 쓰기 단계에서 완성도를 걱정하라.

⑧ 끈기와 책임을 가져라. 배워서라도 가져야 한다. 거절의 요구를 거절하라.

⑨ 당신과 당신의 재능을 믿어라. 상품은 당신이지 시나리오가 아니다. 스스로도 믿지 못하면서 누구에게 자신을 믿어 달라고 할 수 있겠는가? 에이전트를 구한다고 해도 당장 유명해지는 것은 아니다.

⑩ 6개월 정도 자문해 보라. "내가 이 작업을 즐기고 있는가?" 점점 힘들어진다면 다른 직업을 찾는 것이 나을 수도 있다.

> 시나리오 작업은 공동 작업이다. 간섭당할 때도 많다. 하지만 이것은 어디까지나 게임이므로 꼭 해야 할 필요는 없다.
>
> — 윌리엄 골드먼

어떤 시나리오건 다 썼다고 생각하는 것은 그릇되었다. 그것은 변할 것이다. 다른 사람들에 의해서 변할 수도 있다. 마침내 영화로 제작되어 상영되기 전까지의 모든 작업 과정을 주시하라.

3.
실패하는 작가가 되기 위한 십계명

① 아무것도 쓰지 마라.
② 엉터리로 써라.

③ 시장 상황을 무시하라.

④ 무례하게 행동하라.

⑤ 당신이 할 수 없는 것을 할 수 있다고 약속하라.

⑥ 비평을 무시하라.

⑦ 제작 과정을 무시하라.

⑧ 융통성 있게 사용하는 것을 무시하라.

⑨ 촬영 중일 때 귀찮게 하라.

⑩ 쉽게 생각하라.

인사이트

좋아하는 영화가 무엇이냐는 질문을 종종 받는다. 내가 좋아하는 영화 리스트 Top 10을 공개한다.

① 멋진 인생　　② 사랑은 비를 타고　　③ 꿈의 구장

④ 졸업　　　　⑤ 벤허　　　　　　⑥ 이프

⑦ 덤보　　　　⑧ 정복 영웅의 환영　⑨ 어울리지 않는 사람들

⑩ (공동) 케스 / 네트워크 / 사랑하는 여인들 / 파괴자 모랜트

6위부터 10위까지는 바뀌기도 하지만 Top 5는 거의 바뀌지 않는다. 이 영화들로 나에 대해 추론해 보아라.

4.
프로가 되어라

당신은 작가다. 사람들은 당신을 '창의력'이 있는 사람으로 인식한다. 작가는 항상 배운다. 훌륭한 시나리오를 썼을 때, 다른 사람들(특히 다른 작가들과 전문 영화인들)과 만날 때 등. 당신이 무엇을 하든 인생과 자신에 대해 배운다. 매일매일 새로운 것을 배울 것이다.

경험 있는 작가들은 6개월간의 풀타임 작업 끝에 장편 영화 시나리오를 완성한다. 그러므로 누구든지 끈기를 가지고 시나리오를 완성하면 작품의 질을 떠나 존경받을 만하다. 작업을 마치기까지 많은 노력을 쏟았기 때문이다. 글을 쓰면 쓸수록 작업 속도는 빨라진다.

> 시나리오 작가들에게 지침이 되는 영화의 본질에 관한 조언이 있다. 첫째, 영화는 영상이다. 둘째, 영화는 광범위하게 스토리를 전하는 매체다. 셋째, 스토리를 전하려고 마음먹은 이상 박력 있고 경제적으로, 그리고 직접적으로 전해야 한다. 위 사항을 당연하게 생각한다면 무엇이든지 받아들일 수 있다.
>
> — 래리 그로스, 시나리오 작가(《포르토》, 〈베로니카, 죽기로 결심하다〉, 〈트루 크라임〉)

> 지금까지는 영화를 만들기 좋은 시절이었다. 촬영을 하고 영사기를 돌려 그것을 스크린에 비추었다. 이제는 새로운 형태의 매체가 나타났다. 어떻게 새로운 방식으로 스토리텔링을 하고 그러한 이미지들을 어떻게 보여 주어야 할지 고민해야 할 때다.
>
> — 마틴 스콜세지

그러므로…

• 마음속으로부터 써라.
• 독창성을 중시하라.

- 프로답게 행동하라.

훌륭하고 참신하고 감동적인 시나리오를 당신만의 독특한 시각, 목소리와 열정으로 써라. 그래서 영화계에 혜성처럼 나타나 사람들을 놀라게 만들어라. 그들의 감각과 마음을 깨워라. 감정에 호소해 관객에게 영향을 주어라.

그러므로…

- 구체적이고 자세하게 써라.
- 세계적으로 생각하라.
- 영원히 생각하라.

훌륭한 작가들 모두 초보 작가 시절이 있었다. 셰익스피어까지도.
― 알란 블리스데일, 드라마 작가(《보이즈 프롬 더 블랙 스터프》, 《GBH》)

윌리엄 골드먼은 다음과 같은 명언을 남겼다. "그 누구도 알고 있지 않다!" 이제 책을 내려놓자. 글을 써라!

기억할 것

① 작가는 트렌드를 따라가지 않는다. 트렌드를 창조한다.

② 관객을 유혹하라. 그들이 페이지를 넘기며 다음에 무슨 일이 벌어질지 궁금하게 만들어라.

③ 종종 자신에게 이 일을 즐기고 있는지 물어보라. 휴식이 필요하면 한동안 쉬어도 좋다.

④ 독창성을 가져라. 프로처럼 행동하라.

⑤ 그 누구도 알고 있지 않다(윌리엄 골드먼).

22장

시나리오 작가를 위한 인터넷 참고 자료

인터넷을 통해 여러 정보를 자유롭게 접할 수 있게 됨으로써 시나리오 작가들도 많은 도움을 받고 있다. 다만 시나리오가 영화로 제작될 때 드는 제작 견적만은 예외다. 또한 시나리오 작법에 관한 웹사이트가 너무 많이 생겨 오히려 쓸 만한 사이트들을 찾는 데 혼돈이 있는 것도 사실이다. 인터넷 정보는 변화 속도가 너무나 빠르다. 시간을 두고 다시 방문하면 정보가 수정되어 있거나 삭제된 경우가 종종 있다. 중요 사이트를 선별해 두면 좋다.

1.
RSS

풍부한 사이트 요약Really Simple Syndication을 지칭하는 RSS를 살펴야 한다. 당신이 '즐겨찾기'한 곳의 최신 업데이트 내용, 웹사이트, 그리고 세부 항목과 페이지까지 볼 수 있다. RSS 리더 프로그램 다운(또는 '제공 웹사이트')은 대부분 무료다. RssReader.com이나 google.com/reader를 방문해 보라.

RSS를 사용하면 두 가지 이점이 있다. 첫째, 여러 곳의 웹 소스를 한 장소로 '집합'시켜서 다양한 콘텐츠를 볼 수 있다. 둘째, 필터 기능이다. 뉴스 기사와 블로그, 팟캐스트, 비디오, 예고편, 영화, TV 프로그램 등이 모두 가능하다.

2.
검색 사이트

가장 먼저 또 빈번하게 사용하는 것은 포털사이트의 검색창이다. 아마도 구글이 아닐까? 간략하고, 쉽고, 빠르다. 구글은 무엇이든 찾아 준다. 구글 외에도 시나리오 작법과 관련하여 유용하게 활용할 수 있는 사이트들이 있다.

about.com

cooltoad.com

filmtalk.org

hollywoodnetwork.com

inkpot.com/movielinks/mscripts.htm

movie.yahoo.com

pilot-search.com

search.yahoo.com/search?p=screenwriting

shortscriptsonline.com

thescreenplayservices.com

thescript.com

wcauk.com

writerswrite.com/screenwriting

3.
데이터베이스

영화와 TV 분야에서 가장 유용한 데이터베이스는 인터넷 무비 데이터베이스(www.imdb.com)다. 빠르고 쉬운 검색은 물론, 한 영화에 대해 제목, 출연진, 제작진, 표어, 한 줄 광고 문구, 줄거리 요약, 장르, 작품평까지 제공한다. 영화제 정보도 얻을 수 있다. 이외에도 유용한 사이트는 다음을 참조하라.

allrovi.com

blackwellpublishing.com/lehman/links.htm

boxofficeguru.com

britmovie.co.uk

cinema.com

digitalspy.co.uk

dvshop.ca/dvcafe/writing.html

guardian.co.uk/film

guardian.co.uk/media

hollywood.com

hollywoodnetwork.com

hollywoodnetwork.com/hn/acting/index.html

mandy.com

reelclassics.com

screenjunkies.com

screentalk.org

showbizdata.com

thefilmstage.com

timelapse.com/tvlink.html

quoteunquoteapps.com/less-imdb

4.
시나리오 작가를 위한
사이트

시나리오 작법

absolutewrite.com

bbc.co.uk/writersroom

bfi.org.uk (영국 필름협회다. 검색창에 'Screenwriting'을 입력해라.)

bfi.org.uk/filmtvinfo/gateway/categories/scriptsscriptwriting/writing

blackscreenplays.com (종합적인 자료를 살펴볼 수 있는 곳으로, 강력 추천한다.)

dmoz.org/Arts/Writers_Resources/Screenwriting

ehow.com/screenwriting

european-television.net (유럽에서 활동하는 시나리오 작가들의 연락처와 목록을 볼 수 있다.)

Euroscript.co.uk (영국 시나리오개발협회다.)

filmfestivals.com

focal.ch/E

hollywoodnetwork.com

hollywoodscriptwriter.com

keepwriting.com

pdf/programme_doc_documentary_script.pdf (훌륭한 pdf 자료들을 마음껏 다운로드할 수 있다.)

moviebytes.com

moviepitch.com

moviepoet.com

moviescripts.com

netribution.co.uk

oscars.org

othernetwork.com (할리우드 관련 유용한 소식을 접할 수 있다.)

reelwriting.com

rinkworks.com/movies (1910년부터 현재까지의 좋은 영화들에 대한 섹션이 따로 있다.)

screenplay.com

screenplaytreatment.com

screenwriter.com (온라인 시나리오 작가의 고향이다. 훌륭한 게스트와 함께하는 마스터 클래스를 진행한다.)

screenwritersutopia.com (유명 시나리오 작가의 인터뷰가 있다.)

screenwritersvault.com

screenwriting.com

screenwritinggoldmine.com

screenwritingU.com (네트워킹에 도움되는 좋은 기사들이 많다.)

screenwritingschool.dk (덴마크 코펜하겐 시나리오 작법 학교다.)

screenwritingvisualization.com (입문서를 포함한 무료 시나리오 작법을 제공한다.)

scriptcrawler.net

scriptfactory.co.uk (유럽 프리미어 시나리오개발협회다.)

scriptfly.com

scriptfrenzy.org

scripthouse.de

scriptologist.com

scriptshark.com (일정 금액을 받고 서비스를 대행하나 유용한 무료 소식도 제공한다.)

stageandscreenwriters.com

storylink.com

suite101.com/filmandty (온라인 잡지와 작가의 네트워크다.)

themegahitmovies.com (블록버스터 영화에 대한 구조와 분석을 보여준다.)

thescreenwritersstore.com

thescriptvault.com

thestage.co.uk/connect/howto/writefilm.php

tvfilmrights.com (세계 저작권 정보를 제공하며, 프로젝트를 판매 또는 조사한다.)

ukscreen.com/board/writing

ukscriptdoctor.com

unesco.org/new/fileadmin/MULTIMEDIA/HQ/CI/CI/

wgaeast.org

winningscripts.com

wordplayer.com

writemovies.com

writersnet.net (영국을 기반으로 한 사이트로 네트워킹에 유용하다.)

writersbootcamp.com (미국 서부의 집중 강좌를 소개한다.)

writersdigest.com

writersservices.com

writersstore.com

writersweekly.com (일반적인 프리랜서 작가를 위한 사이트다.)

writerswrite.com/screenwriting

writersuniversity.com

writingclasses.com

zakka.dk/euroscreenwriters/index.html

10dayscreenplay.com (블록버스터 영화 시나리오를 쓰기 위한 단계적 가이드를 제공한다.)

영화인들의 사이트와 시나리오 작법 페이지(링크)

bedforcreativearts.org.uk/roughguide.htm

blackflix.com (흑인 감독과 영화 제작에 관한 정보 사이트다.)

channel4.com/film

cyberfilmschool.com (비상업 목적의 영화에 대한 정보를 제공한다.)

donedealpro.com

europeanfilmacademy.org

farnfilm.com

filmmaker.com (정기적으로 영화와 시나리오 쓰기에 대한 소식을 업데이트해 준다.)

filmmaking.net (영국 위주의 독립 협회로 유익한 링크와 연락처를 제공한다.)

filmschoolrejects.com

filmsite.org (시나리오 작가에게 도움될 자료가 많다.)

filmthreat.com

firstshowing.net

industrycentral.net (여러 링크가 있어 둘러볼 것이 많다.)

lfs.org.uk (런던 영화학교 사이트다.)

mrbrownmovies.com

netfilm.com

nftsfilm-TV.ac.uk (영국 국립 영화학교 사이트다.)

othernetwork.com (특히 코미디 장르를 쓴다면 도움을 받을 것이다.)

reelscene.com (감독이 감독에게 전해 주는 뉴스와 정보가 있다.)

rivalquest.com

runningdogfilms.co.uk

scriptsavvy.net (프로듀서들이 시나리오를 찾는 곳이다.)

stephenradford.com

storylink.com

sundance.org

theknowledgeonline.com (영국 영상업계의 전문 인력에 대한 방대한
데이터베이스를 제공한다.)

timelapse.com/tvlink.html

triggerstreet.com (케빈 스페이시가 만든 커뮤니티 사이트다.)

ucreative.ac.uk

USfilmproduction.com (미국 서부에 기반을 둔 정보 사이트로 캐스
트, 스태프, 회사 등에 대한 정보를 제공한다.)

Zoetrope.com (프란시스 포드 코폴라의 특출한 사이트로, 시나리오 작
가들에게 적극 추천한다.)

4filmmaking.com

시나리오 작가의 홈페이지

권위 있는 시나리오 작가들의 홈페이지를 살펴보면 저마다 독특
한 것을 다루고 있다.

beingCharlieKaufman.com (반드시 구독해야 한다.)

beyondstructure.com

blakesnyder.com (『Save the Cat!: 흥행하는 영화 시나리오의 8가지 법칙』의 저자인 블레이크 스나이더의 홈페이지다.)

cdeemer.blogspot.com, cdeemer2007.blogspot.com (두 곳 모두 찰스 디머의 홈페이지다.)

contour-at-the-movies.com

createyourscreenplay.com

dannystack.co.uk & dannystack.blogspot.com

daramarks.com

dovsimensfilmschool.com

iain-alexander.com (영화업계의 네트워크에 관한 훌륭한 링크다.)

inktip.com

JohnAusgust.com

jurgenwolff.com (매달 발간되는 브레인스토밍을 통해 창의력에 도움을 준다.)

kathiefongyoneda.com

keepwriting.com

lawrencegray.net

lesliekallen.com

lewhunter.com

lindaseger.com

martinday.co.uk

mckeestory.com (『Story 시나리오 어떻게 쓸 것인가』의 저자인 로버트 맥키의 홈페이지다.)

mitchmoldofsky.com (이러닝을 제공한다.)

moviepitch.com

myspace.com/TYscreenwriting

patrickwilde.com

rayfrenshamworld.blogspot.com

rogerebert.com

screenplaymastery.com

screenwritinggoldmine.com

script-to-screen.com

storyandscriptdevelopment.com/how-to-write-scripts/index.htm

storylink.com (좋은 프로필과 기사, 그리고 링크를 제공한다.)

sydfield.com (『시나리오란 무엇인가』의 저자 시드 필드의 홈페이지다.)

tameyourinnercritic.com

themegahitmovies.com (블록버스터 영화에 대한 흥미로운 구조와 분석을 다룬다.)

thewritersloft.com

timetowrite.com

TVwriter.com

tyscreenwriting.blogspot.com

vikiking.com

whythatdelightful.wordpress.com (코미디 작가 그레이엄 라인핸의 홈페이지다. 꼭 방문해 보라.)

yourwritingcoach.com

5.
온라인
시나리오

무료 시나리오

인터넷의 최고 혜택 중 하나를 꼽으라면 여러 사이트에서 오리지
널 시나리오를 제공하고 일부는 초고도 제공하며, 이 모든 것을 무료
로 보거나 다운받을 수 있다는 점이다. 가장 잘 알려진 곳은 script-o-
rama.com과 imsdb.com이다. 이외에도 다음 사이트를 방문해 볼 수
있다.

angelfire.com/nj/PLAQUE2 (공상과학, 액션, 공포 영화 시나리오를
제공한다.)

awesomefilm.com (알파벳 순서대로 정렬되어 있는 대본과 시나리오들
을 볼 수 있다.)

cinefania.com/script (공포, 판타지, 스릴러 영화의 시나리오들을 제공
한다.)

corky.net/scripts (다운로드는 불가능하지만 보는 것은 가능하다.)

dailyscript.com

horrorlair.com

joblo.com/moviescripts.php

movie-page.com/movie_scripts.htm

moviescriptsandscreenplays.com

scifimoviepage.com/scripts/scripts.html

screenplays-online.de (다운로드는 불가능하지만 보는 것은 가능하다.)

scriptcrawler.net

script-fix.com/screenplays.html

scriptfly.com (훌륭한 프랑스 영화들의 시나리오 목록을 가지고 있다.)

scriptsgalore.tripod.com (훌륭한 검색창을 보유하고 있다.)

scriptologist.com ('Screenplays'를 누르면 무료 시나리오 사이트로 이동
한다.)

script-o-rama.com

sfy.ru

simplyscripts.com (검색 기능이 훌륭하다.)

textfiles.com/media/SCRIPTS

유료 시나리오

다양한 무료 시나리오를 다운받을 수 있지만 올바른 시나리오 형
식을 갖춘 시나리오를 구매해 보는 것도 고려할 만하다.

hollywoodbookcity.com (다량의 영화, TV 시나리오가 있다.)

hollywoodscriptshop.com (정기 무료 소식지를 제공한다.)

larryedmunds.com (시나리오 및 스크랩북 등을 판매하는 믿을 만한 사
이트다.)

screenwriter.com/scriptworld.html (엄청난 양의 시나리오가 있다.)

scriptcity.net

scriptfly.com/screenplays

scriptshack.com (가끔씩 싸게 판매하는 영화들을 확인해 보라.)

thescreenwritersstore.com

경매 시나리오

시나리오를 얻는 간단한 방법 중 하나로 가끔 아주 싼 가격에도

구입 가능하다. 가장 큰 사이트는 이베이일 것이다. 구입을 원하는 영화 제목을 입력한 뒤에 무엇이 나오는지 보라. 또는 선택한 프로젝트에 대한 보도자료를 살펴보라. 세세하게 다룬 것들도 있다. 다음은 내가 발견한 사이트들이다. 운송비 확인도 잊지 말아야 한다.

auctionlotwatch.co.uk

auctionsniper.com

auctiontamer.com

bidnapper.com

lotsnipe.auctionstealer.com

블로그

블로그가 몇 개인지 세는 것은 아무 의미가 없다. 셀 수 없다. 유용한 정보가 많고, 재미있는 곳들을 몇 군데 소개하는 게 최선이다.

blogsearchengine.com/category/movie-blogs

blogs.indiewire.com/theplaylist

blogs.suntimes.com/ebert

britsinla.blogspot.com

cdeemer.blogspot.com & cdeemer2007.blogspot.com

chasharrisfootloose.wordpress.com

cinematical.com

dannystack.blogspot.com

filmjunk.com

incontention.com

jasonarnopp.blogspot.com

madscreenwriter.blogspot.com

movieblog.mtv.com

mysterymanonfilm.blogspot.com

networkedblogs.com

obsessedwithfilm.com

posterous.com

realfilmcareer.com

rowthree.com

screenrant.com

screenwritingsites.blogspot.com

scriptmonster.wordpress.com

script-o-rama.com/blog/blog.html

shootingpeople.org

slashfilm.com

tedpigeon.blogspot.com

thedocumentaryblog.com

themovieblog.com

timetowrite.blogs.com

tyscreenwriting.blogspot.com

ultraculture.co.uk

whythatsdelightful.wordpress.com

worldfilm.about.com/od/blogs/Movie_Blogs.htm

6.
그룹, 커뮤니티, 포럼,
토론방, 인터넷 잡지, 소식지

특정 문제 또는 시나리오 쓰기에 대한 궁금증이 있다면 토론방이 유용할 수 있다. 구글 사이트에서 상세 정보창을 이용할 수 있다. 이 외에도 이곳저곳을 방문해 보라. 아래와 같은 유익한 커뮤니티들과 포럼을 찾을 수도 있다.

kamera.co.uk
lefora.com
screendaily.com
stevensarce.com/HollyScriptTalk.html
uktheatre.net
writers.net/forum
writersstore.com

network54.com에서 당신만의 커뮤니티 그룹을 만들 수 있다. 이 장에서 언급한 사이트들은 포럼에 대해 그들만의 커뮤니티와 서브 링크를 가지고 있다. 모든 검색창에는 그들만의 그룹이 있을 것이다.

다음 사이트들도 추천한다.

dir.groups.yahoo.com
The-Writing-Buddies.grouply.com
tv.groups.yahoo.com/group/SitsVac

위의 그룹들에서 그들만의 블로그 스팟을 찾을 수 있을 것이다. 각 그룹 홈페이지 상단의 링크를 찾아보라. 유용한 정보가 많은 것은 사실이지만 너무 많은 시간을 할애하는 것은 적절하지 못하다.

7.
SNS

개인 SNS 계정이 점점 중요해지고 있다. 프로필이 없는 사람은 보잘 것 없는 사람이라는 인상을 줄 수도 있다.

8.
기타

사이트

페이스북과 트위터를 대신할 차세대 사이트들을 소개한다.

dailybooth.com (트위터가 플리커(www.flickr.com)를 만나고, 플리커가 SNS를 만난 곳. 잘 운영될지는 시간이 지나 봐야 알 수 있을 것이다.)

linkedIn.com (유용한 영화, 미디어 그룹들이 있다.)

plus.google.com (페이스북의 발자취를 따라가는 차세대 사이트다.)

ubik.com (모바일에서의 사용을 주 목적으로 만들어진 곳이다.)

talentandprodcution.com (전 세계적으로 미디어계에 종사하는 사람들과의 사적인 내용과 구직에 대한 네트워크를 공유하고자 만들어졌다.)

Social TV는 웹사이트가 아니며 콘셉트에 치중한 곳이다. 원래 TV쇼에서 시청자들이 '실제적인 체험'을 나누도록 만든 장치였다. Skype-TV를 참고하라.

시나리오 공모전

asascreenwriters.com/ (미국 시나리오작가협회 사이트다.)

bluecatscreenplay.com

donedealpro.com

filmmakers.com/contests/directory.htm

flatshoe.com/shooting

moviebytes.com

pageawards.com

scriptapalooza.com

scriptpimp.com

scriptsavvy.net

sixthboroughscreenplay.com

네트워킹, 오프닝과 기회들

제일 먼저 wordplayer.com을 추천한다. shootingpeople.org도 훌륭하다. 이곳은 독립 영화를 지원, 홍보하고자 세계적인 네트워크를 구축했다. 영국에 기반을 두고 있으나 뉴욕에도 지부가 있다.

ABCTalentDevelopment.com

bbc.co.uk/newtalent

britsin.la

equerydirect.com

euroscript.co.uk

filmindependent.org

filmindustrynetwork.biz

filmproposals.com

hollywoodlitsales.com

industrycentral.net/writers

inktip.com

linkedin.com

mandy.com

mediaresourcecontacts.com/ukp3.htm

moviemogul.co.uk

ProductionHub.com

screen-lab.co.uk

screenplayers.net

screenwritingexpo.com

screenwriting-source.com

scriptbase.eu

scriptdelivery.net

scriptpimp.com & scriptpipeline.com

shootingpeople.org

shots.net

skillset.org

startintv.com

suite101.com

talentandproduction.com

theknowledgeonline.com

twitter.com/GLINNER

ultraculture.co.uk

wftv.org.uk

wordplayer.com

영화 리뷰, 인터뷰, 그리고 기사

aintitcool.com

critics.com

darkhorizons.com

efilmcritic.com

fwfr.com (네 단어로 영화평을 한다.)

metacritic.com

mrcranky.com

mrqe.com

reelgeezers.com

rinkworks.com/movies

rogerebert.suntimes.com

rottentomatoes.com

twitter.com/moviesinhaiku

365horror.com

365horro.co.uk

기타

ABFF.com (미국 흑인 영화제 사이트다.)

adultswim.co.uk

anecdotage.com

asitecalledfred.com

awardsdaily.com

blinkbox.com

britishstudentfilm.co.uk

chinesefilms.cn

classicmovies.org

comingsoon.net

creativity-portal.com/cca/jurgen-wolff

digitalbootcamp.wikispaces.com

eicar-international.com/filmmaking-screenwriting-bfa.php

en.tack.se

entsweb.co.uk/cinema/studios

festival-cannes.fr (칸 영화제 공식 사이트다.)

filmclosings.com

filmfestivals.com (훌륭한 영화제 정보를 제공한다. 전 세계 링크가 가능하며 연락처와 마감일을 기재하고 있다.)

filmpapers.com

firstrunfeatures.com (잘 알려져 있지 않은 영화들을 찾을 수 있는 간편한 사이트다.)

hkwriterscircle.com

horrorfilmhistory.com

itsourmovie.com (연기자가 되고픈 사람들을 위한 오디션 사이트다.)

netflix.com

OBSwriter.com

roblox.com

secretcinema.org

slapstick.org.uk

tbshuorstudy.com

topdocumentaryfilms.com

tudou.com

upcomingmovies.com

whatireallywanttodo.com

writecreative.net

23장

부록

이번 장에서는…

참고할 만한 서적 및 사이트, 정보

본문 연습문제 정답

1.
참고 서적

대부분 온라인을 통해서 책을 주문할 것이다. 아마존이 아니더라도 다음 사이트에서 원하는 책을 찾을 수 있다.

abebooks.com

alibris.com

antiqbook.com

bookfinder.com

glynsbooks.co.uk

UKbookworld.com

usedbooksearch.co.kr

시나리오 작법에 대한 서적

(시나리오 및 시나리오 작가) 마케팅 관련

Carl Sautter, 『How to Sell Your Screenplay』

Cynthia Whitcomb, 『The Writer;s Guide to Selling Your Screenplay』

Elane Feldman, 『The Writer's Guide to Self-Promotion and Publicity』

James Russell, 『Screen and Stage Marketing Secrets』

K. Callan, 『The Script Is Finished : now what do I do?』

Kathie Fong Yoneda, 『The Script-Selling Game』

Linda Buzzell, 『How to Make It in Hollywood』

Max Adams, 『The Screenwriter's Survival Guide: or guerrilla meeting tactics and other acts of war』

Michael Hauge, 『Selling Your Story in 60 Seconds』

Syd Field, 『Selling a Screenplay: the screenwriter's guide to Hollywood』

영화 전반

Adam P. Davies, Nic Wistreich, 『How to Fund Your Film: the film finance handbook』

Alan Ayckbourn, 『The Crafty Art of Playmaking』

Aristotle, 『The Poetics』 (스토리 구조에 대해 논한 최초의 책이다.)

Busfield & Owen, 『The Wire Re-Up: the Guardian』 (이제까지 TV 로 제작된 최고의 쇼에 대해 다룬다.)

David Hughes, 『Tales From Development Hell』

David O. Selznick, 『Memo』

Derek Hill, 『Charlie Kaufman and Hollywood's Merry Band of Pranksters, Fabulists and Dreamers』

Dov S-S Simens, 『From Reel to Deal』 (그의 이틀간의 영화 학교 강좌는 전설적이다.)

Elsa Sharp, 『How to Get a Job in Television』 (영국 영상업계 정보와 개발 및 기술에 대한 실용적인 조언을 제공한다.)

Genevieve Joliffe, Chris Jones, 『The Guerilla Film Makers Handbook』 (강력 추천 도서다.)

Geoff Andrew, 『Stranger Than Paradise: Maverick filmmakers in recent American cinema』

Jerry Weintraub, 『When I Stop Talking, You'll Know I'm Dead』 (또 하나의 전설적인 할리우드 제작자의 회고록이다.)

Joel Evans, 『The Kid Stays in the Picture』 (할리우드 제작자의 회고 록이다. 영화로도 만들어졌다.)

John Gaspard, 『Persistence of Vision: impractical guide to producing a feature film for under 30,000 dollars』

John Gregory Dunne, 『Monster: living off the big screen』

Jon Boorstin, 『Making Movies Work and The Hollywood Eye: what makes movies work?』

Joseph Campbell, 『The Hero with a Thousand Faces』 (스토리텔링 에 대한 신화를 공부할 수 있는 고전이다.)

Joseph Campbell, Bill Moyers, 『The Power of Myth』

Julian Friedmann, 『How to Make Money Scriptwriting』 (현직 에이 전트가 전해 주는 업계에 대한 조언들을 담고 있다.)

Jurgen Wolff, 『Your Writing Coach』 (작가의 속과 겉을 다듬어 주는 책이다.)

Karl Inglesias, 『The 101 Habits of Highly Successful Screenwriters』

Lajos Egri, 『The Art of Dramatic Writing』

Linda Obst, 『Hello, He Lied』

Michael Lent, 『Breakfast with Sharks』

Nicole LaPorte, 『The Men Who Would Be King: an almost epic tale of moguls, movies and a company called Dreamworks』

Peter Biskind, 『Down and Dirty Pictures』 (독립 영화 관련 글이다.)

Rob Long, 『Conversations with My Agent』

Robert Rodriguez, 『Rebel without a Crew』

Roger von Oeck, 『A Whack on the Side of the Head』, 『A Kick in the Seat of the Pants』(두 권 모두 창의력과 브레인스토밍에 관한 것이다.)

Shooting People, 『Get your Short Film Funded, Made and Seen』

Stuart Voytilla, 『Myth and the Movies』(영웅 모험의 전형을 50여 편의 영화에 적용시켰다.)

Tom Holden, 『Get Started in Film Making』

William Froug, 『The Screenwriter looks at the Screenwriter』, 『Zen and the Art of Screenwriting』(시나리오 작가들과의 통찰력 있는 인터뷰집이다.)

William Goldman, 『Adventures in the Screen Trade』, 『Which Lie did I Tell?』(정글 같은 할리우드에 대한 윌리엄 골드먼의 책이다.)

온라인 강좌

absolutewrite.com

filmschooldirect.com

learner.org/interactives/cinema/screenwriting.html

singlelane.com/escript

tft.ucla.edu/programs

writersuniversity.com

writingclasses.com

시나리오 리딩/평가 서비스

absolutewrite.com

alphamedia.TV

coverscript.com

daramarks.com

deepfeedback.com

facebook.com/tyscreenwriting

hollywoodlitsales.com

hollywoodscript.com

myspace.com/tyscreenwriting

screen-lab.co.uk

screenplaycoverage.com

scriptapalooza.com

scriptconsultancy.com

scriptdoctor911.com

scriptshark.com

scriptXray.com

studionotes.com

theoxfordeditors.co.uk

thescriptconsultant.com

thescriptvault.com

ukscriptdoctor.com

writersnet.co.uk

writesworkshop.co.uk

2.
연습문제 정답

1장

1단계와 10단계만 필요하다. 나머지는 관객이 추론할 것이다.

4장

표어
① 〈유주얼 서스펙트〉
② 〈트루먼 쇼〉
③ 〈로드 투 퍼디션〉
④ 〈쇼생크 탈출〉
⑤ 〈갱스 오브 뉴욕〉
⑥ 〈리플리〉

주제
① 〈꿈의 구장〉: 꿈을 갖는 것은 중요하다. 설령 그 꿈들이 완전하게 이루어지지 않는다 해도, 우리가 꿈을 갖는 것은 중요하다.

② 〈스파이더맨〉: "큰 힘에는 큰 책임이 따른다." 이 영화는 특히 성인이 되어 가는 이야기를 다루며 우리의 결정(선택)에 따른 책임감을 배우게 한다. 그것이 잘못되었음을 알게 될지라도 성숙해질 수 있는 기회다. 또한 정체성에 대해서도 다룬다.

③ 〈에린 브로코비치〉: 자부심과 자존심을 다룬다. 내쫓기거나 비웃음당하는 것이 아니라, 자신의 능력과 재능을 보여 주는 것이므로 자존심(자애)은 사심 없는 것에서 나온다고 할 수 있다.

④ 〈베가 번스의 전설〉: 우리 일생에서 (공적, 사적으로) 진정한 가능성을 이룰 때는 자신이 평화로울 때다. 즉, 내면에 있는 악마(두려움)와 맞서서 정복하는 것이다. 〈굿 윌 헌팅〉의 주제와 비슷한지 살펴

보라.

⑤〈에이 아이〉: 우리의 인간성과 인간으로서 얼마나 사랑하고 사랑받을 수 있는지 보여 준다.

7장

핵심 대사

①〈스파이더맨〉: "너 자신에 대해 절대 두려워하지 마라." 닥터 오스본이 자동차 뒷좌석에 앉아 있던 아들 해리에게 한 말이다.

②〈에린 브로코비치〉: "나는 단지 좋은 엄마, 좋은 사람, 괜찮은 시민이 되고 싶었을 뿐이에요." 이것은 에린의 진짜 목적이기도 하다. 이 상황에서 자신이 이렇게 말했다고 깨닫지 못했을지라도.

③〈차이나타운〉: "누구를 죽이고 싶으면 일단 부자가 되고 봐야지. 그러면 뒤탈 없이 빠져나올 수 있거든."

사건 발생

①〈나의 그리스식 웨딩〉: 툴라가 "꿈을 꾸는 것은 쓸데없는 짓이야. 그야 당연히 아무것도 일어나지 않으니까"라고 말을 마치자마자 레스토랑 안으로 들어온 이안을 처음으로 볼 때. 〈꿈의 구장〉의 주제와 닮은 점을 보라.

②〈트루먼 쇼〉: 트루먼이 자신의 '죽었던' 아버지가 길거리에서 떠돌이가 되어 있음을 발견하게 될 때.

③〈에린 브로코비치〉: 에드 마스리가 에린에게 '부동산, 무보수'라는 새 사건 파일을 열어 보라고 말할 때다.

④〈스파이더맨〉: 매우 흥미롭다. 초반(9분)에 피터가 거미에게 손등을 물린 사건, 그리고 진짜로 변하는 모습(물리고 난 후의 결과,

16-18분). 둘 중 무엇일지는 당신이 결정하라. 사실 둘은 동급이다. 또한 이것은 빠른 전개의 영화다.

⑤ 〈꿈의 구장〉: 레이가 야구장을 완공하고 이야기가 거의 끝날 무렵, 그는 "끝까지 가라"는 소리를 듣는다.

⑥ 〈사랑보다 아름다운 유혹〉: 세바스찬과 캐스린은 아넷을 두고 내기를 한다.

TP 1/첫 번째 전환점

① 〈나의 그리스식 웨딩〉: 툴라의 아버지가 툴라에게 여행사에서 일해야 한다고 하자 툴라는 바로 행동에 옮긴다.

② 〈트루먼 쇼〉: 해변가 신에서 실비아가 트루먼에게 "모두 다 너를 속이고 있는 거야… 이건 다 가짜야… 여기서 빠져나가"라고 말하며 끌려 나갈 때다.

③ 〈에린 브로코비치〉: 도나 잰슨과의 인터뷰에서 크롬이란 단어가 처음 거론되었을 때. "그것이 이 모든 것의 시초가 되었던 거죠."

④ 〈스파이더맨〉: 건물 옥상 위에서 피터가 "거미줄 나와"라고 말하는 신. 처음으로 거미줄이 나오면서 피터가 거미줄을 잡고 이리저리 누빌 때다.

⑤ 〈꿈의 구장〉: 돌아가신 아버지의 우상인 '맨발의 조'와 처음 대면한 후, "나는 당신을 위해서 이것을 지었다"고 할 때, 레이가 "우리는 땅을 가질 것이다"라고 선언할 때다.

⑥ 〈사랑보다 아름다운 유혹〉: 세바스찬과 아넷이 함께 수영할 때, 그녀에 대해 정복 대상이 아니라 다른 생각을 가질 때다.

중간 지점/귀환 불가 지점

① 〈나의 그리스식 웨딩〉: 이안이 툴라에게 "저와 결혼해 주시겠

습니까?"라고 말하면서 청혼할 때다.

②〈트루먼 쇼〉: 트루먼이 (물에 대한 공포감을 이기고) 다리를 통과해 건너갈 때와 처음으로 '씨 해븐'에서 탈출했을 때다.

③〈에린 브로코비치〉: (에린이 사건에 대한 유력한 증거를 제공한다는 조건 하에) 마침내 에드가 사건을 맡기로 동의했을 때다.

④〈스파이더맨〉: 피터가 삼촌 벤의 죽음에서 자신의 책임을 느끼면서 자신의 힘을 남들을 위해 사용하겠다고 결심할 때. 이후 영화 몽타주로 범죄 소탕 장면이 보이면서 보이스 오버로 "큰 힘은 큰 책임을 필요로 한다"라는 말이 들린다.

⑤〈꿈의 구장〉: 테렌스 테리 만과 야구 경기를 보러 간 레이가 아치볼드 '덕' 그레이엄에 대한 글씨를 볼 때. 그리고 "끝까지 가라"라는 소리를 다시 들을 때다.

⑥〈사랑보다 아름다운 유혹〉: 세바스찬이 세실과 잠자리를 할 때. 이것이 이후 세바스찬과 아넷의 관계에 비참한 결과를 초래한다.

TP 2/진실의 순간

①〈나의 그리스식 웨딩〉: 마음에 사무치는 신. 툴라가 "내 결혼이 아빠를 힘들게 만드나요?"라고 묻자 툴라의 어머니가 "너의 인생이니 네가 알아서 결정하렴"이라고 답할 때다.

②〈트루먼 쇼〉: 방송 제작진이 트루먼이 집에서 탈출했다는 사실을 알았을 때다.

③〈에린 브로코비치〉: 새로운 파트너인 커트 포터와 미팅하면서 이 사건이 더 이상 에린의 소관이 아님을 느꼈을 때다.

④〈스파이더맨〉: 메이 숙모가 준비한 추수감사절 만찬에서 닥터 오스본이 피터의 팔에 난 상처를 보면서 그가 스파이더맨임을 알아차렸을 때. 이어지는 병원 신에서 피터 역시 "그는 내가 누군지 알고 있

어"라고 말한다.

⑤ 〈꿈의 구장〉: 젊은 아치를 차에 태우고 집으로 돌아가는 차 안에서 레이가 전반적인 설명을 할 때다.

⑥ 〈사랑보다 아름다운 유혹〉: 세바스찬이 아넷과 헤어질 때. "넌 나를 몰라… 넌 나에게 존재감이 있는 여자가 아니야"라고 말한다.

클라이맥스

① 〈나의 그리스식 웨딩〉: 결혼한 딸을 위한 축하 선물인 집. 여기서 집은 많은 것을 의미한다. 이안을 가족으로 맞이하는 동시에 이안과 툴라, 두 사람의 사랑이 두 가족과 문화를 연결시키며 또한 툴라의 부모가 툴라의 새 인생과 그녀를 자신들의 소유물이 아닌 개인으로 인정한다는 뜻이다. 동시에 툴라 역시 자신의 문화를 인정하며 스스로를 자랑스러워한다.

② 〈트루먼 쇼〉: 후반부에 트루먼이 크리스토프와 대면할 때. 트루먼 자신이 스스로의 운명을 주도하며 '진짜' 세상으로 통하는 문으로 들어갈 때. 자유를 찾아 탈출해 '새' 인생을 찾고 (불가피하게) 그가 진정으로 사랑하는 실비아의 품으로 향할 때다.

③ 〈에린 브로코비치〉: 에린이 에드에게 수표를 받을 때. 자신의 진가를 확인받는 장면이자 직원이자 인간으로서 존경받는다.

④ 〈스파이더맨〉: 장례식장에서 피터와 메리 제인이 키스한다. 하지만 피터는 그녀에게 자신의 모든 것을 바칠 수 없음을 인지한다.

⑤ 〈꿈의 구장〉: 훌륭하게 설정된 "캐치볼 할까요?"라는 대사와 함께 레이가 왜 이곳에 구장을 지었는지에 대한 진실한 목적이 밝혀진다. 레이와 그의 아버지와의 풀리지 않는 관계와 그의 아버지가 생전에 레이가 빌었던 소원들이 신기하게 모두 원점으로 되돌아온다. 모든 사건이 매듭된다는 뜻이며 레이는 전체적으로 만족스러운 사람

으로 변해 있다.

⑥ 〈사랑보다 아름다운 유혹〉: 세바스찬은 (아넷의 생명을 구하고) 죽었지만 그의 죽음은 클라이맥스가 된다. 진정한 마지막 클라이맥스는 무덤에서 복수하는 세바스찬이다. 그의 일기장('나의 트로피')은 인쇄되어 모두에게 읽히고 캐스린의 속임수가 모두 밝혀진다.

실전에 강한 시나리오 쓰기

개정증보판 1쇄 발행일 2018년 11월 30일
개정증보판 3쇄 발행일 2022년 6월 13일

지은이 레이 프렌샴
옮긴이 제임스 조

발행인 윤호권
사업총괄 정유한

편집 이경주 **디자인** 박지은
발행처 ㈜시공사 **주소** 서울시 성동구 상원1길 22, 6~8층(우편번호 04779)
대표전화 02 - 3486 - 6877 **팩스(주문)** 02 - 585 - 1755
홈페이지 www.sigongsa.com / www.sigongjunior.com

이 책의 출판권은 (주)시공사에 있습니다. 저작권법에 의해
한국 내에서 보호받는 저작물이므로 무단 전재와 무단 복제를 금합니다.

ISBN 978-89-527-9492-5 (03680)

*시공사는 시공간을 넘는 무한한 콘텐츠 세상을 만듭니다.
*시공사는 더 나은 내일을 함께 만들 여러분의 소중한 의견을 기다립니다.
*잘못 만들어진 책은 구입하신 곳에서 바꾸어 드립니다.